Persönlichkeitsrechtsverletzungen bei Sportveranstaltungen als Gefahr für die öffentliche Sicherheit und Ordnung

Europäische Hochschulschriften

European University Studies

Publications Universitaires Européennes

Reihe II **Rechtswissenschaft**

Series II Law

Série II Droit

Band/Volume **5842**

Christian Herles

Persönlichkeitsrechtsverletzungen bei Sportveranstaltungen als Gefahr für die öffentliche Sicherheit und Ordnung

PL ACADEMIC RESEARCH

Bibliografische Information der Deutschen Nationalbibliothek
Die Deutsche Nationalbibliothek verzeichnet diese Publikation in der Deutschen Nationalbibliografie; detaillierte bibliografische Daten sind im Internet über http://dnb.d-nb.de abrufbar.

Zugl.: Bielefeld, Univ., Diss 2016

D361
ISSN 0531-7312
ISBN 978-3-631-66950-1 (Print)
E-ISBN 978-3-653-06052-2 (E-Book)
DOI 10.3726/978-3-653-06052-2

PL Academic Research ist ein Imprint der Peter Lang GmbH.
Peter Lang – Frankfurt am Main · Bern · Bruxelles · New York · Oxford · Warszawa · Wien

Diese Publikation wurde begutachtet.

www.peterlang.com

Vorwort

Auf das Thema der vorliegenden Dissertation kam ich zunächst nicht als Jurist, sondern als Zuschauer von Fußballspielen. Erst die besondere, emotional aufgeladene Atmosphäre in einem Fußballstadion brachte mich auf die Frage des Persönlichkeitsrechtsschutzes im Rahmen von Polizeieinsätzen bei Sportveranstaltungen. Es handelt sich hierbei um einen speziellen Aspekt des Fußballsicherheitsrechts, welches als Querschnittmaterie zwischen dem Polizei-, Straf- und Sportrecht zunehmend wissenschaftlich erörtert wird.

Die Dissertationsschrift entstand im Rahmen einer freien Promotion an der Universität Bielefeld und wurde hauptsächlich von meinem Münchener Herkunfts- und Studienort aus angefertigt. Den Weg zur Universität Bielefeld fand ich vor allem durch Herrn Prof. Dr. Heribert Prantl, dem mein Dank hierfür gebührt.

Danken möchte ich insbesondere auch meinem Doktorvater Prof. Dr. Christoph Gusy, der mich zu jeder Zeit gleichermaßen tatkräftig wie unkompliziert betreut hat. Er hat Kreativität und Eigenverantwortung stets gefördert und dabei viele hilfreiche Anregungen gegeben. Bei den weiteren Mitgliedern des Prüfungsausschusses Prof. Dr. Franz Mayer und Prof. Dr. Andreas Fisahn bedanke ich mich ebenfalls herzlich.

Nicht zuletzt möchte ich mich auch bei meinem privaten Umfeld bedanken, das mich auf großartige Weise unterstützt hat. Neben sehr guten Freunden gilt dieser Dank vor allem meiner Mutter Barbara Herles, meinem Vater Dr. Wolfgang Herles, meinem Bruder Dr. Benedikt Herles sowie meiner Freundin und Studiengefährtin Kathrin Steinhauser, die zugleich immer auch als Juristin ein Vorbild für mich war.

München, den 22.2.2016 Dr. Christian Herles

Inhaltsübersicht

Dritter Teil: Polizeiliche Gefahrenabwehr

Inhaltsverzeichnis

Dritter Teil: Polizeiliche Gefahrenabwehr

Abkürzungsverzeichnis

aA	anderer Ansicht
aE	am Ende
AEUV	Vertrag über die Arbeitsweise der Europäischen Union
AGB	Allgemeine Geschäftsbedingungen
AGG	Allgemeines Gleichbehandlungsgesetz
aaO	am angegebenen Ort
Art	Artikel
Aufl	Auflage
Az	Aktenzeichen
BayLStVG	Bayerisches Landesstraf- und Verordnungsgesetz
BayObLG	Bayerisches Oberstes Landgericht
BayPAG	Bayerisches Polizeiaufgabengesetz
BayVBl	Bayerische Verwaltungsblätter (Zeitschrift)
BayVerfGH	Bayerischer Verfassungsgerichtshof
BayVersG	Bayerisches Versammlungsgesetz
BayVGH	Bayerischer Verwaltungsgerichtshof
BDSG	Bundesdatenschutzgesetz
BGB	Bürgerliches Gesetzbuch
Beschl	Beschluss
BfV	Bundesamt für Verfassungsschutz
BGH	Bundesgerichtshof
BGHSt	Entscheidungssammlung des BGH in Strafsachen
BGHZ	Entscheidungssammlung des BGH in Zivilsachen
BKA	Bundeskriminalamt
BKAG	Bundeskriminalamtgesetz
BMI	Bundesministerium des Innern
BPolG	Bundespolizeigesetz
BremGebBeitrG	Bremisches Gebühren- und Beitragsgesetz
BremInKostV	Bremische Kostenverordnung für die innere Verwaltung
BV	Verfassung des Freistaats Bayern
BVerfG	Bundesverfassungsgericht
BVerfSchG	Bundesverfassungsschutzgesetz
BVerwG	Bundesverwaltungsgericht
BW	Baden-Württemberg
bzw	beziehungsweise

CAS	Court of Arbitration for Sport
CaS	Causa Sport (Zeitschrift)
ders	derselbe
DFB	Deutscher Fußballbund
DFB-RuVO	Rechts- und Verfahrensordnung des DFB
DFL	Deutsche Fußball Liga GmbH
dh	das heißt
djs	Deutsche Sportjugend
DÖV	Die öffentliche Verwaltung (Zeitschrift)
DPolBl	Deutsches Polizeiblatt (Zeitschrift)
DVBl	Deutsches Verwaltungsblatt (Zeitschrift)
E	Entscheidungsband
EGBGB	Einführungsgesetz zum Bürgerlichen Gesetzbuch
EGGVG	Einführungsgesetz zum GVG
EGMR	Europäischer Gerichtshof für Menschenrechte
EMRK	Europäische Menschenrechtskonvention
etc	et cetera
EU	Europäische Union
EuGrCh	Europäische Grundrechtecharta
EUV	Vertrag über die Europäische Union
eV	eingetragener Verein
f	folgende (Einzahl)
ff	folgende (Mehrzahl)
FDC	FIFA Disciplinary Code
Fn	Fußnote
FIFA	Fédération Internationale de Football Association
GastG	Gaststättengesetz
GewO	Gewerbeordnung
GG	Grundgesetz
ggf	gegebenenfalls
GVG	Gerichtsverfassungsgesetz
HBPolG	Polizeigesetz der Freien Hansestadt Bremen
hL	herrschende Lehre
hM	herrschende Meinung
Hrsg	Herausgeber
Hs	Halbsatz
IPpbR	Internationaler Pakt über politische und bürgerliche Rechte
iSd	im Sinne des

iSv	im Sinne von
iÜ	im Übrigen
iVm	in Verbindung mit
JA	Juristische Arbeitsblätter (Zeitschrift)
JR	Juristische Rundschau (Zeitschrift)
JURA	Juristische Ausbildung (Zeitschrift)
JUS	Juristische Schulung (Zeitschrift)
JZ	Juristenzeitung (Zeitschrift)
lit	litera
KOS	Koordinationsstelle Fanprojekte
KommPrax sp	Kommunale Praxis spezial (Zeitschrift)
KunstUrhG	Kunsturhebergesetz
LIS	Landesinformationsstelle Sporteinsätze
m Anm	mit Anmerkungen
mE	meines Erachtens
mwN	mit weiteren Nachweisen
NASS	Nationaler Ausschuss Sicherheit und Sport
NdsSOG	Niedersächsisches Sicherheits- und Ordnungsgesetz
NJW	Neue Juristische Wochenschrift (Zeitschrift)
NK	Neue Kriminalpolitik (Zeitschrift)
NKSS	Nationales Konzept Sicherheit und Sport
NRW	Nordrhein-Westfalen
NStZ	Neue Zeitschrift für Strafrecht (Zeitschrift)
NVwZ	Neue Zeitschrift für Verwaltungsrecht (Zeitschrift)
OBG NRW	Ordnungsbehördengesetz des Landes Nordrhein-Westfalen
OLG	Oberlandesgericht
OVG	Oberverwaltungsgericht
PassG	Passgesetz
PolG NRW	Polizeigesetz des Landes Nordrhein-Westfalen
PolG BW	Polizeigesetz des Landes Baden-Württemberg
POG	Polizeiorganisationsgesetz
POG RP	Polizei- und Ordnungsbehördengesetz des Landes Rheinland-Pfalz
PrOVGE	Entscheidungssammlung des Preußischen Oberverwaltungsgerichts
RiStBV	Richtlinien für das Strafverfahren und das Bußgeldverfahren
Rn	Randnummer
RR	Rechtsprechungsreport

Rspr	Rechtsprechung
RStV	Rundfunkstaatsvertrag
SächsPolG	Sächsisches Polizeigesetz
SKB	Szene kundiger Beamter
sog	so genannt
SpuRt	Sport und Recht (Zeitschrift)
StGB	Strafgesetzbuch
StGH BW	Staatsgerichtshof für das Land Baden-Württemberg
StPO	Strafprozessordnung
str	strittig
StudZR	Studentische Zeitschrift für Rechtswissenschaft Heidelberg (Zeitschrift)
TMG	Telemediengesetz
ua	unter anderem
uä	und ähnliches
UEFA	Union of European Football Associations
UEFA-RPO	Rechts- und Pflegeordnung der UEFA
UN	United Nations
Va	vor allem
Var	Variante
VerfNRW	Verfassung des Landes Nordrhein-Westfalen
VersG	Versammlungsgesetz
VerwArch	Verwaltungsarchiv
VG	Verwaltungsgericht
VGH	Verwaltungsgerichtshof
vgl	vergleiche
vgl o	vergleiche oben
vgl u	vergleiche unten
VO	Verordnung
VwVfG	Verwaltungsverfahrensgesetz
VwGO	Verwaltungsgerichtsordnung
WFV	Württembergischer Fußballverband
zB	zum Beispiel
ZIS	Zentrale Informationsstelle Sporteinsätze
ZPO	Zivilprozessordnung

Einleitung

Sportereignisse leben von den Emotionen ihrer Zuschauer. Sie sind ein wesentlicher Teil des Unterhaltungswerts, der letztlich die wirtschaftliche Grundlage und den Hauptzweck des Profisports ausmacht. Ganz besonders gilt dies für den Profifußballsport, dessen Spiele mitunter gesellschaftlich bedeutende Großveranstaltungen sind. Der Fußballsport birgt – jedenfalls in unserem Kulturkreis – ein enormes Identifikationspotential, das alle gesellschaftlichen Gruppen erreicht. Hieraus erwächst eine regelrechte Fankultur, die das Stimmungsbild bei Fußballspielen entscheidend prägt.

Als Schattenseite der kollektiv erlebten Emotionen lassen sich aber auch Fanausschreitungen feststellen, da auch Aggressionen zur Bandbreite jener Emotionen gehören.[1] Wenngleich die Fankultur im Fußballsport ein überwiegend friedliches Phänomen ist, ist Gewalt durch Zuschauer ein fast alltägliches Standardproblem von Sportveranstaltungen.

Gewalt ist indes nicht die einzige Erscheinungsform von Fanausschreitungen, die in tatsächlicher und juristischer Hinsicht gehandhabt werden muss. Auch Beschimpfungen und Beleidigungen gegen Personen sind regelmäßig zu beobachten. Es handelt sich um die negative Kehrseite einer spezifischen Situation, die Formen hemmungsloser Kommunikation in Menschenmassen zulässt.

Wenngleich Sportveranstaltungen als „raues Pflaster“ empfunden werden, handelt es sich nicht um einen rechtsfreien Raum. Die Persönlichkeitsrechte einzelner oder mehrerer Personen sind im Rahmen von Sportveranstaltungen daher unverändert schutzwürdig, und deshalb besonders schutzbedürftig. In der vorliegenden Abhandlung geht es also um den Schutz individueller Rechte in einer besonderen Situation.

Während sich der wissenschaftliche Diskurs ebenso wie die polizeiliche Praxis überwiegend auf die Problematik der physischen Gewalt bei Fanausschreitungen konzentriert, soll hier auf das spezifische Problem der Persönlichkeitsrechtsverletzungen eingegangen werden.

Wo grundrechtlich geschützte Individualrechte durch das Verhalten Dritter gefährdet sind, ist der Staat aufgrund seiner grundrechtlichen Schutzpflichten zum Handeln angehalten. Was den Schutz der Persönlichkeitsrechte bei Sportveranstaltungen angeht, konkretisiert sich hieraus die Frage nach polizeilichen

1 Zu den „Arenen als Konflikträumen“ vgl. Zick/Winands, in: Feltes (Hrsg.), Polizei und Fußball, S. 148 ff.

Handlungspflichten- und Optionen. Eine Aufgabeneröffnung der Polizei kann hier in vielfältiger Weise gegeben sein. Neben dem Schutz privater Rechte und der strafprozessualen Handhabung von entsprechenden Delikten kommt dabei insbesondere die Abwehr von Gefahren für die öffentliche Sicherheit und Ordnung gem. § 1 I PolG NRW, Art. 2 I BayPAG in Betracht, was letztlich als Kernaufgabe der Polizei als Sicherheitsbehörde gesehen werden kann.

Im ersten Teil dieser Arbeit sollen daher die denkbaren Situationen der Persönlichkeitsrechtsverletzungen dargestellt werden und unter die Schutzgüter der öffentlichen Sicherheit und Ordnung eingeordnet werden.

Da es sich bei Sportveranstaltungen meist – jedenfalls im Fußballbereich – um privat organisierte Ereignisse handelt, obliegt der Umgang mit Rechtsverletzungen keinesfalls nur dem Staat. Vielmehr wird der Fußballsport durch große und einflussreiche Verbände geprägt. Sicherheitsfragen sind daher stets im Gesamtzusammenhang mit sport- und zivilrechtlichen Mechanismen zu sehen. Dieser Gesamtkontext und das Verhältnis zwischen privaten und staatlichen Beteiligten soll im zweiten Teil der Abhandlung dargestellt werden. Im dritten Teil geht es schließlich um die Umsetzung der polizeilichen Gefahrenabwehr in Bezug auf Persönlichkeitsrechtsverletzungen.

Bezugspunkt dieser Arbeit sollen stets die individuellen Rechtspositionen der Persönlichkeitsrechtsinhaber sein. Vor allem die Problematik rassistischer Ausschreitungen zeigt jedoch, dass Persönlichkeitsrechtsverletzungen bei Sportveranstaltungen auch eine politische Dimension aufweisen. Auf diese politische Dimension soll nur insoweit eingegangen werden, als sie Einfluss auf die juristische Handhabung der betroffenen Individualrechte hat. Gesellschaftspolitische Fragen und Auswirkungen sollen dagegen nicht erörtert werden.

Diese Arbeit ist eine rein juristische Abhandlung. Kriminologische oder soziologische Erkenntnisse werden dagegen nicht vertieft. Die gruppenpsychologischen und gesellschaftlichen Phänomene der Fanausschreitungen, Hooligans und Ultras bedürfen zweifelsohne einer genaueren Untersuchung durch die sozialwissenschaftlichen Disziplinen. Sie befinden sich im stetigen Prozess des Wandels und lassen gewiss Rückschlüsse auf generelle gesellschaftliche Situationen zu. Empirische oder wertende Aussagen sind im Rahmen dieser Arbeit jedoch nicht zu gewinnen. Ausgeführt werden allein rechtliche (insbesondere polizeirechtliche) Gesichtspunkte bekannter Phänomene oder aus ihnen abgeleiteter hypothetischer Fallkonstellationen.

Die Erörterung der Problematik soll ferner auf Fußballveranstaltungen in Deutschland eingegrenzt werden. Für die polizeirechtlichen Erwägungen habe ich aus praktischen Gründen die Polizeigesetze der Länder NRW und Bayern zu Grunde gelegt.[2] Die Ausführungen lassen sich aber dem Grunde nach auch auf andere Bundesländer übertragen.

2 Namentlich das PolG NRW sowie das BayPAG. Für den praktisch relevanten Bereich der Bahnsicherheit ist ferner das BPolG anzuwenden.

Erster Teil: Die Schutzbedürftigkeit von Persönlichkeitsrechten bei Sportveranstaltungen

§ 1 Fanausschreitungen und Persönlichkeitsrechtsverletzungen

Die Zusammenkunft von Menschenmassen bringt eine Vielzahl von Gefahren für Einzelne mit sich, wobei Fanausschreitungen als spezifischer Problemschwerpunkt bei Sportveranstaltungen genannt werden können. Dabei handelt es sich nicht um ein einheitliches Phänomen, sondern um eine Vielzahl von Erscheinungsformen aggressiven Fanverhaltens, zu denen auch Verunglimpfungen und Beleidigungen gehören. Im Folgenden sollen die Sachverhalte dargestellt werden, die Gegenstand der vorliegenden Arbeit sind.

I. Fanausschreitungen als typische Gefahren

Neben den sportlichen Leistungen steht das Verhalten der Zuschauer zunehmend im Fokus der Wahrnehmung von Sportgroßveranstaltungen. Das verwundert angesichts der Dimension von Sportveranstaltungen im Profifußball nicht. Zwischen den europäischen Ligen ist ein regelrechter Wettbewerb um die Zuschauerzahlen in den Stadien entstanden.[3] Die große Mehrheit der Zuschauer fällt nicht durch aggressives Verhalten auf. Bei einem kleinen Teil der Zuschauer lassen sich jedoch erhebliche Aggressionen beobachten. Die dabei zu Tage tretenden Verhaltensweisen können unter dem Begriff der Fanausschreitungen zusammengefasst werden. Was unter Fanausschreitungen zu verstehen ist, bringt der Fußballweltverband *FIFA* mit Art. 74 Nr. 3 FDC zum Ausdruck, indem er *Gewalttätigkeiten gegen Personen oder Sachen, das Abbrennen von Feuerwerkskörpern, das Werfen von Gegenständen, das Vorzeigen ehrverletzender Spruchbänder oder ehrverletzende Rufe und das Eindringen auf das Spielfeld* nennt. Fanausschreitungen bedeuten nicht nur eine Störung des sportlichen Wettbewerbs selbst, sondern auch eine Gefährdung zahlreicher Rechtsgüter, was sich mitunter in der Begehung von Straftaten widerspiegelt.[4]

Unter den verschiedenen Erscheinungsformen der Fangewalt steht die körperliche Gewalt im Vordergrund öffentlicher und wissenschaftlicher

---

3 Die Bundesliga liegt mit einer durchschnittlichen Besucherzahl von 41.914 an der Spitze der europäischen Ligen; siehe DFL, Die wirtschaftliche Situation im Lizenzfußball 2014, S. 56.

4 Eine Statistik über die begangenen Straftaten bei Fußballspielen wird von der zentralen Informationsstelle Sporteinsätze (ZIS) geführt, siehe ZIS-Jahresbericht 2013/14, S. 29.

Diskussion.[5] Das mag zum einen an der Schwere der dabei entstehenden Rechtsgutseinbußen liegen, zum anderen aber auch am Sicherheitsempfinden der Bevölkerung. Wenngleich *Feltes*[6] zu Recht auf die Diskrepanz zwischen dem subjektiven Unsicherheitsgefühl und der statistischen Gefährlichkeit für einzelne Zuschauer hinweist, wird im Schutz von Leib, Leben und Eigentum eine der wichtigsten tatsächlichen und rechtlichen Herausforderungen bei Fußballspielen gesehen. Die Ausübung von Gewalt lässt sich darüber hinaus besonders gut anhand eingeleiteter Strafverfahren messen, wie sich am Jahresbericht der *Zentralen Informationsstelle Sporteinsätze* ablesen lässt.[7] Grundsätzlich werden von der ZIS auch Daten über Strafverfahren wegen Beleidigungsdelikten (§§ 185 ff. StGB) oder anderer gewaltfreier Delikte ausgewertet. Doch wird hierbei eben auf Strafverfahren und nicht zwingend auf alle Straftaten abgestellt. Gerade Beleidigungen als Antragsdelikt (§ 194 StGB) werden in einer Vielzahl von Fällen zu keinen Strafverfahren führen. Auffällig ist auch die Darstellung der jahresübergreifenden Entwicklung strafrechtlicher Verfahren. Strafverfahren wegen Beleidigungen werden im ZIS-Jahresbericht mit anderen ungleichen Delikten unter der Rubrik „sonstige“ dargestellt, was empirische Schlussfolgerungen unmöglich macht.[8]

Unter den Gesichtspunkten der Provokation und Eskalation wird ein Zusammenhang zwischen gewaltfreier und gewalttätiger Handlungen von Fans deutlich. Verunglimpfende Fangesänge etwa oder Spruchbänder haben etwa regelmäßig den Zweck, gegnerische Fangruppen zu provozieren, was letztlich zu gewaltsamen Ausschreitungen führen kann.[9] Maßnahmen gegen herabsetzendes Fanverhalten dienen somit nicht nur dem Schutz immaterieller Rechtsgüter, sondern auch dem präventiven Schutz der körperlichen Sicherheit.[10] Es

---

5 Vgl. hierzu insoweit etwa die Ausführungen in: *Deusch,* Polizeiliche Gefahrenabwehr bei Sportgroßveranstaltungen, S. 29 ff.

6 Siehe Feltes, in: NK 2013, S. 49 f.; auch Feltes/Schwinkendorf, in: Kriminalistik 2013, S. 76 ff.

7 Siehe ZIS-Jahresbericht 2013/14, S. 29.

8 Die Anzahl der Verfahren (bei Spielen der Bundesliga und 2. Bundesliga) wegen „sonstiger“ Delikte ist von 1.732 (Saison 02/03) auf 3.405 (Saison 12/13), 4.371 (Saison 13/14) gestiegen; siehe ZIS-Jahresbericht 2013/14, S. 27.

9 Vgl. Müller-Eiselt, in: Verwaltungsrundschau 2014, S. 89.

10 Diesem Zweck dienen auch verbandsrechtliche Normen, die provozierendes Verhalten von Fußballfans untersagen; vgl. § 9 Nr. 1 DFB-RuVO, Art. 54 FDC.

gilt eine Kulisse zu verhindern, in der provozierte Fans zur Gewaltausübung bewegt werden.[11]

II. Persönlichkeitsrechtsverletzungen im Besonderen

Zur Problematik der Fanausschreitungen gehört indes nicht nur die Ausübung von Gewalt, die zu materiellen und körperlichen Schäden führt. Vielmehr können Fanausschreitungen auch immaterielle Schäden mit sich bringen. Die *FIFA* bringt dies in der oben genannten Definition zum Ausdruck, indem sie das *Vorzeigen ehrverletzender Spruchbänder oder ehrverletzende Rufe* einschließt. Dieser handlungsbezogenen Beschreibung lässt sich eine Betrachtung von der Rechtsgüterseite gegenüberstellen. Mit Persönlichkeitsrechtsverletzungen ist insoweit eine typische Folge gewaltfreier Fanausschreitungen (oder psychischer Gewalt)[12] gemeint. Dabei gibt es kein Persönlichkeitsrecht als feststehenden Begriff. Vielmehr wird hierunter eine Zusammenschau grundrechtlicher Positionen aus Art. 1 I GG sowie Art. 2 I i.V.m. 1 I GG gefasst.[13] Dass der Blick dieser Arbeit auf die betroffenen Rechtsgüter gerichtet ist[14], erklärt sich aus dem polizeirechtlichen Untersuchungsgegenstand. Aus polizeirechtlicher Sicht geht es nämlich um den Schutz von Rechtsgütern. Erst die Verletzung von Persönlichkeitsrechten als Folge von Fanparolen und -äußerungen begründet einen Ansatzpunkt für die polizeiliche Aufgabeneröffnung gem. § 1 I PolG NRW, Art. 2 I BayPAG. Bloß unangenehme Belästigungen wie verbale Proteste und Pfiffe reichen für eine Störung der öffentlichen Sicherheit und Ordnung nicht aus.[15] In dieser Rechtsgutsbezogenheit unterscheidet sich das Polizeirecht insbesondere vom täter- und tatbezogenen Strafrecht (und auch vom Fußballstrafrecht, zu dem die FIFA-Definition des Art. 74 Nr. 3 FDC gehört).

Die Schwere der durch Fangewalt erzeugten Rechtsgutsverletzungen mag auf den ersten Blick der Schwere etwaiger Persönlichkeitsrechtsverletzungen

11 In diesem Zusammenhang wird auch von „reaktiver Gewalt" gesprochen, vgl. Pilz, Gewalt im Sport, in: Pilz/Kuhlmann, Sport, Fairplay und Gewalt, S. 13.

12 Im polizeirechtlichen Kontext kommt es auf die psychische Wirkung von Fanhandlungen allerdings nur insoweit an, als diese für Rechtsverletzungen relevant sind. Eine individuelle Empfindlichkeit des Betroffenen ist für die polizeirechtliche Betrachtung irrelevant; vgl. Schenke, Polizeirecht, Rn. 75.

13 Siehe hierzu § 2 dieser Arbeit.

14 Der Arbeit wird gewissermaßen die Perspektive der (passiven) Rechtsgüter und nicht der (aktiven) Verhaltensweisen zu Grunde gelegt.

15 BVerwGE 84, 247, 255 f.; NJW 1190, 2076, DVBl. 1990, 704; vgl. Gusy, Polizeirecht, Rn. 106; Pieroth/Schlink/Kniesel, Polizeirecht, § 4 Rn. 3.

überwiegen. Das kann im Einzelfall zutreffen, lässt sich jedoch bei genauer Betrachtung nicht verallgemeinern. Es wird noch darzustellen sein, dass den Persönlichkeitsrechten Elemente der Menschenwürde gem. Art. 1 I GG – dem höchsten Rechtsgut im grundgesetzlichen System – innewohnen. Die Auswirkungen der Fangewalt sind nicht unbedingt schwerwiegender sondern lediglich sichtbarer als Persönlichkeitsrechtsverletzungen. Ein gemeinsamer Oberbegriff lässt sich mit Fanausschreitungen zwar finden. Persönlichkeitsrechtsverletzungen bei Sportveranstaltungen bringen jedoch besondere tatsächliche und rechtliche Probleme mit sich, so dass sie in dieser Arbeit als eigenständiges Phänomen betrachtet werden.

Im Folgenden soll ein Überblick über tatsächlichen Erscheinungsformen von Persönlichkeitsrechtsverletzungen bei Sportveranstaltungen gegeben werden, was zugleich einer Eingrenzung der Thematik dient.

1. Ort und Zeit

Persönlichkeitsrechtsverletzungen sind nicht situations-, sondern personengebunden, und können folglich überall und jeder Zeit eintreten. In der vorliegenden Arbeit wird indes die besondere Situation bei Sportveranstaltungen betrachtet. Fanausschreitungen in Form von Persönlichkeitsrechtsverletzungen finden dabei insbesondere innerhalb der Stadien während der Spielaustragung statt. Hier findet man auch eine in besonderem Maße sensible Kulisse vor. In der Masse des Publikums schaukeln sich mitunter emotionale Formen der Kommunikation auf, die folglich auch von einem großen Publikum wahrgenommen werden. Für die Persönlichkeitsrechtsverletzungen kommt es gerade auf diese Wahrnehmbarkeit an. Eine nicht wahrgenommene Äußerung hat auf die äußere oder innere Ehre[16] des Rechteinhabers keinen Einfluss. Dagegen ist es nicht erforderlich, dass die Äußerungen eine akustisch-optische Dominanz entwickeln, die zu einer Prägung der gesamten Kulisse der Sportveranstaltung führt. Es geht also nicht darum, ob sich die Mehrheit der Zuschauer neutral verhält, sondern ob das Handeln einzelner oder weniger wahrnehmbar ist.

Teilweise verlagert sich die Fangewalt auch aus der Sportveranstaltung heraus in die so genannte „dritte Halbzeit"[17]. Neben dem eigentlichen Geschehen im Stadion selbst gehört zur Sportveranstaltung auch ihr räumliches und zeitliches Umfeld. Auch hier findet bereits eine kollektive Kommunikation unter den Fans

---

16 Zum strafrechtlichen Ehrbegriff siehe Winter, in: Tellenbach, Die Rolle der Ehre im Strafrecht, S. 103 ff.; Sinn, in: Satzger/Schluckebier/Widmaier, StGB, vor 185 Rn. 1 ff.

17 Vgl. Nolte, in: WFV, Verantwortlichkeiten und Haftung im Sport, S. 55.

statt. Gerade die An- und Abreise der Fans ist Teil der Sicherheitsproblematik im Zusammenhang mit Sportveranstaltungen. Sie soll in der Arbeit daher ebenfalls berücksichtigt werden.

2. Handelnde Personen

Kriminologische Studien, die sich allein auf das Täterprofil bei Beleidigungen oder sonstigen Straftaten gegen Persönlichkeitsrechte bei Sportveranstaltungen beziehen, gibt es nicht. Es findet jedoch eine ausführliche statistische Auswertung von Fanausschreitungen statt, die insbesondere von staatlichen Stellen durchgeführt wird. Hervorzuheben ist die statistische Arbeit (Jahresbericht)[18] der *Zentralen Informationsstelle Sporteinsätze* sowie die personenbezogene bundesweite Verbunddatei *Gewalttäter Sport*. In beiden Fällen handelt es sich um eine polizeiliche Informationsauswertung, die ihren Fokus auf der strafrechtlichen Messbarkeit von Fanausschreitungen hat.[19] Hier finden zwar auch Straftaten Berücksichtigung, deren Schutzgüter Persönlichkeitsrechte sind. Empirische Aussagen über diesbezügliche Täterprofile sind dennoch nicht möglich.

Über das Gesamtphänomen der Fanausschreitungen lassen sich gleichwohl interessante personenbezogene Erkenntnisse gewinnen. Zwei grundlegende Unterscheidungen sind hierbei von Bedeutung.

Zum einen ist dies die Unterscheidung zwischen Ultras, Hooligans und sonstigen Fans. Es handelt sich hierbei weniger um eine rechtliche, als um eine soziologische Differenzierung von Fans. Für die Betrachtung spezifischer Gefahren bei Sportveranstaltungen wäre ein allgemeiner Fanbegriff zu unbestimmt. Dass sich die ganz überwiegende Mehrheit der Fans friedlich verhält, kann als Allgemeinerkenntnis vorausgesetzt werden. Für gefährliche Fans wird dagegen oft der Oberbegriff der Hooligans verwendet.[20] Definition und Entwicklung dieses viel verwendeten Begriffs ist insbesondere in den Sozialwissenschaften umstritten.[21] Charakteristisch für die Gruppe der Hooligans ist ihre Erlebnisorientierung.[22] Im Vordergrund steht nicht die Identifikation mit dem sportlichen Geschehen, sondern das Erleben von Fanausschreitungen als besonderes „Event".[23] Schwierig erscheint auch die Gegenüberstellung zur sog. Ultra-Szene. Ultras lassen sich

18 Siehe ZIS-Jahresbericht 2013/14.

19 Vgl. Deusch, Polizeiliche Gefahrenabwehr bei Sportgroßveranstaltungen, S. 53 f.

20 Hierzu Siekmann, in: Walker, Hooliganismus, S. 61 ff.

21 Hierzu Kraus, in: DHP, Sport und Gewalt, Band II, S. 125 f..

22 Vgl. Schwind, Kriminologie, § 28 Rn. 29.

23 Zum „Event-Charakter" vgl. Feltes, in: NK 2013, S. 61 f.

als radikale Fans eines Vereins beschreiben.[24] Sie sind erklärte und besonders engagierte Anhänger eines Clubs, die sich meist selbst organisieren. *Tönjann* beschreibt Ultras als heterogene Szene, dessen Anhänger sich als wahre Fans verstünden.[25] So gebräuchlich die genannte Abgrenzung zu Hooligans auch ist, so ungenau ist sie in der Praxis. Wenn das Wesensmerkmal eines Hooligans die Gewaltbereitschaft ist, ergeben sich Abgrenzungsschwierigkeiten zum gewaltbereiten Ultra. Auch ist eine Abgrenzung oft nicht möglich. So kann jeder Hooligan auch ein Ultra und jeder Ultra auch ein Hooligan sein. *Pilz* steht der Abgrenzung kritisch gegenüber und weist mit dem Begriff der „Hooltras" auf Überschneidungen beider Personengruppen hin.[26]

Zum Zweiten steht die etablierte Unterscheidung gefährlicher Fans in die Kategorien A, B und C zur Verfügung. Im Gegensatz zur erstgenannten soziologischen Unterscheidung handelt es sich hier um eine polizeitechnische Unterscheidung, die durch die Verwendung in der Verbunddatei *Gewalttäter Sport*[27] einen offiziellen Charakter hat. Unterschieden werden Fans der Kategorie A („friedlich"), B („gewaltbereit/ -geneigt") und C („gewaltsuchend").[28] Fans der Kategorie B und C gelten insoweit als sicherheitsrelevant. Im Einzelfall erscheint die Abgrenzung schwierig. Ein Szene-kundiger-Beamter (SKB)[29], der eine personenbezogene Prognose vornimmt, wird sich auf bisherige Vorkommnisse stützen. Hier zeigt sich jedoch die grundsätzliche Schwierigkeit bei der Kategorisierung von Personen. Menschen lassen sich ihrem Wesen nach nicht in allgemeine Verhaltenskategorien einteilen. Wer heute „gewaltbereit/ -geneigt" ist, kann morgen „gewaltsuchend" sein und umgekehrt.

Nach den beschriebenen üblichen Personenunterscheidungen stellt sich die Frage nach dem Erkenntnisgewinn für die vorliegende Problematik. Bereits die begriffliche Beschreibung der Fankategorien A, B und C zeigt eine Schwerpunktsetzung auf die Gewalt.[30] Ihr Aussagegehalt über Personen, die sich an Persönlichkeitsrechtsverletzungen beteiligen, kann indes angezweifelt werden. Auch die soziologische Unterscheidung von Ultras und Hooligans ist von begrenztem Erkenntnisgewinn für die vorliegende Thematik. Zum einen fehlt es

---

24 Vgl. Kraus, in: DHP, Sport und Gewalt, Band II, S. 127.

25 Vgl. Tönjannn, in: DPolBl.01/2012, S. 21.

26 Siehe Pilz, Fankultur, in: Pilz/Kuhlmann, Sport, Fairplay und Gewalt, S. 92 f.

27 Vgl. Deusch, Polizeiliche Gefahrenabwehr bei Sportgroßveranstaltungen, S. 60.

28 Siehe Barczak, in: JURA 2014, S. 889; Müller-Eiselt, in: Verwaltungsrundschau 2014, S. 85 Fn. 4.

29 Bzw. fankundige Beamten der Bundespolizei; vgl. Schipfer, in: DPolBl 01/2011, Fn 9.

30 Zu dieser Problematik vgl. § 6 I 1.

an verlässlichen Abgrenzungskriterien, zum anderen hat auch bei ihrer Entwicklung die Gewaltausübung eine dominante Rolle gespielt. Persönlichkeitsrechtsverletzungen bei Sportveranstaltungen entstehen aus einer hemmungslosen Kommunikation unter Fans und Zuschauern. Erkenntnisse über einzelne Fangruppen helfen hier weiter, lassen aber keine systematische oder gar abschließende personenbezogene Betrachtung zu. Mit Hooligans und Ultras haben sich immerhin Kategorien herausgebildet, die sich von „normalen" Fans unterscheiden.[31] Gerade im Zusammenhang mit gewaltfreien Delikten dürften jedoch auch „Mitläufer"[32] und sonstige Zuschauer von Bedeutung sein. Die Gewinnung genauerer Erkenntnisse hierüber obliegt den Sozialwissenschaften.

Die Bedeutung der Gruppenbildung von gewaltbereiten Hooligans wurde in rechtlicher Hinsicht durch die Entscheidung des BGH vom 22.1.2015 hervorgehoben, in der eine Strafbarkeit[33] von Hooligans wegen der Bildung einer kriminellen Vereinigung gem. § 129 I StGB bestätigt wurde.[34] Im zu Grunde liegenden Fall ging es um Angehörige einer Hooligan-Gruppe, die sich regelmäßig an Schlägereien und gewaltsamen Ausschreitungen beteiligte.[35] Der BGH bestätigte das LG Dresden in der Auffassung, dass derartige Gruppierungen aufgrund ihrer hierarchischen Struktur (mit Rädelsführern i.S.d. § 129 IV StGB) nicht nur die organisatorischen Voraussetzungen einer Vereinigung aufweisen, sondern deren Ziel und Zweck auch in der Begehung von Straftaten liege.[36] Im konkreten Fall ging es insbesondere um Körperverletzungsdelikte gem. §§ 223 I, 224 I StGB und Landfriedensbruch gem. § 125 StGB. Im vorliegenden Kontext stellt sich insoweit die Frage, ob auch persönlichkeitsrechtsverletzende Straftaten[37] als Ansatzpunkt für eine kriminelle Vereinigung denkbar wären. Der Wortlaut des § 129 I StGB steht dem nicht entgegen, hier ist allgemein von Straftaten die Rede. Es stellt sich allerdings die Frage, ob der Vereinigungszweck

---

31 Schild bezeichnet den friedlichen Fan als „echten" Zuschauer; vgl. Schild, in: Schild, Rechtliche Aspekte bei Sportgroßveranstaltungen, S. 65.

32 Die Bezeichnung der „Mitläufer" stellt eine Beschreibung von Fanverhalten in der Datei *Gewalttäter Sport dar.* Zur Problematik vgl. OVG NRW DVBl 2013, 1460 ff. = SpuRt 2014, 78 ff.

33 Zur den daraus folgenden Strafverfolgungsstrategien vgl. Hoever/Hund/Kind, in: Die Polizei 2015, S. 93 ff.

34 BGH, Urteil vom 22.1.2015 (Az. 3 StR 233/14) = NJW 2015, S. 1540; zuvor LG Dresden, Urteil vom 29.4.2013 (Az. 14 KLs 204 / Js 41068/08).

35 BGH, Urteil vom 22.1.2015 (Az. 3 StR 233/14), Juris – Rn. 1 ff. = NJW 2015, S. 1540.

36 BGH, Urteil vom 22.1.2015 (Az. 3 StR 233/14), Juris – Rn. 22 ff.

37 Dazu § 2 III 2.

einer Hooligan-Gruppe tatsächlich in der regelmäßigen Begehung etwa von Beleidigungen gem. § 185 StGB gesehen werden kann. Selbst wenn diese regelmäßig vorkommen, besteht dennoch ein Unterschied zu planmäßig organisierten Schlägereien, wie sie dem beschriebenen Fall zu Grunde lagen. Gemeinsame ehrverletzende Parolen ließen nicht ohne weiteres den Schluss zu, dass ein gemeinsamer fester Wille auf die planmäßige Begehung von Straftaten bestehe.[38]Ausreichend ist eben nicht alleine die gemeinsame Begehung von Straftaten (zumal nicht die spontane gemeinsame Begehung). Vielmehr muss gerade der Zweck der Vereinigung in eben dieser liegen.[39] Für politisch radikale Äußerungen (insbesondere rechtsradikale Handlungen) ist zudem § 129 II Nr. 3 StGB zu beachten. § 129 I StGB ist danach nicht auf Straftaten gem. §§ 86, 86 a StGB anzuwenden.

3. Akustische, optische und symbolische Handlungen

Die Persönlichkeitsrechte Einzelner können auf unterschiedliche Art und Weise durch Fanverhalten verletzt werden. Maßgeblich ist weniger die Form, als die ehrverletzende Wirkung des Fanverhaltens. Das bringt auch die Aufzählung der Erscheinungsformen von Fanausschreitungen in Art. 74 Nr. 3 DFC zum Ausdruck, der u.a. *das Vorzeigen ehrverletzender Spruchbänder oder ehrverletzende Rufe* nennt. Eine ehrverletzende Wirkung kann durch jedwede Äußerung und Kundgabe im Rahmen der Sportveranstaltung erzielt werden, gleich welcher Form sich dabei bedient wird. Anders als bei gewaltsamen Formen der Fangewalt kommt es nicht auf die physische Gefährlichkeit, sondern auf die Wahrnehmbarkeit der Äußerungen an. Die ehrverletzende Wirkung tritt dabei nicht nur durch die subjektive Wahrnehmung des Rechtsgutsinhabers ein, sondern nicht zuletzt auch durch die objektive Wahrnehmbarkarkeit aus Sicht aller Zuschauer und Teilnehmer einer Sportveranstaltung.

Die Bandbreite möglicher Kundgabeformen von Fußballfans ist groß. Bedient werden kann sich sowohl akustischer Formen, wie Fangesänge und „Schlachtrufe", als auch optischer Medien wie Fantransparente, Fahnen, Aufdrucke auf Kleidungsstücken etc. All diese klassischen Kundgabeformen bilden die typische Kulisse in Fußballstadien. Eine besonders spektakuläre Kundgabeform tauchte erstmals bei der Spielbegegnung zwischen den Nationalmannschaften Albaniens und Serbiens am 14.10.2014 auf. Hier steuerten Fans ein unbemanntes Flugobjekt (Drohne) über das Spielfeld. An der Drohne war die Flagge Großalbaniens

38 Vgl. BGHSt 49, 268, 271 f.

39 Vgl. Fischer, StGB, § 129 Rn. 5 ff.

befestigt, was zur Provokation serbischer Fans führte. In Folge des Vorfalls kam es zu einem Aufruhr im Stadion, die zum Spielabbruch führte.[40]

Der ehrverletzende Inhalt einer Äußerung ist durch Interpretation zu ermitteln. Im Wege der Interpretation können bisweilen auch symbolische Handlungen als Persönlichkeitsrechtsverletzungen gewertet werden. Ein häufiges Beispiel sind Beleidigungen von Spielern durch das Bewerfen mit Bananen oder anderen Gegenständen mit ehrverletzender Symbolik.[41] Hier liegt, je nach Kontext und verständiger Würdigung, neben einer Störung des Spielbetriebs auch eine ehrverletzende Wirkung vor. So kann (und soll) der Wurf von Bananen den Spieler als Affen beleidigen, ähnlich wie dies bei der Imitation von Tiergeräuschen gemeint ist. Meist ist derartigen Gesten eine rassistische Bedeutung beizumessen. Anders ist der beleidigende Inhalt solcher Gesten gegen den ehemaligen Nationalmannschaftstorhüter *Oliver Kahn*[42] zu verstehen. Hier wird ein vermeintlich aggressives oder primitives Verhalten des Spielers angedeutet.

4. Adressaten als Rechteinhaber

Als Adressaten der Fanäußerungen und Inhaber der Persönlichkeitsrechte kommen alle Personen im Stadion Betracht. Bestimmte Personengruppen geraten jedoch vermehrt in den Mittelpunkt der Fankommunikation, allen voran Spieler, Schiedsrichter oder Vereinsfunktionäre.

a) Ehrverletzende Schmähkritik gegen Spieler

Fußballspielern wird eine große gesellschaftliche und mediale Aufmerksamkeit zuteil. Neben den Sportlichen Leistungen bestimmt auch das Image eines Spielers seinen Marktwert. Im Idealfall, der von Spielern und seinen Beratern mitunter gefördert wird, gelten die Spieler als gesellschaftliches Vorbild, sportliche Leistungsträger und Identifikationsfiguren. Vergleiche mit dem gesellschaftlichen Stand antiker Helden oder Gladiatoren drängen sich hier auf. Die Verehrung der Spieler schlägt mitunter jedoch in Verachtung um.

Persönlichkeitsrechte von Spielern werden besonders häufig in Form ehrverletzender Schmähkritik verletzt. Leistungen und persönliche Eigenschaften von Spielern sind Gegenstand der Kommunikation unter Fans. Die Schmähkritik ist insoweit eine Schattenseite der öffentlichen Wahrnehmung von Fußballspielern. Durch sie findet eine Individualisierung des Sportspektakels statt.

---

40 Vgl. Süddeutsche online (Schmid), Abbruch per Joystick, 15.10.2014.

41 Vgl. Hilpert, Das Fußballstrafrecht des DFB, Kapitel 2 Rn. 3.

42 Vgl. Hilpert, Das Fußballstrafrecht des DFB, Kapitel 2 Rn. 3.

Wo Fans bestimmte Spieler zu regelrechten Feindbildern stilisieren, resultiert aus der öffentlichen Wahrnehmung eine enorme psychische Belastung, die manchmal gar zum „freiwilligen" Verzicht eines Spielers auf Teilnahme an einem Spiel führen kann.[43]

Die Verunglimpfung von Spieler bezieht sich besonders häufig auf Handlungen von Spielern. Neben vermeintlich schlechten sportlichen Leistungen sind Vereinswechsel häufig Anlass für schmähkritische Äußerungen. Hierin wird von Fans bisweilen ein geradezu „feindlicher" oder „verräterischer" Akt gegen den Verein gesehen, mit dem sich Fans identifizieren. Vereinswechsel, so branchenüblich sie im professionellen Fußballsport auch sind, bringen daher häufig persönliche Ehrverletzungen mit sich. Prominente Beispiele hierfür sind die Reaktionen einiger Fans auf den Wechsel von *Manuel Neuer* vom *FC Schalke 04* zum *FC Bayern München* zur Saison 2011/12[44] oder von *Hakan Calhanoglu* vom *Hamburger Sportverein* zu *Bayer 04 Leverkusen* zur Saison 2013/14.[45]

Neben dieser handlungsbezogenen Schmähkritik sind auch individualbezogene Verunglimpfungen zu beobachten. Ansatzpunkt beleidigender Äußerungen sind hier persönliche Merkmale oder Eigenschaften von Spielern. Die häufigste Erscheinungsform individualbezogener Verunglimpfungen ist die Diskriminierung wegen Zugehörigkeit zu einer bestimmten ethnischen, nationalen oder religiösen Personengruppe.[46]

b) *Beschimpfungen und Bedrohungen von Dritten*

Mitunter geraten nicht nur Spieler in den Fokus der Äußerungen von Fans. Besonders häufig gilt dies für Schiedsrichter. Ihre Unparteilichkeit trifft hier auf die erklärte Parteilichkeit der Fans. So entwickelt sich in der besagten hemmungslosen Kommunikation leicht eine aggressive Stimmung von Fans gegen

43 Nachdem der Torwart der türkischen Nationalmannschaft Volkan Demirel bereits während der Aufwärmphase vor dem Länderspiel gegen Kasachstan am 16.11.2014 von Fans beleidigt worden war, verweigerte er seinen Einsatz im Spiel; Spiegel online (cte/dpa), Beleidigungen im Stadion: Türkischer Torhüter verweigert Einsatz, 17.11.2014.

44 Hier kam es sogar zu Ehrverletzungen seitens Fans des FC Schalke 04 als auch des FC Bayern München; Süddeutsche online (Jürgen Schmieder), „Hau ab, du Verräter", 22.4.2011.

45 Im Rahmen der Bundesligabegegnung zwischen dem HSV und Bayer 04 Leverkusen in Hamburg am 1.11.2014 kam es zu Beleidigungen und Würfen mit Feuerzeugen durch Fans des HSV; Hamburger Abendblatt online (Andreas Hardt), So verlief der Spießrutenlauf für Hakan Calhanoglu, 3.11.2014.

46 Siehe unten § 1 II 4 c und 5.

Schiedsrichter, die aus ihrer Sicht „falsche" Entscheidungen treffen. Beleidigungen und Bedrohungen gegen Schiedsrichter sind daher ein häufiges Phänomen bei Sportveranstaltungen.[47]

Weitere gefährdete Personengruppe sind ferner Verbandsfunktionäre und verbandsnahe Personen (wie etwa Sponsoren und Investoren). Die Fankommunikation beschränkt sich nicht auf den bloßen sportlichen Wettkampf. Die unter Fans entwickelten Stimmungsbilder betreffen auch das Sport- und Vereinswesen insgesamt. Diskussionen etwa über ökonomische Hintergründe überlagern teilweise das sportliche Geschehen. Besonders zahlreichen Beleidigungen war in jüngerer Zeit etwa der Investor und Förderer der *TSG 1899 Hoffenheim Dietmar Hopp* ausgesetzt. Zahlreiche Fans, die sich als Anhänger so genannter „Traditionsclubs" sehen, sahen im finanziellen Engagement von *Dietmar Hopp* einen negativen Einfluss auf die Vereinskultur im Fußballsport. Folge waren zahlreiche Beleidigungen bei Spielbegegnungen mit der *TSG 1899 Hoffenheim*.[48] Ähnlich Vorkommnisse waren im Zusammenhang mit der Förderung des Zweitligisten *RB Leipzig* durch den von *Dietrich Mateschitz* gegründeten Konzern *Red Bull* zu beobachten.[49]

Auch gegen Journalisten sind Beleidigungen und Bedrohungen durch Fußballfans zu beobachten.[50] Anlass sind hier oft Berichterstattungen über Fanhandlungen, wie zuletzt im Falle der Berichterstattung des *Norddeutschen Rundfunks* (NDR) über Ausschreitungen von Fans des *FC Hansa Rostock*.[51]

c) *Verunglimpfungen von Personenmehrheiten*

Bei Sportveranstaltungen werden bisweilen nicht nur einzelne Personen verunglimpft, sondern auch Personenmehrheiten. Persönlichkeitsrechte können hierdurch gleichermaßen verletzt werden, wenn der Einzelne aus der Personengruppe

---

47 Etwa Fokus Online (Frank Lehmkuhl), Bedroht, bespuckt, geschlagen (11.11.2011).

48 Etwa Die Welt online (Falk Schneider), Hoffenheim-Mäzen zeigt Dortmunder Fan an, 23.9.2008.

49 So zeigten Fans des FC Erzgebirge Aue beim Spiel gegen RB Leipzig ein Plakat, auf dem Dietrich Mateschitz als Nazi abgebildet war. Dazu wurden Transparente mit der Aufschrift „Ein Österreicher ruft und ihr folgt blind, wo das endet weiß jedes Kind, ihr wärt gute Nazis gewesen!"; Spiegel online (ham), Transparente: Aue-Fans vergleichen Leipzigs Spieler mit Nazis, 6.2.2015.

50 Zu Fan-Anfeindungen etwa gegen den ARD-Sportkommentator Marcel Reif vgl. Süddeutsche Zeitung vom 6.3.2015 (Ralf Wiegand), Reizklima, S. 47.

51 Süddeutsche Zeitung vom 29.1.2015 (Matthias Hufmann), Manndeckung, S. 25.

heraus individualisierbar ist.[52] Die Verunglimpfungen von Personenmehrheiten ist bei Sportveranstaltungen in der Mannschaftssportart Fußball ein typisches Phänomen.[53] Wo bereits im Wettkampf eine Gruppenbildung stattfindet, bilden sich im Selbstverständnis der Fans Lager, die eine – manchmal aggressiv ausgelebte – Rivalität zu anderen Lagern mit sich bringt. Typische Anlässe für die Verunglimpfung von Gruppenmehrheiten sind etwa Spielbegegnungen zwischen traditionell rivalisierenden Vereinen. Besonders sensibel sind derartige Rivalitäten häufig unter Lokalrivalen. Bei entsprechenden „Derbys" kommt zur traditionell gewachsenen Rivalität der Umstand hinzu, dass beide Fanlager regelmäßig in großer Anzahl vor Ort aufeinander treffen.

Dagegen beschränkt sich die Aggression nicht immer auf gegnerische Mannschaften und ihre Fans. So mag sich eine ehrverletzende Schmähkritik auch gegen die eigene Mannschaft richten. Nicht selten werden Mannschaften von eigenen Fans etwa aufgrund schlechter Leistungen verunglimpft (z.B. mit dem Fanruf „Scheiß Millionäre").

Auch dritte Personengruppen werden mitunter Ziel von Fanaggressionen. Hervorzuheben ist hier etwa die Polizei.[54] Je größer das Gefahrenpotential der Fans ist, desto stärker tritt die Polizei in Erscheinung. Hierdurch gerät die Polizei in die Rolle eines Ersatzgegners.[55] Das Verhältnis zur Polizei ist überhaupt ein zentraler Aspekt in der politischen Diskussion über Fankultur und Sicherheit bei Sportveranstaltungen. Im Mittelpunkt dieser Diskussion steht die Frage polizeilicher Zurückhaltung und des Dialogs mit Fans.[56]

Wo eine angegriffene Personengruppe mit der Sportveranstaltung an sich nichts zu tun hat, erlangt ihre Verunglimpfung mitunter eine politische Dimension. Als Beispiel können hier homosexuellenfeindliche Äußerungen von Fans genommen werden. Die Verunglimpfung von Homosexuellen ist nicht bloß ein Verstoß gegen die politische Korrektheit durch Missachtung der Freiheit

52 Zur Beleidigungsfähigkeit von Personenmehrheiten siehe § 2 III 2 b) bb).

53 Vgl. Zick/Winands, in: Feltes (Hrsg.), Polizei und Fußball, S. 143 ff.

54 Hierzu auch Linkelmann, in: Feltes, Polizei und Fußball, S. 21 ff.; Morawski, in: Feltes, Polizei und Fußball, S. 45 ff.

55 In jüngerer Zeit wurden Polizeibeamte durch Fantransparente und Kleidungsstücke mit der Aufschrift „ACAB" verunglimpft. Die Abkürzung steht für „all cops are bastards". Zur Problematik der Strafbarkeit wegen Beleidigung vgl. OLG München NJW-Spezial 2014, S. 90 = Kriminalistik 2014, 241; grundsätzlich auch OLG Karlsruhe SpuRt 13, 71 ff. = JA 2013 S. 232 ff; hierzu § 2 III 2 b) bb).

56 Hierzu Schipfer, in: DPolBl 05/2011, S. 22; Tönjann, in: DPolBl. 01/2012, S. 21 f.

sexueller Identität[57]. Je nach Interpretation der Äußerung ist hierin auch eine Ehrverletzung des Einzelnen zu sehen. Das gilt insbesondere dann, wenn die verunglimpfte Personengruppe instrumentalisiert wird, um einzelne Personen oder andere Personengruppen herabzusetzen. So zielte etwa ein Fanplakat von Fans des *FC Bayern München* mit der Aufschrift „Gay Gunners“ während der Spielbegegnung mit dem *FC Arsenal London* in der *Champions-League*-Saison 2013/14 auf die Verunglimpfung des gegnerischen Vereins, dessen Mannschaft umgangssprachlich als „Gunners“ bezeichnet wird, und nicht nur auf die Diskriminierung von Homosexuellen generell.[58]

5. Rassismus, Antisemitismus und Fremdenfeindlichkeit

Die Verunglimpfung von Personenmehrheiten führt zur speziellen Problematik des politischen Extremismus von Fußballfans. Politische Radikalität kennt viele Erscheinungsformen, wobei die Unterteilung in Links- und Rechtsextremismus besonders griffig erscheint. Wegen der Bedeutung für die Persönlichkeitsrechte einzelner sollen die Aspekte Rassismus, Antisemitismus und Fremdenfeindlichkeit herausgegriffen werden.

Beispiele für rassistische Beschimpfungen bei Sportveranstaltungen lassen sich viele geben.[59] In jüngerer Zeit erregten die rassistischen Beleidigungen durch Fans des *TSV 1860 München* gegen den Spieler *Danny da Costa* in Ingolstadt Aufmerksamkeit.[60] Auch antisemitische Vorfälle sind zu beobachten. Zu besonders schwerwiegenden antisemitischen Fanausschreitungen kam es etwa durch Anhänger des Drittligisten *Dynamo Dresden* bei den Partien gegen *Hertha BSC II* und *Hansa Rostock*.[61] Hier wurden Juden auf Fanplakaten und durch Fanrufe verunglimpft. Antisemitische Diskriminierungen erfolgen indes nicht nur durch die explizite Verachtung von Personengruppen, sondern auch durch die Bezugnahme auf den Nationalsozialismus. Der Äußerungsinhalt erschließt

57 Die Freiheit sexueller Identität ist rechtlich etwa in § 1 AGG kodifiziert.

58 Die Welt online (sid/dpa/pk), Uefa sperrt Bayern-Block wegen homophoben Plakat (24.3.2014).

59 Eine Sammlung von Beispielen findet sich etwa unter dem Begriff „Rassismus im Fußball“ auf http://de.wikipedia.org/wiki/Rassismus_im_Fußball. Weitere Beispiele bei Hilpert, Das Fußballstrafrecht des DFB, S. 143.

60 Die Welt online (sid/jr), Danny da Costa: 1860-Fans beschimpfen Ingolstadts Profi rassistisch (19.8.2013).

61 Vgl. Pilz, Rechtsradikalismus, in: Pilz/Kuhlmann, Sport, Fairplay und Gewalt, S. 118; Zeit Online (Fabian Kunow), Antisemitische Hetze unter Dynamo Dresden-Fans (14.4.2011).

sich hier häufig erst durch besondere Symbole und Anspielungen (vgl. §§ 86, 86 a StGB[62]).[63] Während Hitlergrüße oder Hakenkreuze allgemein als nationalsozialistische Symbole verstanden werden, erschließen sich andere Symbole teilweise nur schwer.[64] Zur Information und Sensibilisierung der Fußballvereine und ihrer Ordnungsdienste gibt der DFB einen Katalog mit entsprechenden Symbolhinweisen heraus.[65]

Die Fußballverbände haben die Problematik des Rassismus im Fußball erkannt und reagieren hierauf mit sportstrafrechtlichen Regelungen und Öffentlichkeitskampagnen. Der DFB hat in § 9 DFB-RuVO Sanktionstatbestände gegen Diskriminierungen wegen der Rasse, Hautfarbe, Sprache, Religion oder Herkunft erlassen. Ähnliche Normen sind in Art. 11 UEFA-RPO und Art. 54 FDC enthalten. Bestraft werden dabei nicht nur die Verhaltensweisen von Spielern und Offiziellen, sondern auch der Zuschauer, soweit sie zurechenbar sind[66]. Für den deutschen Raum hat der DFB darüber hinaus eine Broschüre[67] veröffentlicht, die den Veranstaltern von Sportveranstaltungen einen Leitfaden zur Bewertung extremistischer Symbole und Handlungen geben. Die internationalen Fußballverbände UEFA und FIFA versuchen mit breit angelegten Öffentlichkeitskampagnen *„Respect"* und *„No to Racism"* auf die Situation in Stadien einzuwirken.[68]

III. Exkurs: Rechtsradikalismus und Persönlichkeitsrechtsverletzungen außerhalb von Sportveranstaltungen

Mitunter kommt es auch zu Persönlichkeitsrechtsverletzungen außerhalb der eigentlichen Sportveranstaltungen, zu denen ein personeller Zusammenhang besteht.[69] Namentlich betrifft dies Äußerungen im Rahmen von Demonstrationen

62 Die Gesamtanzahl eingeleiteter Strafverfahren wegen Taten nach § 86 a StGB bei Ligaspielen in Deutschland ist in der Saison 13/14 mit 70 gegenüber der Vorsaison 12/13 mit 103 gesunken; siehe ZIS-Jahresbericht, S. 30.

63 Hierzu § 2 III 2 f).

64 Vgl. Pilz, Rechtsradikalismus, in: Pilz/Kuhlmann, Sport, Fairplay und Gewalt, S. 119.

65 Abgedruckt in der Broschüre DFB-Broschüre gegen Extremismus, Rassismus und Fremdenfeindlichkeit in Fußballstadien (2008), S. 8 ff.

66 Ausführlich zum verbandsrechtlichen Sanktionssystem siehe § 3 II 6.

67 Siehe DFB, Broschüre gegen Extremismus, Rassismus und Fremdenfeindlichkeit in Fußballstadien, Stand 2008.

68 Siehe http://de.uefa.org/social-responsibility/respect/no-to-racism/index.html.; dazu auch § 3 II 4.

69 Vgl. BMI, Verfassungsschutzbericht 2013, S. 73.

und in sozialen Netzwerken. Der personelle Zusammenhang kann sowohl durch handelnde Personen begründet sein (z.B. Aktivitäten von Ultras und Hooligans außerhalb der Sportveranstaltungen) als auch durch die Inhaber der Persönlichkeitsrechte (z.B. öffentliche Herabwürdigungen einzelner Fußballspieler im Internet).

1. Rechtsextreme Demonstrationen

Die sog. *HogeSa*-Bewegung hat den personellen Zusammenhang von Hooligans und der rechtsradikalen Szene verdeutlicht.[70] Bereits die Namensgebung der Bewegung – *HogeSa* steht für „Hooligans gegen Salafisten" – verdeutlicht die wachsende Politisierung der Hooligans. Es bedarf noch eingehender Untersuchungen, wie und in welchem Umfang radikale Fanszenen (Ultras und Hooligans) mit rechtsradikalen Szenen zusammenhängen.[71] *Pilz* spricht zumindest von einer Symbiose beider Szenen, bei der sich rechtsradikale Ideologie und mit der für Hooliganszenen typischen Erlebnisorientierung mischt.[72] Das Ausleben von Fremdenfeindlichkeit durch Hooligans außerhalb der eigentlichen Sportveranstaltungen hat mit den *HogeSa*-Protesten im Jahr 2014 einen Höhepunkt erreicht. Die schweren Ausschreitungen gegenüber der Polizei bei einer Demonstration in Köln am 26.10.2014[73] warfen die Frage auf, ob es sich bei *HogeSa*-Protesten noch um friedliche Versammlungen im Schutzbereich des Art. 8 I GG handelt. Eine zum 15.11.2014 angemeldete Versammlung in Hannover wurde von der Versammlungsbehörde unter Hinweis auf die prognostizierte Gewalttätigkeit verboten. Dem trat das VG Hannover entgegen.[74] Die politische Kundgabe „gegen Salafisten" könne nicht grundsätzlich als unfriedlich angesehen werden, zumal nicht prognostiziert werden könne, ob und welche Versammlungsteilnehmer sich an gewalttätigen Ausschreitungen beteiligen werden. Mit dieser Entscheidung entspricht das VG Hannover den versammlungsrechtlichen Grundzügen

---

70 Ein Austausch rechtsextremer Hooligans findet auch auf europäischer Ebene statt. Nach Presseberichten trafen sich rechtsextreme Hooligans aus verschiedenen europäischenLändern (darunter Deutschland, England, Österreich) am 27.12.2014 zur Koordnation von Demonstrationen in Herne; Der Spiegel 2/2015 (rab), Europäisches Netz, 5.1.2015, S. 95.

71 Ausführlich aber bereits Duben, Strategien gegen Rechtsextremismus, S. 89 ff.

72 Pilz, Rechtsradikalismus, in: Pilz/Kuhlmann, Sport, Fairplay und Gewalt, S. 118, 120.

73 Süddeutsche online (Bernd Dörries), Mit Dosenbier gegen Salafisten und Polizisten, 26.10.2014.

74 VG Hannover, Beschluss vom 13.11.2014 (Az. 10 B 12882/14).

der Brokdorf-Entscheidung des BVerfG.[75] Solange der Versammlungszweck in einer politischen Kundgabe liegt, macht das gewalttätige Auftreten eines Teils der Versammlungsteilnehmer die gesamte Versammlung nicht generell unfriedlich und aufrührerisch.

Die Problematik der Friedlichkeit i.S.d. Art. 8 I GG betrifft zunächst nur die Schutzbereichseröffnung des Grundrechts aus Art. 8 I GG. Durch das Grundrecht aus Art. 8 I GG sollen Versammlungen als originäre Form einer kollektiven Meinungskundgabe (Art. 5 I GG) geschützt werden.[76] Doch auch bei gewaltfreien Versammlungen kann es zu Persönlichkeitsrechtsverletzungen kommen, wenn rechtsradikale, rassistische und antisemitische Parolen verbreitet werden. Hier geraten Grundrechtspositionen aus Art. 1 I GG, Art. 2 I i.V.m. 1 I GG zu kollidierendem Verfassungsrecht.[77] Für Versammlungen unter freiem Himmel besteht gem. Art. 8 II GG ein Gesetzesvorbehalt. Bei dem besonders schutzbedürftigen Versammlungsrecht ist ein Rückgriff auf die allgemeinen Polizeigesetze ausgeschlossen, soweit es sich um versammlungsspezifische Gefahren handelt. Es gilt insoweit eine Polizeifestigkeit des Versammlungsrechts.[78] Zurückgegriffen werden darf also nur auf die Befugnisse des VersG (bzw. BayVersG).[79] Hierin liegt die große Besonderheit gegenüber der polizeirechtlichen Ausgangslage bei Sportveranstaltungen. Denn Sportveranstaltungen sind – soweit sei an dieser Stelle vorgegriffen – nach richtiger und auch herrschender Meinung keine Versammlungen, sondern bloße Veranstaltungen.[80] Die Ausführungen dieser Arbeit über polizeiliche Maßnahmen gegen beleidigende und diskriminierende Fanausschreitungen lassen sich insoweit nicht auf Versammlungen übertragen, da sie sich auf die Polizeigesetze stützen. Auch die Versammlungsgesetze verwenden jedoch an vielen Stellen den Begriff der öffentlichen Sicherheit und

---

75 BVerfGE 69, 315 (354 ff.).

76 Vgl. Gusy, Polizeirecht, Rn. 412.

77 Vgl. Pieroth/Schlink/Kingreen/Poscher, Grundrechte, Rn. 772. Auf kollidierendes Verfassungsrecht als Grundrechtsschranke muss insbesondere bei Versammlungen in geschlossenen Räumen zurückgegriffen werden, für die im Umkehrschluss aus Art. 8 II GG kein Gesetzesvorbehalt besteht.

78 Vgl. Gusy, Polizeirecht, Rn. 419.

79 Seit das Versammlungsrecht mit der Föderalismusreform I (2006) Landesgesetzgebungskompetenz geworden ist, haben nicht alle Länder davon Gebrauch gemacht. In Ländern ohne eigenes Versammlungsgesetz (z.B. NRW) gilt das VersG des Bundes gem. Art. 125 a I GG fort; vgl. Heckmann, in: Becker/Heckmann/Kempen/Manssen Öffentliches Recht in Bayern, 3. Teil Rn. 516 b.

80 Hierzu § 2 III 3 a) cc) bbb).

Ordnung (z.B. der Verbotstatbestand des Art. 15 I BayVersG).[81] Dabei ist eine gleiche Terminologie wie im Polizeirecht gewählt. Auf die Ausführungen dieser Arbeit (§ 2) kann daher verwiesen werden. Zu den klassischen Problemen im Zusammenhang mit rechtsextremen Versammlungen gehört etwa die Frage, ob das Schutzgut der öffentlichen Ordnung durch nationalsozialistische Symbole und Kundgebungen beeinträchtigt wird.[82]

2. Äußerungen in sozialen Netzwerken

Soziale Netzwerke stellen für Persönlichkeitsrechte eine Gefahrenquelle dar. Denn hierbei handelt es sich um Plattformen für Kommunikation und Äußerungen, die keiner redaktionellen Leitung folgen. Darüber hinaus sind Aktivitäten in sozialen Netzwerken auch anonym (oder zumindest unter Pseudonym) möglich. Beleidigungen und rassistische Äußerungen können im Internet ungehindert verbreitet werden.[83]

Um Gefahren durch Aktivitäten in sozialen Netzwerken abzuwehren, hat sich die Praxis der Sperrungsverfügungen entwickelt.[84] Dabei handelt es sich um eine hoheitliche Anordnung an den Betreiber der sozialen Netzwerkplattform, einen bestimmten Inhalt zu sperren. Durch eine solche Verfügung wird in mehrfacher Hinsicht in Grundrechte eingegriffen. Nicht nur die Meinungsfreiheit des Äußernden gem. Art. 5 I 1 Var. 1 GG, sondern auch die Berufsfreiheit der Seitenbetreiber gem. Art. 12 I, 19 III GG sowie die Informationsfreiheit gem. Art. 5 I 1 Var. 2 GG anderer User werden eingeschränkt.[85] Wegen dieser Grundrechtsrelevanz ist eine gesetzliche Grundlage für die Sperrungsverfügung erforderlich. Für Maßnahmen gegen Persönlichkeitsrechtsverletzungen durch Fans und Hooligans kommt hierfür die polizeiliche Generalklausel gem. § 8 I PolG NRW, Art. 11 I BayPAG in Betracht. Deren Anwendbarkeit dürfen jedoch keine medienrechtlichen Spezialregelungen entgegenstehen. Internetseiten wie soziale Netzwerke stellen Telemedien i. S. d. § 1 I 2 RStV, § 1 I TMG dar.[86]

---

81 Dazu Vgl. Hader, Extremistische Demonstrationen als Herausforderung des Versammlungsrechts, S. 133 ff.

82 Hierzu § 2 IV.

83 Etwa Spiegel online (Christoph Ruf), Hass-Austausch im Internet: Das Nazi-Hool-Netzwerk, 5.5.2014; Pilz, Rechtsradikalismus, in: Pilz/Kuhlmann, Sport, Fairplay und Gewalt, S. 123 ff.

84 Vgl. Schmidbauer, in: Schmidbauer/Steiner, PAG, Art. 11 Rn. 154.

85 Vgl. Fechner, Medienrecht, Kapitel 12 Rn. 264.

86 Vgl. Fechner, Medienrecht, Kapitel 12 Rn. 264.

Soweit es um die Überwachung medienrechtlicher Spezialvorschriften geht, verdrängt die Spezialvorschrift des § 59 III RStV das allgemeine Polizeirecht.[87] Gem. § 54 I 2 RStV sind die Vorschriften der allgemeinen Gesetze und die gesetzlichen Bestimmungen zum Schutz der persönlichen Ehre hiervon jedoch ausdrücklich ausgenommen. Hier bleibt es mangels Spezialvorschrift beim allgemeinen Polizeirecht, so dass auf die polizeirechtliche Generalklausel gem. § 8 I PolG NRW, Art. 11 I BayPAG abgestellt werden kann.[88]

Soziale Netzwerke stellen die Äußerungen ihrer User nicht selbst ins Internet, sind also keine *Content-Provider* i. S. d. § 7 I TMG. Dennoch stellen sie die Plattform für die jeweiligen Äußerungen bereit. Nach allgemeinen Grundsätzen können sie daher als Zustandsstörer in Anspruch genommen werden.[89] Wegen der Anonymisierung der User ist eine unmittelbare Inanspruchnahme der äußernden Personen meist nicht möglich.

---

87 Vgl. Schenke, Polizeirecht, Rn. 387, 391.

88 Vgl. Schmidbauer, in: Schmidbauer/Steiner, PAG, Art. 11 Rn. 155; Schenke, Polizeirecht, Rn. 387.

89 Vgl. Schmidbauer, in: Schmidbauer/Steiner, PAG, Art. 11 Rn. 156 ff.; Schenke, Polizeirecht, Rn. 395 f.

§ 2 Die Schutzgüter der öffentlichen Sicherheit und Ordnung

Die öffentliche Sicherheit und Ordnung stellen die zentralen polizeirechtlichen Schutzgüter dar und bieten den wichtigsten Ansatzpunkt für die Beurteilung polizeilicher Handlungsmaximen. Die bisher beschriebenen Sachverhalte sollen daher auf Störungen dieser polizeirechtlichen Schutzgüter hin untersucht werden.

I. Der Begriff der öffentlichen Sicherheit und Ordnung als Ausgangspunkt

Öffentliche Sicherheit und Ordnung drücken die polizeirechtlichen Schutzgüter aus. Die schutzgutsbezogene Blickrichtung liegt auch dieser Arbeit zu Grunde: Es geht um die staatliche Abwehr drohender Persönlichkeitsrechtsverletzungen im Rahmen großer Sportveranstaltungen. Dass der Staat zur Abwehr drohender Rechtsverletzungen im Rahmen seines Gewaltmonopols berufen ist, ist für das Gesellschaftsgebilde eines Rechtstaats charakteristisch.[90] Im Gegenzug bedarf es aber gerade im Hinblick auf die rechtsstaatlich gebotene Bestimmtheit der Handlungsermächtigungen einer begrifflichen Umschreibung jener Situationen, die den Staat zum Handeln anhalten.[91] Diese Umschreibungsfunktion erfüllt der Begriff der Gefahr für die öffentliche Sicherheit und Ordnung, der als Tatbestandsmerkmal in einer Vielzahl sicherheitsrechtlicher Rechtsnormen – in dieser Zusammenstellung insbesondere in den polizei- und sicherheitsrechtlichen Generalklauseln[92] – zu finden ist. Als zentrales sicherheitsrechtliches Tatbestandsmerkmal ist die öffentliche Sicherheit und Ordnung bildlich dargestellt der Dreh- und Angelpunkt bei der Untersuchung der vorliegenden Fallgruppe. Die Persönlichkeitsrechtsverletzungen sind daher im Folgenden zu definieren und unter den Begriff der öffentlichen Sicherheit und Ordnung zu subsumieren.

90 Vgl. insoweit den materiellen Polizeibegriff; Pieroth/Schlink/Kniesel, Polizei- und Ordnungsrecht, § 1 Rn. 28; Schenke, Polizeirecht, Rn. 2 ff; Gusy, Polizeirecht, Rn. 4 ff.

91 Vgl. Degenhart, Staatsrecht I, Rn. 375.

92 Etwa § 8 I PolG NRW, Art. 11 I BayPAG.

II. Störung und Gefahr für die öffentliche Sicherheit und Ordnung

Nach § 1 I PolG NRW, Art. 2 I BayPAG hat die Polizei die Aufgabe, Gefahren für die öffentliche Sicherheit und Ordnung abzuwehren. Die passive Beschreibung der öffentlichen Sicherheit und Ordnung als Schutzgüter trifft hier auf einen bestimmten Zustand (die Gefahr). Dass die Gefahr in der Aufgabennormierung genannt wird, liegt an der präventiven Funktion der Polizei. Sie soll die Schutzgüter der öffentlichen Sicherheit und Ordnung schützen, auch wenn es (noch) zu keinem Schaden gekommen ist. So liegt der Gefahr auch eine Prognose[93] zugrunde, die von der Wahrscheinlichkeit eines Schadens bei ungehindertem Geschehensverlauf ausgeht. Doch ist die Polizei nicht auf die Abwehr künftiger Gefahren beschränkt, sondern kann (und muss) erst recht eingreifen, wenn es bereits zu einer Störung eines Schutzguts gekommen ist. Unter dem Begriff der Gefahrenabwehr als polizeiliche Aufgabe gem. § 1 I PolG NRW, Art. 2 I BayPAG sind die Aspekte der Gefahrenvorbeugung (Gefahrenvorsorge, Verhinderung von Straftaten) sowie die Beseitigung bestehender Störungen und Schäden zusammengefasst.[94] So verhält es sich mitunter auch bei Persönlichkeitsrechtsverletzungen. Wird eine Person bei einer Sportveranstaltung verunglimpft, tritt unmittelbar eine Ehrverletzung ein. Hier liegt keine Gefahr im Sinne eines prognostizierten Geschehensverlaufes, sondern die Störung eines Schutzguts der öffentlichen Sicherheit vor, mithin also eine Gefahr im polizeirechtlichen Sinn.

Mitunter kommt es auch vor, dass die Störung von Persönlichkeitsrechten zugleich eine Gefahr für andere Rechtsgüter darstellt. Bei Sportveranstaltungen kommt dies besonders häufig unter dem Gesichtspunkt der Provokation von Gewalttaten vor (reaktive Gewalt)[95]. So mag eine Fangruppe eine andere Personengruppe, etwa die Anhänger der gegnerischen Mannschaft, beleidigen und hierdurch Persönlichkeitsrechte verletzen. Zugleich liegt hier aber auch die Gefahr vor, dass es zu gewalttätigen Auseinandersetzungen zwischen den Fanlagern kommen könnte.[96] Insoweit droht ein Schaden für die öffentliche Sicherheit, da

---

93 Hierzu § 5 I.

94 Honnacker/Beinhofer/Hauser, PAG, Art. 2 Rn. 9; Gusy, Polizeirecht, Rn. 101, vgl. unten § 5 I.

95 Vgl. Pilz, Gewalt im Sport, in: Pilz/Kuhlmann, Sport, Fairplay und Gewalt, S. 13.

96 Hier stellt sich die Frage, inwieweit die provozierenden Fans als Störer im Hinblick auf die Gefahren durch die Gewalt der gegnerischen Fans zu sehen sind; hierzu Müller-Eiselt, in: Verwaltungsrundschau 2014, S. 89 f.

es zu Gewaltstraftaten (z.B. §§ 223, 224 I StGB) und Verletzungen von Leib, Leben und Eigentum kommen kann.[97]

III. Die öffentliche Sicherheit

Die Begriffe Öffentliche Sicherheit und Ordnung werden im Gesetzestext meist gemeinsam verwendet. Gleichwohl sind die beiden sicherheitsrechtlichen Schutzgüter voneinander zu trennen, wobei die öffentliche Sicherheit die weitaus praxisrelevantere Alternative[98] ist.[99]

Unter den Begriff der öffentlichen Sicherheit werden üblicherweise neben der Funktionsfähigkeit der Einrichtungen und Veranstaltungen des Staates und anderer Hoheitsträger die Einhaltung der objektiven Rechtsordnung sowie die subjektiven Rechte Einzelner verstanden.[100]

1. Objektive und subjektive Schutzrichtungen

Ausgehend von der soeben genannten Definition können Beschimpfungen durch Zuschauer im Rahmen von Sportveranstaltungen in zweierlei Hinsicht eine Beeinträchtigung der öffentlichen Sicherheit darstellen. Denn dabei lassen sich zwei verschiedene Schutzrichtungen unterscheiden. Je nach Adressat der Schutzgewährung wird von individualbezogener und gemeinschaftsbezogener Schutzrichtung gesprochen.[101]

a) Subjektive Rechte im polizeirechtlichen Sinn

Bei der rechtlichen Situation eines verunglimpften Einzelnen in einem Fußballstadion geht es naturgemäß um dessen Individualinteressen. Daran zeigt sich, dass die objektive Rechtsordnung und die subjektiven Individualrechte einander nicht unverbunden gegenüber stehen. Dieser Dualismus zeigt sich in der Grundrechtsdogmatik[102]ebenso wie bei der Einordnung des materiellen

---

97 Ein Beispiel für diese Situation bei Müller-Eiselt, in: Verwaltungsrundschau 2014, S. 89.

98 Schenke spricht von einer „Reservefunktion“ der öffentlichen Ordnung, siehe Schenke, Polizeirecht, Rn. 63.

99 Vgl.: Poscher/Rusteberg, in: JuS 2011, S. 985.

100 So etwa auch die Legaldefinition in § 2 Nr. 2 HBPolG; siehe auch Gusy, Polizeirecht, Rn. 79; Pieroth/Schlink/Kniesel, Polizeirecht, S. 118 Rn. 3.

101 So etwa in Schenke, Polizeirecht, Rn. 53; Heckmann, in: Becker/Heckmann/Kempen/Massen, Öffentliches Recht in Bayern, 3. Teil Rn. 101 ff.

102 Vgl. Hufen, Grundrechte, § 5 Rn. 3.

Strafrechts[103] in den Begriff der öffentlichen Sicherheit. Bereits an dieser Stelle lässt sich feststellen, dass beiden Regelungsmaterien neben dem Schutz des Einzelnen auch ein erhebliches (öffentliches) Interesse der Allgemeinheit innewohnt, da Verletzungen in diesen sensiblen Bereichen auch die Werteordnung an sich erschüttern können.

Aus sicherheitsrechtlicher Sicht ist dagegen die Abgrenzung der durch die öffentliche Sicherheit geschützten subjektiven Rechte von den rein privaten Rechten von Bedeutung, zu deren Schutz die Polizei nur unter engen Voraussetzungen berufen ist, § 1 II PolG NRW, Art. 2 II BayPAG.[104] Hier bedarf es eines Unterscheidungskriteriums, das der teleologischen Ausrichtung des Polizeirechts gerecht wird. Mögliche Abgrenzungskriterien sind hier das öffentliche Interesse sowie der öffentlich-rechtliche Normcharakter, die beide im Falle grundrechtlich geschützter Rechtspositionen herangezogen werden können. Subjektive Rechte sind durch die öffentliche Sicherheit geschützt, sofern an ihnen ein öffentliches Interesse besteht.[105] Ansonsten handelt es sich um rein private Rechte, die ggf. nach § 1 II PolG NRW, Art. 2 II BayPAG zu schützen sind.[106] Ausgangspunkt ist auch bei dieser Überlegung die Erkenntnis, dass manche Individualrechte auch der Verwirklichung der objektiven Werteordnung und damit der Rechtsordnung dienen. Wenn dies für ein Recht der Fall ist, so bedarf es aus Sicht der Polizei keiner weiteren Begründung dafür, dass sie in die Rechtsbeziehungen zwischen Privaten eingreift. Denn der Sinn und Zweck der öffentlichen Sicherheit ist bereits tangiert. Die durch die öffentliche Sicherheit geschützten Individualrechte müssen daher durch öffentliches Recht gewährt sein.[107] Wie bereits angeschnitten, ist dies etwa bei Grundrechten und im Strafrecht der Fall. Dagegen gibt es eine Vielzahl von subjektiven Rechten, an deren Schutz die Allgemeinheit nur ein geringes Interesse hat und die deshalb allein dem Privatrecht zu entnehmen

103 Pieroth/Schlink/Kniesel, Polizeirecht, S. 122 Rn. 12.

104 Neben der Mitwirkung des Rechteinhabers – etwa durch Antragsstellung – erlangt bei dieser Variante der Gefahrenabwehr insbesondere der Subsidiaritätsgrundsatz Bedeutung, so dass polizeiliches Handeln i.d.R. nur möglich ist, wenn die insbesondere durch das Zivilverfahrensrecht vorgesehenen Mechanismen der Rechtsdurchsetzung zu spät kämen oder vereitelt werden, vgl. Gusy, Polizeirecht, S. 95.

105 Neben der teleologischen Auslegung stellen manche Polizeigesetze auch ein Wortlautargument hierfür bereit, so § 1 I 1 PolG BW oder § 1 I 1 SächsPolG; vgl. Schoch, Der Schutz privater Rechte, in: JURA 2013, S. 469 Fn. 13.

106 Vgl. Schoch, Der Schutz privater Rechte, in: JURA 2013, S. 469; zum Schutz privater Rechte vgl. § 5 II 1.

107 Vgl. Gusy, Polizeirecht, S. 86.

sind.[108] Bisweilen gib es auch Fälle, in denen rechtliche Interessen sowohl öffentlich-rechtlich als auch privatrechtlich geschützt sind. Für die vorliegende Fallgruppe ist insbesondere das Allgemeine Persönlichkeitsrecht als Rahmenrecht des § 823 I BGB zu nennen. Öffentliches und privates Recht spielen hier zusammen.[109] So wird auch das deliktsrechtliche Rahmenrecht aus Art. 1 I i.V.m. 2 I GG hergeleitet.[110] Es ist dennoch nicht mit diesem identisch, da es sowohl einer anderen Prüfungsdogmatik unterliegt[111], als auch andere Rechtsfolgen mit sich bringt (Schmerzensgeld nach §§ 249 I, 253 I BGB / Abwehranspruch nach § 1004 BGB anlog[112]).[113] Das zivilrechtliche Allgemeine Persönlichkeitsrecht ist gerade kein Teil der öffentlichen Sicherheit. Würde die Polizei beispielsweise auf Bitten des Betroffenen ein Video von den Zuschauern zur Verwendung als Augenscheinsbeweis im Zivilprozess (§ 371 ZPO) anfertigen, erfolgte dies nicht zur Gefahrenabwehr, sondern allenfalls zum Schutz privater Rechte, § 1 II PolG NRW, Art. 2 II BayPAG.

In diesem Zusammenhang sind m. E. auch Verletzungen von sportrechtlichen Verbandsnormen zu sehen. Die Sportverbände können zur Regelung des Sportbetriebs untergesetzliches Recht in Form von Statuten erlassen.[114] Mit diesen Statuten kommen die Verbände mitunter zwar auch der Kodifizierung gebotener Sicherheitspflichten nach. Wird aber bestimmtes Verhalten der Zuschauer als Verstoß gegen Verbandsstatuten bewertet, so besteht an der Einhaltung dieser sportinternen Normen aus Sicht der Polizei nur ein geringes öffentliches Interesse, da letztlich nur der sportliche Ablauf geregelt wird (denn nur soweit reicht die Rechtssetzungskompetenz der Verbände). Wenn etwa Art. 74 Nr. 3

108 Ein solches privates Recht ist beispielsweise das Namensrecht des § 12 BGB, sofern es nicht zugleich die Privatsphäre einer Person betrifft (BGH NJW 00, 2195/97). Keine Gefahr im polizeirechtlichen Sinne wäre es daher, wenn Fußballfans den Namen ihres Vereins auf Bannern verwenden, obwohl ihnen die Verwendung (beispielsweise wegen der Bannerinhalte) von diesem Verein untersagt wurde. Das Namensrecht des § 12 BGB ist nämlich auch auf juristische Personen wie einen e.V. anzuwenden (Ellenberger, in: Palandt, BGB, § 12 Rn. 9; BGH NJW 70, 1270).

109 Vgl. Schenke, Polizeirecht, Rn. 54

110 Siehe Sprau, in: Palandt, BGB, § 823 Rn. 84.

111 Angewandt wird zwar der klassische Anspruchsaufbau des Zivilrechts mit der Maßgabe, dass die Rechtswidrigkeit einer Persönlichkeitsrechtsverletzung als Rahmenrecht erst positiv durch Abwägung zu ermitteln ist. BGH NJW 12, 2197; Sprau, in: Palandt, BGB, § 823 Rn. 95.

112 Vgl. Grunewald, Bürgerliches Recht, § 23 Rn. 8 ff.

113 BGH NJW 2008, 20, 23.

114 Dazu ausführlich unten § 3.

FDC *„das Vorzeigen ehrverletzender Spruchbänder oder ehrverletzende Rufe"* als (Verbands-) Rechtsverstoß genannt wird, bedeutet dieser Statutenverstoß keine Störung der öffentlichen Sicherheit.

b) Objektive Schutzrichtungen

Ebenso wie es Individualinteressen gibt, die vom öffentlich-rechtlichen Gefahrenabwehrrecht nicht mehr umfasst sind, gibt es auf der anderen Seite auch objektivrechtliche Schutzrichtungen, bei denen Individualinteressen keine oder eine untergeordnete Rolle spielen. Auf den ersten Blick könnte man diese objektiven Schutzgüter für die vorliegende Untersuchung außer Acht lassen, da es bei Persönlichkeitsrechtsverletzungen bereits begrifflich und naturgemäß um Individualinteressen geht. Ansatzpunkte hierfür sind dennoch denkbar, wenngleich sie teilweise einer umständlichen Herleitung bedürfen.[115]

So läge es etwa tatsächlich fern, die Funktionsfähigkeit und Integrität der Veranstaltungen und Einrichtungen des Staates in Gefahr zu sehen, wenn eine Einzelperson im Rahmen einer Sportveranstaltung verunglimpft wird. Selbst wenn diese Person das Amt eines Verfassungsorgans innehätte – wie etwa der Bundespräsident – so wird man auf dessen persönliche (grundrechtliche) Integrität und nicht etwa auf die des Verfassungsorgans abstellen.[116] Zu denken wäre in diesem Fall jedoch an Strafverfolgungsmaßnahmen im Hinblick auf § 90 I StGB.[117]

Dagegen liegt es nicht ganz so fern, die mittelbaren Folgen von Persönlichkeitsrechtsverletzungen bei Sportveranstaltungen für objektive Schutzgüter zu berücksichtigen. So ist etwa zu bedenken, dass jedenfalls ab einem bestimmten Ausmaß der Persönlichkeitsrechtsverletzungen auch die Sportveranstaltung an

---

115 Fraglich ist etwa, ob die öffentliche Sicherheit unter dem Gesichtspunkt auswärtiger Angelegenheiten gefährdet ist, wenn die mitgereisten Fans einer Nationalmannschaft bei einem Länderspiel wegen ihrer Nationalität verhöhnt und verunglimpft werden. Denkbar wäre es, die Pflege diplomatischer Beziehungen zu anderen Staaten als eine Aufgabe der auswärtigen Gewalt (vgl. Art. 72 I Nr. 1 GG) und damit als Teil der Funktionsfähigkeit des Staates zu sehen. Das Zuschauerverhalten kann dem Staat jedoch nicht zugerechnet werden, so dass eine sicherheitsrechtlich relevante Störung völkerrechtlicher Beziehungen nicht entstehen wird.

116 Hier liegt ein Unterschied zur Beurteilung von Gefahren durch Gewalthandlungen. Würden die Zuschauer den Bundespräsidenten nicht nur beschimpfen sondern tätlich angreifen, läge zugleich eine Gefahr für das Verfassungsorgan selbst vor. Erst in diesem Fall wäre die Zuständigkeit der Personenschutzabteilung des Bundeskriminalamtes (BKA) gem. § 5 I Nr. 1 a BKAG eröffnet.

117 Vgl. Fischer, StGB, § 90 Rn. 2.

sich betroffen ist. So kann es beispielsweise sein, dass ein Schiedsrichter das Spiel unterbricht, weil ein beträchtlicher Teil der Zuschauer rassistische Beschimpfungen in einer Weise von sich gibt, dass sie die Gesamtatmosphäre im Stadion prägen. Spätestens dann, wenn der Schiedsrichter das Spiel unterbricht (auch ohne polizeiliche Intervention) ist die Veranstaltung an sich gestört. An dieser Stelle sind weitaus mehr Rechtsgüter betroffen, als die Persönlichkeitsrechte der verunglimpften Spieler. Mitunter handelt es sich dabei wiederum hauptsächlich um Individualinteressen Dritter, wie die grundrechtlich geschützten Rechtspositionen der Veranstalter, Vereine, (friedlichen) Zuschauer etc. Auf deren Berücksichtigung wird im Rahmen der unten folgenden Untersuchung der Grundrechtspositionen noch eingegangen.

Es stellt sich aber auch die Frage, ob der Betrieb der Sportveranstaltung an sich objektivrechtlich i. S. d. öffentlichen Sicherheit und Ordnung Berücksichtigung findet.

Die Herleitung einer objektiv-rechtlichen Gefahr aus einfachgesetzlicher Ebene würde voraussetzen, dass ein Allgemeininteresse an der Veranstaltung von Sportereignissen in einer öffentlich-rechtlichen Ge- oder Verbotsnorm Einzug gefunden hat. Dem steht jedoch grundsätzlich entgegen, dass Sportveranstaltungen von Sportverbänden durch autonomes Verbandsrecht und rein privatrechtlich organisiert werden.[118]

Ebenso wenig wird sich eine objektivrechtliche Bedeutung der Sportveranstaltung aus der Beteiligung staatlicher oder sonstiger öffentlich-rechtlicher Einrichtungen an der Veranstaltung im sicherheitsrechtlichen Sinne herleiten lassen. Tatsächlich besteht diese öffentlich-rechtliche Teilhabe in vielfacher Weise. So mag der Staat steuerlich von der Sportveranstaltung profitieren[119] oder die Gemeinde Eigentümerin des Stadions sein oder eine öffentlich-rechtliche

118 Das Verbandsrecht erfährt durch die sich aus Art. 9 I GG ergebende grundrechtliche Pflicht zur Ausgestaltung freilich eine öffentlich-rechtliche Komponente. Doch geht es auch dabei wiederum um die subjektiven Grundrechtspositionen der jeweiligen Sportverbände (auch Schutzpflichten). Zum Freiheitsrecht des Art. 9 I GG gehört jedoch, dass die Ausgestaltung des Verbandsrecht dem Bürger-Bürger-Verhältnis Rechnung trägt und mithin privatrechtlich geprägt wird. Für den Bereich deutscher Sportverbände vgl. Vieweg, Normsetzung und –anwendung deutscher und internationaler Verbände, S. 150 ff, 70 ff.

119 Zur umsatzsteuerrechtlichen Behandlung von Sportveranstaltungen vgl. Fechner/Arnhold/Brodführer, Sportrecht, Kapitel 11 Rn. 21.

Fernsehanstalt die Übertragungsrechte wahrnehmen.[120] Doch finden all diese öffentlich-rechtlichen Interessen noch keinen Eingang in die objektiv-rechtliche Dimension der Gefahrenabwehr, da eben ein Bezug zur objektiven Werte- und Rechtsordnung nicht hinreichend gegeben ist.

Dagegen hat *Deusch* einen interessanten Ansatz zur Herleitung einer objektiv-rechtlichen Gefahrenabwehr mit der Erwägung aufgezeigt, eine Schutzpflicht von Sportveranstaltungen könne sich aus der staatlichen Sportförderungspflicht[121] ergeben.[122] Insoweit stellt sich die Frage, ob sich eine Sportförderpflicht aus der Verfassung mit der Folge einer objektiv-rechtlichen Schutzfunktion herleiten lässt. Ein Ansatzpunkt könnte eine aus Art. 5 I GG abzuleitende Kulturförderung sein. Fraglich ist hierbei aber schon, ob sich aus dem Freiheitsrecht des Art. 5 I GG eine Förderungspflicht ergibt. Denn dies ginge über eine aus dem status positivus des Grundrechts führende Schutzpflicht weit hinaus. Bei der Umsetzung grundrechtlicher Schutzpflichten steht dem Gesetzgeber ein weiter Gestaltungsspielraum zu. Bei der finanziellen Förderung des Sportwesens geht es weniger um den Schutz von Grundrechten, als um die Förderung einer gesellschaftspolitisch erwünschten Materie. Passender ist daher die Erwägung, ob staatliche Sportförderung der Umsetzung eines Staatsziels dient.[123] Staatsziele sind verfassungsrechtlich normiert und verpflichten den Staat, zur Verwirklichung des jeweiligen Ziels beizutragen.[124] Staatziele finden sich im Grundgesetz nur weinige (z.B. das soziale Staatsziel des Art. 20 I GG). Während das Grundgesetz ein Staatsziel Sport nicht kennt, existieren in den meisten Landesverfassungen Anknüpfungspunkte durch die Kulturförderung.[125] Für den bayerischen

---

120 Neben dem Spielübertragungsrecht, welches ein bloßes wirtschaftliches Interesse der Fernsehanstalt ist, lässt sich möglicherweise eine objektiv-rechtliche Dimension der Berichterstattung im Hinblick auf die Grundversorgung der Bevölkerung mit der Berichterstattung über Großereignisse nach § 4 RStV durch die öffentlich-rechtlichen Rundfunk- und Fernsehanstalten herleiten, vgl. Petersen, Medienrecht § 2 Rn. 21 ff., § 9 Rn. 55 ff. Die Berichterstattung als solche ist aber in keinem Fall von Persönlichkeitsrechtsverletzungen durch Zuschauer beeinträchtigt, selbst wenn das übertragene Fußballspiel unter- oder abgebrochen würde.

121 Auf europäischer Ebene ist eine Förderung des Sports durch die EU in Art. 165 I 2 AEUV vorgesehen. Dabei wird der Funktion des Sports als Teil des Wirtschaftslebens hervorgehoben. Vgl. Niedobitek, in: Streinz, EUV/AEUV, Art. 165 Rn. 30.

122 Siehe Deusch, Polizeiliche Gefahrenabwehr bei Sportgroßveranstaltungen, S. 79 ff.

123 Dazu auch Gädeke, Sportgroßveranstaltungen, S. 63 ff.

124 Vgl. Degenhart, Staatsorganisationsrecht, Rn. 593.

125 Vgl. Zuck, in: NJW 2014, S. 277, mit der Forderung nach der Aufnahme eines grundgesetzlichen Staatsziels Sport.

Raum etwa ließe sich auch die Kulturstaatlichkeit des Art. 3 I BV anführen, durch die ein solches Staatsziel konstituiert wird.[126] Es ist jedoch bereits fraglich, ob eine Sportveranstaltung unter den Kulturbegriff im Sinne der staatlichen Förderungsmaterie fällt[127], was *Deusch* verneint.[128] Die finanzielle und organisatorische Unterstützung des Sportwesens etwa durch die Innenministerien[129] ist weniger als Umsetzung eines Staatsziels zu verstehen, als eine bloße Staatsförderung, für deren Ausgestaltung sowohl dem Gesetzgeber als auch der Regierung ein weiter Ermessenspielraum zusteht.[130] Diese Staatsförderung ist sicherheitsrechtlich indes unbedeutend.

Für den Bereich der Persönlichkeitsrechtsverletzungen kommt es auf die objektiv-rechtliche Bedeutung der Sportveranstaltungen kaum an. Denn der Ablauf einer Sportveranstaltung ist grundsätzlich von den Bekundungen der Zuschauer unabhängig. Erst wenn die Persönlichkeitsrechtsverletzungen ein derart großes Ausmaß annehmen, dass sie gegenüber anderen rechtlichen Belangen Überhand gewinnen, wird die Sportveranstaltung als Ganzes beeinträchtigt. In solchen Fällen reicht die subjektive Schutzrichtung des Gefahrenbegriffs bereits als Handlungsanlass für die Polizei bei weitem aus, so dass es eines Rückgriffs auf die objektivrechtliche Schutzrichtung nicht mehr bedarf.

2. Strafrechtliche Handlungen

Der Schutz der Persönlichkeit findet neben seiner grundrechtlichen Dimension auch Eingang in das Zivil- und Strafrecht. Persönlichkeitsrechtsverletzungen können daher auch unter dem Gesichtspunkt der präventiven Abwehr von Straftaten[131] eine polizeirechtliche Gefahr begründen. Für die vorliegende Untersuchung ist dabei erforderlich, dass es sich um Straftaten handelt, deren Schutzgut Persönlichkeitsrechte sind. Daneben sollen auch solche Delikte betrachtet

---

126 Dabei wird der Staatszielbestimmung sogar eine objektiv-rechtliche Schutzpflicht des Staates entnommen, die Kultur, Kulturgüter und die Kulturschaffenden zu schützen; BayVerfGH 28, 107 (118); Kempen, in: Becker/Heckmann/Kempen/Manssen, Öffentliches Recht in Bayern, 1. Teil Rn. 148.

127 Dazu auch Gädeke, Sportgroßveranstaltungen, S. 29 f.

128 Deusch, Polizeiliche Gefahrenabwehr bei Sportgroßveranstaltungen, S. 81 f.

129 Zur Struktur der Sportförderung auf Bundesebene vgl. Fechner/Arnhold/Brodführer, Kapitel 2 Rn. 33; zur Struktur insgesamt vgl.

130 Segerer bezeichnet die Sportförderung als „de facto“ öffentliche Aufgabe; vgl. Segerer, Wirkung der Grundrechte zwischen Sportlern, Sportvereinigungen und Staat, S. 94.

131 Zur Abgrenzung des präventiven Polizeirechts vom repressiven Strafverfolgungsrecht siehe § 5 III.

werden, die teleologisch zwar nicht primär dem Schutz der Persönlichkeit dienen, deren Tathandlungen aber typischerweise mit Persönlichkeitsrechtsverletzungen einher gehen.

a) Die Bedeutung des materiellen Strafrechts im Polizeirecht

Straftaten sind eine klassische Form der Gefahr für die öffentliche Sicherheit.[132] Das Strafrecht ist das schärfste Schwert des Staates bei der Durchsetzung der Rechtsordnung.[133] Nur die wichtigsten Rechtspflichten sind strafbewehrt, weshalb sie auch ein zentrales Element der öffentlichen Sicherheit i.S.d. Polizeirechts sind.

aa) Der strafrechtliche Prüfungsumfang

In der Strafrechtslehre hat sich eine gefestigte Dogmatik der Deliktsprüfung entwickelt. Unterschieden werden objektiver Tatbestand, subjektiver Tatbestand, Rechtswidrigkeit und Schuld. Hinter dieser Unterteilung steckt die grundlegende Unterscheidung zwischen dem Unwertsgehalt einer Tat (objektiver Tatbestand und Rechtswidrigkeit) und der persönlichen Vorwerfbarkeit[134] gegenüber dem Täter (subjektiver Tatbestand und Schuld).[135] Der Natur des Strafrechts gemäß ist die beschriebene Dogmatik auf die Straffindung für den Täter ausgerichtet. So ließe sich mit den Strafausschließungsgründen und den Strafprozessvoraussetzungen noch ein weiterer Aspekt der Justiziabilität ergänzen. Soweit die Polizei als Strafverfolgungsorgan (§ 163 I StPO) tätig wird, sind alle genannten Aspekte auch für sie relevant. Anders stellt sich die Situation dagegen dar, wenn die Polizei als Sicherheitsbehörde Gefahren für die öffentliche Sicherheit abwehren soll, § 1 I PolG NRW, Art. 2 I BayPAG. Die öffentliche Sicherheit fasst Rechtsgüter zusammen, deren Verletzung nicht von der Vorwerfbarkeit gegenüber einem Täter abhängen. Das Polizeirecht dient nur der Verhinderung der strafrechtlich

---

132 Vgl. insoweit die Typisierung der Gefahr in Art. 11 II 1 Nr. 1 BayPAG; Schmidbauer, in: Schmidbauer/Steiner, PAG, Art. 11 Rn. 86.

133 Vgl. Pieroth/Schlink/Kniesel, Polizeirecht, § 8 Rn. 12.

134 Vgl. Frister, in: JuS 2013, S. 1057.

135 Diese Unterscheidung wird in einem Beispiel von *Kaspar* deutlich: Überschüttet ein Spieler den gegnerischen Trainer mit einem Eiswassertopf, erfüllt dies den objektiven Tatbestand der (tätlichen) Beleidigung gem. § 185 StGB. Der Spieler ging jedoch davon aus, dass es sich um den eigenen Trainer handelte. Subjektiv ging es ihm um eine Geste, die bei Siegen in amerikanischen Sportarten üblich ist. Hier liegt ein Tatbestandsirrtum gem. § 16 I StGB vor, so dass eine Strafbarkeit zu verneinen ist; vgl. Kaspar, in: JuS 2004, S. 412.

sanktionierten Rechtsverletzungen.[136] Die Dogmatik des materiellen Strafrechts ist daher nur in eingeschränktem Maße im Rahmen der Gefahrenbeurteilung anzuwenden. Insoweit kommt es alleine auf den drohenden Eintritt des objektiven Unrechtsgehalts der Strafnorm an, der die öffentliche Sicherheit durchbricht.[137] Die Polizei muss indes die Schuld des Täters oder den subjektiven Tatbestand nicht prüfen.[138]

Für die nachfolgenden Ausführungen sind daher insbesondere der objektive Tatbestand und die Rechtswidrigkeit von Bedeutung, wobei letztere in der Regel indiziert wird.[139]

bb) Insbesondere: Die Bedeutung des Strafantrags

Eine ähnliche Fragestellung ergibt sich im Zusammenhang mit dem Strafantragserfordernis (§ 77 StGB). Bei den für die vorliegende Fallgruppe relevanten Straftaten gegen Persönlichkeitsrechte handelt es sich überwiegend um Antragsdelikte, allen voran bei der Beleidigung nach § 194 I StGB.

Für die Frage, welche Auswirkungen das Strafantragserfordernis für das Polizeirecht hat, ist sein Sinn und Zweck zu betrachten. Der Strafantrag soll in erster Linie das Legalitätsprinzip des § 170 I StPO für Delikte einschränken, die in ihrem Unrechtsgehalt über den Rechtskreis des Opfers in der Regel nicht hinausgehen.[140] Bei diesen Delikten besteht in der Regel kein öffentliches Interesse an der Strafverfolgung.[141] Hilft ein besonderes öffentliches Interesse teilweise, etwa bei Körperverletzungsdelikten gem. § 230 I StGB über das Fehlen eines Strafantrags hinweg, existiert ein solche Regelung im Zusammenhang mit Beleidigungsdelikten gem. § 194 I StGB nicht.[142]

Im vorliegenden Kontext sind zwei Besonderheiten relevant. Ein öffentliches Interesse an der Verfolgung einer Beleidigung liegt gem. § 194 I 2 StGB bei

---

136 Hierin liegt ein wichtiger Unterschied zum Strafprozessrecht, vgl. § 5 III.

137 Vgl. Schmidbauer/Steiner, PAG, Art. 11 Rn. 90.

138 Vgl. Pieroth/Schlink/Kniesel, Polizeirecht, § 8 Rn. 18.

139 Vgl. Fischer, StGB, vor 13 Rn. 46.

140 Vgl. Lackner/Kühl, StGB, § 77 Rn. 1; Fischer, StGB, vor § 77 Rn. 1 ff.

141 Das Strafantragserfordernis der Beleidigung dient gar dem Schutz des Verletzten. Die Ehrverletzung soll durch eine Erörterung vor Gericht (soweit diese vom Verletzen nicht gewünscht ist) die Ehrverletzung nicht noch vertiefen; vgl. Mitsch, in: JA 2014, S. 2.

142 Auch eine Analogie des § 230 I StGB ist nicht möglich; BGH 7, 256. Es läge insoweit eine Analogie zulasten des Täters vor, was Art. 103 II GG verbietet.

öffentlichen Beleidigungen gegen Opfer des Nationalsozialismus vor[143]. Ferner ist bei Beleidigungen gegen Dienstträger (also insbesondere auch Polizeibeamte) gem. § 194 III 1 StGB der Antrag durch den Dienstvorgesetzen (etwa durch den Einsatzleiter im Stadion) statthaft.

Das öffentliche Interesse an der Strafverfolgung des Täters ist mit der Blickrichtung der öffentlichen Sicherheit jedoch nicht identisch. Sie erfasst von vornherein auch den Rechtskreis des Opfers. Die objektive Rechtsordnung ist nicht nur dann verletzt, wenn der Verletzte ein Interesse an der Strafverfolgung hat. Hier unterscheidet sich das präventive Polizeirecht vom repressiven Strafprozessrecht. Das Fehlen eines Strafantrags mag der Rechtsfolgenverhängung durch die Strafjustiz entgegenstehen, nicht jedoch der Verletzung der öffentlichen Sicherheit. *Mitsch* weist zu Recht darauf hin, dass eine Tat auch ohne Strafantrag eine Straftat bleibt.[144] Darüber hinaus ist es für die Polizei zum Zeitpunkt der drohenden Tathandlung meist noch nicht absehbar, ob ein Strafantrag gestellt werden wird. Daher können nicht nur Offizial-, sondern auch Antragsdelikte eine polizeirechtliche Gefahr begründen. *Denninger* weist indes darauf hin, dass sich das Strafantragserfordernis bei der Beleidigung auf das Entschließungsermessen auswirken kann, sofern davon ausgegangen werden kann, dass der Rechtsinhaber am polizeilichen Einschreiten kein Interesse zeigt.[145] Dem ist im Hinblick auf den der Polizei allgemein zustehenden Ermessensspielraum zuzustimmen. Erlangt die Polizei Kenntnis von Straftaten, ist weiterhin eine Beurteilung erforderlich, in welchem Maße die öffentliche Sicherheit gefährdet ist.[146]

b) Straftaten gegen die persönliche Ehre

Der strafrechtliche Schutz vor Persönlichkeitsrechtsverletzungen erfolgt insbesondere durch die §§ 185 ff. StGB, die die persönliche Ehre schützen.[147]

---

143 Bei Verstorbenen vgl. § 194 II 2 StGB.

144 Siehe Mitsch, in: JA 2014, S. 3.

145 Vgl. Denninger, in: Lisken/Denninger, Handbuch des Polizeirechts, Kapitel D Rn. 18.

146 Ähnlich verhält es sich auch mit dem Umstand, dass es sich gem. § 374 I Nr. 2 StPO bei der Beleidigung um ein Privatklagedelikt handelt. Anstelle der Staatsanwaltschaft kann hier auch der Verletzte selbst ein strafrechtliches Verfahren anstrengen. Die Staatsanwaltschaft selbst erhebt gem. § 376 StPO nur bei Vorliegen eines öffentlichen Interesses Klage. Die Bestimmungen über die Privatklage sind also nur für das strafprozessuale Gerichtsverfahren von Bedeutung. Die Einordnung als Privatklagedelikt spielt daher für Fragen der Strafverhütung (und Strafverfolgung im Ermittlungsverfahren) keine Rolle.

147 Vgl. Lackner/Kühl, StGB, vor 185 Rn. 1.

Der strafrechtliche Ehrbegriff ist seit jeher umstritten, da er sich aus dem Gesetzeswortlaut nicht ergibt. Im Wesentlichen stehen sich der normative und faktische Ehrbegriff gegenüber.[148] Der faktische Ehrbegriff stellt auf das tatsächliche Ehrgefühl in der Außenwelt ab.[149] Dagegen wird heute überwiegend der normative Ehrbegriff angesetzt, wonach der Geltungswert einer Person als normatives Konstrukt aus der Menschenwürde zu Grunde gelegt wird.[150] Der dualistische Ehrbegriff vereint beide Ansätze und differenziert zwischen der inneren (Ehrgefühl) und äußeren (Achtungsanspruch) Dimension.[151]

Jedenfalls dient der strafrechtliche Ehrbegriff der Erfüllung der staatlichen Schutzpflicht bereits beschriebener Rechtspositionen, ohne jedoch mit einer bestimmten Grundrechtsposition identisch zu sein.[152]

aa) Beleidigungen bei Sportveranstaltungen

Der Beleidigungstatbestand des § 185 StGB ist die wichtigste strafrechtliche Sanktion gegen Persönlichkeitsrechtsverletzungen bei Sportveranstaltungen. Als Beleidigung wird der Angriff auf die Ehre durch Kundgabe der Missachtung verstanden.[153]

Die Bandbreite möglicher Tathandlungen ist groß. Sie reicht von geäußerten Schimpfwörtern über entsprechende Gesten bis hin zu bildlichen Darstellungen.[154] Auch tätliche Beleidigungen i. S. d. § 185 Hs. 2 StGB sind denkbar. Eine solche liegt vor, wenn in einer unmittelbaren körperlichen Einwirkung konkludent zugleich eine ehrverletzende Äußerung zu sehen ist.[155] Dies wird etwa in dem häufigen Fall anzunehmen sein, dass Zuschauer Gegenstände (z. B. Feuerzeuge[156], Getränkebecher oder Bananenschalen) auf einzelne Spieler werfen.[157]

---

148 Eine umfassende Darstellung aller vertretenen Auffassungen würde den Rahmen dieser Arbeit sprengen. Im Einzelnen vgl. Winter, in: Tellenbach, Die Rolle der Ehre im Strafrecht, S. 103 ff.; Sinn, in: Satzger/Schluckebier/Widmaier, StGB, vor 185 Rn. 1 ff.

149 Sinn, in: Satzger/Schluckebier/Widmaier, StGB, vor 185 Rn. 2.

150 Vgl. Winter, in: Tellenbach, Die Rolle der Ehre im Strafrecht, S. 103.

151 Vgl. Rengier, Strafrecht BT II, § 28 Rn. 2.

152 Vgl. Gärtner, Was Satire darf, S. 198 f.

153 Vgl. Fischer, StGB, § 185 Rn. 6.

154 Vgl. Fischer, StGB, § 185 Rn. 5, 7.

155 Vgl. Fischer, StGB, § 185 Rn. 18.

156 Angesichts der dabei bestehenden Verletzungsgefahr kann auch eine (evtl. versuchte) gefährliche Körperverletzung gem. §§ 223, 224 I Nr. 2 Var. 2 StGB angenommen werden.

157 Müller/Raschke sehen sogar eine tätliche Beleidigung gegeben, wenn sich rivalisierende Fußballfans vor einer körperlichen Auseinandersetzung „auf das „Schärfste“

Auch antisemitische und rassistische Äußerungen sind als Beleidigung zu werten, ohne dass sich die Äußerung ausdrücklich auf eine bestimmte Person beziehen muss.[158] Denn durch die Verunglimpfung von Minderheiten können sich Angehörige dieser Minderheit in ihrem Ehrgefühl verletzt sehen, ohne selbst genannt oder angesprochen worden zu sein.[159]

Die beleidigte Person muss nicht mit dem Adressat der Äußerung identisch sein.[160] Denkbar ist daher auch, dass die Täter im Rahmen einer Sportveranstaltung Personen beleidigen, die sich selbst nicht vor Ort befinden. So liegt beispielsweise auch eine Beleidigung vor, wenn Zuschauer einen abwesenden Geldgeber und Sponsor des gegnerischen Vereins verunglimpfen.[161] Entscheidend ist nur die Kundgabe einer Missachtung, die auch als solche vom Adressaten verstanden wird.[162]

Dies kann bei Sportveranstaltungen problematisch sein, da sie als Situationen empfunden werden, in denen ein besonders kritisches und raues Zuschauerverhalten erwartet wird.[163] Sportveranstaltungen werden als eine Art „raues Pflaster" wahrgenommen, was sich auf die individuelle Toleranzhaltung gegenüber einzelnen Äußerungen auswirkt.

Im Strafverfahren ist das subjektive Empfinden des Beleidigten ermittelbar. Es wird nicht zuletzt durch die Stellung eines Strafantrags zum Ausdruck gebracht, durch den das persönliche Interesse an der Strafverfolgung erklärt wird.

Auf den Strafantrag kommt es für die polizeirechtliche (präventive) Gefahrenabwehr jedoch nicht an (vgl. o.). Es wäre aus Sicht der Polizei auch gar nicht möglich, zum Zeitpunkt der Gefahrenentwicklung bereits abzuschätzen, ob die

---

beschimpfen, soweit hierdurch eine besonders demütigende Missachtung kundgetan wird; siehe Müller/Raschke, in: JURA 2011, S. 713.

158 Vgl. Gärtner, Was Satire darf, S. 231 f.

159 Eine Beleidigung durch das Leugnen des Holocausts wurde bejaht in BayObLG NStZ 1997, 283 f.

160 Vgl. Sinn, in: Satzger/Schluckebier/Widmaier, StGB, 185 Rn. 9.

161 So im Falle der Beleidigungen gegen den Förderer der TSG 1899 Hoffenheim Dietmar Hopp, der sich selbst nicht im Stadion des 1. FC Köln befand; siehe: http://www.fussball.de/hoffenheim-dietmar-hopp-von-fc-koeln-fans-beleidigt/id_20664880/index (23.11.2009).

162 Vgl. Fischer, StGB, § 185 Rn. 6.

163 Vgl. insoweit Nr. 229 I RiStBV, wonach von der Erhebung einer öffentlichen Klage in der Regel anzusehen ist, wenn eine wesentliche Ehrkränkung nicht vorliegt, wie es vielfach in bestimmten Situationen der Fall ist. Sportveranstaltungen werden dabei zwar nicht genannt, wohl aber Wirtshausstreitigkeiten. Dies zeigt die Bedeutung des Tatumfelds für die Beleidigung.

fraglichen Äußerungen auch als Beleidigung wahrgenommen werden. Für die Beurteilung de Gefahrenlage bedarf es daher in Anbetracht einer effektiven Gefahrenabwehr eines objektiven Maßstabes.

Einen solchen objektiven – da vom Empfinden des Adressaten unabhängigen – Maßstab bietet die Lehre von der Sozialadäquanz. [164] Nach diesem von *Hans Welzel* entwickeltem Prinzip sind Handlungen auch bei Erfüllung aller Tatbestandsmerkmale nicht strafbar, wenn sie sich im Rahmen üblicher und historisch gewachsener Bräuche und Gepflogenheiten bewegen.[165]

Die Lehre von der Sozialadäquanz wird von Lehre und Rspr. anerkannt, wobei dogmatisch überwiegend auf einen Tatbestandsausschluss abgestellt wird.[166] Teilweise wird die Problematik auch auf Rechtfertigungsebene erörtert.[167] Für den hier bedeutsamen Tatbestand der Beleidigung ist der Behandlung auf Tatbestandsebene insoweit zuzustimmen, als die durch Art. 5 I GG veranlasste Wechselwirkungslehre bereits eine tatbestandliche Einschränkung fordert, so dass grundrechtliche und strafrechtliche Dogmatik zusammen passen.

Beleidigungen bei Sportveranstaltungen sind auch im Hinblick auf die Lehre von der Sozialadäquanz nicht ausgeschlossen. Teilweise werden angesichts der Üblichkeit von Beleidigungen bei Fußballspielen weitgehende Strafbarkeitseinschränkungen angenommen.[168] Dem ist allerdings nicht zuzustimmen. Sportveranstaltungen stellen keinen rechtsfreien Raum dar. Bereits die für die Sozialadäquanz erforderliche historisch gewachsene Üblichkeit[169] von Beleidigungen ist nicht zu erkennen. Beleidigungen kommen seitens radikaler Zuschauer zwar häufig vor und ziehen nur selten rechtliche Konsequenzen nach sich. Das bedeutet aber nicht, dass sie von der Allgemeinheit, oder auch nur einem Großteil der Zuschauer, gebilligt werden und dementsprechend als Verkehrssitte zu werten wären. Es handelt sich vielmehr um einen (als solchen wahrgenommenen)

---

164 Das Problem der Sozialadäquanz wird klassischer Weise in der umgekehrten Konstellation von Äußerungen in besonders vertraulichen und familiären Situation diskutiert, vgl. Gillen, Das Verhältnis von Ehren- und Privatrechtsschutz im Strafrecht, S. 1 ff., 21 ff. In diesem Zusammenhang wird der Begriff des beleidigungsfreien Raums verwendet; vgl. Fischer, StGB, § 185 Rn. 12.

165 Vgl. Haupt, Stefanie, Die Körperverletzung des Gegners im Kampfsport und die strafrechtliche Einwilligungsproblematik, S. 60 ff.; Fischer, StGB, vor 32 Rn. 12.

166 Vgl. Rönnau, in: JuS 2011, S. 312; Fischer, StGB, vor 32 Rn. 12.

167 Offen gelassen von BGHSt 23, 228; Dagegen wird die Problematik im Deliktsaufbau kaum noch auf Schuldebene erörtert, vgl. Rönnau, in: JuS 2011, S. 312.

168 Vgl. Deusch, Polizeiliche Gefahrenabwehr bei Sportgroßveranstaltungen, S. 57.

169 Vgl. Fischer, StGB, vor § 32 Rn. 12.

historisch gewachsenen Missstand. Folgerichtig nimmt daher auch die Rspr. keine Sozialadäquanz bei Beleidigungen im Fußballstadion an.[170]

Zu weit ginge es auch, die Wahrnehmung berechtigter Interessen gem. § 193 StGB anzunehmen, wenn Sportfans Beleidigungen im Zusammenhang mit sportlichen Leistungen aussprechen. Zwar könnte man den Sport bei weiter Auslegung des § 193 StGB unter die Begriffe künstlerische oder gewerbliche Leistungen fassen.[171] Fraglich ist aber schon, ob sich der Sportfan auf eigene Interessen berufen kann.[172] Jedenfalls wird es an der für die Rechtfertigung erforderlichen Angemessenheit fehlen.

bb) Personenmehrheiten und Personenvereinigungen

Da sich bei Sportveranstaltungen üblicherweise zwei Lager gegenüberstehen, kommen Beleidigungen gegen Personenmehrheiten und Personenvereinigungen regelmäßig vor. Hier stellt sich die Frage, ob entweder die Personenmehrheit selbst das Straftatobjekt ist, oder die Beleidigung auf einzelne Individuen durchgreifen muss.

Werden mehrere Personen als Kollektiv beleidigt, so bildet diese Personengruppe kein einheitliches Tatobjekt. Die persönliche Ehre als Rechtsgut des § 185 StGB bezieht sich stets auf einzelne Personen.[173] Dies wird in Anbetracht der hinter dem strafrechtlichen Schutz stehenden Grundrechtspositionen deutlich. Das allgemeine Persönlichkeitsrecht aus Art. 1 I i. V. m. 2 I GG entfaltet keine kollektive Schutzwirkung. Dies gilt insoweit auch für den strafrechtlichen Ehrschutz.

Beleidigungen gegen Personenmehrheiten können jedoch auf einzelne Personen durchgreifen. Voraussetzung dafür ist, dass die Kollektivbezeichnung hinreichend konkret ist und sich Einzelne folgerichtig in ihrem Ehrgefühl verletzt sehen können.[174] Für die Konkretisierbarkeit sind dabei zwei Kriterien von Bedeutung.

---

170 Etwa OLG Karlsruhe SpuRt 13, 71 ff.

171 Zumal mit der Formulierung beleidigende Angriffe gegen die Persönlichkeit wegen der Leistung zu verstehen sind; vgl. Fischer, StGB, § 193 Rn. 6.

172 Mittelbare Interessen können insoweit genügen. Hierunter fällt beispielsweise eine Vereinszugehörigkeit; vgl. Fischer, StGB, § 193 Rn. 12. Angesichts der Massenmitgliedschaften bei Sportvereinen werden gemeine Interessen des Vereins m. E. aber keine Beleidigung durch ein einzelnes Vereinsmitglied rechtfertigen.

173 Sinn, in: Satzger/Schluckebier/Widmaier, StGB, vor 185 Rn. 7.

174 Vgl. Winter, in: Tellenbach, Die Rolle der Ehre im Strafrecht, S. 121.

Zum einen ist der Umfang der Personenmehrheit zu berücksichtigen, so dass allzu generalisierende Aussagen etwa über „Homoxuelle" nicht ausreichen.[175] Das zweite wichtige Kriterium ist der Grad der Identifikation des Einzelnen mit der Personenmehrheit. Ein junges Beispiel über Kollektivbeleidigungen bei Sportveranstaltung ist die Beleidigung von Polizisten durch Plakate mit der Aufschrift „ACAB" („all cops are bastards").[176] Die Polizei ist als Personenmehrheit zwar sehr weit gefasst. Da sich aber die anwesenden Polizeibeamten äußerlich sichtbar gerade in dieser Funktion vor Ort befanden, kann eine individuelle Ehrverletzung dennoch angenommen werden.[177] Hinreichend konkretisiert dürften auch Beleidigungen gegen eine Mannschaft sein. Eine hinreichende Individualisierung kann auch bei Beleidigungen gegen gegnerische Fangruppen anzunehmen sein. Denn hier steht die Identifikation des Fans mit einem sportlichen Lager gerade im Vordergrund, was regelmäßig durch entsprechende Bekleidung auch nach außen dargestellt wird. Mitunter kommunizieren gegnerische Fangruppen im Rahmen einer Sportveranstaltung gegenseitig mittels Schmähäußerungen.[178] Hier kann der Annahme einer Gefahr auch die Wertung des § 199 StGB entgegenstehen.[179] Bei der Norm des § 199 StGB handelt es sich jedoch in erster Linie um eine Ermessensvorschrift für das Strafgericht[180], die auf Rechtsfolgenebene von Bedeutung ist, für den präventiven Rechtsgüterschutz jedoch wenig aussagekräftig ist.

---

175 OLG Braunschweig v. 12.11.2003 (1 Ss 44/03); vgl. Fischer, StGB, § 185 Rn. 11. Bejaht dagegen für „die Soldaten der Bundeswehr" (BVerfGE 93, 266, 302).

176 Bejahend OLG München NJW-Spezial 2014, S. 90 = Kriminalistik 2014, 241; grundsätzlich auch OLG Karlsruhe SpuRt 13, 71 ff. = JA 2013 S. 232 ff.; zur Verletzung der Meinungsfreiheit durch die Annahme einer Beleidigung durch das Tragen eines Ansteckers mit der Aufschrift „FCK CPS"vgl. dagegen BVerfG NJW 2015, 2022 f.

177 Anders noch LG Stuttgart NStZ 2008, 633; BayObLG NJW 1990, 1742.

178 Das LG Potsdam hatte über einen Fall zu entscheiden, in dem ein Fan des Fußballclubs TB-Berlin einem anderen Zuschauer einen Schal mit der Aufschrift „Scheiß TB, Freunde kann man kaufen, Feinde nicht" wegnahm. Neben der Frage der Zueignungsabsicht im Zusammenhang mit §§ 242 I, 249 I StGB ging es darum, ob die hierbei begangen Nötigung (§ 240 I StGB) durch Notwehr gem. § 32 StGB gerechtfertigt war. Das Gericht sah die Äußerung auf dem Schal als sozialadäquat an, so dass eine Notwehrlage mangels rechtswidrigem Angriff nicht vorlag; siehe LG Potsdam, Urteil vom 23.03.2009 (Az. 27 Ns 114/07) – Juris Rn. 16.

179 Die Norm ist auch dann einschlägig, wenn mehrere Personen die Beleidigungen mehrer anderer Personen erwidern; vgl. Fischer, StGB, § 199 Rn. 5.

180 Vgl. Fischer, StGB, § 199 Rn. 7.

Von der Beleidigungsfähigkeit von Personengruppen ist die Frage zu unterscheiden, ob auch rechtsfähige Personenvereinigungen beleidigungsfähig sind.[181] Da viele Akteure der Sportveranstaltungen als Vereine oder Verbände organisiert sind, kommen verunglimpfende Äußerungen gegen diese Organisationen häufig vor. So stehen insbesondere Fußballvereine oder Fanvereine in der (Schmäh-) Kritik. Die h. M. bejaht den strafrechtlichen Ehrschutz für Personenvereinigungen, wenn diese eine anerkannte soziale Funktion erfüllen, zur einheitlichen Willensbildung fähig sind und in ihrem Bestand von einzelnen Mitgliedern unabhängig sind.[182] Die organschaftlichen Voraussetzungen werden durch die privatrechtliche Ausgestaltung der Rechtsform (insbesondere durch die §§ 21 ff. BGB) erfüllt. Die sozial anerkannte Funktion kann zudem in der organisatorischen Rolle des Vereinswesens im Sport gesehen werden. Den genannten Voraussetzungen liegt die Wertung des Art. 19 III GG zu Grunde. Soweit Personenvereinigungen verunglimpft werden, verwirklicht das Strafrecht zwar nicht mehr den staatlichen Schutz des Art. 1 I GG (auch nicht i. V. m. Art 2 I GG), da juristischen Personen keine Menschenwürde zukommt. Sie genießen aber eigene, durch Art. 9 I GG geschützte Grundrechtspositionen, die auch die Achtung des grundsätzlichen Ansehens der Vereinigung umfassen. Der strafrechtliche Ehrschutz (§§ 185 ff. StGB) umfasst unter den genannten Voraussetzungen insoweit auch das Ansehen juristischer Personen.[183]

cc) Beleidigungen zwischen Sportlern

Von den bisherigen Konstellationen der Beleidigungen durch Zuschauer sind solche zwischen Sportlern zu unterscheiden.[184] Zwar wird das Strafrecht nicht grundsätzlich vom Sportrecht (und den darin enthaltenen Sanktionsregelungen) verdrängt. Innerhalb des sportlichen Wettbewerbs gibt es weitreichende Strafbarkeitseinschränkungen für so genannte sportimmanente Handlungen.[185] Die häufigsten Fälle betreffen dabei freilich Körperverletzungen durch sportliche Fouls.[186]

---

181 Sinn, in: Satzger/Schluckebier/Widmaier, StGB, 185 Rn. 13.

182 Vgl. Lackner/Kühl, StGB, vor 185 Rn. 5; Wessels/Hettiger, Strafrecht BT 1, Rn. 468; BGHSt 6, 191.

183 Vgl. Winter, in: Tellenbach, Die Rolle der Ehre im Strafrecht, S. 123.

184 Hierzu Grosbüsch, in: Kretschmer (Hrsg.), Festschrift für Wolfgang Schild, S. 209 ff.

185 Vgl. Fechner/Arnhold/Brodführer, Sportrecht, Kapitel 6 Rn. 29 f.

186 Die dogmatische Herleitung der Straflosigkeit von sportimmanenten Sporthandlungen ist umstritten. Teilweise wird auf ein geringes Strafverfolgungsinteresse abgestellt, teilweise wird auf Tatbestandseinschränkungen durch erlaubtes Risiko oder Sozialadäquanz angenommen. Die überwiegende Ansicht nimmt eine rechtfertigende

Da ein sportlicher Wettkampf auch eine emotionale Drucksituation bedeutet, kommt es mitunter auch zu Beleidigungen im Rahmen des Wettkampfes. Man könnte daher auch in manchen Beleidigungen eine sportimmanente Handlung sehen.[187] Dafür spricht, dass sie auch als solche vom Schiedsrichter geahndet werden können. Zumindest werden die Äußerungen zwischen Sportlern ein polizeirechtliches Einschreiten wegen der sportrechtlichen Mechanismen nicht erfordern. Es kann insoweit eine Subsidiarität staatlichen Handelns angenommen werden.

dd) Üble Nachrede und Verleumdung

Die Äußerungen der Zuschauer werden seltener durch die Behauptung unwahrer Tatsachen als durch ihren schmähkritischen Inhalt zu Persönlichkeitsrechtsverletzungen. Ausgeschlossen ist aber auch dies nicht. So mögen Zuschauer fälschlicherweise den bevorstehenden Transfer eines einzelnen Spielers zu einem anderen Verein lautstark behaupten. Ihre Äußerungen sind dem Beweise zugänglich und stellen somit Tatsachenbehauptungen dar.[188] Hier stellt sich die Frage der Strafbarkeit als üble Nachrede gem. § 186 StGB oder Verleumdung gem. § 187 StGB.[189] Beide Strafnormen sind nicht nur Qualifikationen der Beleidigung, sondern eigenständige Straftatbestände, da in der Behauptung unwahrer Tatsachen ein eigenständiger Unrechtsgehalt steckt.[190]

Dieser Unrechtsbezug muss aber auch geeignet sein, die Ehre zu verletzen[191], was im Beispiel des behaupteten Spielertransfers bereits fraglich ist. Denn der Wechsel zu einem anderen Verein würdigt den Spieler nur in den Augen derjenigen herab, die diese Tatsache als Beschimpfung verwenden. Ein objektiver Betrachter wird einen Vereinswechsel nicht als eine Art moralisch verwerflichen „Verrat“ werten. Da die §§ 186 f. StGB aber eine objektive Eignung zur Herabwürdigung voraussetzen, reicht es nicht aus, dass die geäußerte Tatsache nur in bestimmten Fankreisen als ehrverletzend angesehen wird.[192]

Einwilligung gem. § 228 StGB für mittlere und geringfügige Regelverstöße an; Vgl. Reinhart, in: Fritzweiler/Pfister/Summerer, Praxishandbuch Sportrecht, 8. Teil Rn. 65; Fechner/Arnhold/Brodführer, Sportrecht, Kapitel 6 Rn. 39 ff. m. w. N.

187 So auch Reinhart, in: Fritzweiler/Pfister/Summerer, Praxishandbuch Sportrecht, 8. Teil Rn. 66.

188 Vgl. Sinn, in: Satzger/Schluckebier/Widmaier, StGB, § 186 Rn. 3.

189 Vgl. Fischer, StGB, § 185 Rn. 1.

190 § 185 StGB tritt insoweit als allgemeine Norm hinter § 186 StGB zurück; Vgl. Fischer, StGB, 186 Rn. 1, 21.

191 Vgl. Fischer, StGB, § 186 Rn. 4.

192 Vgl. Winter, in: Tellenbach, Die Rolle der Ehre im Strafrecht, S. 115.

Problematisch ist auch das Tatbestandsmerkmal der Unwahrheit. Während für § 186 StGB ausreicht, dass die Tatsache nicht erweislich wahr ist, muss die Verleumdung wider besseres Wissen erfolgen. Die Behauptung eines Spielertransfers wird sich häufig aus vorherigen Gerüchten aus den Medien ergeben. Dann ist für die Polizei nur noch schwer erkennbar, ob die Tatsache zumindest nicht erweislich wahr ist, oder ob die Zuschauer gar besseres Wissen i.S.d. § 187 StGB haben.[193]

Wegen dieser Beurteilungsschwierigkeiten werden die Tatsachenbehauptungen eine polizeirechtliche Gefahr wohl nicht begründen.

Die üble Nachrede und Verleumdung gegen Personen des öffentlichen Lebens gem. § 188 I, II StGB ist nicht einschlägig, sofern die Betroffenen ihre Prominenz aus dem Bereich Sport beziehen. Denn die Norm erfasst nicht alle Prominenten der Gesellschaft, sondern nur Personen des politischen Lebens.[194]

c) Bedrohung

Einzelne Personen werden im Rahmen einer Sportveranstaltung mitunter bedroht. Teilweise erfolgt dies gemeinsam mit ehrverletzenden Äußerungen, teilweise stellen die Bedrohungen auch den alleinigen Inhalt dar. So mögen etwa einem Schiedsrichter ob einer unbeliebten Entscheidung konkludent (z.B. durch eine symbolische Handbewegung an der Kehle) oder ausdrücklich Gewalt angedroht werden. Diese Handlungen können den Straftatbestand der Bedrohung gem. § 241 I StGB erfüllen, wenn sie hinreichend konkret und ernst gemeint die Begehung von Verbrechen (§ 12 I StGB) in Aussicht stellen.[195] Äußerungen von Zuschauern können sich einem objektiven Beobachter mitunter als ernst gemeinte Androhung von Gewalttaten darstellen, die etwa als Mord aus niedrigen Beweggründen nach § 211 II StGB (1. Gruppe der Mordmerkmale) zu qualifizieren wären. Es kommt dabei nicht auf die tatsächliche Begehungsabsicht an, sondern nur darauf, dass die Bedrohung als ernstlich erscheint.[196] Letztes ist bei manchen überspitzten und üblichen Zuschauerrufen wie „Schiri, wir wissen wo dein Auto steht…“ nicht der Fall.

---

193 Mit der Gesetzesformulierung ist keine formale Beweislastregel verbunden; Vgl. Fischer, StGB, § 186 Rn. 11.

194 Vgl. Sinn, in: Satzger/Schluckebier/Widmaier, StGB, § 188 Rn. 5.

195 Vgl. Schluckebier, in: Satzger/Schluckebier/Widmaier, StGB, § 241 Rn. 2.

196 Dagegen kommt es nicht darauf an, dass der Adressat die Androhung ernst nimmt; Vgl. Fischer, StGB, § 241 Rn. 3a.

Fraglich erscheint aber, ob die Bedrohung auch das allgemeine Persönlichkeitsrecht schützt. Geschützt wird das individuelle Sicherheitsempfinden, also das Vertrauen, von Straftaten verschont zu bleiben.[197] Da diese Straftaten aber naturgemäß von außen kommen und somit nur das Handeln nach außen beeinflussen können, ist nicht das allgemeine Persönlichkeitsrecht, sondern die allgemeine Handlungsfreiheit einschlägig.

Im Übrigen wird aus Sicht der polizeilichen Gefahrenabwehr nicht die Abwehr der Bedrohung selbst, sondern der angedrohten Straftaten im Vordergrund stehen.

d) Nötigung

Auch der Straftatbestand der Nötigung gem. § 240 StGB schützt nicht das allgemeine Persönlichkeitsrecht, sondern die nach außen gerichtete Handlungsfreiheit.[198] Sie vermag daher unter dem Gesichtspunkt der Persönlichkeitsrechtsverletzung keine Gefahr zu begründen.

Nötigungshandlungen und Persönlichkeitsrechtsverletzungen gehen jedoch oft einher. Gerade in der angespannten Atmosphäre einer Sportveranstaltung kommt es nicht selten vor, dass Teile der Zuschauer einen psychischen Druck aufbauen, um Handlungen von Spielern, Trainern oder Schiedsrichtern zu beeinflussen. Eben dieser psychische Druck wird mitunter durch ehrverletzende Äußerungen verstärkt. Als Beispiel dient die Situation, in der die Einwechslung eines Spielers von Zuschauern zu verhindern versucht wird, indem sie den Spieler lautstark beleidigen und verunglimpfen. Diese Handlung verletzt den Spieler nicht nur in seiner Ehre, sondern soll auch Druck auf den Trainer ausüben.

Den beabsichtigten Nötigungserfolg zu begründen, bereitet hier kaum Schwierigkeiten, da hierunter jegliches Tun, Dulden oder Unterlassen zu fassen ist.[199] Auch auf die Erfolglosigkeit kommt es insoweit kaum an, da nach § 240 III StGB auch der Versuch strafbar ist.

Im Hinblick auf das Bestimmtheitsgebot nach Art. 103 II GG ist bei der Beurteilung der Tathandlung jedoch Zurückhaltung geboten. Bloße Äußerungen unter den umstrittenen Gewaltbegriff zu fassen, ist selbst bei extensiver Auslegung abzulehnen. Jedenfalls müsste hierfür ein physisch wirkender Zwang erzeugt werden.[200] Selbst wenn eine physische Wirkung wie ein erhöhter

197 Vgl. Fischer, StGB, § 241 Rn. 2.
198 Vgl. BGHSt 37, 350, 353.
199 Vgl. Fischer, StGB, § 240 Rn. 6.
200 Vgl. Schluckebier, in: Satzger/Schluckebier/Widmaier, StGB, § 240 Rn. 5.

Pulsschlag gemessen werden könnte, wird man dieses Symptom nicht eindeutig einem bestimmten Zuschauerverhalten zurechnen können. Wahrscheinlicher ist demgegenüber, dass empfindliche Übel angedroht werden.[201] Fraglich erscheint dabei, ob es neben Gewaltandrohungen ausreicht, wenn konkludent die Fortführung der Beschimpfungen in Aussicht gestellt wird. Einen solchen Erklärungswert könnte man in dem durchaus häufigen Zuschauerverhalten sehen, dass jeder Ballkontakt eines bestimmten Spielers Pfiffe oder Beschimpfungen nach sich zieht. Letztlich ist dieses Verhalten im Lichte der Meinungsfreiheit aber als zulässige aggressive Form der Spielkommentierung zu sehen. Dogmatisch lässt sich dieses Ergebnis entweder über eine grundrechtskonforme Auslegung des Tatbestandsmerkmals des empfindlichen Übels oder im Rahmen der Verwerflichkeitsprüfung nach § 240 II StGB erreichen.

e) *Volksverhetzung*

Den Straftatbestand der Volksverhetzung gem. § 130 I, II StGB können insbesondere politische Parolen erfüllen. Die Norm schützt als abstraktes Gefährdungsdelikt primär den öffentlichen Frieden.[202] In Fällen des § 130 I Nr. 2, IV StGB dient die Norm aber auch dem Schutz der Menschenwürde.[203]

§ 130 I Nr. 2 StGB ist dabei allgemeiner gehalten als Absatz IV. Tathandlungen sind das Beschimpfen, böswilliges Verächtlichmachen oder Verleumden von Teilen der Bevölkerung.[204] Solche Bevölkerungsteile zeichnen sich durch gemeinsame soziologische Merkmale wie Rasse, Nationalität oder Religion aus.[205] Rassistische oder antisemitische Parolen von Zuschauern greifen insoweit einzelne Personen (z.B. Spieler) als Teil einer Bevölkerungsgruppe in ihrer Menschenwürde an.[206] Das OLG Stuttgart hat eine Volksverhetzung gem. § 130 I Nr. 2 StGB durch das Vorzeigen zweier, auf sich gegenseitig Bezug nehmender Plakate bejaht.[207] Unter Bezugnahme auf eine Medienkampagne mit dem Titel „Du bist Deutschland“ stand auf den Plakaten „Nein, Du bist nicht Deutschland“. Abgebildet war auf dem einen Plakat ein Nationalspieler schwarzer Hautfarbe, auf

---

201 Hierunter ist das In-Aussicht-stellen eines Ereignisses zu verstehen, auf das der Täter Einfluss zu haben vorgibt; siehe: BGHSt 16, 386.

202 Vgl. Lohse, in: Satzger/Schluckebier/Widmaier, StGB, § 130 Rn. 2.

203 Vgl. BVerfG NStZ 2001, 26 f.; Winter, in: Tellenbach, Die Rolle der Ehre im Strafrecht, S. 111.

204 Vgl. Fischer, StGB, § 130 Rn. 11.

205 Vgl. Gärtner, Was Satire darf, S. 229.

206 Vgl. Fischer, StGB, § 130 Rn. 12.

207 OLG Stuttgart NStZ 2010, 453, 454.

dem anderen ein Affe. Durch die bildliche Gegenüberstellung wurde nicht nur die persönliche Ehre des abgebildeten Spielers verletzt, sondern auch ein Bevölkerungsteil diffamiert.

Noch weiter geht der strafrechtliche Schutz der Menschenwürde gem. § 130 IV StGB, wenn in einer öffentlichen Situation wie einer Sportveranstaltung die nationalsozialistische Gewalt- und Willkürherrschaft gebilligt, verherrlicht oder gerechtfertigt wird. In diesen Fällen wird auf eine Verletzung der Würde der Opfer des Nationalsozialismus abgestellt, auch wenn sich diese selbst nicht am Austragungsort der Sportveranstaltung befinden.[208]

In den Fällen der §§ 130 I Nr. 2, IV StGB lässt sich bei der Beurteilung einer Gefahr für die öffentliche Sicherheit demnach kumulativ auf den Schutz der Menschenwürde gem. Art. 1 I 2 GG und auf die strafrechtliche Situation abstellen.

Das Aufstacheln gegen nationale Gruppen i.S.d. § 130 I Nr. 1 StGB kann mitunter bei Spielbegegnungen zwischen Mannschaften aus unterschiedlichen Staaten relevant sein. Beim Qualifikationsspiel zur Champions League zwischen dem FC Schalke 04 und PAOK Saloniki am 21.8.2013 verwendeten Schalker Fans u.a. Fahnen mit einem sog. „Vergina-Stern", wobei es sich um ein historisches Symbol des makedonischen Königreiches handelt. Hierdurch fühlten sich einige mitgereiste griechische Fans provoziert.[209] Eine von der Polizei angenommene Volksverhetzung lag hier aber noch nicht vor, da die Verwendung des „Vergina-Sterns" nicht (auch nicht konkludent) zu Hass oder Gewalt aufstachelt. Ansatzpunkt für eine Sicherstellung der Fahnen konnte hier nur die präventive Abwehr von Gewaltausschreitungen durch die provozierten griechischen Fans sein, nicht jedoch die Unterbindung einer Volksverhetzung (insoweit lag eine Putativgefahr vor).[210]

f) §§ 86, 86 a StGB

Auch die §§ 86, 86 a StGB sind praktisch bedeutsame Straftatbestände gegen neonazistische Äußerungen und Symbole.[211] Sie spielen insoweit auch eine große polizeirechtliche Rolle.[212] Nach der Statistik der *Zentralen Informationsstelle*

208 Insoweit besteht auch postmortaler Menschenwürdeschutz der Opfer des Nationalsozialismus; vgl. Lohse, in: Satzger/Schuluckebier/Widmaier, StGB, § 130 Rn. 45.

209 Vgl. Müller-Eiselt, in: Verwaltungsrundschau 2014, S. 85 ff.

210 So auch Müller-Eiselt, in: Verwaltungsrundschau 2014, S. 88 f.

211 Vgl. Kett-Straub, Das Verwenden nationalsozialistischer Kennzeichen, in: NStZ 2011, S. 601 f.

212 Vgl. etwa OVG Bremen NVwZ RR 2012. 143; BVerwG, Beschluss vom 16.11. 2010 (6 B 58/19) – juris.

Sporteinsätze (ZIS) entfielen in der Saison 2013/2014 1,1 % aller im Rahmen von Erst- und Zweitligaspielen eingeleiteten Strafverfahren auf § 86 a StGB.[213] Zwar handelt es sich nicht um Persönlichkeitsschutztatbestände im eigentlichen Sinn. Jedoch gehen Persönlichkeitsrechtsverletzungen mitunter mit neonazistischen Parolen einher. Mit ihnen werden nicht nur einzelne Adressaten verunglimpft, sondern letztlich auch die Opfer des Nationalsozialismus (vgl. vorherige Ausführung zu § 130 IV StGB). Die §§ 86, 86 a StGB schützen jedoch nicht vorwiegend Individualrechtsgüter, sondern als abstrakte Gefährdungsdelikte den demokratischen Rechtsstaat und den öffentlichen Frieden.[214]

Klassische Tathandlungen sind Hitlergrüße und die Verwendung von Hakenkreuzen.[215] Für das Verbot der Verbreitung von nationalsozialistischen Propagandamitteln nach § 86 I Nr. 4 StGB ist ein inhaltlicher Bezug auf nationalsozialistische Organisationen, und nicht bloß auf antisemitisches Gedankengut erforderlich.[216] Dagegen fällt etwa die Darstellung von Hakenkreuzen unter § 86 a I Nr. 1, II StGB.[217] Hier reicht die Verwendung der Kennzeichen mit Bezug auf den Nationalsozialismus aus.

g) *Aufrührerische Straftaten*

Das Strafgesetzbuch enthält eine Reihe weiterer Tatbestände, die aufrührerische Handlungen in der Öffentlichkeit verhindern sollen. Auch hier geht es um Delikte, die zwar nicht die Persönlichkeit als Individualinteresse schützen, aber situativ mit Persönlichkeitsrechtsverletzungen in der Öffentlichkeit einhergehen können, wenn Straftaten angedroht oder zu ihnen aufgerufen werden.

Der Straftatbestand des Landfriedensbruch gem. § 125 I StGB bringt die besondere Gefahrensituation für die öffentliche Sicherheit zum Ausdruck, die sich aus einer Menschenmenge ergeben kann.[218] Zuschauer, die beispielsweise als Fangruppe oder sonst aus einer Menschenmenge heraus Gewalttätigkeiten gegen Spieler oder Schiedsrichter fordern, können sich demnach des Landfriedensbruchs gem. § 125 I Nr. 2 StGB strafbar machen. Auf den Landfriedensbruch

---

213 Siehe: ZIS-Jahresbericht Saison 2013/14, S. 14.

214 Vgl. Fischer, StGB, § 86 Rn. 2.

215 Vgl. Kett-Straub, Das Verwenden nationalsozialistischer Kennzeichen, in: NStZ 2011, S. 601 f.

216 Vgl. Fischer, StGB § 86 Rn. 10.

217 BGHSt 23, 65, 73.

218 Fahl, in: Satzger/Schluckebier/Widmaier, StGB, § 125 Rn. 1.

entfielen in der Saison 2012 / 2013 nach der Statistik der ZIS 7,6 % aller eingeleiteten Straftaten.[219]

Je nach Konkretisierung der Androhungen kommt auch eine Strafbarkeit nach § 126 I StGB oder nach § 111 I StGB in Betracht. Hier müssen die Äußerungen der Zuschauer auf ihre Bestimmtheit und Ernstlichkeit hin ausgelegt werden.[220]

All diese aufrührerischen Straftaten begründen eine Gefahr für die öffentliche Sicherheit jedoch nicht unter dem Gesichtspunkt gefährdeter Persönlichkeitsrechte, sondern der Prävention der angedrohten Straftaten.

h) Hausfriedensbruch

Ein Fußballstadion als Austragungsort der Sportveranstaltung ist eine durch § 123 StGB geschützte Örtlichkeit. Es kann bereits als Geschäftsraum i.S.d. § 123 I 1 Var. 2 StGB gesehen werden, da es als Betriebstätte für gewerbliche oder ähnliche (sportliche) Zwecke genutzt wird.[221] Zudem ist es auch ein befriedetes Besitztum. Allerdings sind Persönlichkeitsrechtsverletzungen selbst keine tauglichen Tathandlungen i.S.d. § 123 StGB. Die Strafnorm erfasst insoweit nur Eindringen oder Verweilen entgegen den Willen des Berechtigten.[222] Eben dieser Wille wird aber gebrochen, wenn der Stadionbetreiber aufgrund der Persönlichkeitsrechtsverletzungen Hausverbote erteilt und der Täter dennoch im Stadion verweilt. In diesem Fall stellt allerdings nicht die Persönlichkeitsrechtsverletzung als solche die Gefahr dar.[223]

3. Grundrechtspositionen – Der staatliche Schutz vor Eingriffen durch Dritte

Zu den subjektiven Rechten des öffentlichen Rechts gehören insbesondere die Grundrechte.[224] Nach dem traditionellen Grundrechtsverständnis dienen sie aber vorwiegend dem Schutz vor Rechtsverletzungen durch den Staat (status negativus).[225] Dagegen stellt sich die Grundausgangssituation im Sicherheitsrecht genau umgekehrt dar, geht es doch um den Schutz vor Rechtsverletzungen

---

219 Siehe: ZIS-Jahresbericht Saison 2013/14, S. 14.
220 Vgl. Fischer, StGB, § 126 Rn. 15.
221 Zur Definition vgl. Fischer, StGB, § 123 Rn. 7.
222 Vgl. Fischer, StGB, § 123 Rn. 13.
223 Vgl. Ramm, in: DVBl 2011, S. 1508.
224 Ramsauer, in: JuS 2012, S. 772.
225 Voßkuhle/Kaiser, in: JuS 2011, S. 411.

durch den Staat. Für den Persönlichkeitsschutz bei Sportveranstaltungen ist die klassische Abwehrfunktion der Grundrechte praktisch ohne Bedeutung, denn die Aussagen und Bekundungen der Zuschauer können diesem nicht zugerechnet werden.

Die Grundrechte erlangen ihre Bedeutung als Abwehrrecht gegen den Staat erst dann wieder, wenn dieser selbst über die Grundrechtsausübung entscheidet, namentlich vor einem Zivil- oder Strafgericht, welches über die Persönlichkeitsrechtsverletzungen im Nachhinein entscheidet.[226] Das Gericht ist nach Art. 1 III GG an die Grundrechte gebunden und muss die Grundrechtspositionen der privaten Verfahrensbeteiligten bei der Entscheidung berücksichtigen. Diese Konstellation wird als mittelbare Drittwirkung der Grundrechte bezeichnet.[227]

Für das Handeln der Polizei gewinnen die Grundrechte auf eine andere Weise an Bedeutung. Denn sie sind schützenswürdige und –bedürftige Bestandteile der öffentlichen Sicherheit.[228] Es wurde bereits erläutert, dass die subjektiven Rechte im Sinne der öffentlichen Sicherheit im Kontext der objektiven Werteordnung[229] zu sehen sind und als solche in die Rechtsordnung Einzug gefunden haben.[230] Den Grundrechten wird daher eine objektiv-rechtliche Funktion zugesprochen.[231] Die Grundrechtsbindung des Staates nach Art. 1 III GG führt deshalb auch dazu, den Einzelnen vor den Gefahren von Grundrechtsverletzungen von außen und durch Dritte zu schützen.[232] Diese grundrechtliche Schutzpflicht verpflichtet den Staat unter Umständen zum Handeln (status positivus). Auf die einfachgesetzliche Ebene des Sicherheitsrechts übertragen bedeutet dies, dass Grundrechtsverletzungen durch Dritte eine Gefahr für die öffentliche Sicherheit darstellen können.[233] Die grundrechtliche Schutzpflicht wird insoweit durch das einfachgesetzliche Polizeirecht ausgeformt.[234] Das Zuschauerverhalten ist daher auf die Beeinträchtigung der Grundrechtsausübung hin zu untersuchen.

226 Hellermann, Die sogenannte negative Seite der Freiheitsrechte, S. 205.

227 Vgl. Jarass, in: Jarass/Pieroth, GG, vor Art. 1 Rn. 13; von Münch/Kunig, GG, vor Art. 1–19 Rn. 15 f.

228 Vgl. Schenke, Polizeirecht, Rn. 59 a.

229 Vgl. BVerfGE 49, 89 / 141 f.; 56, 54 / 73; Jarass, in: Jarass/Pieroth, GG, vor Art. 1 Rn. 3.

230 Diese objektive „Wertentscheidung" wurde bereits in BVerfGE 49, 89/141 f. festgestellt.

231 Hellermann, Die sogenannte negative Seite der Grundrechte, S. 198 f.

232 Vgl. BVerfGE 125, 39 / 78; Jarass, in: Jarass/Pieroth, GG, vor Art. 1 Rn 7; auch Tian, Objektive Grundrechtsfunktionen im Vergleich, S. 101 ff.

233 Vgl. Voßkuhle/Kaiser, in: JuS 2011, S. 412.

234 Vgl. Gusy, Polizeirecht, S. 84.

a) Das allgemeine Persönlichkeitsrecht

Während die Menschenwürde auf Extremfälle von Persönlichkeitsrechtsverletzungen beschränkt ist, bietet das allgemeine Persönlichkeitsrecht eine umfassende und damit praktisch bedeutsame Grundrechtsposition. Die verhaltensunabhängige Subjektsbezogenheit der Menschenwürde wird mit dem umfassenden Freiheitsschutz des Art. 2 I GG verbunden.[235] Während die allgemeine Handlungsfreiheit das nach außen gerichtete Handeln gewährt, stellt das Allgemeine Persönlichkeitsrecht gewissermaßen einen nach innen gerichteten Aspekt der freien Entfaltung der Persönlichkeit gem. Art. 2 I GG dar.[236]

aa) Der Schutzbereich

Die Vielgestaltigkeit möglicher Persönlichkeitsrechtsverletzungen zeigt sich darin, dass der sachliche Schutzbereich des allgemeinen Persönlichkeitsrechts in verschiedene Aspekte unterteilt wird. Sportveranstaltungen stellen nicht für alle diese Aspekte eine besondere Gefahrensituation dar.[237] Nicht weiter ausgeführt werden muss etwa das Recht der Selbstbestimmung, dass dem Einzelnen das Recht gewährt, seine Identität selbst zu bestimmen.[238]

Hinsichtlich des Rechts der Selbstbewahrung bedarf es im Rahmen von Sportveranstaltungen ebenfalls letztlich keiner staatlichen Schutzpflicht. Es handelt sich hierbei um das Recht des Einzelnen, sich zurückzuziehen, abzuschirmen, für sich alleine zu bleiben.[239] Wer sich aber – gleich in welcher Funktion – in Massenveranstaltungen wie eine Sportveranstaltung begibt, verzichtet insoweit auf eine Selbstbewahrung.

Von großer Bedeutung ist dagegen das Recht der Selbstdarstellung, nach dem sich der Einzelne herabsetzender, verfälschender, entstellender und unerbetener öffentlicher Darstellungen erwehren können muss. Umfasst wird insbesondere der Schutz der persönlichen Ehre[240], so dass bei den praktisch bedeutsamen Fällen verunglimpfender Äußerungen durch Zuschauer auf das Recht der Selbstdarstellung abgestellt werden kann. Ebenfalls erfasst ist der Schutz vor Äußerungen, die geeignet sind, sich abträglich auf das Bild des Einzelnen in der Öffentlichkeit

---

235 Vgl. Pieroth/Schlink/Kingreen/Poscher, Grundrechte, Rn. 391.
236 Vgl. Hufen, Grundrechte, § 11 Rn. 12.
237 Vgl. Nolte, in: Nolte, Persönlichkeitsrechte im Sport, S. 14 f.
238 Vgl. Pieroth/Schlink/Kingreen/Poscher, Grundrechte, Rn. 392.
239 Vgl. Pieroth/Schlink/Kingreen/Poscher, Grundrechte, Rn. 394.
240 BVerfGE 54, 208/217; Hufen, Grundrechte, § 11 Rn. 14; Luch, Das Persönichkeitsrecht, S. 142 ff.

auszuwirken.[241] Dabei ist zu berücksichtigen, dass sich vor allem Sportler durch die Teilnahme an dem sportlichen Geschehen freiwillig einer Situation aussetzen, die ihr Bild in der Öffentlichkeit zwangsläufig beeinflusst. Dies ist geradezu gewollt, bedenkt man die Bedeutung der öffentlichen Wahrnehmung für den Marktwert eines Spielers. Gemeint ist insoweit aber nicht der Schutz vor jedweder Beeinflussung der öffentlichen Wahrnehmung, sondern der Schutz der öffentlichen Integrität gegen herabsetzende Darstellungen.[242]

Der persönliche Schutzbereich umfasst alle natürlichen Personen.[243] Demgegenüber gibt es – sofern ein Bezug zur Menschenwürde besteht – kein Persönlichkeitsrecht von Personenvereinigungen, was im vorliegenden Kontext etwa für Sportvereine oder Fanvereine von Bedeutung wäre.[244] Da der Bezug zur Menschenwürde für juristische Personen gerade nicht zutrifft, ist das allgemeine Persönlichkeitsrecht aus Art. 1 I i. V. m. 2 I GG dem Wesen nach nicht gem. Art. 19 III GG auf Personenvereinigungen anwendbar.[245] Allerdings wirkt sich die grundrechtliche Position aus Art. 9 I GG auf den strafrechtlichen Ehrschutz der §§ 185 ff. StGB aus.[246]

bb) Der Eingriff im Lichte der Sphärentheorie – Das Problem der Massenveranstaltung

Ob eine Verletzung des allgemeinen Persönlichkeitsrechts vorliegt, beurteilt sich erst nach der erforderlichen Abwägung mit kollidierenden Rechtspositionen auf Rechtfertigungsebene. Als Maßstab für diesen Abwägungsvorgang wird regelmäßig die Intensität des Eingriffs in das allgemeine Persönlichkeitsrecht durch die Einordnung in Sphären bestimmt.[247] Nach dieser Sphärentheorie wird zwischen der Intim-, Privat- und Sozialsphäre unterschieden.[248] Eine strikte Unterscheidung der Sphären ist allerdings oft nur schwer möglich. Gerade für den praktisch wichtigen Schutz der Persönlichkeit im Internet steht die Sphärentheorie zunehmend in der Kritik, da das Internet öffentlich zugänglich ist (Nähe zur

---

241 BVerfGE 99, 185/193 f. / 114, 339/346).
242 Vgl. Michael/Morlok, Grundrechte, Rn. 432.
243 Vgl. Sodan, in: Sodan, GG, Art. 2 Rn. 9.
244 Vgl. Epping, Grundrechte, Rn. 627.
245 Strittig, so aber Hufen, Grundrechte, § 11 Rn. 17. Jedenfalls für den Teilschutzbereich der persönlichen Ehre jedoch h. M.; vgl. Sodan, in: Sodan, GG, Art. 2 Rn. 9.
246 Vgl. § 2 III 2 b).
247 Vgl. Michael/Morlok, Grundrechte, Rn. 422.
248 Vgl. Hufen, Grundrechte, § 11 Rn. 4.

Sozialsphäre), andererseits aber typischerweise private oder gar intime Belange speichert (Nähe zur Intim- und Privatsphäre).[249]

Für den Schutz der Persönlichkeit bei Sportveranstaltungen hilft die Sphärentheorie ebenfalls kaum weiter. Massenveranstaltungen sind ein typischer Fall der Sozialsphäre. Soweit jedoch die persönliche Ehre als Teilschutzbereich betroffen ist, kommt es m. E. auf die Sphäre nicht an. Die Sphärentheorie unterscheidet letztlich die situative Schutzwürdigkeit der Persönlichkeit.[250] Dagegen ist die persönliche Ehre im Anbetracht des Menschenwürdegehalts aber stets schutzwürdig und wird auch in die Öffentlichkeit mitgenommen. Sie ist hier sogar besonders schutzbedürftig.

cc) Die Rechtfertigung durch grundrechtlich geschütztes Zuschauerverhalten

Als Schranke des allgemeinen Persönlichkeitsrechts kommen insbesondere die Grundrechte Dritter in Betracht. Gerade soweit es um den Schutz der persönlichen Ehre gegenüber anderen geht, muss eine praktische Konkordanz zu den Kommunikationsgrundrechten gefunden werden. Es handelt sich insoweit um verfassungsunmittelbare Schranken, ohne dass es eines Rückgriffs auf die Schrankentrias bedarf, wobei die kollidierenden Grundrechtspositionen freilich Teil der verfassungsmäßigen Ordnung in Art. 2 I GG sind.[251]

aaa) Die Meinungsfreiheit – Bedeutung und Tragweite bei öffentlichen Massenveranstaltungen

Wenn von Persönlichkeitsrechten bei Sportveranstaltungen die Rede ist, sind damit vor allem ehrverletzende und verunglimpfende Äußerungen gemeint.[252] Bei diesen Äußerungen, die bestimmte persönliche oder politische Ansichten zum Ausdruck bringen, handelt es sich mitunter um Werturteile, die in den Schutzbereich der Meinungsfreiheit nach Art. 5 I 1 GG fallen.[253]

Soweit aber Werturteile den Ansatzpunkt für die Beurteilung einer polizeirechtlichen Gefahr liefern, ist eine besondere Zurückhaltung geboten. Denn eine freie Meinungsäußerung ist eine notwendige Voraussetzung für eine freie – insbesondere öffentliche – Willensbildung und somit ein elementarer Bestandteil

---

249 Zur Problematik vgl. Glaser, Grundrechtlicher Schutz der Ehre im Internetzeitalter, in: NVwZ 2012, S. 1434 f.

250 Vgl. Hufen, Grundrechte, § 11 Rn. 4.

251 Vgl. Pieroth/Schlink/Kingreen/Poscher, Grundrechte, Rn. 420.

252 Siehe hierzu oben § 1.

253 Vgl. Michael/Morlok, Grundrechte, Rn. 209.

einer demokratischen Staatsstruktur.[254] Dies wurde vom BVerfG im Lüth-Urteil hervorgehoben.[255]

Gerade in einer öffentlich besonders wahrgenommenen Situation wie einer Sportveranstaltung ist die Tragweite der Meinungsfreiheit zu beachten.

(1) Kritik und Schmähkritik

Grundsätzlich fallen alle Werturteile in den Schutzbereich der Meinungsfreiheit. Würden bestimmte Inhalte bereits auf der ersten Stufe der Grundrechtsprüfung – und damit auch vor einer Güterabwägung – ausgeklammert, käme dies einer Art Zensur gleich, die mit der Meinungsneutralität des Staates nicht zu vereinbaren wäre.[256] Gleichwohl klammert das BVerfG Formalbeleidigungen aus dem Schutzbereich aus, da sie zur Kundgabe von Werturteilen nicht notwendig seien.[257] Formalbeleidigungen sind bei Sportveranstaltungen die häufigste Form von Angriffen gegen die Persönlichkeit. Gemeint sind damit eindeutig zu interpretierende Schimpfwörter oder Gesten (z.B. das Vorzeigen des Mittelfingers als „Stinkefinger"").[258] Dogmatisch ist diese Herangehensweise fraglich. Denn mit einer Formalbeleidigung wird ein (besonders negatives) Werturteil gerade ausgedrückt. Dass die negative Form der Äußerung für eine Meinungsbildung nicht notwendig ist, führt zum Überwiegen kollidierender Persönlichkeitsrechte (Art. 5 II GG), und zur Rechtfertigung des meinungsbezogenen Eingriffs.[259] Im Ergebnis kommt es also nicht auf die dogmatische Behandlung von Formalbeleidigungen an, so dass vom Grundsatz der Meinungsneutralität nicht abgewichen werden müsste.[260]

---

254 Vgl. Hufen, Grundrechte, § 25 Rn. 4.

255 Siehe: BVerfGE 7, 198, 204 ff.

256 Vgl. Frenz, in: JURA 2012, S. 198.

257 BVerfGE 66, 116, 151; 82, 42, 51; 82, 234, 242, 93, 266, 292 ff; Vgl. Sodan, in: Sodan, GG, Art. 5 Rn. 6.

258 Vgl. Fischer, StGB, § 193 Rn. 43.

259 Vgl. Luch, Das Persönlichkeitsrecht, S. 250, 254.

260 Eine ähnliche Frage stellt sich bei reinen Geräuschkulissen dar. Wird ein Spieler von Fans mit Affengeräuschen verhöhnt, bedarf es zunächst einer Interpretation, um einen Meinungsgehalt überhaupt festzustellen. Folgt man der Rspr. des BVerfG, könnte man in einer solchen Geräuschkulisse jedenfalls eine Formalbeleidigung annehmen, die vom Schutzzweck der Meinungsfreiheit nach Art. 5 I GG nicht erfasst ist. Doch stellt sich hier bereits die Frage, ob überhaupt eine Äußerung vorliegt. Nach der Konzeption des Art. 5 I GG kommt es zwar nicht auf die Form einer Äußerung an, wie die (nicht abschließende) Aufzählung „Wort, Schrift und Bild" zum Ausdruck bringt. Ein nachgeahmtes Tiergeräusch dient jedoch nicht der Übermittlung einer

Für die übrigen Ehrverletzungen verlagert sich die Prüfung nach allgemeiner Meinung auf die Rechtfertigungsebene.[261] Da die öffentliche Kritik im Hinblick auf die öffentliche Meinungsbildung eine besonders schutzwürdige Form der Meinungsäußerung ist, ist sie sorgfältig von der Schmähkritik abzugrenzen. Die Bedeutung der Meinungsfreiheit führt hierbei zu einer Vermutung der Zulässigkeit des geäußerten Inhalts.[262] Sind verschiedene Auslegungsergebnisse möglich, ist dasjenige zu wählen, mit dem die Meinungsäußerung den Schranken des Art. 5 II GG standhält. Auch die äußeren Umstände sind zu berücksichtigen. So sind zugespitzte Formulierungen und Polemik bei Sportveranstaltungen durchaus üblich. Bezeichnen etwa die Anhänger eines Fußballvereins gegnerische Fans lautstark als „Fischköpfe" (angelehnt an die norddeutsche Herkunft des Vereins), so ist hierin weniger eine persönliche Diffamierung als eine polemische Form der Anfeuerung der eigenen Mannschaft zu sehen.

Soweit Äußerungen als Schmähkritik interpretiert werden, kommt es auf eine Abwägung der kollidierenden Grundrechtspositionen an. Dies zeigt eine Gegenüberstellung der jeweiligen Schranken der Rechte anderer gem. Art. 2 I GG und des Rechts der persönlichen Ehre gem. Art. 5 II GG.[263] Die Polizei hat diese Abwägung im Einzelfall vorzunehmen und dabei auch die Intensität des Eingriffs – in Form der jeweiligen polizeirechtlichen Maßnahmen – zu berücksichtigen.

Soweit auf strafrechtliche Normen wie § 185 StGB abgestellt wird, kann zudem – ohne das dies neben dem Recht der persönlichen Ehre notwendig wäre – auf die Schranke der allgemeinen Gesetzte zurückgegriffen werden. Dabei ist der Begriff des allgemeinen Gesetzes seit jeher umstritten.[264] Zum Ausdruck kommen soll nach richtiger Auffassung des BVerfG eine Meinungsneutralität und eine immanente Güterabwägung.[265] Beides ist bei dem Straftatbestand des § 185

---

persönlichen Ansicht, sondern soll ein Unwerturteil erst durch eine rassistische Assoziation beim Adressaten hervorrufen. Hier liegt daher mangels Äußerung nicht einmal eine Formalbeleidigung vor.

261 Vgl. Pieroth/Schlink/Kingreen/Poscher, Grundrechte, Rn. 594.

262 Vgl. Gärtner, Was die Satire darf, S. 211 f.

263 Vgl. Hufen, Grundrechte, § 25 Rn. 22.

264 Vertreten werden mit der Sonderrechtslehre und Abwägungslehre zwei grundlegende Positionen. Während die Sonderrechtslehre auf die Meinungsneutralität abstellt, ist nach der Abwägungslehre eine Abwägung zwischen dem Schutz- und Erhaltungsgut vorzunehmen; vgl. Pieroth/Schlink/Kingreen/Poscher, Grundrechte, Rn. 633, 639.

265 Insoweit werden die Kriterien der Sonderrechtslehre und Abwägungslehre kombinierend; Vgl. etwa BVerfG NJW 2005, 2912 ff.; diese Kriterien wurden auch im Hinblick auf die Versammlungsfreiheit für § 130 IV StGB bejaht von BVerwG NJW 2009, 99.

StGB gegeben. Die allgemeinen Gesetze müssen nach der Wechselwirkungslehre als Schranken der Meinungsfreiheit bereits tatbestandlich die Bedeutung der Meinungsfreiheit berücksichtigen, was sich letztlich mit dem Erfordernis einer verfassungskonformen Auslegung führt.[266]

(2) Tatsachenbehauptungen und Werturteile

Der Schutzbereich der Meinungsfreiheit ist weit gefasst. Auf die Inhalte der Werturteile kommt es keineswegs an. Auch beleidigende (soweit es keine Formalbeleidigungen sind, vgl. o.), rassistische oder antisemitische Äußerungen fallen in den Schutzbereich.[267]

Ebenfalls unerheblich ist die Form der Äußerung, wie sich bereits aus dem Wortlaut „...in Wort, Schrift und Bild..." des Art. 5 I 1 GG ergibt. Bei bestimmten Äußerungsformen, wie etwa zeichnerischen Darstellungen auf Transparenten, können sich jedoch Schnittmengen mit der Kunstfreiheit nach Art. 5 III GG ergeben.[268]

Größere Schwierigkeiten bereitet mitunter die Abgrenzung der Werturteile von Tatsachenbehauptungen.[269] Unwahre Tatsachenbehauptungen fallen insoweit nicht in den Schutzbereich des Art. 5 I 1 GG, als es kein Recht zur Lüge gibt.[270] Zwar lässt sich in der Regel bestimmen, was eine dem Beweise zugängliche Tatsache ist. Doch werden diese Tatsachen oft geäußert, um damit ein gewisses Werturteil auszudrücken. Werfen Zuschauer etwa einem Spieler lautstark vor, er pflege Kontakte zu neonazistischen Kreisen, so liegen dieser Behauptung mitunter dem Beweise zugängliche Tatsachen zu Grunde.[271] Wegen dieses

266 Vgl. Pieroth/Schlink/Kingreen/Poscher, Grundrechte, Rn. 640.

267 Vgl. Pieroth/Schlink/Kingreen/Poscher, Grundrechte, Rn. 594.

268 Dann geht die Kunstfreiheit als spezielleres Kommunikationsgrundrecht vor; Vgl. Hufen, Grundrechte, § 33 Rn. 24.

269 Teilweise werden zum Zwecke der Verunglimpfung aber auch vermeintliche Tatsachenbehauptungen verwendet. Mit Bezeichnung eines Spielers als Asylbewerber (Beispiel aus Aachen bei Hilpert, Das Fußballstrafrecht des DFB, S. 143) ist nicht die Verbreitung der (falschen) Tatsache eines Asylverfahrens gemeint, sondern alleine eine stereotypische und fremdenfeindliche Verunglimpfung bezweckt.

270 Vgl. Hufen, Grundrechte, § 25 Rn. 8.

271 So wurde beispielsweise der Ersatztorwart des Viertligisten Alemannia Aachen Cedric Wilmes im Rahmen eines Hallenturniers in Meschede im Januar 2014 von Zuschauern als Nazi beschimpft, weil er angeblich einer vermeintlich mit Rechtsextremisten sympathisierenden Ultragruppe seines früheren Vereins Borussia Dortmund angehöre; siehe: Der Spiegel 4/2014 (ohne Autor), Jagdszenen im Sauerland, 20.1.2014, S. 113.

Zusammenhangs von Werturteilen und Tatsachenbehauptungen wird eine Trennung teilweise für unmöglich gehalten.[272] Das BVerfG fasst dagegen Werturteile weit und sieht Tatsachenbehauptung als von ihnen mit umfasst, wenn die Wertung und Stellungnahme für die Äußerung prägend ist.[273] Dem ist zuzustimmen, da der Intention des Grundrechtsträgers Rechnung getragen wird und auch der Streit über Tatsachen zu einem meinungsbildenden Diskurs gehört.[274]

(3) Die zeitgeschichtliche Bedeutung der Sportveranstaltungen

Sportveranstaltungen, jedenfalls solche des professionellen Fußballs, sind Ereignisse der Zeitgeschichte. Sie werden öffentlich wahrgenommen und diskutiert. Dementsprechend sind auch einige Beteiligte wie insbesondere die teilnehmenden Sportler absolute Personen der Zeitgeschichte.[275] Es stellt sich daher die Frage, wie sich diese Prominenz auf das Verhältnis des allgemeinen Persönlichkeitsrechts zu den Kommunikationsgrundrechten auswirkt.

Eine einfachgesetzliche Ausgestaltung dieser Frage findet sich für den Bereich des Rechts am eigenen Bild in den §§ 22 f. KunstUrhG. Danach dürfen Bildnisse auch ohne die gem. § 22 KunstUrhG grundsätzlich erforderliche Einwilligung veröffentlicht werden, wenn es sich um Bildnisse aus dem Bereich der Zeitgeschichte gem. § 23 I Nr. 1 KunstUrhG handelt. Mit dieser Norm trifft der Gesetzgeber die grundrechtswesentliche Entscheidung, dass das Informationsinteresse der Öffentlichkeit für den Bereich der Zeitgeschichte dem Persönlichkeitsrecht überwiegt.[276]

Da die §§ 22 f. KunstUrhG aber einen anderen Aspekt des Persönlichkeitsrechtsschutzes betreffen, als die vorliegend betrachteten Ehrverletzungen, stellt sich die Frage, ob die zu Grunde liegende gesetzgeberische Wertung übertragbar

272 Vgl. Pieroth/Schlink/Kingreen/Poscher, Grundrechte, Rn. 597 m. w. N.

273 So etwa BVerfGE 61, 1/9; 90, 241/247; BVerfG NJW 2011, 47/48.

274 Vgl. Pieroth/Schlink/Kingreen/Poscher, Grundrechte, Rn. 597; Hufen, Grundrechte, § 25 Rn. 7.

275 Unterschieden wird zwischen relativen und absoluten Personen der Zeitgeschichte. Während relative Personen nur vorübergehend und situationsabhängig in die Öffentlichkeit treten, sind absolute Personen der Zeitgeschichte stets im Blickfeld der Öffentlichkeit; vgl. Dreier/Specht, in: Dreier/Schulze, Urheberrecht, § 23 KUG Rn. 4 ff. Da Sportler regelmäßig auch außerhalb der Sportveranstaltung in der Öffentlichkeit stehen, sind die regelmäßig absolute Personen der Zeitgeschichte; so auch Summerer, in: Fritzweiler/Pfister/Summerer, Praxishandbuch Sportrecht, 4. Teil Rn. 144 ff.; Frey, in: Schwartmann, Praxishandbuch Medienrecht, S. 402 Rn. 27.

276 Vgl. BGH NJW 2007, 1978 f.; Dreier/Specht, in: Dreier/Schulze, Urhebergesetz, § 23 KUG Rn. 1.

ist.[277] Insoweit könnte das Schutzniveau des Ehrschutzes prominenter Sportler vermindert sein. Geht es um die Abwägung zwischen dem öffentlichen Informationsinteresse und der Achtung der Privatheit, muss der Umstand berücksichtigt werden, ob sich die Privatperson in ein Geschehen der Zeitgeschichte begeben hat. Mit der persönlichen Ehre kollidieren demgegenüber keine Öffentlichkeitsinteressen. Hier gilt, was auch im Rahmen der Sphärentheorie ausgeführt wurde: Die persönliche Ehre wird in alle Lebensbereiche mitgenommen.

Es besteht daher kein Grund, für Ehrverletzungen gegen Prominente in der Öffentlichkeit besondere Maßstäbe aufzustellen. Mit der üblichen Abgrenzung kritischer Werturteile von Schmähkritik kann dem Bedürfnis öffentlicher Meinungsbildung hinreichend entsprochen werden.[278]

(4) Das Verhältnis der Meinungsfreiheit zum Persönlichkeitsschutz nach EMRK und EGMR

Das Verhältnis zwischen Persönlichkeitsschutz und Meinungsfreiheit wurde nicht zuletzt durch den für die Auslegung der EMRK zuständigen EGMR[279] beeinflusst. Die EGMR hat in der deutschen Rechtsordnung aufgrund des Art. 59 II GG den Rang eines einfachen Bundesgesetzes.[280] Neben diesem formellen Stellenwert räumt das BVerfG der EMRK (und deren Auslegung durch den EGMR) jedoch eine erhöhte materielle Bedeutung ein, die sich insbesondere in der Berücksichtigung bei der Auslegung der Grundrechte zeigt. Ein Allgemeines Persönlichkeitsrecht, wie es für das GG aus Art. 2 I und 1 I GG hergeleitet wurde, besteht in der EMRK nicht.[281] Allerdings ist das Recht der persönlichen Ehre von Art. 8 I EMRK umfasst.[282] Dabei entsteht (spiegelbildlich zur Grundrechtskollision zwischen dem Allgemeinen Persönlichkeitsrecht und Art. 5 I GG) mitunter ein Konflikt mit der Meinungsfreiheit gem. Art. 10 I EMRK. Prominent wurde diese Rechtskollision in Fallgruppen, in denen es um die Achtung der Privatsphäre durch die Presse ging.[283] Dabei wurde die grundsätzliche

---

277 Freilich dürfen auch die Bilder i. S. d. § 23 KunstUrhG nicht ehrverletzend sein; vgl. Frey, in: Schwartmann, Praxishandbuch Medienrecht, S. 403 Rn. 28.

278 Anders aber EGMR NJW 2006, S. 1255; Mensching, in: Karpenstein/Mayer, EMRK, Art. 10 Rn. 73.

279 Hierzu Braasch, in: JuS 2013, S. 603 f.

280 Vgl. Pieroth/Schlink/Kingreen/Poscher, Grundrechte, Rn. 64 m. w. N.

281 Vgl. Meyer-Ladewig, EMRK, Art. 8 Rn. 27; Schweßinger, EMRK und Persönlichkeitsschutz, S. 5.

282 Vgl. Schweßinger, EMRK und Persönlichkeitsschutz, S. 18 f.

283 Etwa zum Fall „Caroline von Monaco" EGMR NJW 2004, S. 2647 ff.

Meinungsfreundlichkeit des EGMR deutlich.[284] Die Abschirmung des Privatlebens vor der Öffentlichkeit als Fallkonstellation unterscheidet sich indes eben von dem Schutz der Ehre vor Verunglimpfung, da die Ehre in allen Sphären besteht.[285] Immerhin mutet der EGMR Personen des öffentlichen Lebens, zu denen auch professionelle Fußballer gehören, ein gesteigertes Maß an Kritik zu.[286] Im Gegensatz zum GG enthält die EMRK in Art. 17 eine Bestimmung, die als normgestützter Ansatzpunkt für eine Grenze zulässiger Kritik herangezogen werden kann. Der EGMR hält insoweit Hassreden, Rassismus und Antisemitismus als Rechtsmissbrauch i.S.d. Art. 17 EMRK.[287]

bbb) Die Versammlungsfreiheit – Ansammlungen und Versammlungen

Fraglich ist, ob das Verhalten einzelner Fans im Rahmen von Sportveranstaltungen von der Versammlungsfreiheit gem. Art. 8 I GG umfasst ist.[288] Dafür müsste eine Sportveranstaltung eine Versammlung i.S.d Art. 8 I GG sein.[289] Dies hätte wegen der Ausstrahlungswirkung der Versammlungsfreiheit und der Polizeifestigkeit des Versammlungsrechts weitreichende Auswirkungen auf die sicherheitsrechtliche Beurteilung von Persönlichkeitsrechtsverletzungen im Rahmen der Sportveranstaltungen.[290] Der Versammlungsbegriff des Art. 8 I GG ist vom einfachgesetzlichen Versammlungsbegriff zu unterscheiden.[291] Im vorliegenden Kontext kommt es wegen des möglichen zu erörternden Grundrechtskonflikts nur auf ersteren an.

---

284 Vgl. Mensching, in: Karpenstein/Mayer, EMRK, Art. 10 Rn. 72.

285 Dazu vorstehenden Punkt (3).

286 Vgl. EGMR NJW 2006, S. 1255; Mensching, in: Karpenstein/Mayer, EMRK, Art. 10 Rn. 73.

287 Vgl. EGMR NStZ 1995, S. 237 f.; Mensching, in: Karpenstein/Mayer, EMRK, Art. 10 Rn. 79.

288 Vgl. auch Gädeke, Sportgroßveranstaltungen, S. 52 ff.

289 Vgl. Gusy, Polizeirecht, Rn. 412.

290 Bei Annahme einer Versammlung würde sich insoweit denn auch die Frage stellen, inwieweit Parolen einzelner Fans oder Fangruppen als Versammlungskulisse anzusehen wären.

291 Der einfachgesetzliche Versammlungsbegriff ist freilich für jedes (sofern vorhandene) Landesversammlungsgesetz zu unterscheiden, wobei viele Gemeinsamkeiten zu beobachten sind; vgl. Gusy, in: JZ 2011, S. 567 ff.

Der verfassungsrechtliche Begriff der Versammlung gem. Art. 8 I GG wird üblicherweise als eine Zusammenkunft von mehreren (mindestens zwei)[292] Personen zum gemeinsamen Zweck der Meinungsbildung verstanden.[293]

Sportveranstaltungen stellen zwar öffentliche Zusammenkünfte von Personenmehrheiten dar.[294] Problematisch ist aber der gemeinsame Zweck der Meinungsbildung, der eine Versammlung von einer bloßen Ansammlung abgrenzt.[295]

Hierbei stellt sich zunächst die Frage, ob in einer Sportveranstaltung überhaupt einem gemeinsamen Zweck nachgegangen wird. Dafür spricht zunächst, dass der sportliche Wettkampf als solcher alle Beteiligten verbindet.[296] Dabei sind aber auch die unterschiedlichen Zielsetzungen der Beteiligungen zu berücksichtigen. Während es etwa den Sportlern um den siegreichen Wettkampfausgang geht, sind die meisten Zuschauer der Sportveranstaltung zur bloßen Unterhaltung anwesend.[297] Da sich viele Zuschauer als Anhänger der einen oder anderen Mannschaft sehen, könnte man auch im gemeinsamen Anfeuern einen Versammlungszweck sehen.[298] Gemeinsame – wenngleich unterschiedliche – Versammlungszwecke lassen sich also bei Sportveranstaltungen feststellen.[299]

Umstritten ist aber, welche inhaltlichen Anforderungen an den gemeinsamen Zweck zu stellen sind. Hierbei lassen sich im Wesentlichen drei verschiedene Ansichten nennen. Nach einem erweiterten Versammlungsbegriff kommt es auf den Inhalt des Zwecks nicht an.[300] Nach dem engen Versammlungsbegriff ist demgegenüber nur die politische Willensbildung ein tauglicher Versammlungszweck.[301] Ein vermittelnder Ansatz fasst auch sonstige kulturelle oder wirtschaftliche Zwecke unter den Versammlungsbegriff, soweit diese für die öffentliche

---

292 Strittig, im vorliegenden Kontext der Sport(groß) -veranstaltungen aber unerheblich.

293 Vgl. Pieroth/Schlink/Kingreen/Poscher, Grundrechte, Rn. 749; Sodan, in: Sodan, GG, Art. 8 Rn. 2.

294 Fußballstadien sind zwar mitunter in privater Hand, für die Sportveranstaltung jedoch öffentlich zugänglich. Teilweise wird daher auch von semi-öffentlichen Räumen gesprochen, siehe Gusy, in: VerwArch. 2001, S. 344 ff.

295 Vgl. Hufen, Grundrechte, § 30 Rn. 7.

296 Vgl. Gusy, Polizeirecht, Rn. 412.

297 So auch Ott/Wächter/Heinold, Versammlungsgesetz, § 1 Rn. 17.

298 Vgl. Gusy, Polizeirecht, Rn. 412.

299 Nach Michael/Morlok liegt der Versammlungszweck einer Sportveranstaltung in dem gemeinsamen Live-Erlebnis und Aspekte des „Sehens und Gesehenwerdens“ im Vordergrund seien; siehe: Michael/Morlok, Grundrechte, Rn. 270.

300 Vgl. Wiefelspütz, in: NJW 2002, 274.

301 Vgl. Pieroth/Schlink/Kingreen/Poscher, Grundrechte, Rn. 750, 752.

Meinungsbildung von Bedeutung sind.[302] Versammlungen sind im Hinblick auf die Bedeutung der öffentlichen Meinungsbildung für das politische Leben in einem demokratischen Staatssystem besonders schutzwürdig.[303] Eine Privilegierung gegenüber bloßen Spaßveranstaltungen ist daher sachgerecht. Andererseits lässt sich die gebotene Meinungsneutralität des Staates bei einer zu strengen Beurteilung der inhaltlichen Ausgestaltung einer Versammlung nicht verwirklichen, da politische und kulturelle Belange nicht untrennbar nebeneinander stehen. Daher ist der vermittelnden Ansicht zufolgen, nach der zumindest die öffentliche Meinungsbildung als Zweck gefordert wird.[304]

Sportliche Wettkämpfe werden in der Öffentlichkeit mitunter stark wahrgenommen und diskutiert. Sofern dies aber nicht sportpolitische Themen wie etwa das Problem des Dopings betrifft, steht die gemeinsame Unterhaltung durch den Sport im Vordergrund.[305] Hierin liegt der Schwerpunkt einer Sportveranstaltung, der sich auch in ihrer Kommerzialisierung niederschlägt.[306] Es werden Eintrittskarten für ein unterhaltendes Event verkauft.

Dass Sportveranstaltung als Podium für politische oder gesellschaftliche Äußerungen und Diskurse mitunter benutzt werden, macht sie auch nicht zu einer Art Spontanversammlung.[307] Schließen sich beispielsweise Zuschauer zur gemeinsamen Kundgabe politischer Ansichten zusammen, indem sie etwa gemeinsam rechtsradikale Parolen äußern, wird hieraus keine Versammlung. Teilweise wird dies anders gesehen, so dass eine Spontanversammlung[308] innerhalb der (grundsätzlich nicht als Versammlung zu wertenden) Sportveranstaltung entsteht soll, wenn sich Sportfans äußerlich sichtbar von anderen Zuschauern abgrenzen um Meinungen zu äußern, die über bloße sportliche Kommentierungen

302 Vgl. BVerfGE 104, 92, 104; Sodan, in: GG, Art. 8 Rn. 3.

303 Die Versammlungsfreiheit wird mitunter auch als kollektive Meinungsfreiheit bezeichnet. Vgl. BVerfGE 69, 315 (345).

304 So auch BVerfG NJW 2002, 1031; Turnit, in: JURA 2012 S. 366.

305 Gusy, in: v. Mangoldt/Klein/Stark, GG Band I, Art. 8 Rn. 18 f.

306 Ist die öffentliche Meinungsbildung nur ein Teil des Veranstaltungszwecks, kommt es insoweit auf das Gepräge an; vgl. BVerwG NVwZ 2007, 1432 m. w. N; Gusy, in: v. Mangoldt/Klein/Stark, GG Band I, Art. 8 Rn. 18.

307 BVerfG NJW 2004, 2460 hat am Fall der „Fuckparade“ insoweit klargestellt, dass eine Veranstaltung nicht automatisch dadurch eine Versammlung wird, dass bei ihrer Gelegenheit auch Meinungsäußerungen erfolgen.

308 Nach der im Hinblick auf die einfachgesetzlichen Anzeige- bzw. Anmeldepflichten (vgl. § 14 I VersG, Art. 13 I BayVersG) richtigen Brokdorf-Entscheidung des BVerfG (BVerfGE 69, 315, 350), fallen auch Spontanversammlungen in den Schutzbereich des Art. 8 I GG.

hinausgehen.[309] Dem ist jedoch wegen der daraus resultierenden Abgrenzungsprobleme – wo hören bloße Zuschauer auf, wo fangen Versammlungsteilnehmer an – nicht zu folgen.[310] Außerdem hätte eine solche Versammlung in der Ansammlung zu Folge, dass unbeteiligte Zuschauer Teil der Versammlungssituation würden, was mit der negativen Versammlungsfreiheit[311] nicht vereinbar wäre.

Sportveranstaltungen fallen daher nicht in den Schutzbereich der Versammlungsfreiheit.[312]

ccc) Die Kunstfreiheit

Hinsichtlich der Art und Weise der Kundgabe persönlichkeitsrechtsverletzender Äußerungen und Darstellungen ist teilweise eine vielfältige Kreativität zu beobachten. So mögen herabsetzende Inhalte gegen einzelne Personen in selbst verfasste Fangesänge eingearbeitet sein oder verunglimpfende karikaturistische Darstellungen auf Fanplakaten zu sehen sein. In diesen Fällen stellt sich die Frage, ob die mögliche Verletzung des Persönlichkeitsrechts durch die Kunstfreiheit des Art. 5 III GG gerechtfertigt ist. In diesem Fall ginge die Kunstfreiheit als spezielleres Kommunikationsgrundrecht der Meinungsfreiheit vor.[313]

Als vorbehaltlos gewährleistetes Grundrecht hat die Kunstfreiheit einen außerordentlich weiten Schutzbereich. In personeller Hinsicht kann jeder Zuschauer einer Sportveranstaltung zum Künstler im Sinne des GG werden, denn die Künstlereigenschaft ist an keinerlei formelle Voraussetzung wie eine künstlerische Ausbildung oder Berufsausübung gebunden.[314]

Die Bestimmung des sachlichen Schutzbereichs bereitet demgegenüber erhebliche Schwierigkeiten. Es existieren verschiedene Kunstbegriffe, die vom BVerfG nebeneinander angewandt werden, um eine wertende Eingrenzung zu vermeiden.[315] Denn Art. 5 III GG fordert als objektive Wertentscheidung nicht

---

309 So Ott/Wächter/Heinhold, Versammlungsgesetz, § 1 Rn. 18.

310 Wegen des Vorrangs des Versammlungsrechts vor dem Polizeirecht führte diese Ansicht zu erheblichen rechtlichen Problemen.

311 Vgl. Gusy, in: v.Mangoldt/Klein/Stark, GG Band I, Art. 8 Rn. 33.

312 So auch Deusch, Polizeiliche Gefahrenabwehr bei Sportgroßveranstaltungen; Hufen, Grundrechte, § 30 Rn. 7; Sodan, in: GG, Art. 8 Rn. 3; Kniesel/Poscher, in: Lisken Denninger, Handbusch Polizeirecht, Kapitel K Rn. 47; Gädeke, Sportgroßveranstaltungen, S. 54 ff.

313 Vgl. Hufen, Grundrechte, § 33 Rn. 24.

314 Siehe Pieroth/Schlink/Kingreen/Poscher, Grundrechte, Rn. 663.

315 Unterschieden werden der formale, materielle und offene Kunstbegriff. Der formale Kunstbegriff stellt auf bestimmte traditionell anerkannte Kunstformen wie

zuletzt die Freiheit vor staatlicher Kunstbeurteilung, so dass es grundsätzlich dem Verfassungsgeber, der Rechtsprechung und erst Recht den Sicherheitsbehörden verwehrt ist, zu entscheiden, was Kunst ist. Daraus folgt auch, dass es grundsätzlich zu keiner Differenzierung nach der Qualität und dem Niveau der Darstellung kommen darf.[316] Somit verbietet sich von vornherein das Abstellen auf die Niveau- oder Geschmacklosigkeit etwa eines Fangesangs. Geht es wie hier um den Konflikt mit den Persönlichkeitsrechten Einzelner hat das BVerfG lediglich eine einschränkende Missbrauchsformel für evidente Fälle anerkannt. Danach scheidet der Schutz der Kunstfreiheit aus, wenn die Gesamtbetrachtung der Darstellung ergibt, dass die *„Kunstform missbraucht wurde und lediglich eine Mogelpackung, ein Transportmittel ist, um bestimmte Personen zu beleidigen, zu verleumden oder verächtlich herabzuwürdigen...*".[317] Letztlich wird hierbei die Abwägung zwischen der Kunstfreiheit mit dem allgemeinen Persönlichkeitsrecht für Extremfälle von der Rechtfertigungs- auf die Schutzbereichsebene vorgezogen. Mit dieser Formel ließe sich etwa ein Fangesang vom Schutzbereich des Art. 5 III GG herausnehmen, dessen Inhalt lediglich auf die Beschreibung eines Einzelnen mit Schimpfworten hinausläuft.

In weniger eindeutigen Fällen mag der sachliche Schutzbereich der Kunstfreiheit eröffnet sein. Ein Plakat etwa, auf dem ein Gorilla mit dem Kopf eines Spielers schwarzer Hautfarbe abgebildet ist, unterstünde als malerische Darstellung neben dem offenen Kunstbegriff zumindest auch dem formellen Kunstbegriff. Die Präsentation im Rahmen der Sportveranstaltung wäre auch dem grundrechtlich geschützten Wirkbereich zuzuordnen.[318]

In diesen Fällen des eröffneten Schutzbereichs der Kunstfreiheit ist durch Abwägung eine praktische Konkordanz zum allgemeinen Persönlichkeitsrecht als kollidierendes Verfassungsrecht herzustellen.[319] In dem zuletzt dargestellten

---

Malerei, Gesang, Film etc. ab (vgl. Sodan, in Sodan, GG, § 5 Rn. 37). Der materielle Kunstbegriff aus der Mephistoentscheidung des BVerfG (BVerfGE 30, 173/188 f.) stellt auf die „schöpferische Gestaltung" des Künstlers ab. Am weitesten geht der vom BVerfG selbst geformte offene Kunstbegriff (BVerfGE 67, 213, 227), der grundsätzlich allen Darstellungen die Kunsteigenschaft zuspricht, denen „im Wege einer fortgesetzten Interpretation immer weiterreichende Bedeutungen zu entnehmen sind". Zu allem Sodan, in Sodan, GG, § 3 Rn. 37; Pieroth/Schlink/Kingreen/Poscher, Grundrechte, Rn. 660.

316 Vgl. Sodan, in: Sodan, GG, Art. 5 Rn. 38.

317 BVerfGE 119, 1/37, 47; Sodan, in: Sodan, GG, Art. 5 Rn. 38.

318 Vgl. Hufen, Staatsrecht II, § 33 Rn. 12.

319 Die Schrankenbestimmungen des Art. 5 II GG beziehen sich nicht – auch nicht analog – auf die Kunstfreiheit; Vgl. Hufen, Grundrechte, § 33 Rn. 24.

Beispiel würde die Kunstfreiheit wegen des rassistischen und dem daraus resultierenden engen Bezug zur Menschenwürde zurücktreten.[320]

Bei der Abwägung zwischen dem Persönlichkeitsrecht auf der Einen und der Kunstfreiheit auf der anderen Seite ist die grundsätzliche Freiheit zur satirischen Kritik zu beachten. So ist die zu beurteilende Darstellung bei verschiedenen Auslegungsmöglichkeiten stets so auszulegen, dass ihre Zulässigkeit gewahrt bleibt.[321] Andererseits hat das BVerfG in seiner Strauß-Karikatur-Entscheidung klargestellt, dass eine Darstellung, bei der der Angriff auf die Persönlichkeit als solche im Vordergrund steht, auch unter dem Gesichtspunkt der Kunstfreiheit nicht zulässig ist.[322]

In den hier beschriebenen Fällen wird der künstlerische Charakter der Darstellungen hinter der beabsichtigten herabsetzenden Wirkung meist zurücktreten. Wegen dieser Zweckrichtung wird die künstlerische Form der Beleidigungen bei einer Sportveranstaltung der Annahme einer Gefahr für das Persönlichkeitsrecht nur selten entgegenstehen.

ddd) Die allgemeine Handlungsfreiheit

Die allgemeine Handlungsfreiheit ist vor allem als Auffanggrundrecht zu beachten.[323] Sofern die vorstehende Prüfung der jeweiligen Grundrechte ergab, dass bestimmte Verhaltensweisen nicht in den Schutzbereich des jeweiligen Grundrechts fallen, verbleibt der Schutz durch Art. 2 I GG, der grundsätzlich jedes Tun, Dulden und Unterlassen schützt.[324]

So ist eine Sportveranstaltung nach hier vertretener Ansicht zwar nicht vom Schutzbereich der Versammlungsfreiheit nach Art. 8 I GG umfasst. Insoweit schützt die allgemeine Handlungsfreiheit auch das bloße Ansammeln.

Auch die Behauptung unwahrer Tatsachen, die, wie bereits erläutert, nicht von der Meinungsfreiheit nach Art. 5 I GG umfasst ist, fällt zumindest unter Art. 2 I GG.

Die Universalität des Schutzbereichs des Art. 2 I GG findet ihre Kehrseite jedoch auf der Rechtfertigungsebene. Wegen der Schrankentrias der Rechte anderer, der verfassungsmäßigen Ordnung und der Sittengesetze wird sich der allgemeine Schutz durch Art. 2 I GG nur selten gegenüber dem allgemeinen

320 Vgl. Hufen, Grundrechte, § 33 Rn. 29.
321 Vgl. Pieroth/Schlink/Kingreen/Poscher, Grundrechte, Rn. 666.
322 BVerfGE 75, 369, 379; Hufen, Staatsrecht II, § 33 Rn. 9.
323 Vgl. Pieroth/Schlink/Kingreen/Poscher, Grundrechte, Rn. 387.
324 So das Elfes-Urteil; BVerfGE 6, 32, 36.

Persönlichkeitsrecht aus Art. 1 I i. V. m. 2 I GG durchsetzen. Soweit die Äußerungen der Zuschauer Straftatbestände wie die Beleidigung nach § 185 StGB verwirklichen, setzt die verfassungsmäßige Ordnung als Summe aller Gesetze[325] Grenzen. Doch auch ohne gesetzlich normierten Verstoß sind die Rechte anderer in der vorliegenden Fallgruppe betroffen.

b) Die Menschenwürde

Ist der Staat verpflichtet, mit sicherheitsrechtlichen Mitteln die Grundrechtsausübung auch gegenüber Dritten durchzusetzen, so stellt sich in den hier beschriebenen Fallkonstellationen die Frage, ob bereits die Menschenwürde des Art. 1 I GG als gefährdetes Schutzgut der öffentlichen Sicherheit und Ordnung in Betracht kommt.[326] Dass die Grundrechtsprüfung hier gerade mit diesem stärksten und schwerwiegendsten, zugleich aber auch unbestimmten Grundrecht begonnen wird, liegt nicht etwa an der Stellung der Norm am Anfang des Grundgesetzes. Auch ist es zwar erwähnenswert, aber nicht entscheidend, dass sich die im vorherigen Abschnitt geschilderte staatliche Schutzpflicht für die Menschenwürde sogar aus dem Wortlaut des Art. 1 I 2 GG ergibt.[327] Vielmehr drängt sich die normative Bedeutung der Menschenwürde auf, wenn man sich die räumlich und akustisch erdrückende Situation einer einzelnen Person vorstellt, die von einer Masse an Zuschauern beschimpft und verunglimpft wird. Es würde an dieser Stelle den Rahmen der Ausführungen sprengen, den wissenschaftlichen Diskurs über die Bestimmung des Schutzbereichs der Menschenwürde zu erörtern.[328] Denn insoweit besteht Einigkeit, dass Art. 1 I GG die Würde des individuellen Menschen schützt[329], sodass auch die „seelische Identität und Integrität"[330] als ein Teilschutzbereich des Art. 1 I GG umfasst ist. Wegen des schwer zu definierenden Schutzbereichs verlagert sich die

325 Unter die verfassungsmäßige Ordnung i. S. d. Art. 2 I GG werden materielle und formelle Gesetze gefasst, wobei Strafgesetze wegen Art. 103 II GG stets auch formelle Gesetze sind.

326 Vgl. Aubel, in: Die Verwaltung 2004, S. 233.

327 Vgl. Ipsen, Grundrechte, Rn. 237; Sodan/Ziekow, GK ÖR, § 26 Rn. 5.

328 Verbreitet sind insbesondere die Mitgift-, Leistungs- und Anerkennungstheorie, die im Wesentlichen eine unterschiedliche rechtsphilosophische Begründung der Existenz der Menschenwürde heranziehen. Wegen dieses schwer justiziablen Diskurses wird daher von der Rspr und hL gleich auf die Eingriffsbestimmung abgestellt, vgl. hierzu Pieroth/Schlink/Kingreen/Poscher, Grundrechte, Rn. 368–374, BVerfGE30, 1/25.

329 BVerfGE 1, 332 / 343.

330 Siehe Pieroth/Schlink/Kingreen/Poscher, Grundrechte, Rn. 372.

Grundrechtsprüfung bei der Menschenwürde vielfach auf die Eingriffsebene, wobei im Rahmen der Objektivierungsformel des BVerfG unter anderem eine persönliche Erniedrigung als Verletzung anerkannt wird.[331]

Eine solche Erniedrigung könnte man bei Subsumtion der hier geschilderten Sachverhalte durchaus in Betracht ziehen. Hierbei gilt es jedoch, die jeweiligen Fallkonstellationen zu unterscheiden.

Geht man von jenen Situationen aus, in denen einzelne Personen von einer Vielzahl von Zuschauern beleidigt und beschimpft werden, weil diese der Person bestimmte Verhaltensweisen (Spieleraktionen oder Entscheidungen von Schiedsrichtern) oder selbst bestimmte Zustände wie die subjektiv empfunden falsche Vereinszugehörigkeit vorwerfen, mag die persönliche Ehre in vielfältiger Weise verletzt sein. Nach allgemeiner Meinung ist die persönliche Ehre jedoch vom Schutzbereich des Allgemeinen Persönlichkeitsrecht umfasst, welches zwar aus der Menschenwürde hergeleitet wird (Art. 2 I i.V.m. 1 I GG), wegen seiner Einschränkbarkeit jedoch von dieser zu trennen ist.[332] Es kann insoweit auch als lex specialis gesehen werden. Hinter der Trennung der Menschenwürde und des Allgemeinen Persönlichkeitsrechts steht der Gedanke, dass die Menschenwürde des Art. 1 I GG einen eigenständigen Anwendungsbereich haben muss, der auf Extremfälle beschränkt und gleichzeitig keiner Eingriffsrechtfertigung zugänglich ist.[333] Die Menschenwürde bezieht ihre Stellung als höchstes Rechtsgut der Verfassung unter anderem daraus, dass sie in keinem Konflikt mit den Freiheitsrechten anderer oder der rechtstaatlichen Interessen des Staates steht. Da aber gerade die Ehre ein Schutzgut ist, welches im latenten Konflikt mit anderen Freiheitsrechten wie insbesondere der Meinungsfreiheit steht, bedarf sie einer eigenen grundrechtlichen Herleitung.[334]

Die Menschenwürde ist auf Fallgruppen beschränkt, bei denen die von Natur aus bestehende und vom eigenen Verhalten unabhängige Identität und Integrität des Menschen verletzt wird. Für die hier vorliegende Fallgruppe ist dies insbesondere in Konstellationen denkbar, in denen einzelne Personen wegen ihrer Herkunft oder grundsätzlichen Identität verunglimpft werden, namentlich bei antisemitischen oder rassistischen Beschimpfungen.[335]

---

331 Vgl. Hufen, Grundrechte, § 10 Rn. 31.

332 BVerfGE 54, 208 / 217; 93, 266 / 290; 97, 125 / 147; Jarass, in: Jarass/Pieroth, Art. 1 Rn. 20, Art. 2 Rn. 42.

333 Vgl. Pieroth/Schlink/Kingreen/Poscher, Grundrechte, Rn. 381.

334 Vgl. Sodan, in: Sodan, GG, Art. 2 Rn. 5.

335 Diese Form der Persönlichkeitsrechtsverletzung kann auch im Rahmen der Abwehr strafrechtlicher Handlungen oder für das Schutzgut der öffentlichen Ordnung eine Rolle spielen.

Dass antisemitische Beschimpfungen im Hinblick auf die Menschenwürde eine Gefahr für die öffentliche Sicherheit darstellen, sei an dem Beispiel aufgezeigt, dass ein Spieler jüdischen Glaubens von Teilen der Zuschauer als „Judensau" beschimpft wird.[336] Nach den bisherigen Ausführungen könnte der Annahme einer Menschenwürdeverletzung entgegengehalten werden, dass die Religionszugehörigkeit zumindest ab dem Zeitpunkt der Religionsmündigkeit eine ebenfalls willentliche Entscheidung und keine naturgegebene Personeneigenschaft ist. Doch ist dies aus Sicht der Zuschauer nicht gemeint. Denn hier wird nicht etwa die Religionswahl kritisiert, sondern der Spieler als Individuum aufgrund seiner Religionszugehörigkeit verunglimpft. Dabei kommt es nicht darauf an, dass eine Religionszugehörigkeit ein Umstand ist, der auf eine ganze Personengruppe zutrifft. Die beabsichtigte Diffamierung wirkt insoweit im Hinblick auf die Menschenwürde auch auf den Einzelnen.[337]

Ein ähnliches Bild zeichnet sich in dem Beispiel ab, in dem ein Spieler schwarzer Hautfarbe mit affenähnlichen Bewegungen und Geräuschen verhöhnt wird. Derlei rassistische Beleidigungen sprechen dem Spieler seine Gleichwertigkeit ab, was ihn als Individuum herabsetzt. Es wird daher gesagt, der Rassismus verletze die in der Menschenwürde enthaltene „elementare Basisgleichheit".[338]

c) Der besondere Gleichheitssatz des Art. 3 III 1 GG

Art. 3 III 1 GG enthält einen besonderen Gleichheitssatz (im Gegensatz zum allgemeinen Grundrecht aus Art. 3 I GG), der eine Benachteiligung wegen Geschlecht, Abstammung, Rasse, Sprache, Heimat, Herkunft, Glauben sowie religiöse oder politische Anschauung verbietet.[339] Rassistische, antisemitische, fremdenfeindliche Fanparolen stellen Diskriminierungen i.S.d. Art. 3 III 1 GG

336 Von dieser antisemitischen Beschimpfung ist die Bezugnahme auf einen konkreten historischen Kontext zu unterscheiden, wie er etwa bei der Verharmlosung oder Verherrlichung des NS-Regimes bei Demonstrationen vorkommt. Hier wird mitunter auch auf die öffentliche Ordnung oder auf die Straftatbestände der §§ 86 a, 130 StGB abgestellt; siehe hierzu Heckmann, in: Becker/Heckmann/Kempen/Massen, Öffentliches Recht in Bayern, 3. Teil Rn. 542 b.

337 BVerfGE 93, 266, 304. Dabei macht es keine Unterschiede, ob es sich um antisemitische oder rassistische Beschimpfungen handelt.

338 Kirchhof, in: Kirchhof/Isensee, Handbuch des Staatsrechts V, § 124 Rn. 99 ff.

339 Nicht erfasst ist dagegen die sexuelle Orientierung. Hier wird auf Art. 3 I GG zurückgegriffen; vgl. Hufen, Grundrechte, § 40 Rn. 3.

dar.[340] Wie jedes Grundrecht, verbietet Art. 3 III 1 GG zunächst eine Benachteiligung durch den Staat (Art. 1 III GG). Zugleich folgt aus der Norm aber auch ein objektiver Wertemaßstab.[341] Deshalb findet der Regelungsgehalt des Art. 3 III 1 GG auch auf Diskriminierung durch Dritte Anwendung (mittelbare Drittwirkung).[342] Der objektive Wertemaßstab ist insoweit auch bei der Auslegung der polizeirechtlichen Schutzgüter der öffentlichen Sicherheit und Ordnung zu Grunde zu legen. Die Polizei selbst ist unmittelbar an Art. 3 III 1 GG gebunden und muss die Norm bei der Beurteilung der Gefahrenlage bei Sportveranstaltungen berücksichtigen.

d) Der staatliche Schutz ungestörter Berufsausübung aus Art. 12 I GG

Eine Persönlichkeitsentfaltung wird auch durch die Freiheit des Berufs gem. Art. 12 I GG gewährleistet.[343] Die professionelle Sportlertätigkeit ist durch Berufsfreiheit gem. Art. 12 I GG geschützt.[344] Ein Fußballspieler lässt sich von einem Verein zum Spiel verpflichten, um sich dauerhaft eine Lebensgrundlage zu schaffen und aufrechtzuerhalten.[345] Die Freiheit, seine wirtschaftliche Existenzgrundlage selbst zu wählen und zu pflegen ist nicht nur als Abwehrrecht gegen den Staat, sondern als objektive Wertentscheidung des Verfassungsgebers von Bedeutung.[346] Das Grundrecht entfaltet insoweit einen status positivus und verpflichtet den Staat, die freie Berufsausübung auch vor Einschränkungen durch Dritte zu schützen. Praktisch stellt sich die Frage staatlicher Schutzpflichten gegenüber Freiheitseinschränkungen durch Dritte vor allem im Verhältnis zwischen Arbeitnehmern und Arbeitgebern, da erstere regelmäßig besonders schutzbedürftig sind.[347] Im Zusammenhang mit Profisportlern ist eine mittelbare Drittwirkung der Berufsfreiheit insbesondere bei der Frage relevant geworden, in welchem Umfang Vorgaben durch Sportverbände gemacht werden dürfen.[348] Die Berufsfreiheit des Sportlers aus Art. 12 I GG ist hier mit der

---

340 Wegen der speziellen Ausprägung des Schutzes vor Diskriminierung ist ein Rückgriff auf das Allgemeine Persönlichkeitsrecht gem. Art. 2 I GG i.V.m. 1 I GG nicht erforderlich; vgl. Luch, Das Persönlichkeitsrecht, S. 179 f.

341 BVerfGE 17, 1, 27; vgl. Sodan, in: Sodan, GG, Art. 3 Rn. 22.

342 Vgl. Payandeh, in: NJW 2015, S. 697.

343 Vgl. Sodan, in: Sodan, GG, Art. 12 Rn. 7.

344 Vgl. Fechner/Arnhold/Brodführer, Sportrecht, Kapitel 2 Rn. 22.

345 Zur Definition BVerfGE 102, 192, 212; 110, 304, 321; 111, 10, 28.

346 Hierzu Ladeur, in: DÖV 2007, S. 1 ff.

347 Vgl. Ladeur, in: DÖV, S. 4 f.

348 Vgl. Fechner/Arnhold/Brodführer, Sportrecht, Kapitel 2 Rn. 22.

Verbandsautonomie gem. Art. 9 I, 12 I, 19 III GG in Ausgleich zu bringen. Fanausschreitungen stellen für die ungestörte Berufsausübung dagegen unter einem anderen Gesichtspunkt eine Gefahr dar. Ungestört kann eine Tätigkeit nur ausgeübt werden, wenn sowohl die physische als auch die psychische Gesundheit gewahrt bleibt. Wird ein Fußballspieler indes während einer Sportveranstaltung – also während der wichtigsten Phase seines Berufs – verunglimpft und beleidigt, wird er sowohl in der berufsbedingten Persönlichkeitsentfaltung als auch in seiner persönlichen Integrität verletzt. Die durch Art. 12 I GG gewährleistete wirtschaftliche Integrität spielt hier gewissermaßen mit der Gewährleistung der persönlichen Integrität (Art. 2 I, 1 I, 3 III 1 GG) zusammen. Fanausschreitungen gegen Spieler sind also als Störung der Berufsausübung zu sehen.

e) Grundrechte der Landesverfassungen

Persönlichkeitsrechte werden nicht nur durch Grundrechte des GG geschützt, sondern finden sich auch als Grundrechtspositionen in den Landesverfassungen wieder. Wie sich aus der Regelung des Art. 142 GG ergibt, existieren der grundgesetzliche und landesverfassungsrechtliche Grundrechtsschutz grundsätzlich nebeneinander.[349] Zudem sind die (Landes-) Polizeibehörden auch den Landesverfassungen unterworfen. Landesverfassungsrechtliche Grundrechte sind daher Teil der öffentlichen Sicherheit im polizeirechtlichen Sinne. Einige Landesverfassungen beziehen, wie etwa in Art. 4 I VerfNRW, die grundgesetzlichen Bestimmungen ausdrücklich ein, was unter anderem auch die bereits erörterten kollidierenden Grundrechtspositionen betrifft.[350] Andere Verfassungen formulieren eigene Grundrechte, wie etwa die Menschenwürde in Art. 100 BV.[351]

---

349 Vgl. Sodan, in: Sodan, GG, Art. 142 Rn. 1 GG; zur Überprüfung einer aufgrund von Bundesrecht ergangenen Zivilgerichtsentscheidung zur Bestätigung eines Stadionverbotes vgl. StGH BW, Entscheidung vom 2.11.2015 (Az. 1 VB 28/15).

350 Vgl. Dietlein, in: Dietlein/Burgi/Hellermann, Öffentliches Recht in NRW, S. 12 f.

351 Allerdings hat sich der BayVerfGH nur eingeschränkt der vom BVerfG vorgenommenen Herleitung des allgemeinen Persönlichkeitsrechts durch Verbindung der Art. 100 und 101 BV angeschlossen. Er hat dies namentlich nur für den Teilschutzbereich des informationellen Selbstbestimmungsrechts anerkannt, nicht jedoch für das Recht der Selbstbewahrung. Siehe Kempen, in: Becker/Heckmann/Kempen/Manssen, Öffentliches Recht in Bayern, 1. Teil Rn. 253; Lindner, in: Lindner/Möstl/Wolff, BV, Art. 101 Rn. 27–28.

f) Internationaler Menschenrechtsschutz

Grund- und Menschenrechtschutz besteht nicht nur auf nationaler, sondern auch auf europäischer und supranationaler Ebene.[352] Der Grund für diese Mehrfachkodifizierungen liegt in dem Charakter des Menschenrechtsschutzes als politische Wertentscheidung, die auf allen völkerrechtlichen Ebenen etabliert werden soll. Soweit sich der Geltungsbereich der jeweiligen Grundrechtskataloge auf die Bundesrepublik Deutschland erstreckt, sind die darin enthaltenen Rechtspositionen von der öffentlichen Sicherheit umfasst. Es handelt sich um Individualrechtsgüter, die an der objektiven Rechtsordnung teilnehmen. Bei der Herleitung dieser rechtlichen Stellung der internationalen Grund- und Menschrechte ist jedoch zu differenzieren.

Auf europäischer Ebene findet sich die EuGrCh, die gem. Art. 6 III EUV Teil des Unionsrechts ist. Für die vorliegende Problematik ist sie jedoch von geringer Bedeutung, da sie gem. Art. 51 I EuGrCh für Mitgliedstaaten nur bei der Durchführung des Unionsrechts gilt. Auf die Bestimmungen der EuGrCh kommt es daher allenfalls bei grenzüberschreitenden Sportveranstaltungen, soweit Grundfreiheiten oder die Bestimmungen über die grenzüberschreitende justizielle und polizeiliche Zusammenarbeit (Art. 82 ff. AEUV) betroffen sind.[353]

Supranationale Menschenrechtsabkommen bilden die dritte Ebene des geltenden Menschenrechtsschutzes. Dazu zählen zahlreiche völkerrechtliche Verträge und UN-Resolutionen, die in ihrer Gesamtheit weltweite Menschenrechtsstandards schaffen. Völkerrechtliche Verträge sind über Art. 59 II GG Bestandteil des Bundesrechts.[354] Als regionale[355] Menschenrechtscharta nimmt die EMRK eine besondere Rolle ein. Auf ihre Bestimmungen zum Verhältnis von Persönlichkeitsschutz (Art. 8 I EMRK) und Meinungsfreiheit (Art. 10 I EMRK) wurde bereits eingegangen.

Weiter zu nennen sind die Allgemeine Erklärung der Menschenrechte der UN von 1948 sowie der IPbpR. Spiegelbildlich zu den erörterten Grundrechten bestehen auch im internationalen Menschenrechtsschutz kollidierende Rechtspositionen, insbesondere zwischen den Persönlichkeitsrechten (Art. 1, 12

---

352 Vgl. Scholz, in: DVBl. 2014, S. 197.

353 Hierzu Deusch, Polizeiliche Gefahrenabwehr bei Sportgroßveranstaltungen, S. 95 ff, 125 f.

354 Vgl. Schmahl, in: Sodan, GG, Art. 59 Rn. 24 f.

355 Außerhalb Europas gibt es die Amerikanische Menschenrechtskonvention, die afrikanische Banjul Charta der Menschenrechte und Rechte der Völker sowie die Arab Charta on Human Rights.

UN-Menschenrechtscharta, 17 I IPbpR und der Meinungsfreiheit (Art. 19 UN-Menschrechtscharta, 19 I IPbpR). Die polizeirechtlich bedeutsame staatliche Schutzpflicht ist diesbezüglich in Art. 17 II IPbpR ausdrücklich geregelt.[356]

Geht es um polizeiliches Einschreiten gegen rassistische oder antisemitische Fanausschreitungen, kommt der UN-Rassendiskriminierungskonvention[357] eine besondere Bedeutung zu. Auch diese Konvention wurde von der Bundesrepublik Deutschland als völkerrechtliches Übereinkommen gem. Art. 59 II GG ratifiziert. Zum einen definiert die UN-Rassendiskriminierungskonvention die Fälle von Rassendiskriminierungen[358], und dient somit als Auslegungshilfe für Grund- und Menschenrechtsnormen, die ebenfalls Diskriminierungsverbote enthalten.[359] Zum anderen verbietet die Konvention nicht nur staatliche Diskriminierungen, sondern verpflichtet diesen auch zur Beendigung von Rassendiskriminierungen durch private Personen, Art. 2 I d) UN-Rassendiskriminierungskonvention. Hierin besteht mitunter auch ein Rechtfertigungsgrund für Eingriffe in die Meinungsfreiheit.[360]

III. Die öffentliche Ordnung

Gerade in einer öffentlich stark wahrgenommenen Situation wie bei einer Sportgroßveranstaltung stellt sich die Frage, ob die Persönlichkeitsrechtsverletzungen gegen einzelne Personen auch die öffentliche Ordnung als polizeirechtliches Schutzgut beeinträchtigen. Üblicherweise wird unter der öffentlichen Ordnung die „Summe ungeschriebener Normen, deren Befolgung als unentbehrliche Voraussetzung eines geordneten menschlichen Zusammenlebens gesehen wird“[361] verstanden. Während die öffentliche Sicherheit die Gesamtheit der geschriebenen Normen umfasst, geht es hier um ungeschriebene Rechtsnormen.[362] Ist eine Rechtsregel niedergeschrieben, bedarf es des Abstellens auf eine gemeinsame Rechtsvorstellung nicht mehr, weshalb die öffentliche Ordnung subsidiär

356 Vgl. Schilling, Internationaler Menschenrechtsschutz, Rn. 252 ff.

357 Internationales Übereinkommen zur Beseitigung jeder Form von Rassendiskriminierung (internationale Abkürzung ICERD).

358 Neben Diskriminierungen wegen der Rasse werden in Art. 1 auch Hautfarbe, Abstammung, nationaler Ursprung und Volkstum genannt.

359 Vgl. Schilling, Internationaler Menschenrechtsschutz, Rn. 654 f.

360 Vgl. Schilling, Internationaler Menschenrechtsschutz, Rn. 658.

361 Vgl. BVerfGE 69, 315, 352; 111, 147, 156; BVerwG, NJW 1980, 1640, 1641; BayVGH NVwZ 1984, 254; OVG Münster, E 12, 112, 115; Gusy, Polizeirecht, Rn. 96.

362 Vgl. Schmidbauer, in: Schmidbauer/Steiner, PAG, Art. 11 Rn. 71.

gegenüber der öffentlichen Sicherheit ist.[363] Der öffentlichen Ordnung wird also nur eine Auffangfunktion zugesprochen.[364] Vergegenwärtigt man sich die umfassende und kleinteilige Kodifizierung unserer Rechtsordnung, bleibt für die öffentliche Ordnung freilich nur noch ein geringer Anwendungsbereich.[365] Teilweise, auch unter Hinweis auf das neutrale Moralverständnis einer pluralistischen Gesellschaft, wird der Sinn des eigenständigen polizeirechtlichen Schutzguts der öffentlichen Ordnung teilweise angezweifelt.[366] Im PolG NRW war die öffentliche Ordnung als polizeirechtliches Schutzgut (§ 1 I PolG NRW) bis zum Änderungsgesetz vom 2.2.2010 gar entfernt.[367] Dem Argument der vollständigen Verrechtlichung wird entgegengesetzt, dass es mit der öffentlichen Ordnung ein polizeirechtliches (Auffang-) Instrument bedürfe, um unvorhersehbaren und ungewöhnlichen Änderungen in der Realität entgegnen zu können.[368] Dem ist jedoch entgegenzusetzen, dass auch Gesetze wie z.B. § 185 StGB allgemein gehalten sind und eine unbestimmte Vielzahl von Fällen erfassen.

Auch Persönlichkeitsrechte sind in geschriebenen Rechtnormen[369] zu finden, und sei es auch nur in Form des durch Rechtsfortbildung entwickelten allgemeinen Persönlichkeitsrechts gem. Art. 1 I i. V. m. 2 I GG.

Soweit Äußerungen getätigt werden, die nach dem allgemeinen Verständnis als politisch unkorrekt verstanden werden, hilft der Rückgriff auf ungeschriebenes Recht jedoch weiter. Natürlich ist größte Zurückhaltung geboten, den Inhalt einer politischen Äußerung als Gefahr im polizeirechtlichen Sinn zu qualifizieren.[370] Meinungspluralität ist nicht nur grundrechtlich geschützt, sondern auch ein wesentliches Element des demokratischen Lebens.[371] Namentlich bei rassistischen und antisemitischen Schmähäußerungen ist dieser Bereich überschritten,

---

363 Vgl. Schenke, Polizeirecht, Rn. 63; Pieroth/Schlink/Kniesel, Polizeirecht, § 8 Rn. 48 ff.

364 Vgl. Keller, in: DPolBl 03/2014, S. 12.

365 a. A. Schmidbauer, in: Schmidbauer/Steiner, PAG, Art. 11 Rn. 81.

366 Vgl. Gusy, Polizeirecht, Rn. 99 m.w.N.; Pieroth/Schlink/Kniesel, Polizeirecht, § 8 Rn. 48 ff.

367 Vgl. Keller, in: DPolBl 03/2014, S. 10 (Fn. 3).

368 Vgl. Hader, Extremistische Demonstrationen als Herausforderung des Versammlungsrechts, S. 133 ff.

369 Trotz der Kodifizierung der Menschenwürde in Art. 1 I GG wird dennoch mitunter diskutiert, ob Verletzungen der Menschenwürde polizeirechtlich als Gefahr für die öffentliche Sicherheit und Ordnung zu behandeln sind; vgl. Huster, in: NJW 2000, S. 3478; Aubel, in: Die Verwaltung 2004, S. 230 f.

370 Vgl. Hufen, Grundrechte, vor § 25 Rn. 1.

371 Sodan, in: Sodan, GG, Art. 5 Rn. 1.

da sie die allgemein anerkannte Sozialnorm verletzen, Menschen unabhängig ihrer Rasse oder Religion zu achten.[372] Dieser Normgehalt ist teilweise auch kodifiziert, z.B. in Art. 3 III GG oder § 1 AGG. Diese Normen greifen in den hier zugrunde liegenden Situationen aber nicht ein. Dagegen ist die Schwelle zur Strafbarkeit nach §§ 86, 86 a StGB erst erreicht, soweit ein organisatorischer Bezug zu den dort genannten Organisationen hergestellt wird.[373] Bei sonstigen antisemitischen oder rassistischen Äußerungen wird demgegenüber unabhängig von geschriebenen Rechtsnormen eine Sozialnorm[374] verletzt, die im Lichte der grundgesetzlichen Ordnung als unentbehrlich angesehen wird. Da dies im Rahmen der Öffentlichkeit einer Sportveranstaltung geschieht, kann – zumindest ergänzend zu den Grundrechten der Betroffenen – auf die öffentliche Ordnung abgestellt werden.

Dagegen stellt sich die Frage, ob auch dann eine polizeirechtlich relevante Gefährdung der öffentlichen Ordnung bestehen soll, wenn nicht die Verunglimpfung von Minderheiten (und damit Persönlichkeitsrechtsverletzungen), sondern sonstige rechtsradikale politische Aspekte im Vordergrund stehen. Zu denken wäre etwa das Vorzeigen einer schwarz-weiß-roten Kaiserreichsflagge als Symbol für eine rechtsradikale politische Gesinnung.[375] Eine Gefahr durch Persönlichkeitsrechtsverletzungen liegt hier mangels hinreichend konkreten Bezugs zu einzelnen Personen nicht vor.[376] Teilweise wird eine polizeirechtliche Gefahr unter dem Gesichtspunkt der öffentlichen Ordnung gesehen.[377]

Nach dem bisher Gesagten spricht für eine solche Subsumtion die Auffangfunktion der öffentlichen Ordnung. Straftatbestände wie §§ 86, 86 a StGB bilden nur einen Teil rechtsextremer Handlungen ab. Gleichwohl ist ein aggressives Verbreiten rechtsextremer Ansichten aber geeignet, andere Menschen, die sich am freiheitlich demokratischen Diskurs beteiligen wollen, einzuschüchtern.[378]

---

372 Vgl. Schmidbauer, in: Schmidbauer/Steiner, PAG, Art. 11 Rn. 82.

373 Vgl. Fischer, StGB, § 80 Rn. 6 ff.

374 Zum Begriff vgl. Gusy, Polizeirecht, Rn. 97.

375 Vgl. VGH BW NJW 2006, 635 f.

376 Str., teilweise wird die Reichsflagge auch als nationalsozialistisches Symbol gesehen, so dass der geschilderte Bezug zur Menschenwürde wieder in Betracht käme. Schmidbauer weist aber zutreffend darauf hin, dass die Reichsflagge insoweit ein geschichtlich unzutreffendes Symbol wäre, siehe Schmidbauer, in: Schmidbauer/Steiner, PAG, Art. 11 Rn. 80.

377 So etwa BVerwG NJW 2001, 2987.

378 Vgl. Keller, in: DPolBl 03/2014, S. 12.

Diesem Ansatzpunkt steht die Subsidiarität der öffentlichen Ordnung gegenüber der öffentlichen Sicherheit jedoch entgegen. Da die öffentliche Ordnung gerade keine Rechtsnormen umfasst, wird eine im Hinblick auf die Wertneutralität des Grundgesetzes grundrechtlich sensible Frage vom Gesetzgeber auf die Polizei verlagert. Gerade im Bereich öffentlicher Kundgaben ist auf den Parlamentsvorbehalt[379] für grundrechtswesentliche Eingriffe in die Meinungsfreiheit gem. Art. 5 I GG (und ggf. die Versammlungsfreiheit gem. Art. 8 I GG) zu achten.[380,381] Dies gilt insbesondere deshalb, weil der Gesetzgeber tatsächlich in vielfacher Weise von expliziten Regelungsmöglichkeiten Gebrauch gemacht hat. In zahlreichen Strafvorschriften ist der Sensibilität gegenüber rechtsradikaler Propaganda Rechnung getragen. Dies gilt nicht nur für die wichtigen Straftatbestände der §§ 86, 86 a StGB sowie § 130 StGB, sondern beispielsweise auch für ergänzende Strafrechtsnormen wie § 194 I 2, II StGB. Der öffentlichen Ordnung bedarf es neben der öffentlichen Sicherheit ferner nicht, soweit es um die Würde von Angehörigen verunglimpfter Minderheiten geht. Denn die Menschenwürde nach Art. 1 I GG ist als geschriebene Norm bereits von der öffentlichen Sicherheit umfasst.[382] Unter Berücksichtigung dieser möglichen Ansatzpunkte der öffentlichen Sicherheit erscheint das Subsidiaritätserfordernis der öffentlichen Ordnung nicht überwunden.[383] Dies gilt auch unter dem Gesichtspunkt der Einschüchterungswirkung. Wer nicht gegen geschriebenes Recht und die Grundrechte anderer

379 Wenn Schmidbauer darauf hinweist, dass auch die polizeilichen Generalklauseln formelle Gesetz sind (Schmidbauer, in: Schmidbauer/Steiner, PAG, Art. 11 Rn. 81), ist jedoch insoweit der Parlamentsvorbehalt zu beachten, nach dem der Gesetzgeber alle grundrechtswesentlichen Fragen selbst entscheiden muss und nicht pauschal durch Generalklauseln regeln darf, vgl. Sodan, in: Sodan, GG, vor Art. 1 Rn. 55, 57; Pieroth/Schlink/Kniesel, Polizeirecht, § 8 Rn. 50.

380 Das Abstellen auf die öffentliche Ordnung wurde verfassungsrechtlich nicht grundsätzlich beanstandet in BVerfG NJW 2001, 1409; kritischer hierzu BVerfG NVwZ 2004, 91.

381 Vgl. auch Gusy, in: JZ 2011, S. 566; Kniesel, in: NJW 2000, S. 2864.

382 Str. ist in diesem Zusammenhang auch die Frage, ob die öffentliche Ordnung einschlägig sein soll, wenn sich einzelne Personen freiwillig einer menschenunwürdigen Situation aussetzen (Bsp.: „Peep-shows", „Zwergenweitwurf"); dazu Huster, in: NJW 2000, S. 3478 f. Hier stellen sich vor allem die Fragen, inwieweit eine selbstbestimmte Menschenwürdeverletzung möglich ist und ob ein öffentliches Interesse an der Verhinderung derartiger Situationen besteht.

383 Vgl. Hader, Extremistische Demonstrationen als Herausforderung des Versammlungsrechts, S. 131 ff.

verstößt, befindet sich im Rahmen des zulässigen Meinungsdiskurses, der in der freiheitlich demokratischen Grundordnung gewährleistet ist.

IV. Die verfassungskonforme Auslegung des Tatbestandsmerkmals der Gefahr

Der Gefahrenbegriff ist allgemein und unbestimmt gehalten. Gleichwohl bildet er als zentrales sicherheitsrechtliches Tatbestandsmerkmal die Grundlage für mitunter schwere Grundrechtseingriffe. Dies liegt daran, dass die Polizei zur allumfassenden Gefahrenabwehr berufen ist, ohne dass die explizite Beschreibung der einzelnen Gefahrensituationen möglich wäre. Auf der anderen Seite gebieten das rechtstaatliche Bestimmtheitsgebot (Art. 20 III GG) und der effektive Grundrechtschutz eine möglichst detaillierte Beschreibung, unter welchen Möglichkeiten die Polizei in Grundrechte und sonstige subjektive Rechte eingreifen darf. Wegen dieser Interessenkollision verlagert sich die insoweit gebotene Interessenabwägung vom Gesetzgeber auf die mit dem Einzelfall betraute Exekutive. Sie muss im Rahmen ihrer Grundrechtsbindung nach Art. 1 III GG die sicherheitsrechtlichen Eingriffsnormen verfassungskonform auslegen.[384]

Die Beachtung der Grundrechte lässt sich rechtsdogmatisch nicht auf einen bestimmten Punkt der Rechtsanwendung begrenzen, sondern bildet ein verfassungsrechtliches Gebot für alle Phasen des polizeilichen Handels – von der Beurteilung einer Gefahr bis zur Ausübung des Entschließungs- und Auswahlermessens.[385]

Für die Beurteilung der Gefahr erlangt das Gebot der verfassungskonformen Auslegung insbesondere dort Bedeutung, wo es um die Bestimmung von Rechtsgutsverletzungen im Lichte kollidierender Rechtsgüter geht. Dies zeigte sich bereits bei der Prüfung möglicher Grundrechtsverletzungen, bei der die Grundrechte Dritter stets auch immanente Schranken bilden.

Doch auch wenn bei der Beurteilung der Gefahrenlage nicht (nur) auf mögliche Grundrechtsverletzungen abgestellt wird, sondern auch etwa auf Straftaten oder die Verletzung der öffentlichen Ordnung, strahlen die Grundrechte der Zuschauer aus. Daher sei an dieser Stelle abschließend verdeutlicht, dass das Gebot der verfassungskonformen Auslegung die Polizei bei der Beurteilung der Gefahr durch Äußerungen von Zuschauern zur Zurückhaltung anhält.

Diese Zurückhaltung müsste die Polizei etwa bei der Interpretation eines Plakates zu Grunde legen, auf dem das Bild des gegnerischen Trainers, einen

384 Vgl. Pieroth/Schlink/Kniesel, Polizeirecht, § 8 Rn. 17.
385 Vgl. Schmidbauer, in: Schmidbauer, PAG, Art. 11 Rn. 18.

Meisterschaftspokal in der Hand haltend, hinter einem Fadenkreuz abgebildet ist. Dieses Bild ließe sich auf unterschiedliche Weise interpretieren. Mit der Beschreibung einer Schusswaffe durch das Fadenkreuz könnte die Tötung des Trainers als Person bildlich dargestellt sein. Andererseits könnte das Fadenkreuz lediglich ein Symbol für die Zielstrebigkeit des eigenen Vereins und seiner Anhänger sein, die sportliche Trophäe zu erlangen. In der ersten Interpretation würde der Trainer als Gewaltobjekt dargestellt, so dass eine Persönlichkeitsverletzung mit engem Bezug zur Menschenwürde bejaht werden könnte. Die zweite Interpretation wäre lediglich eine durch die Kunstfreiheit geschützte zulässige Beschreibung des sportlichen Wettstreits.[386] Die Ausstrahlungswirkung der Meinungs- und Kunstfreiheit würde in diesem Fall die Polizei zur meinungsfreundlichen Auslegung[387] anhalten, so dass das Vorliegen einer Gefahr verneint werden müsste.[388]

Nimmt die Polizei dennoch in rechtsfehlerhafter Weise eine Gefahr an, obwohl die Äußerungen etwa durch Meinungsfreiheit gedeckt sind, liegt insoweit eine Putativgefahr vor.[389]

V. Fazit

Als Fazit lässt sich festhalten, dass Persönlichkeitsrechtsverletzungen bei Sportveranstaltungen durch Zuschauerverhalten eine Störung für die öffentliche Sicherheit unter drei Gesichtspunkten darstellen kann. Die öffentliche Sicherheit wird durch drohende Straftaten der §§ 185 ff. StGB verletzt, wobei eine Reihe weiterer Straftaten gegen den öffentlichen Frieden mit den Persönlichkeitsrechtsverletzungen einhergehen können. Zudem können grundrechtliche Positionen der Menschenwürde und des allgemeinen Persönlichkeitsrechts durch Dritte verletzt werden, so dass staatliche Schutzpflichten zur Annahme einer

---

386 Siehe auch zur Interpretation einer satirischen Darstellung eines an ein Kreuz genagelten Fußballtrainers OLG München, Beschluss vom 7.7.2009 (Az. 18 W 1391/09), Rn. 8 f. – Juris.

387 Vgl. Pieroth/Schlink/Kingreen/Poscher, Grundrechte, Rn. 666.

388 Anders bei der bildlichen Darstellung des Förderers der TSG 1899 Hoffenheim Dietmar Hopp (hinter einem Fadenkreuz) auf einem Fanplakat mit der Aufschrift „Hasta la vista, Hopp“; Die Welt online (Falk Schneider), Hoffenheim-Mäzen zeigt Dortmunder Fan an, 23.9.2008.

389 Unter einer Putativgefahr versteht man eine Scheingefahr, die auch aus einer ex-ante-Perspektive gerade nicht vorlag. Abzugrenzen ist diese von der Anscheinsgefahr, die zwar objektive nicht vorlag, ex ante aber als solche zu sehen war; vgl. Schenke, Polizeirecht, Rn. 80, 82.

polizeirechtlichen Gefahr führen. Schließlich verletzen antisemitische und rassistische Äußerungen auch das polizeirechtliche Schutzgut der öffentlichen Ordnung.

In jedem Fall sind bei der Auslegung gefährdeter Rechtsgüter kollidierende Grundrechtspositionen der Zuschauer zu beachten. Nicht jede Persönlichkeitsrechtsverletzung stellt auch eine Gefahr dar. Aus polizeilicher Sicht ist daher zwischen relevanten Schädigungen und bloßen Belästigungen zu unterscheiden.[390] Ein drohender Schaden – und damit eine polizeirechtliche Gefahr – liegt eben nur dann vor, wenn eine etwaige Rechtsverletzung vorliegt, wie sie in diesem Kapitel beschrieben wurde. Stellen Fanparolen und -äußerungen lediglich eine psychisch unangenehme Kulisse dar, oder sind Beeinträchtigungen des Allgemeinen Persönlichkeitsrechts gerechtfertigt, liegt eine bloße Belästigung vor, die polizeirechtlich irrelevant ist. Verbale Proteste, Pfiffe und ähnliches reichen für eine Gefahr also nicht aus.[391] Dies ändert sich erst, wenn der Inhalt jener Äußerungen strafbar ist oder in justiziabler Weise Persönlichkeitsrechte verletzt. Für die polizeirechtliche Relevanz von Persönlichkeitsbeeinträchtigungen sind insoweit zum einen ihre Intensität, zum anderen ihre Justiziabilität ausschlaggebend, wobei die Intensität freilich bereits Einfluss auf die Subsumtion als Rechtsverstoß hat.

Ob eine Gefahrenlage bestimmte polizeiliche Maßnahmen veranlasst, ist im Rahmen des Entschließungs- und Auswahlermessens im Einzelfall abzuwägen.[392]

---

390 Zur Abgrenzung vgl. Pieroth/Schlink/Kniesel, Polizeirecht, § 4 Rn. 3; Pils, in: DÖV 2008, S. 945.

391 Vgl. Gusy, Polizeirecht, Rn. 106; Pieroth/Schlink/Kniesel, Polizeirecht, § 4 Rn. 3; BVerwGE 84, 247, 255 f; NJW 1190, 2076, DVBl. 1990, 704.

392 Dazu § 8.

Zweiter Teil: Die Sicherheitskonzeption von Sportveranstaltungen

§ 3 Sportrechtliche Sicherheitsmechanismen im Profifußball

Sportveranstaltungen im Profifußball sind private Veranstaltungen. Sie werden von privaten Akteuren initiiert und durchgeführt. Die Gewährleistung der Sicherheit bei Sportveranstaltungen obliegt insoweit keinesfalls ausschließlich den staatlichen Sicherheitsbehörden. Der Umgang mit Fanausschreitungen ist nicht zuletzt auch eine sportorganisatorische Aufgabe für die zahlreichen privaten Akteure, deren Umsetzung im Folgenden dargestellt werden soll. Neben den sportrechtlichen Sicherheitsmechanismen sollen auch die zivilrechtlichen Folgen der Fanausschreitungen im Verhältnis der privaten Akteure untereinander erläutert werden.

I. Die privaten Beteiligten bei der Organisation von Sportveranstaltungen

Sportgroßveranstaltungen erfordern eine komplexe Organisation durch eine Vielzahl von Beteiligten.[393] Zunächst sollen daher die für das vorliegende Thema relevanten Beteiligten vorgestellt und ihre Bedeutung für die Organisation von professionellen Fußballspielen unter besonderer Beachtung ihrer Sicherheitsfunktionen erläutert werden.[394]

1. Die Sportverbände

Das Sportrecht ist verbandsrechtlich geprägt. Sportliche Wettbewerbe bedürfen eines organisatorischen Rahmens und standardisierter Regeln.[395] Diese Rolle erfüllen für die meisten Sportarten Sportfach- und Dachverbände, so auch im Fußball. In diesen Verbänden sind die Vereine und Sportler auf Grundlage des Privatrechts zusammengeschlossen.[396] Im Rahmen der insoweit bestehenden

393 Dies betrifft sowohl den äußeren Betrieb der Veranstaltung einschließlich der Sicherheitsgewährleistung als auch den sportlichen Ablauf selbst.

394 Mitunter sind die Beteiligten auch selber durch Fanausschreitungen gefährdet. Dies gilt auch für das spezielle Problem der Persönlichkeitsrechtsverletzungen, da hinter den privaten Organisationen schutzbedürftige Personen stehen. Im Übrigen genießen auch Personenvereinigungen und Personenmehrheiten strafrechtlichen Ehrschutz, siehe hierzu oben § 2 III 2 b) bb).

395 Vgl. Fechner/Arnhold/Brodführer, Sportrecht, Kapitel 3 Rn. 1.

396 Vgl. Fechner/Arnhold/Brodführer, Sportrecht, Kapitel 1 Rn. 34 ff.

Verbandsautonomie[397] gem. Art. 9 I GG[398], § 25 BGB obliegt es den Fußballverbänden, eigene Sicherheitskonzepte zu entwickeln.[399] Sie besitzen gegenüber ihren Mitgliedern (insbesondere Sportlern und Vereinen) eine Rechtssetzungs- und Richtlinienkompetenz, durch die Sicherheitsmechanismen verbindlich festgelegt werden.[400] Das durch die Verbände geschaffene Sportrecht ist aber im Gesamtkontext mit dem (staatlich gesetzten) Zivilrecht zu sehen. Bei den Verbandsstatuten handelt es sich um privatrechtliche Satzungen nach § 25 BGB.[401] Das Verbandsrecht geht als private Ausgestaltung zwischen Verbänden und Vereinen dem bürgerlichen Recht, soweit dieses dispositiv ist, vor.[402] Andererseits unterliegt es staatlicher Kontrolle und Grenzen durch das Zivilrecht.

Es bestehen unterschiedliche verbandrechtliche Normen nebeneinander, da jeder Fußballverband eigenständig von seiner Verbandsautonomie Gebrauch gemacht hat.[403] Die Verbandsstruktur im Fußballsport hat sich der föderalen Staatsstruktur angeglichen, weshalb neben dem DFB (und den internationalen Verbänden UEFA und FIFA) weitere Regional-, Landes-, Bezirks- und Kreisverbände existieren.[404] Im Folgenden soll der Schwerpunkt der Betrachtung auf die großen Verbände DFB, UEFA und FIFA gelegt werden, die für die wichtigsten Profifußballwettbewerbe verantwortlich sind.[405]

Aufgrund der besonderen organisatorischen und wirtschaftlichen Bedeutung der professionellen Fußballligen hat der DFB die Organisation, Verwaltung und Vermarktung der Bundesliga und 2. Bundesliga (beides Vereinseinrichtungen

---

397 Vgl. Englisch/Bagger, in: Lentze/Stopper, Handbuch Fußballrecht, Kapitel 10 Rn. 3.

398 Vgl. Gädeke, Sportgroßveranstaltungen, S. 56 ff.

399 Zur Sicherheitskonzeption des DFB siehe: Spahn, in: Walker, Hooliganismus, S. 13 ff.

400 Auf deutscher Ebene sind etwa die „Richtlinien zur Verbesserung der Sicherheit bei Bundesligaspielen" zu nennen, vgl. Feltes, in: NK 2013 S. 53.

401 Fußballverbände haben, jedenfalls soweit sie deutschem Recht unterliegen (DFB), die Rechtsform des Vereins i. S. d. § 21 BGB, vgl. Englisch/Bagger, in: Stopper/Lentze, Handbuch Fußballrecht, Kapitel 10 Rn. 9.

402 Vgl. Fechner/Arnhold/Brodführer, Sportrecht, Kapitel Rn. 34 f.

403 Vgl. Fechner/Arnhold/Brodführer, Sportrecht, Kapitel 1 Rn. 44.

404 Vgl. Spahn, in: Walker, Hooliganismus, S. 10.

405 DFB insbesondere: Bundesliga, 2. Bundesliga, 3. Bundesliga, DFB-Pokal; UEFA insbesondere: Champions League, Europa League. Die FIFA organisiert insbesondere die WM, an der keine Vereinsmannschaften, sondern Verbandsmannschaften („Nationalmannschaften") teilnehmen.

des DFB) auf den Ligaverband übertragen (§ 4 Nr. 1 a Ligaverband-Satzung).[406] Die *Liga-Fußballverband e.V.* (Ligaverband) ist ein Zusammenschluss der beteiligten Vereine und seinerseits Mitglied im DFB (§ 3 Nr. 1 Ligaverband-Satzung). Der Ligaverband ist der Rechtsträger[407] der beiden genannten Ligen und handelt durch seine hundertprozentige Tochtergesellschaft *Deutsche Fußball Liga GmbH* (DFL).[408] Ligaverband und DFL bilden gewissermaßen den Teilbereich Profifußball des DFB. Für Sicherheitsfragen und das Fußballstrafrecht ist aber auch für die genannten Ligen überwiegend der DFB zuständig.[409]

Er unterhält eine Abteilung für Prävention und Sicherheit, die die unterschiedlichen Sicherheitsaufgaben des DFB koordiniert und durchführt. Hierzu gehören etwa die Ausübung der Richtlinienkompetenz in Sachen Sicherheit, die Betreuung von Fanprojekten[410], die Bearbeitung von bundesweiten Stadionverboten die Koordination mit Sicherheitsbehörden sowie die Unterhaltung einer Fananlaufstelle.[411] Der *Abteilung Prävention und Sicherheit* steht der Sicherheitsbeauftragte des DFB vor, der mit anderen Sicherheitsbeteiligten und der Politik kommuniziert.[412] Innerhalb der Abteilung Sicherheit und Prävention ist die *Kommission Prävention und Sicherheit* angesiedelt. Ihr gehören neben Mitgliedern der Sportverbände (auch Landes- und Regionalverbände) u.a. auch Vertreter von Sicherheitsbehörden an.[413]

Für die Handhabung repressiver Sicherheitsmechanismen, namentlich der Verhängung von Sportstrafen, sind die Sportgerichte der Verbände zuständig. Es handelt sich um Schiedsgerichte i. S. d. §§ 1025 ff. ZPO.[414]

---

406 Festgelegt in der Präambel des Grundlagenvertrages zwischen DFB und Ligaverband; vgl. Englisch/Bagger, in: Stopper/Lentze, Handbuch Fußballrecht, Kapitel 10 Rn. 14 f.

407 Vgl. Englisch/Bagger, in: Stopper/Lentze, Handbuch Fußballrecht, Kapitel 10 Rn. 17.

408 Vgl. Paepke/Blask, in: Stopper/Lentze, Handbuch Fußballrecht, Kapitel 11 Rn. 6.

409 Vgl. Spahn, in: Walker, Hooliganismus, S. 10.

410 Hierzu Hennes, in: Schild, Rechtliche Aspekte bei Sportgroßveranstaltungen, S. 6 f.

411 Hierzu Spahn, in: Walker, Hooliganismus, S. 12.

412 Vgl. Spahn, in: Walker, Hooliganismus, S. 13.

413 Vgl. Hennes, in: Schild, Rechtliche Aspekte bei Sportgroßveranstaltungen, S. 1 ff., Spahn, in: Walker, Hooliganismus, S. 13 ff.

414 Vgl. hierzu Steiner, in: SpuRt 2014, S. 2 ff.

2. Die Fußballvereine

Die Fußballvereine[415] sind die wohl wichtigsten privaten Akteure im Hinblick auf Sicherheitsfragen bei Fußballspielen. Gem. § 2 Nr. 2 der *DFB-Richtlinien zur Verbesserung der Sicherheit bei Bundesspielen* ist es *Aufgabe des Vereins, alle zumutbaren Maßnahmen zu treffen oder auf diese hinzuwirken, die geeignet oder erforderlich sind, die Sicherheit (...) zu gewährleisten.*[416]

Die sicherheitsorganisatorische Bedeutung folgt zunächst daraus, dass der gastgebende Verein als Veranstalter der Sportgroßveranstaltung zu sehen ist.[417] Im Gegensatz zum Verband, der nur die sportlichen Rahmenbedingungen schafft, übt er das Hausrecht im Stadion aus und lädt die Gastmannschaft zu sich ein. Der Heimverein verfügt daher über diverse Einwirkungsmöglichkeiten (etwa Hausrecht, Stadionordnungen, Einlasskontrollen, Ordnungsdienste).[418] Um während der Sportveranstaltung handlungsfähig zu sein, müssen die Heimvereine einen Veranstaltungsleiter bereitstellen.[419] Zudem sind die Vereine Vertragspartner der Zuschauer, wobei ihnen freilich Schutz- und Überwachungsaufgaben obliegen.[420] Des Weiteren besteht zu den eigenen Fans eine besondere Nähe, die sich auch organisatorisch (z. B. durch Kommunikation und Fanbeauftragte) manifestiert.[421]

---

415 Soweit im Folgenden von „Vereinen" die Rede ist, ist dies der traditionellen Rechtsform im Fußball geschuldet. Die Rechtsform spielt für die sport- und polizeirechtliche Betrachtung jedoch regelmäßig keine Rolle. Mitunter sind die Profifußballabteilungen rechtlich verselbstständigt (z. B. als Kapitalgesellschaft) und im Eigentum des Vereins i. S. d. § 21 BGB, vgl. Lorz, in: Stopper/Lentze, Handbuch Fußballrecht, Kapitel 17 Rn. 1 ff.; Fechner/Arnhold/Brodführer, Sportrecht, Kapitel 3 Rn. 12.

416 § 2 Nr. 2 DFB-Sicherheitsrichtlinien.

417 Str. vgl. Fechner/Arnhold/Brodführer, Sportrecht, Kapitel 8 Rn. 5; a.A. Gädeke, Sportgroßveranstaltungen, S. 31 f.; str. ist die Veranstaltereigenschaft auch im Zusammenhang mit gebührenrechtlichen Gesichtspunkten nach dem Bremer Kostenmodell (dazu § 7 II 5 c).

418 Vgl. Thumm, in: WFV, Verantwortlichkeiten und Haftung im Sport, S. 21.

419 Vgl. NKSS, S. 29 ff.

420 Bei einem Zuschauervertrag handelt es sich um einen Typenmischvertrag mit Elementen eines Werk- und Mietvertrages, vgl. Schulze, in: JURA 2011, S. 484; Fechner/Arnhold/Brodführer, Sportrecht, Kapitel 5 Rn. 40.

421 Fanbeauftragte der Vereine werden in § 30 der DFB-Sicherheitsrichtlinien genannt, sowie im NKSS, S. 12. Der Fanbeauftragte soll gem. § 30 Nr. 2 der DFB-Sicherheitsrichtlinien u. a. „Feindbilder" unter den Fans behandeln. Darüber hinaus müssen gem. § 18 Nr. 1 der DFB-Sicherheitsrichtlinien Sicherheitsbeauftragte benannt werden, die bei Heimspielen anwesend sein müssen.

Im Gegensatz zum Heimverein hat der Gastverein nur begrenzte Einwirkungsmöglichkeiten auf die Organisation eines Fußballspiels. Immerhin ist er Vertragspartner jener Fans, die ihn als seine Anhänger zum Auswärtsspiel begleiten.[422] Insoweit treffen ihn in eingeschränkten Umfang Überwachungspflichten. So muss der Sicherheitsbeauftragte dieser Vereine auch bei Auswärtsspielen anwesend sein, soweit es sich um Risikospiel handelt.[423]

Da die Anhänger der Gastvereine im Vergleich mit denen des Heimvereins typischerweise eine Minderheit darstellen, sind ihre Spieler und Anhänger besonders schutzbedürftig.

3. Der Stadionbetreiber

Der Stadionbetreiber ist nicht der Veranstalter eines Fußballspiels, sondern stellt lediglich die Sportstätte zur Verfügung. Die Stadien werden in der Regel von rechtlich verselbstständigten Gesellschaften betrieben, die nicht immer im Eigentum der Fußballvereine stehen.[424] Wegen dieser Verselbstständigung ist das Verhältnis zwischen Stadionbetreiber und Veranstalter meist in einem schuldrechtlichen Stadionvertrag geregelt.[425] Aufgrund dieser Verträge besteht die Verpflichtung zur Bereitstellung eines Stadions, das den sicherheits- und verbandsrechtlichen Anforderungen genügt.[426]

4. Private Ordnungsdienste

Zur faktischen Durchsetzung seiner Veranstalterpflichten und –rechte beauftragen die Heimvereine private Ordnungsdienste. Regelmäßig werden diese auch durch die Stadionbetreiber bereitgestellt. In seltenen Fällen werden auch Ordner des Gastvereins zur Überwachung der mitgereisten Fans herangezogen.[427] Die privaten Ordnungsdienste sind innerhalb des Stadionbereichs die vorrangig zuständigen Kräfte zur Abwehr von Fanausschreitungen. Ihr Einsatz wird daher

422 Den Gastvereinen muss ein Kartenkontingent von 5–10 % (je nach Wettbewerb) zur Verfügung gestellt werden; vgl. Holzhäuser, in: Lentze/Stopper, Handbuch Fußballrecht, Kapitel 18 Rn. 14.

423 Vgl. § 18 Nr. 1 der DFB- Sicherheitsrichtlinien.

424 Die Stadien sind mitunter auch in öffentlicher Hand; vgl. Breucker, in: NJW 2006, S. 1234.

425 Vgl. Lentze, in: Stopper/Lentze, Handbuch Fußballrecht, Kapitel 15 Rn. 46 ff.

426 Vgl. Lentze, in: Stopper/Lentze, Handbuch Fußballrecht, Kapitel 15 Rn. 46.

427 Kritisch hierzu Feltes, in: NK 2013, S. 53.

sowohl im NKSS[428] wie auch in § 26 der DFB-Sicherheitsrichtlinien vorausgesetzt und kodifiziert. Für die Abwehr von Persönlichkeitsrechtsverletzungen sind die Ordnungsdienste etwa dann berufen, wenn beleidigende oder rassistische Banner u. ä. mitgeführt werden. Auf solche Gegenstände sind Zuschauer gem. §§ 22 Nr. 2, 26 Nr. 10 der DFB-Sicherheitsrichtlinien zu kontrollieren.[429]

5. Die Spielleitung

Das Schiedsrichtergespann leitet den sportlichen Ablauf des Fußballspiels und wacht über die Einhaltung der vom Verband gesetzten Regeln.[430] Es ist insoweit das handelnde Organ der Sportverbände während der Sportveranstaltung.[431] Die Bedeutung der Schiedsrichter für die Sicherheit bei Fußballspielen muss insoweit hoch eingeschätzt werden, da die durch sie handelnden Sportverbände den organisatorischen Rahmen für die Sportveranstaltungen bereitstellen. So sind die Schiedsrichter etwa für eine Spielunterbrechung oder einen Spielabbruch zuständig.[432]

6. Zuschauerverbindungen

Für den Umgang mit Fanausschreitungen ist nicht zuletzt auch die Kommunikation mit Fans von Bedeutung, was ein Mindestmaß an Organisierung der Fans voraussetzt. Daher existieren Fanvereine, die sich auf einzelne Vereine beziehen oder sich als allgemeine Interessenvertretungen verstehen. Dem Dialog mit den Fans und ihren Organisationen ist im NKSS ein eigener Abschnitt gewidmet.[433]

II. Sportorganisatorische Sicherheitsmechanismen

In der verbandsrechtlich geprägten Sportorganisation hat sich eine Vielzahl von Sicherheitsmechanismen entwickelt. Diese haben überwiegend präventiven

---

428 Siehe: NKSS, S. 30.

429 Es handelt sich insoweit um Gegenstände die gem. § 22 Nr. 2 der DFB-Sicherheitsrichtlinien nach den Bestimmungen der allgemeinen Gesetze und der Stadionordnung nicht mitgeführt werden dürfen.

430 Vgl. hierzu § 1 DFB-Schiedsrichterordnung.

431 Gem. § 57 I DFB-Spielordnung werden die Schiedsrichter bei Bundesspielen von der DFB-Schiedsrichterkommission angesetzt.

432 Wobei der Entscheidung des Schiedsrichters zum Spielabbruch nach dem Leitfaden Spielabbruch des DFB eine Sicherheitsbesprechung mit dem Veranstaltungsleiter, Sicherheitsbeauftragten des Gastvereins, der Polizei u. a. erfolgt.

433 Punkt 2.4 NKSS.

Charakter. Mit Sanktionen gegen Fußballvereine stehen aber auch wichtige repressive Mittel[434] zur Verfügung.[435]

1. Verbandsnormen, Richtlinien und Empfehlungen

Die Ausübung der sportinternen Normsetzungs- und Richtlinienkompetenz (Art. 9 I GG, § 25 BGB) der Fußballverbände ist ein zentrales Element bei der Gewährleistung der Sicherheit bei Fußballspielen. Der DFB macht hiervon in dreierlei Hinsicht Gebrauch:

Das sog. Fußballstrafrecht ist das schärfste Schwert im Verbandsrecht. Dabei können (zivilrechtlich) verbindliche Sanktionen gegen Vereine verhängt werden, falls es zu Fanausschreitungen oder Sicherheitsmängeln kommt.[436]

Dem repressiven Mittel der Verbandsstrafen sind Richtlinien vorgeschaltet, mit denen die präventiven Sicherheitsvorkehrungen standardisiert und kodifiziert werden. Der DFB stellt die Richtlinien in Kooperation mit Sachverständigen und Sicherheitsbehörden auf und verpflichtet die Vereine aufgrund der Richtlinienkompetenz zu ihrer Umsetzung. Das wichtigste Beispiel hierfür sind die Richtlinien zur *Verbesserung der Sicherheit bei Bundesspielen* (DFB-Sicherheitsrichtlinien).[437] Sie stellen die zentrale Kodifizierung der Sicherheitsstandards im deutschen Fußball dar und sollen allen typischen Gefahrensituationen bei Sportveranstaltungen Rechnung tragen. Daneben gibt es ergänzende Richtlinien für besondere Situationen, wie etwa den *Leitfaden Spielabbruch*.

Neben den verbindlichen Richtlinien handelt es sich bei der dritten Art von Sicherheitsnormen um bloße Empfehlungen der Verbände an die Vereine. Hierdurch sollen die sicherheitsrelevanten Erkenntnisse der Verbände an die Vereine weitergegeben und angewandt werden. Beispiele sind etwa die *Empfehlung für die Betreuung von Fussballfans* des DFB. Empfehlungen enthält auch die *Broschüre gegen Extremismus, Rassismus und Fremdenfeindlichkeit* des DFB, die Erkennungsmerkmale einschlägiger Symbole und Parolen schildert.

---

434 Str., siehe hierzu unten Punkt § 3 II 6 b).

435 Vgl. Hilpert, Das Fußballstrafrecht des DFB, S. 231.

436 Siehe hierzu unten Punkt § 3 II 6.

437 Vgl. Spahn, in: Walker, Hooliganismus, S. 15 f.; Hennes, in: Schild, Rechtliche Aspekte bei Sportgroßveranstaltungen, S. 3 f.; Holzhäuser, in: Lentze/Stopper, Handbuch Fußballrecht, Kapitel 18 Rn. 8.

2. Sicherheitsrelevante Einschätzungen im Vorfeld

Die Fußballverbände werden nicht nur auf abstrakt-allgemeiner Ebene aktiv, sondern nehmen auch im Vorfeld konkreter Sportveranstaltungen eine wichtige Rolle ein. In den professionellen Fußballwettbewerben stuft (auf deutscher Ebene) der DFB Spiele mitunter als Risikospiel ein, wobei Erkenntnisse der Vereine, Regionalverbände und Sicherheitsbehörden herangezogen werden.[438] Nach § 32 Nr. 1 a) der DFB-Sicherheitsrichtlinien sind Risikospiele solche, *bei denen aufgrund allgemeiner Erfahrung oder aktueller Erkenntnisse die hinreichende Wahrscheinlichkeit besteht, dass eine besondere Gefahrenlage eintreten wird.* Die Einstufung als Risikospiel ermöglicht sodann erhöhte Sicherheitsmaßnahmen[439] privater und staatlicher Beteiligter. Wird eine Sportveranstaltung als Risikospiel bewertet, wird sie zudem von Vertretern des DFB vor Ort beobachtet, was etwa für spätere Sportstrafen von Bedeutung sein kann.[440]

3. Fanprojekte

Fanausschreitungen entstehen aus der Aggression mancher Zuschauer heraus. Dies gilt für Fangewalt ebenso wie für Verunglimpfungen. Daher sind der Dialog und die Beschäftigung mit den Fans ein wichtiges Element der präventiven Abwehr von Fanausschreitungen. Fanprojekte[441], als spezielle Form von Sozialarbeit[442], sind daher als Sicherheitsinstrument in die DFB-Sicherheitskonzeption ebenso wie in das NKSS[443] aufgenommen wurden. Die Beschäftigung mit den Fans obliegt dabei keinesfalls einem einzelnen Beteiligten. Vielmehr sind hierzu die Verbände, Vereine, Kommunen[444] und sogar die Fans selbst berufen.[445] So wird in Punkt 2.5 des NKSS die Verantwortung der Fanorganisationen zur Prävention und Bekämpfung von Aggressivität und Gewalt festgehalten.[446] Wegen der Diversifizierung der Fanarbeit durch unterschiedliche Beteiligte wurde bei der *Deutschen Sportjugend* (djs) die Koordinationsstelle Fanprojekte eingerichtet, die aus Verbands- und

438 Hierzu Spahn, in: Walker, Hooliganismus, S. 17.

439 Vgl. § 32 Nr. 1 c), d) der DFB-Sicherheitsrichtlinien.

440 Vgl. § 32 Nr. 2, 3 der DFB-Sicherheitsrichtlinien.

441 Hierzu Duben, Strategien gegen Rechtsextremismus, S. 298 ff.; vgl. auch Gabriel, in: Kriminalistik 2012, S. 227 ff.

442 Vgl. Fechner/Arnhold/Brodführer, Sportrecht, Kapitel 8 Rn. 3; NKSS, S. 7.

443 Siehe NKSS, S. 12 ff.

444 Vgl. Fechner/Arnhold/Brodführer, Sportrecht, Kapitel 8 Rn. 3.

445 Hierzu Hennes, in: Schild, Rechtliche Aspekte bei Sportgroßveranstaltungen, S. 6 f.

446 Siehe NKSS, S. 15.

Steuergeldern finanziert wird.[447] Die Fanarbeit der Vereine ist durch Verbandsnormen und Empfehlungen vorgeschrieben und festgesetzt.[448] Personell zuständig sind regelmäßig Fanbeauftragte der Verbände[449] und Vereine.[450]

4. Öffentlichkeitsarbeit

Über die beschriebenen Sicherheitsmechanismen hinaus versuchen die Fußballverbände Persönlichkeitsrechtsverletzungen auch durch Öffentlichkeitsarbeit entgegen zu treten.[451] Insbesondere soll verhindert werden, dass der von ihnen organisierte Profifußball zu einer Plattform für Rassismus und Fremdenfeindlichkeit genutzt wird.[452] Die großen Verbände DFB, UEFA und FIFA betreiben daher Öffentlichkeitsarbeit in Form von Medienkampagnen, in denen sie sich zu Begriffen wie Toleranz, Respekt und Integration bekennen und gegen Rassismus und Fremdenfeindlichkeit aufrufen. Beispiele für solche Kampagnen sind die UEFA-Kampagne „No to racism“[453] sowie zahlreiche Integrationskampagnen des DFB[454]. In diesem Zusammenhang lässt sich auch die 1999 erfolgte Gründung der Organisation *FARE* (*Football Against Racism in Europe*) durch verschiedene Verbände (darunter auch die FIFA und UEFA) und politische Akteure wie die EU-Kommission anführen.[455]

5. Die Ausübung des Hausrechts

Für die Sicherheit einer privaten Veranstaltung spielt das Hausrecht eine gewichtige Rolle, ist es doch das zentrale zivilrechtliche Mittel des Veranstalters zur Wahrnehmung seiner Rechte und Pflichten. Das Hausrecht ist eine Ausprägung

---

447 Vgl. Spahn, in: Walker, Hooliganismus, S. 19; NKSS, S. 10.

448 Vgl. die DFB-Empfehlung für die Betreuung von Fußballfans sowie das Handbuch Fanarbeit.

449 Der DFB enthält darüber hinaus eine Fananlaufstelle, vgl. NKSS, S. 13 f.

450 Vgl. Punkt 2.3 NKSS, S. 12.

451 Vgl. insoweit §§ 2 II, § 4 Nr. 2, 3 DFB-Satzung, § 2 Nr. 1, 2 Ligaverbandstatut.

452 Öffentlichkeitsarbeit ist auch für die konkrete Gefahrenprävention vor einzelnen Spielbegegnungen von Bedeutung. Im Nationalen Konzept Sport und Sicherheit (NKSS) wird daher die Zusammenarbeit des Sports mit den Medien bei einer gewaltpräventiven Vorberichterstattung intendiert; vgl. Punkt 7 NKSS, S. 42.

453 Siehe http://de.uefa.org/social-responsibility/respect/no-to-racism/index.html.

454 Neben Werbekampagnen wird etwa ein Integrationspreis des DFB verliehen sowie Integrationsbotschafter berufen, siehe http://www.dfb.de.

455 Siehe http://www.farenet.org.

der Eigentumsgarantie und folgt daher letztlich aus Art. 14 I GG.[456] Da das Eigentum jedoch ein normgeprägtes Grundrecht ist, wird das Hausrecht zivilrechtlich hergeleitet.[457] Nach h.M. wird es aus der Zusammenschau sachenrechtlicher Eigentums- und Besitzschutzansprüche abgeleitet, §§ 903, 858 ff., 1004, 1007 BGB.[458] Diese wenig konkrete Herleitung ist nicht unproblematisch. *Hofmann*[459] kritisiert, dass die genannten Anspruchsnormen dogmatische Unterschiede[460] aufweisen und es an den Voraussetzungen einer Analogie fehle. Einer Analogie bedarf es mangels Regelungslücke indes nicht. Eine einheitliche zivilrechtliche Herleitung ist nicht notwendig. Das Hausrecht stellt richtigerweise eine Zusammenschau zivilrechtlicher Positionen und Ansprüche dar, die durch zweierlei gekennzeichnet sind. Zum einen sind sie Ausprägungen des Grundrechts auf Eigentum gem. Art. 14 I GG und stellen somit Inhaltsbestimmungen dieses Norm-geprägten Grundrechts dar. Zum anderen wirken sie als solche gegenüber jedermann, weshalb die sachenrechtlichen Grundnormen der §§ 903, 858 ff., 1004, 1007 BGB sachgerechte Anspruchsgrundlagen bereitstellen. Je nach konkreter Art der Hausrechtsausübung kann die passende Anspruchsgrundlage ausgewählt werden.[461] Wenngleich das Hausrecht des Veranstalters nicht nur eine sachenrechtliche Dimension aufweist, bieten die sachenrechtlichen Schutzansprüche mit ihrer typischen Interessenausgangslage geeignete Regelungen.

Neben zivilrechtlichen Ansprüchen und Rechten ist das Hausrecht aber auch für die faktische Einwirkung des Sportveranstalters auf die Fans von Bedeutung. So kann er den Ablauf der Veranstaltung so gestalten, dass das Aggressionspotential der Fans möglichst gering gehalten wird.[462] Diese präventiv schlichtende Aufgabe ist in der Sicherheitskonstruktion im Profifußball vorgesehen und kodifiziert. So soll etwa der Stadionsprecher gem. § 29 Nr. 2 der DFB-Sicherheitsrichtlinien auf Fanausschreitungen mit Lautsprecherdurchsagen reagieren und

456 Vgl. Hofmann, in: JURA 2014, S. 142.

457 Vgl. Sodan, in: Sodan, GG, Art. 14 Rn. 1, 18; Hofmann, in: JURA 2014, S. 142.

458 Vgl. BGH NJW 2006, 1054; BGH JuS 2012, 557 (m. Anm. Mäsch); Hofmann, in: JURA 2014, S. 141.

459 Vgl. Hofmann, in: JURA 2014, S. 142 f.

460 Zu unterscheiden ist insbesondere zwischen possessorischen und petitorischen Ansprüchen, vgl. hierzu Omlor/Gies, in: JuS 2013, S. 15 f.

461 So sind für Stadionverbote etwa Besitzschutzansprüche des Sportveranstalters (als Besitzer des Stadions) gem. §§ 861 f., 1004 I 2 BGB geeignet, vgl. Breucker, in: NJW 2006, S. 1235; Gietl, in: JR 2010, S. 50.

462 So sollen Heim- und Gastfans etwa in getrennten Sitzblöcken positioniert werden, vgl. § 9 Nr. 8 der DFB-Sicherheitsrichtlinien.

somit schlichtend einwirken. Gleichzeitig soll damit aber auch der missbilligende Wille des Veranstalters etwa über beleidigende Fanparolen zum Ausdruck gebracht werden können.[463]

a) Hausordnung und allgemeine Geschäftsbedingungen

Die Sportveranstalter setzen im Rahmen ihres Hausrechts für die Zuschauer Verhaltensregeln in Form von Stadionordnungen fest.[464] Zum Gebrauch dieses Sicherheitsinstruments sind die Vereine durch § 28 der DFB-Sicherheitsrichtlinien sowie durch das NKSS[465] verpflichtet. Mit den Stadionordnungen können die Veranstalter den Fans bestimmte Verhaltensweisen verbieten, und auf diesbezügliche Missachtungen wiederum mit der Ausübung des Hausrechts in Form von Einlassverweigerungen, Stadionverboten etc. reagieren.

Zur Verhinderung von Persönlichkeitsrechtsverletzungen verbieten Stadionordnungen etwa das Mitführen von Spruchkörpern mit rassistischen Parolen, oder allgemein beleidigendes Verhalten.[466]

Neben den Stadionordnungen gibt es – für eine Vielzahl von Verträgen vorformuliert (§ 305 I BGB) – AGB für die Zuschauerverträge.[467] Diese müssen einer Inhaltskontrolle nach §§ 305 ff. BGB standhalten.[468] Das Verbot rassistischer oder fremdenfeindlicher Handlungen ist angesichts der fehlenden Sozialadäquanz auch im Hinblick auf die Meinungsfreiheit der Zuschauer nicht unangemessen i. S. d. § 307 I BGB.[469]

b) Stadionverbote

Wird von bestimmten Fans die Beteiligung an Fanausschreitungen befürchtet, können sie von den Veranstaltern mittels Stadionverboten von den

---

463 Die Einrichtung einer Beschallungsanlage im Stadion ist in § 13 der DFB-Sicherheitsrichtlinien vorgeschrieben. Nach § 13 Nr. 2 ist die Beschallungsanlage mit einer Vorrangschaltung für die Polizei zu versehen.

464 Soweit die Stadien im Eigentum der Kommunen stehen, erlassen diese öffentlich-rechtliche Benutzungsordnungen in Form von Satzungen; vgl. Breucker, in: NJW 2006, S. 1234.

465 Siehe NKSS, S. 25 f.

466 So etwa in § 5 Nr. 1 lit. n, Nr. 2 lit. l der Stadionordnung der „Veltins"-Arena (FC Schalke 04), http://www.schalke04.de/de/stadion-und-tickets/veltins-arena/stadionordnung/page/285--278--.html .

467 Vgl. Holzhäuser, in: Stopper/Lentze, Handbuch Fußballrecht, Kapitel 18 Rn. 34 ff.

468 Vgl. Lorenz/Gärtner, in: JuS 2013, S. 201.

469 Vgl. Lorenz/Gärtner, in: JuS 2013, S. 202.

Sportveranstaltungen ferngehalten werden. Dementsprechend groß ist die praktische und theoretische Bedeutung der Stadionverbote.[470]

aa) Rechtsnatur und Rechtsgrundlagen

Nach § 1 I der DFB-Richtlinien zur einheitlichen Behandlung von Stadionverboten ist ein Stadionverbot (DFB-Stadionverbotsrichtlinie) *die auf der Basis des Hausrechts gegen eine natürliche Person wegen einer die Menschenwürde verletzenden Art und Weise oder sicherheitsbeeinträchtigenden Auftretens im Zusammenhang mit dem Fußballsport, insbesondere anlässlich einer Fußballveranstaltung, innerhalb oder außerhalb einer Platz- oder Hallenanlage, vor, während oder nach der Fußballveranstaltung festgesetzte Untersagung bei vergleichbaren oder zukünftigen Veranstaltungen eine Platz- oder Hallenanlage zu betreten bzw. sich dort aufzuhalten.*

Da sich das Stadionverbot nach dieser Definition auf vergangenes Verhalten bezieht, stellt sich die Frage, ob es sich um ein präventives oder repressives Sicherheitsinstrument handelt. Die ganz herrschende Auffassung geht von einem präventiven Zweck aus.[471] Dieser Zweck ist zunächst in § 1 II der DFB-Sicherheitsrichtlinie sowie unter Punkt 5.7 des NKSS[472] festgesetzt. Zwar wohnt auch jeder repressiven Strafe zugleich ein general- oder spezialpräventives Element inne, doch liegt der Hauptzweck des Stadionverbots nicht in der Aussprache eines Unwerturteil für vergangene Handlungen, sondern in der Vermeidung künftiger Gefahren. Nach dieser Zielrichtung entsprechend richten sich auch die Rechtsgrundlagen und Tatbestandsvoraussetzungen des Stadionverbots, auf die noch einzugehen ist. Vorweggenommen sei jedoch, dass die bloße Prognose weiterer Handlungen für ein Stadionverbot ausreicht und es nicht etwa auf eine Tat- und Schuldfrage ankommt. Zu Recht nimmt daher auch der BGH in seinem, zum Stadionverbot wegweisenden Urteil vom 30.10.2009 einen präventiven Charakter an.[473]

(1)

Die derzeitige Praxis der Stadionverbote in Deutschland geht auf die Fassung des NKSS aus dem Jahre 1992 zurück. Prägend an dieser Praxis ist die

---

470 Vgl. Stoll/Lüers, in: DÖV 2014, S. 222.

471 Vgl. Gietl, in: JR 2010, S. 52; Nolte, in: WFV, Verantwortlichkeiten und Haftung im Sport, S. 65; Hilpert, Das Fußballstrafrecht des DFB, S. 136.

472 Siehe NKSS, S. 33.

473 BGH NJW 2010, 534 ff.; vgl. Nolte, in: WFV, Verantwortlichkeiten und Haftung im Sport, S. 65.

Unterscheidung zwischen örtlichen und überörtlichen, sog. bundesweiten (da im Geltungsbereich des DFB) Stadionverboten.[474]

Dogmatisch gesehen handelt es sich um eine zivilrechtliche Ausübung des Hausrechts gegenüber privaten Personen.[475] Die bürgerlich-rechtliche Handhabung des Stadionverbots ist jedoch in weiten Teilen verbandsrechtlich geprägt. Denn im Verhältnis zwischen dem Veranstalter (meist den Vereinen) und den Fußballverbänden bestehen mithin Verpflichtungen zu einer bestimmten Art und Weise der Ausübung des Stadionverbots. Namentlich haben sich die deutschen Profifußballvereine gegenüber dem DFB zur Anwendung des Stadionverbots nach Maßgabe der DFB-Stadionverbotsrichtlinie verpflichtet.[476]

Die Tragweite dieser Verpflichtung zeigt sich bei den bundesweiten Stadionverboten. Beim BVerfG ist eine Verfassungsbeschwerde anhängig, bei der die gerichtliche Bestätigung eines bundesweiten Stadionverbots auf Grundlage der Stadionverbotsrichtlinie überprüft wird.[477]

Da das Stadionverbot auf dem jeweiligen Hausrecht beruht, bedarf es für die Verhängung eines bundesweiten Stadionverbots einer Stellvertretung i. S. d. § 164 I BGB.[478] Die Veranstalter erteilen dabei im Rahmen des Verbandsrechts (also des Mitgliedsvertrages zum DFB) Vollmacht für die Geltendmachung ihres Hausrechts.

Werden trotz des erteilten Stadionverbots Tickets verkauft, wird die Nichtigkeit des Zuschauervertrags durch die Annahme eines offenen Dissens oder einer Willenserklärung unter dem Vorbehalt fehlenden Stadionverbots erreicht.[479]

(2)

Als Anspruchsgrundlage wird überwiegend auf § 1004 I 2 BGB abgestellt, teilweise auch auf den possessorischen Besitzschutz der §§ 861 ff. BGB.[480] Letztere passt zwar insoweit, als der Sportveranstalter (berechtigter) Besitzer des Stadions ist. Letztlich geht es bei der Verhinderung von Fanausschreitungen jedoch nicht um die Beseitigung einer Besitzstörung, sondern um das Recht des Veranstalters,

474 Vgl. Breucker, in: NJW 2006, S. 1235.
475 Vgl. Fechner/Arnhold/Brodführer, Sportrecht, Kapitel 8 Rn. 5.
476 Vgl. Breucker, in: NJW 2006, S. 1235; Fechner/Arnhold/Brodführer, Sportrecht, Kapitel 8 Rn. 5.
477 Aktenzeichen 1 BvR 3080/09.
478 Vgl. Schulze, in: JURA 2011, S. 486 f.
479 Vgl. Schulze, in: JURA 2011, S. 487.
480 Vgl. Stoll/Lüers, in: DÖV 2014, S. 224; Breucker, in: NJW 2006, S. 1235; Gietl, in: JR 2010, S. 50.

einzelne Personen vom Gebrauch ihrer Eigentumsposition[481]auszuschließen (§ 903 BGB). Dieser Interessenlage soll die eigentumsrechtliche Grundabwehrnorm des § 1004 I BGB gerecht werden, die somit die geeignete Anspruchsgrundlage für das Stadionverbot darstellt.[482]

bb) Die Wiederholungsgefahr von Fanausschreitungen

Zu den Anspruchsvoraussetzungen des § 1004 I 2 BGB – und damit denen des Stadionverbots – gehört die Wiederholungsgefahr einer Störung (in Form von Fanausschreitungen).[483] Diese Wiederholungsgefahr erfordert eine Prognose im Einzelfall. Die Gefahrenprognose ist insbesondere dort problematisch, wo auf die Zugehörigkeit eines Fans zu einer Fangruppe abgestellt wird.[484] Stadionverbote werden nämlich zuweilen an ganze Gruppen (z.B. Ultra-Gruppen) erteilt. Hier bedarf es in zweierlei Hinsicht einer genauen Einzelfallprüfung: Nicht nur das Gefährdungspotential der Gruppe, sondern auch die prognostizierte Beteiligung des Einzelnen muss angenommen werden.

Nach § 4 II, III der DFB-Stadionverbotsrichtlinie kommt es für das Stadionverbot mithin auf die Eröffnung eines strafprozessualen Ermittlungsverfahrens oder auf präventive Polizeimaßnahmen gegen den Fan an. Gemeint ist damit nicht etwa, dass diese staatlichen Maßnahmen der Grund für das Stadionverbot sind, sondern die ihnen zugrunde liegenden Tatsachen die Grundlage der Gefahrenprognose darstellen.[485] Dementsprechend ist das Stadionverbot aufzuheben, wenn das Ermittlungsverfahren eingesellt wird. Diese Anknüpfung an den strafprozessualen Verlauf ist insoweit problematisch, als er für den tatsächlichen Sachverhalt nur bedingt aussagekräftig ist. So kann ein Strafverfahren wegen Geringfügigkeit gem. § 153 StPO eingestellt werden, ohne dass sich die Tatsachengrundlage (anders als im Falle des § 170 II StPO) für das Stadionverbot ändert. Dies wirft erst Recht dadurch Bedenken auf, dass gegen die Art der Einstellung kein Rechtsmittel statthaft ist. Immerhin statuiert § 7 II der DFB-Stadionverbotsrichtlinien eine Überprüfung des Stadionverbots bei Fällen der §§ 153, 153 a StPO.[486] Das Abstellen auf staatliche Maßnahmen hat auch zur Folge, dass die Tatsachenfeststellungen von Verwaltungsgerichten, aufgrund derer etwa

481 Als Eigentumsposition kommt das Stadion als Sache oder die Sportveranstaltung als eingerichteter oder ausgeübter Gewerbebetrieb in Betracht.

482 Vgl. Breucker, in: NJW 2006, S. 1235; Gietl, in: JR 2010, S. 50.

483 Hieran zeigt sich der präventive Charakter des Stadionverbots.

484 Vgl. Nolte, in: WFV, Verantwortlichkeiten und Haftung im Sport, S. 65 f.

485 Vgl. Gietl, in: JR 2010, S. 51 f.

486 Vgl. Gietl, in: JR 2010, S. 51.

polizeiliche Maßnahmen für rechtswidrig erklärt wurden, zivilrechtlich berücksichtigt werden müssen.[487] Dennoch ergeben sich aus der Verzahnung von staatlichen Ermittlungsverfahren und privatrechtlichen Stadionverboten besondere Probleme unter den Gesichtspunkten des Datenschutzes und des Rechtschutzes. Hierauf wird im nachfolgenden Kapitel über das Verhältnis von staatlicher und privater Sicherheit noch einzugehen sein.

cc) Persönlichkeitsrechtsverletzungen als Anlass für Stadionverbote

Besondere materielle Einschränkungen ergeben sich bei den im vorliegenden Kontext relevanten Fällen der Stadionverbote wegen Persönlichkeitsrechtsverletzungen. Denn hier werden Meinungsäußerungen und politische Äußerungen als Anlass für einen Ausschluss von einem Massengeschäft genommen.

Auch bezüglich der Persönlichkeitsrechtsverletzungen ist zwischen der Verhängung örtlicher und bundesweiter Stadionverbote zu unterscheiden.[488] Die Tatbestände für die jeweiligen Stadionverbote sind in § 4 der DFB-Stadionverbotsrichtlinien festgelegt. Da es sich jedoch eben nur um Richtlinien und nicht um unmittelbar anzuwendende Tatbestandsnormen handelt, sind die Regelungen ausweislich ihres Wortlauts als Sollvorschriften ausgestaltet. Damit wird dem Umstand Rechnung getragen, dass eine konkrete Einzelfallprüfung durch den Hausrechtsinhaber unerlässlich ist.

aaa) Überörtliche (bundesweite) Stadionverbote

Bundesweite Stadionverbote sollen in den Fällen des § 4 III, IV der DFB-Stadionverbotsrichtlinien ausgesprochen werden. Die beiden Absätze unterscheiden sich insoweit nach der Schwere der Vorwürfe, als die Fälle des Abs. IV auch dann Anlass für ein Stadionverbot geben, wenn kein strafrechtliches Ermittlungsverfahren eingeleitet wurde.

Für die vorliegende Betrachtung ist insbesondere § 4 III Nr. 13 der Richtlinien von Bedeutung. Danach sollen in folgenden Fällen (von Ermittlungsverfahren) bundesweite Stadionverbote erteilt werden: *Rechtsextreme Handlungen, insbesondere das Zeigen und Verwenden nationalsozialistischer Parolen, Embleme (§86 a StGB), (…) Beleidigungen (§ 185 StGB) aus rassistischen bzw. fremdenfeindlichen Handlungen.* Interessant ist der Umstand, dass sich die Regelung auf die

---

487 In jedem Fall muss dem ausgeschlossenen Fan die Möglichkeit einer Stellungnahme gegeben werden, § 6 der DFB Stadionverbotsrichtlinie; vgl. Hilpert, Das Fußballstrafrecht des DFB, S. 236.

488 Vgl. Fechner/Arnhold/Brodführer, Sportrecht, Kapitel 8 Rn. 5.

Einleitung eines strafrechtlichen Ermittlungsverfahrens bezieht, obwohl dieses wegen Beleidigung (§ 185 StGB) von der Stellung eines Strafantrags abhängt, § 194 I StGB. Im Umkehrschluss gilt die Sollvorschrift des Abs. III also nicht, wenn der Verletzte keinen Strafantrag wegen der politisch motivierten Beleidigung stellt. Es handelt sich dabei jedoch um ein Scheinproblem, da rassistische Beleidigungen auch von § 4 IV Nr. 18 der Richtlinien erfasst sind, wobei Abs. IV eben nicht zwingend von der Einleitung eines Ermittlungsverfahrens abhängt.[489] Nr. 18 betrifft *Handlungen/Verhaltensweisen, die die Menschenwürde einer anderen Person in Bezug auf Rasse, Hautfarbe, Sprache, Religion, Geschlecht oder Herkunft verletzen, insbesondere durch herabwürdigende, diskriminierende, verunglimpfende Äußerungen oder entsprechende Aufschriften auf Transparenten (…)*. Bei nicht politisch motivierten Beleidigungen[490] kann in schweren Fällen zudem auf einen schwerwiegenden Verstoß gegen die Stadionordnung gem. § 4 IV Nr. 20 der Richtlinien abgestellt werden.[491]

bbb) Örtliche Stadionverbote

Ein örtliches Stadionverbot gem. § 4 II der Richtlinien kommt hingegen bei minderschweren Fällen gegen die Stadionordnung in Betracht. Letztlich bedarf es eines Rückgriffes auf die Stadionordnung jedoch nicht, da weiterhin nach § 4 II der DFB-Stadionverbotsrichtlinien örtliche Stadionverbote gegen Personen auszusprechen sind, die *in einer die Menschenwürde verletzenden Art und Weise* aufgefallen sind. Diese Formulierung lässt sich wohl als Generalklausel für Beleidigungen verstehen.

ccc) Die Rechtfertigung des Stadionverbots im Einzelfall

Die bisher dargestellten Tatbestände der Verbandsrichtlinien erübrigen jedoch auch bei ihrer Erfüllung keine Einzelfallprüfung durch den Hausrechtsinhaber. Freilich steht es einem privaten Teilnehmer am Rechtsverkehr grundsätzlich frei zu entscheiden, mit wem er kontrahieren will und wem er daraufhin den Zutritt zu seinen Räumen gewährt.[492] Grundsätzlich bedarf es im privaten

---

489 Zu beachten sind jedoch die Tatbestände des § 4 IV Nr. 16, 17 der DFB-Stadionverbotsrichtlinien, die auf durchgeführte polizeiliche Maßnahmen wie Ingewahrsamnahmen, Platzverweisen, Sicherstellungen und Beschlagnahmungen abstellen.

490 Zur Bestätigung eines Stadionverbotes aufgrund des Tragens eines T-Shirts mit der Aufschrift „ACAB“ vgl. LG Mannheim, Beschluss vom 14.04.2015 (Az. 1 S 163/14).

491 Wie sich bereits zeigte, wird beleidigendes Verhalten mitunter durch die Stadionordnung untersagt, vgl. oben Punkt II 5 a).

492 Vgl. BGH JuS 2012, 557 (m. Anm. Mäsch).

Rechtsverkehr daher keiner Rechtfertigung eines Hausverbots. Bei Sportgroßveranstaltungen handelt es sich jedoch eben um Massengeschäfte, bei denen es üblicherweise nicht auf die Person und insbesondere ihre politischen Ansichten ankommt.[493] Die Grundrechte der Zuschauer, namentlich das allgemeine Persönlichkeitsrecht gem. Art. 2 I i.V.m. 1 I GG, die Meinungsfreiheit gem. Art. 5 I GG (soweit die jeweiligen Handlungen von ihr umfasst sind), und die Gleichheitsrechte gem. Art. 3 I, III GG strahlen hier auf das Zivilrecht aus. Ein insoweit bestehendes Willkürverbot lässt sich auf die Generalklauseln der §§ 138, 242, 826 BGB aber auch auf die Eigentumsregelung des § 903 BGB[494] stützen. Neben dieser Ausstrahlung von Grundrechten auf zivilrechtliche Generalklauseln ist auch die mittelbare Drittwirkung der Grundrechte zu beachten. Zwar binden Grundrechte nicht unmittelbar Private, sind sie doch als Grundelemente des Staat-Bürgerverhältnisses gedacht. Entscheidet aber ein Gericht über einen Rechtsstreit zwischen Privaten, ist dieses gem. Art. 1 III GG an Grundrechte gebunden. Dadurch findet die Grundrechtsproblematik in Stadionverbotsfälle Einzug, soweit sie Gegenstand eines gerichtlichen Verfahrens sind.[495]

Besonders problematisch ist dieses Willkürverbot dort, wo politische Ansichten zum Anlass für Hausverbote genommen werden. Dem Urteil des BGH vom 9.3.2012 (V ZR 115/11)[496] lag der Fall zu Grunde, dass ein Erholungshotel dem Vorsitzenden einer rechtsradikalen Partei (trotz zuvor entgegengenommener Buchung) ein Hausverbot erteilte.[497] Der BGH sah in dem Betrieb eines Luxushotels nicht in gleicher Weise ein Massengeschäft, wie bei einer Sportgroßveranstaltung.[498] Er entschied indes, dass die politische Überzeugung eines Gastes kein wichtiger Grund für eine Loslösung von der vertraglichen Verpflichtung[499] sei. Der BGH differenzierte jedoch in der Entscheidung zwischen einem Hausverbot trotz bereits erfolgtem Vertragsschluss (pacta sunt servanda) und einem

493 Dabei sollen politische Überzeugungen nicht vom Diskriminierungsverbot des § 19 I AGG umfasst sein; vgl. BGH JuS 2012, 557 (m. Anm. Mäsch).

494 Nach § 903 BGB kann der Eigentümer mit einer Sache nach Belieben verfahren, soweit nicht die Rechte anderer entgegenstehen. Letztere Einschränkung ist die zivilrechtliche Kodifizierung der grundsätzlich gebotenen Abwägung zwischen den grundrechtlich geschützten Positionen.

495 Vgl. Stoll/Lüers, in: Die Öffentliche Verwaltung 2014, S. 224.

496 BGH JuS 2012, 556 ff. (m. Anm. Mäsch).

497 Hierzu auch Henne/Fuchs, in: JURA 2013, S. 1262 ff.

498 BGH JuS 2012, 557 (m. Anm. Mäsch).

499 Eine Einschränkung durch vertragliche Bindung kommt für Stadionverbote in Betracht, wenn die jeweiligen Fans Inhaber einer Dauerkarte sind; vgl. Hofmann, in: JURA 2014, S. 141.

generellen Hausverbot für die Zukunft.[500] Letzteres sei grundsätzlich möglich. Das Hotel könne von seinem Hausrecht für die Zukunft Gebrauch machen und ohne Verletzung des Diskriminierungsverbots ein Hausverbot aussprechen.[501] Soweit der Kläger bei vorherigen Hotelbesuchen nicht durch politische Tätigkeiten aufgefallen war, liegt hier überdies zugleich ein wichtiger Unterschied zur Praxis der Stadionverbote. Sie werden eben nicht aufgrund einer allgemeinen politischen Überzeugung erlassen, sondern aufgrund konkreter Vorkommnisse und darauf beruhender Prognosen. Anlass für die Stadionverbote ist nicht rechtsextremistisches Gedankengut, sondern die hierauf beruhenden Rechtsverstöße gegen die Menschenwürde anderer Personen.[502] Hier sind nicht nur die Grundrechte des Veranstalters bei der Güterabwägung zu berücksichtigen, sondern insbesondere auch die schutzbedürftigen Grundrechte Dritter. Daher halten Stadionverbote aufgrund von Persönlichkeitsrechtsverletzungen dem Willkürverbot regelmäßig stand.

Ein anderes Abwägungsergebnis mag indes in geringfügigen Fällen ausfallen, in denen einfache Beleidigungen erstmalig vorgekommen sind. In keinem Fall dürfte das Instrument der Stadionverbote von Vereinen missbraucht werden um temperamentvolle gegnerische Fans von den eigenen Heimspielen fern zu halten.[503]

6. Sanktionen gegen die Fußballvereine – Die Zurechnung des Zuschauerverhaltens

Im Gegensatz zu den bisher dargestellten präventiven Maßnahmen haben sich Sanktionen gegen Vereine als zentrales repressives[504] Sicherheitsinstrument der Fußballverbände herausgestellt. Denn auf Fanausschreitungen können die Verbände sachnah mit wettbewerbsinternen wie auch wirtschaftlichen Strafen reagieren und damit die im Rahmen ihrer Rechtsetzungs- und Richtlinienkompetenz gestaltete Sicherheitskonzeption durchsetzen.

500 Vgl. Henne/Fuchs, in: JURA 2013, S. 1265.

501 BGH JuS 2012, 557 (m. Anm. Mäsch).

502 Vgl. hierzu die Formulierungen von § 4 II, IV Nr. 18 der DFB-Stadionverbotsrichtlinien.

503 Hier läge wohl ein Fall des § 826 BGB vor. Diese deliktsrechtliche Haftungsnorm für vorsätzliche sittenwidrige Schädigungen kann als äußerste Grenze der Rechtsausübung herangezogen werden; vgl. Breucker, in: NJW 2006, S. 1235.

504 Str., vgl. hierzu unten Punkt § 3 II 6 b).

a) Die Zurechnung von Fanausschreitungen im verbandsrechtlichen Sanktionssystem

Fanausschreitungen sind eigenverantwortliches Handeln dritter Personen. Hierin liegt die rechtliche Grundproblematik bei Verbandsstrafen gegen die Vereine. Es bedarf daher einer bestimmten (und bestimmbaren) Regelung der Zurechnungsvoraussetzungen.

aa) Tatbestände

Fanausschreitungen stellen Verstöße gegen das Sportrecht der Verbände dar und können als solche geahndet werden. Dabei setzen die Strafnormen der Verbände die Tatbestandsmäßigkeit der Fanausschreitungen (sei es in Form von Gewalt, pyrotechnischen Verstößen oder verbalen Ausschreitungen) weitestgehend voraus. So heißt es in § 9 a Nr. 2 DFB-RuVO lapidar, dass Vereine für „Zwischenfälle jeglicher Art" haften. Durch die DFB-RuVO wird die Strafgewalt gegen „unsportliches Verhalten" gem. § 44 Nr. 1 DFB-Satzung konkretisiert.[505] Aufschlussreicher ist dagegen die Aufzählung in Art. 74 Nr. 3 FDC. Insgesamt wird die Subsumtion der Fanausschreitungen als Strafgrund auch in den Urteilsgründen der Sportgerichtsbarkeit kaum problematisiert, sondern unmittelbar auf die Zurechnungsnormen (als Hilfsnorm) eingegangen.[506]

Die (Sport-)Straftatbestände für Fanausschreitungen lassen sich in drei Kategorien unterteilen, von denen nur bei zweien eine eigentliche Zurechnung des Zuschauerverhaltens zum Verein stattfindet.

(1)

Zum Ersten wird dem Verein das Verhalten der eigenen Funktionsträger vorgeworfen. Der Verein selbst ist als juristische Person nicht handlungsfähig. Daher bestimmt § 9 a Nr. 1 DFB-RuVO, wessen Verhalten dem Verein im Sanktionssystem nach § 44 Nr. 1 DFB-Satzung zugerechnet wird. Es liegt nahe, dass hierunter zunächst alle Funktionsträger des Vereins gefasst werden. Damit entspricht die RuVO, die die Sanktionsvoraussetzungen gem. § 44 DFB-Satzung konkretisiert, der gesetzlichen Wertung der bürgerlich-rechtlichen Zurechnungsnormen der §§ 31, 278 BGB.[507] Zunächst einmal kommen Sanktionen also dann in Betracht, wenn der Verein durch das Verhalten eigener Funktionsträger für Sicherheitsmängel verantwortlich ist. So können etwa dem gastgebenden Verein

505 Vgl. Koch, in: Lentze/Stopper, Handbuch Fußballrecht, Kapitel 20 Rn. 14.

506 Vgl. DFB-Sportgericht SpuRt 2013, S. 83 f.

507 Vgl. Ellenberger, in: Palandt, BGB, § 31 Rn. 1; Güneberg, in: Palandt, BGB, § 278 Rn. 1.

gem. § 7 Nr. 1 c DFB-RuVO für die fehlende Bereitstellung eines ausreichenden Ordnungsdienstes Geldstrafen bis zu 50.000 € oder für den mangelnden Schutz des Schiedsrichters gem. § 7 Nr. 1 d DFB-RuVO bis zu 100.000 € auferlegt werden.

(2)
Zum Zweiten wird auf das Verhalten der Fans abgestellt, wobei eine verschuldensunabhängige Verantwortlichkeit des Vereins statuiert wird. Diese Art des Tatbestands ähnelt einer Gefährdungshaftung im bürgerlichen Recht. Der wichtigste Tatbestand dieser Art ist Art. 74 Nr. 1, 2 FDC, wobei zwischen Heim- und Gastvereinen differenziert wird. Erster ist für das Handeln aller Zuschauer verantwortlich, letzter für das der ihm zurechenbaren eigenen Anhänger.[508]

(3)
Die dritte Tatbestandsform ist die praktisch bedeutendste und zugleich rechtlich umstrittenste.[509] § 9 a Nr. 1 DFB-RuVO, Art. 6 I UEFA-RPO werten das Verhalten der Fans als das ihres Vereins. Es handelt sich also um eine echte Zurechnung, mithin um eine Art Fiktion des Vereinshandelns. In jüngerer Zeit gab das Urteil des DFB-Sportgerichts vom 10.12.2012 über den Ausschluss des Vereins Dynamo Dresden aus dem DFB-Pokal Anlass, über die rechtliche Zulässigkeit der Zurechnungsnorm zu diskutieren.[510] Auf internationaler Ebene (bzgl. Art. 6 I UEFA-RPO) sind die Urteile *PSV Eindhofen / UEFA* und *Feyenoord Rotterdam / UEFA* des internationalen Sportgerichts CAS von Bedeutung.[511]

Für die vorliegende Problematik der Persönlichkeitsrechtsverletzungen sind zudem die besonderen Tatbestände der § 9 Nr. 2, 3, 4 DFB-RuVO, Art. 11 b I UEFA-RPO sowie Art. 58 Nr. 1 a, b FDC von Bedeutung.[512] Danach können mitunter empfindliche Strafen für den Fall herabwürdigender, rassistischer oder sonst diskriminierender Handlungen verhängt werden. Nach § 9 Nr. 3 und 4 DFB-RuVO, Art. 58 Nr. 2 FDC, Art. 11 b II UEFA-RPO wird das Verhalten der

508 Vgl. Hilpert, Das Fußballstrafrecht des DFB, S. 144.

509 Vgl. Walker, in: NJW 2014, S. 119.

510 DFB-Sportgericht, Entscheidung vom 10.12.2012 (Az. 85/2012/2013) = SpuRt 2013, S. 83 ff., bestätigt durch OLG Frankfurt SpuRt 2013, S. 206; auch Walker, in: NJW 2014, S. 120 f.; Räker, in: SpuRt 2013, S. 46.

511 Die Grundzüge der Auslegung des Art. 6 I UEFA-RPO wurden im Fall PSV Eindhofen gegen UEFA (CAS 2002/A/423) und Feyenoord Rotterdam gegen UEFA (CAS 2007/A/1217) = SpuRt 2007, S. 165 f. entwickelt, hierzu Haslinger, in: WFV, Verantwortlichkeiten und Haftung im Sport, S. 29 ff.

512 Vgl. Hilpert, Das Fußballstrafrecht des DFB, S. 141 ff.

Zuschauer den Vereinen zugerechnet.[513] Immerhin enthält § 9 Nr. 6 DFB-RuVO die Möglichkeit eines Entlastungsbeweises für den Verein.[514] Die Tatbestände sind weit gefasst, wie Art. 11 b IV UEFA-RPO zeigt, wonach Propaganda jeglicher Art verboten ist.

bb) Rechtsfolgen

Als mögliche Sportstrafen steht eine Reihe möglicher Rechtsfolgen zur Verfügung. Exemplarisch kann der Rechtsfolgenkatalog des § 44 Nr. 2 lit a-m DFB-Satzung herangezogen werden.[515] Die Strafen lassen sich grundsätzlich in wirtschaftliche (z. B. Geldstrafen gem. lit. c) und wettbewerbsspezifische (z. B. Aberkennung von Punkten gem. lit. l) unterteilen.[516] An der Vielfältigkeit der Strafarten zeigt sich die Autonomie der Fußballverbände. Teilweise zeigen die Verbände eine erstaunliche Kreativität bei der Verhängung der Strafen. So wurde in der türkischen Liga der Ausschluss männlicher Vereinsanhänger verhängt.[517] Wenngleich es den deutschen Verbänden hierfür an einer Rechtsgrundlage fehlte[518], zeigt dieses Beispiel die hohe Einschätzungsprärogative der Verbände. Offenbar wird bei männlichen Zuschauern ein erhöhtes Aggressionspotenzial vermutet.

b) Der Regelungszweck der Verantwortlichkeit für das Fanverhalten

Über den Regelungszweck der Sportstrafen aufgrund einer Verantwortlichkeit für das Zuschauerverhalten besteht nur insoweit Einigkeit, als die Vereine zur konsequenten Umsetzung der Sicherheitsvorschriften angehalten werden sollen.

---

513 So verhängte das DFB-Sportgericht gegen den Verein Hansa Rostock II eine Geldstrafe i.H.v. 20.000 €, weil dessen Anhänger in der Partie gegen FC Schalke 04 II am 9.92006 den schwarzen Spieler Gerald Asamoah rassistisch beleidigten; DFB-Sportgericht 19/2006/2007; vgl. Hilpert, Das Fußballstrafrecht des DFB; S. 143.

514 Vgl. Hilpert, Das Fußballstrafrecht des DFB, S. 143.

515 Vgl. Koch, in: Stopper/Lentze, Handbuch Fußballrecht, Kapitel 20 Rn. 26.

516 Vgl. Fechner/Arnhold/Brodführer, Sportrecht, Kapitel 8 Rn. 18.

517 Etwa im Fall Fenerbahce Istanbul, siehe Spiegel Online vom 21.9.2011, http://www.spiegel.de/sport/fussball/stadionverbot-fuer-maenner-ladys-night-bei-fenerbahce-a-787503.html.

518 Wenngleich § 44 Nr. 2 k DFB-Satzung einen Teilausschluss der Öffentlichkeit vorsieht, wäre im pauschalen Ausschluss eines Geschlechts eine mittelbare Diskriminierung zu sehen, die durch das AGG ausdrücklich im Zivilrechtsverkehr untersagt ist. Die Umsetzung der Strafe wäre dem Verein m. E. gem. § 275 I BGB rechtlich unmöglich, da dieser im Verhältnis zum Zuschauer gegen § 19 I AGG verstoßen würde.

Umstritten ist aber, ob die Sportstrafen repressiver oder präventiver Natur sind.[519] Diese Frage ist für die rechtliche Bewertung der Verbandsnormen von großer Bedeutung, da Strafen als repressives Instrument wesentlich strengeren Anforderungen unterliegen. Der CAS als höchstes Sportgericht nimmt einen präventiven Charakter an und argumentiert hierbei wenig überzeugend mit der oben genannten Intention des Normgebers.[520] Dagegen wird vielfach auf den Strafcharakter des Rechtsfolgenkatalogs des § 44 DFB-Satzung hingewiesen und die verbandsrechtliche Sanktion als repressives Mittel qualifiziert.[521] Der Wortlaut des § 9 a DFB-RuVO ist neutral formuliert, da die „Verantwortlichkeit" gleichermaßen bei präventiven wie repressiven Mechanismen eine Rolle spielt. Für den repressiven Charakter spricht allerdings die systematische Auslegung. Denn § 9 a DFB-RuVO ist eine Zurechnungsnorm, die als allgemeine Vorschrift das Sanktionsrecht der §§ 1 IV, 2 ff. DFB-RuVO i.V.m. § 44 DFB-Satzung komplettiert.[522] Strafen sind Reaktionen auf vergangene (also repressiv) Verhaltensweisen. Vor allem aber geht das teleologische Hauptargument des CAS in die Leere, da auch der Strafe ein präventives Element (Spezial- und Generalprävention) innewohnt.[523]

c) Anhänger und Zuschauer

An dieser Stelle soll erläutert werden, wessen Verhalten dem Verein eigentlich gem. § 9 a Nr. 1 DFB-RuVO zugerechnet werden soll, wer also „Anhänger" und „Zuschauer" ist.[524] Die Unterscheidung zwischen beiden Alternativen ist für den Heimverein kaum von Bedeutung. Denn Personen, die die Sicherheit im eigenen Stadion (und damit im eigenen Verantwortungsbereich) stören, sind eben entweder eigene Anhänger oder sonstige Zuschauer. Dagegen beschränkt sich die Verantwortung des Gastvereins auf die eigenen Anhänger.[525] Die Sportgerichtsbarkeit qualifiziert Anhänger auf eine pragmatische und praxisnahe Weise. Anhänger eines Vereins grenzen sich von sonstigen Zuschauern meist durch

519 Vgl. Räker, in: SpuRt 2013, S. 47.

520 CAS, Entscheidung vom 3.6.2003 (Az. 2002/A/423), vgl. Haslinger, in: Verantwortlichkeiten und Haftung im Sport, S. 39 f; Räker, in: SpuRt 2013, S. 47.

521 Vgl. Räker, in: SpuRt 2013, S. 47.

522 Vgl. Thumm, in: WFV, Verantwortlichkeiten und Haftung im Sport, S. 16.

523 So auch Orth, in: SpuRt 2013, S. 187 f., 190. Die Diskussion über Strafzwecke wird freilich insbesondere im Strafrecht diskutiert, vgl. Fischer, StGB, § 46 Rn. 2 ff.

524 Hierzu Fickenscher, Haftungszurechnung von Fanausschreitungen zu den Vereinen, S. 25 ff.

525 Vgl. Hilpert, Das Fußballstrafrecht des DFB, S. 145.

die Vereinsfarben oder durch sonstige äußerliche Merkmale ab. Teilweise wird die Anhängerschaft auch gezielt in bestimmte Sitzblocks gebucht, was eine Zuordnung vereinfacht.[526] Im Übrigen wird das Fanverhalten schlicht nach Parteilichkeit ausgelegt, wobei man in Anbetracht drohender Sanktionen kaum vom Handeln „im Interesse" eines Vereins sprechen kann.[527]

d) Die Verschuldensproblematik am Beispiel des § 9 a DFB-RuVO

Prima facie scheint es, als erfordere die Sanktionsnorm des § 9 a DFB-RuVO kein Verschulden. Das ist aber missverständlich. Die verbandsrechtlichen Sanktionen beziehen sich durchaus auf verschuldetes Verhalten, nur dass es gem. § 9 a DFB-RuVO mitunter auf das der Fans[528] ankommt.[529] Dennoch steht insbesondere die Verschuldensproblematik im Fokus der rechtswissenschaftlichen Kritik an § 9 a DFB-RuVO.[530] Umstritten ist dabei die Frage, ob die Sanktionen zulässig sind, obwohl den Verein selbst (handelnd durch seine Funktionsträger) kein Verschulden am Fanverhalten trifft.[531] Eine echte verschuldensunabhängige Haftung für fremdes Verhalten wird indes nur in § 74 Nr. 1, 2 FDC statuiert. Allerdings unterliegt das Verbandsrecht der FIFA (und UEFA) lediglich der staatlichen Kontrolle durch das (wohl verbandsfreundliche) Schweizer Recht.[532] Bezüglich der Zurechnungsnormen nach § 9 a DFB-RuVO wäre es m. E. treffender, nach der Zulässigkeit einer bedingungslosen (da vom Verschulden der eigenen Funktionsträger unabhängigen) Zurechnung zu sprechen. Üblicherweise wird aber nach wie vor über das Problem der (vermeintlichen) Verschuldensunabhängigkeit diskutiert.

---

526 Vgl. Thumm, in: WFV, Verantwortlichkeiten und Haftung im Sport, S. 16.

527 So auch die Rspr. des CAS im Fall Feyenoord Rotterdam (CAS 2007/A/1217), vgl. Haslinger, in: WFV, Verantwortlichkeiten und Haftung im Sport, S. 35; i.Ü. vgl. Thumm, in: WFV, Verantwortlichkeiten und Haftung im Sport, S. 17.

528 An dieser Stelle wird vorausgesetzt, dass die Fans selbst die Ausschreitungen verschuldet herbeiführen. Ausnahmsweise könnte eine Haftung nach § 9 a DFB-RuVO für unverschuldetes Verhalten in Betracht kommen, wenn die Fans schuldunfähig sind (Minderjährigkeit, Alkohol).

529 Ähnlich: Koch, in: Stopper/Lentze, Handbuch Fußballrecht, Kapitel 20 Rn. 23.

530 Vgl. Walker, in: NJW 2014, S. 121.

531 Gemeint sind also Fälle, in denen die (gastgebenden) Vereine alle Sicherheitsmaßnahmen ergriffen haben, die ihnen durch Verbandsrecht vorgeschrieben sind bzw. als Schutz- und Verkehrssicherungspflichten angesehen werden können (z.B. ausreihend Sicherheitskräfte und Kontrollen); vgl. Köhler, in: Schild, Rechtliche Aspekte bei Sportgroßveranstaltungen, S. 14 f.

532 Vgl. Haslinger, in: WFV, Verantwortlichkeiten und Haftung im Sport, S. 37.

aa) Der strict-liability-Grundsatz

Nach Ansicht des CAS handelt es sich bei Sanktionen für Fanausschreitungen gem. § 9 a DFB-RuVO / Art. 6 I UEFA-RPO um eine reine Kausalhaftung, ohne dass es auf ein Verschulden der Funktionsträger des Vereins ankommt (strict liability[533]).[534] Der CAS stützt sich dabei auf den Wortlaut der Zurechnungsnorm, der keinerlei Verschuldenserfordernis andeutet. Zudem sei der präventive Zweck der Sanktionen durch eine reine Kausalhaftung bestmöglich umgesetzt.[535]

bb) Das Verschuldensprinzip

Die Gegenansicht verlangt für alle verbandsrechtlichen Sanktionen ein Verschuldenserfordernis.[536] Denn das Verschuldensprinzip sei dem deutschen Zivilrecht immanent, woran sich auch das Verbandsrecht (§ 25 BGB) messen lassen müsse. Auch die mittelbaren grundrechtlichen Positionen der Vereine als Mitglieder der Verbände (Art. 12 I, 14 I, 9 I, 2 I GG) seien ansonsten unverhältnismäßig durch Verbandsrecht eingeschränkt. Mitunter wird im zivilrechtlichen Verschuldensprinzip gar ein Bestandteil des ordre public der deutschen Rechtsordnung gesehen.[537] Dogmatisch wird § 9 a DFB-RuVO einer zivilrechtlichen Inhaltskontrolle unterzogen. Als Maßstab werden dabei die Generalklauseln des § 138 I BGB und des § 242 BGB angesetzt.[538]

cc) Vermittelnde Ansätze

In der (deutschen) Lehre und Rechtsprechung sind vermittelnde Ansätze vorherrschend.[539]

533 Hierzu Fickenscher, Haftungszurechnung von Fanausschreitungen zu den Vereinen, S. 91 ff.

534 Vgl. Haslinger, in: WFV, Verantwortlichkeiten und Haftung im Sport, S. 29.

535 So auch Koch, in: Stopper/Lentze, Handbuch Fußballrecht, Kapitel 20 Rn. 24.

536 Etwa Hilpert, Das Fußballstrafrecht des DFB, S. 144.

537 Vgl. Hilpert, Das Fußballstrafrecht des DFB, S. 144. Im internationalen Privatrecht bildet der ordre public (öffentliche Ordnung) gewissermaßen den äußersten Maßstab für ausländisches Recht, Art. 6 EGBGB, Art. 21 Rom I-VO, vgl. Thorn, in: Palandt, BGB, EG 6 Rn. 4, Rom I 21 Rn. 1. Relevant ist der ordre public daher bei der gerichtlichen Prüfung ausländischen Sportrechts (z. B. Vollstreckung von Entscheidungen des CAS).

538 Vgl. Walker, in: NJW 2014, S. 121; Thumm, in: WFV, Verantwortlichkeiten und Haftung im Sport, S. 14 f. Auf § 242 BGB beschränkt sich Räker, in: SpuRt 2013, S. 46 ff.

539 Vgl. Hilpert, Das Fußballstrafrecht des DFB, S. 146; Walker, in: NJW 2014, S. 122 f.; Räker, in: SpuRt 2013, S. 48.

Die ordentliche Rechtsprechung[540] und Teile der Literatur[541] differenzieren etwa nach der Art der ausgesprochenen Strafe. So seien zwar wirtschaftliche Geldstrafen vom Verschulden der Funktionsträger abhängig. Soweit es jedoch um reine wettbewerbsinterne Strafen (wie etwa Punktabzüge) geht, ginge die Verbandsautonomie der Dachverbände weit genug, um Strafen nach einer reinen Kausalhaftung zu verhängen.

Andere verneinen zwar die Zulässigkeit verschuldensunabhängiger Strafen, sehen in der Regelung des § 9 a DFB-RuVO aber eine Beweislastumkehr[542] für den Gastgeberverein.[543] Denn dieser sei mit der Gefahrenquelle des Sportereignisses am nächsten verbunden und müsse den vollen Beweis der Verschuldensfreiheit erbringen. Dagegen müsse der Verband das Verschulden des Gastvereins beweisen.

dd) Stellungnahme

Die Bedenken gegenüber den verschuldensunabhängigen Sportstrafen gründen auf dem Einwand, dass der deutschen Privatrechtsordnung ein Verschuldensprinzip innewohne.

(1)

Im Grundsatz ist diese Auffassung richtig, da das Verschulden zu den zentralen Voraussetzungen von Schadensersatzansprüchen gehört, wie sich aus den Grundnormen der §§ 280 I, 823 I BGB ergibt.[544] Mit diesen Normen trägt der Gesetzgeber den Grundrechtspositionen beider Privatrechtsteilnehmer (Schuldner und Gläubiger) Rechnung. Insofern wirken die Grundrechte von Verbänden und Vereinen mittelbar auch im Zivilrecht.[545] Das Verschuldensprinzip ist daher verfassungsrechtlich angelegt.[546] Demgegenüber ist ein unbedingter Grundsatz

---

540 Bei „kleineren“ Strafen vom Verschuldenserfordernis abgesehen: BGHZ 29, 352, vgl. Thumm, in: WFV, Verantwortlichkeiten und Haftung im Sport, S. 17.

541 So etwa Walker, in: NJW 2014, S. 122 f.; Fechner/Arnhold/Brodführer, Sportrecht, Kapitel 8 Rn. 18.

542 Diesen Weg einer Beweislastumkehr gehen auch einige regionale Fußballverbände, wie etwa der WFV in § 21 Nr. 2 seiner Rechts- und Verfahrensordnung, der eine Vermutung für das Verschulden des Heimvereins aufstellt, vgl. Thumm, in: WFV, Verantwortlichkeiten und Haftung im Sport, S. 19.

543 So etwa Räker, in: SpuRt 2013, S. 48; Hilpert, Das Fußballstrafrecht des DFB, S. 88.

544 Vgl. Medicus/Petersen, Bürgerliches Recht, Rn. 778.

545 Vgl. Pieroth/Schlink/Kingreen/Poscher, Grundrechte, Rn. 196 ff.

546 Ob das Verschuldensprinzip im Zivilrecht darüber hinaus gar Verfassungsrang hat, erscheint indes fraglich. Dies lässt sich nicht bereits daraus folgern, dass das

„nulla poene sine culpa", wie er etwa im staatlichen Strafrecht besteht, für das Privatrecht nicht zu erkennen. Denn auch das bürgerliche Recht kennt vereinzelt das Institut der Gefährdungshaftung, mit dem eine erhöhte Verantwortung für die Eröffnung einer Gefahrenquelle auferlegt wird (etwa § 7 I StVG für KfZ-Halter, die auch dann haften, wenn sie selbst nicht fahren).[547] Wenig hilfreich ist bei dieser Feststellung dagegen § 1004 BGB. Diese sachenrechtliche Abwehrnorm ermöglicht zwar einen verschuldensunabhängigen Beseitigungs- oder Unterlassungsanspruch. Doch handelt es sich dabei eben um Ansprüche zur präventiven Störungsbeseitigung und nicht um repressive Strafen.[548]

(2)

Im Hinblick auf die mittelbare Grundrechtswirkung muss auch eine einseitig vom Verband gesetzte Regelung verhältnismäßig sein.

Ein Maßstab für diese Prüfung ist die Sittenwidrigkeit des § 138 I BGB. Nach dem Grundgedanken dieser Generalklausel, wäre § 9 a DFB-RuVO dann nichtig, wenn die Vereine aufgrund der überlegenen Stellung des Verbandes grob benachteiligt würden.[549] Es handelt sich dabei aber um einen zu ungenauen Maßstab. Die institutionalisierte Struktur im Fußball führt zwar zu einer Monopolstellung der Fußballverbände (auf ihrem jeweiligen Gebiet). Dass sie ihre Machtstellung dabei grob missbrauchen, ist allerdings nicht ersichtlich, zumal die Vereine als Mitglieder an der internen Willensbildung der Verbände mitwirken.

Als Einfallstor für Grundrechte in das Zivilrecht ist § 242 BGB dagegen besser geeignet.[550] Im Gesamtzusammenhang der Sicherheitskonzeption im Fußball sind Strafen gegen Vereine als geeignetes Mittel anzusehen, zumal den Verbänden hier ein Einschätzungsspielraum zuzugestehen ist.[551] Der Schwerpunkt der Prüfung von Treu und Glauben verlagert sich daher auf die Verhältnismäßigkeitsebene. Dabei ist ein schonendes Vorgehen angezeigt. Bevor die Verbandsregelung

Verschuldensprinzip für staatliche Strafen aus den Grundrechten und dem Rechtstaatsprinzip folgt (kritisch aber Walker, in: NJW 2014, S. 121). Im Zivilrecht wirken die Grundrechte dagegen nur mittelbar, so dass privatrechtliche Strafen einer wesentlich gröberen Benachteiligungskontrolle durch die Zivilgerichte unterzogen werden. Letztlich strahlen Grundrechte (und sei es nur Art. 2 I GG) auf fast alle bürgerlichrechtlichen Wertungen aus und sollen Konkordanz zwischen Grundrechtspositionen verwirklichen, vgl. Räker, in: SpuRt 2013, S. 46.

547 Vgl. Medicus/Petersen, Bürgerliches Recht, Rn. 778.

548 Vgl. Hilpert, Das Fußballstrafrecht des DFB, S. 146.

549 Vgl. Ellenberger, in: Palandt, § 138 Rn. 2, 24.

550 Vgl. Grüneberg, in: Palandt, § 242 Rn. 8.

551 Zu dieser Prüfungsreihenfolge des § 242 BGB siehe Räker, in: SpuRt 2013, S. 46.

für nichtig gehalten wird (Alles- oder Nichts-Prinzip) sollte im Hinblick auf die Rechtssetzungsbefugnis der Verbände (Art. 9 I GG, § 25 BGB) eine geltungserhaltende Auslegung der Norm angestrebt werden. Dies ist m. E. bei § 9 a DFB-RuVO möglich:

(3)

Die vorgeschlagene Differenzierung nach der Art der Strafe erscheint allerdings wenig sachgerecht. Denn auch solche Strafen, die vermeintlich nur Auswirkungen auf den sportlichen Wettbewerb haben (und sich somit in der Kernkompetenz der Sportverbände befinden) sind auch wirtschaftlich relevant. Denn der wirtschaftliche Erfolg eines Vereins hängt maßgeblich vom sportlichen Erfolg ab.[552]

Eine verhältnismäßige Auslegung des § 9 a DFB-RuVO lässt sich m. E. dadurch erreichen, dass der Verein eine realistische Einwirkungsmöglichkeit auf die Sportstrafe hat. Daher muss er sich zumindest exkulpieren können, wenn er alle gebotenen – und insbesondere verbandsrechtlich vorgeschriebenen – Sicherheitsmaßnahmen ergriffen hat. Liest man § 9 a DFB-RuVO als eine Zurechnungsnorm für das Verhalten organisationsfremder Personen mit Exkulpierungsmöglichkeit durch die Funktionsträger, wird dem präventiven Zweck der Norm weiterhin entsprochen.

Ferner sollte ein Interessenausgleich zwischen Verband und Verein dadurch geschaffen werden, dass der Verein seinerseits Regressmöglichkeiten gegen Zuschauer hat, was noch zu erörtern ist.[553] Denn dann liegt in § 9 a DFB-RuVO lediglich eine Art Lastenverteilung in Richtung der Vereine, die nahe an der Gefahrenquelle sind.

Der Verhältnismäßigkeit des § 9 a DFB-RuVO kann auch durch die Strafzumessung entsprochen werden, bei der jene Vereine milder bestraft werden, die sich um die Sicherheit im Stadion bemüht haben.[554]

Die hier vertretenen Ansätze ähneln im Ergebnis der Beweislastlösung. Denn wer sich exkulpieren kann, muss diese Exkulpation erst beweisen.[555] Zwar ist der Gastgeberverein besonders nahe an der Gefahrenquelle, da er viele

---

552 Dies mitunter auch unmittelbar: Wird ein Verein aus einem Wettbewerb ausgeschlossen, fehlen die Einnahmen aus Kartenverkauf und Fernsehrechten.

553 Siehe hierzu unten § 3 III 1 b).

554 So auch Koch, in: Stopper/Lentze, Handbuch Fußballrecht, Kapitel 20 Rn. 23.

555 Dagegen wird vielfach zwischen dem Gastgeberverein und dem Gastverein differenziert, so auch bei der FIFA in Art. 74 Nr. 2 Satz 3 FDC, vgl. Hilpert, Das Fußballstrafrecht des DFB, S. 145.

Einwirkungsmöglichkeiten im eigenen Stadion hat. Mit der hier vertretenen Lösung sollte aber auch der Gastverein den Beweis für eine Exkulpation antreten müssen. Denn für die heimischen wie auch für die mitgereisten Fans bedeutete dies, dass sie sich einer Exkulpation ihres Vereins niemals sicher sein können. Eine wichtige Funktion des § 9 a DFB-RuVO liegt mitunter darin, dass der Fan durch sein Verhalten gerade seiner Mannschaft schadet, was er vielfach zu vermeiden versuchen wird.[556]

III. Zivilrechtliche Haftung

Auch das staatlich gesetzte bürgerliche Recht stellt Sicherheitsmechanismen bereit, geht es doch um die rechtlichen Beziehungen zwischen privaten Beteiligten in allen denkbaren Situationen von Rechtsgutsverletzungen. Es stellt sich für den vorliegenden Kontext insoweit die Frage nach etwaigen zivilrechtlichen Haftungsfolgen von Persönlichkeitsrechtsverletzungen durch Fußballfans.

Praktisch bedeutsam sind zivilrechtliche Ansprüche wegen Persönlichkeitsrechtsverletzungen bei Sportveranstaltungen bislang nicht geworden.[557] Die Problematik wird primär sport- und sicherheitsrechtlich gehandhabt, und nicht über den Weg zu den Zivilgerichten.

1. Die zivilrechtliche Haftung der handelnden Fans

Zunächst soll die Haftung der unmittelbar handelnden Personen, der Fans, betrachtet werden.

a) Ansprüche des Verletzten gegen handelnde Fans

Fußballfans, die andere Personen beleidigen oder auf sonstige Weise in ihren Persönlichkeitsrechten verletzen, machen sich dafür haftbar. Dabei sind die möglichen Ansprüche ihrer Zielsetzung nach in solche zur Schadensregulierung (Schadensersatzansprüche) und solche zur Schadensprävention (Unterlassungs- und Abwehransprüche) zu unterteilen.[558]

---

556 So auch Räker, in: SpuRt 2013, S. 47.

557 Vgl. Walker, in: Walker, Hooliganismus, S. 57.

558 Wenngleich die Schadensabwicklung naturgemäß nach der Frage der Schadensabwehr kommt, soll hier aus Gründen der Gesetzessystematik (§§ 249 ff., 280 ff. BGB als Teil des allgemeinen Schuldrechts) mit den Schadensersatzansprüchen begonnen werden.

aa) Schadensersatzansprüche gegen Fans

Persönlichkeitsrechtsverletzungen sind immaterielle Schäden.[559] Als besondere Form des Schadensausgleichs kommen daher Schmerzensgeldansprüche in Betracht.

(1)

Soweit sich die Persönlichkeitsrechtsverletzungen in der Verletzung von Schutzgesetzen i.S.d. § 823 II BGB manifestiert, folgt hieraus ein Haftungsgrund.[560] Solche Schutzgesetze sind nicht zuletzt Straftatbestände wie § 185 StGB.[561] Daneben ist das Allgemeine Persönlichkeitsrecht gem. Art. 2 I i.V.m. 1 I GG auch ein Schutzgut des § 823 I BGB. Es handelt es sich um ein „sonstiges Recht", das gegenüber jedermann gilt und somit dem Eigentum als absolutes Recht ähnelt.[562] Da die Verletzung des Allgemeinen Persönlichkeitsrechts als Rahmenrecht nur durch eine umfassende Güterabwägung (etwa mit der Meinungsfreiheit) ermittelt werden kann, wird die Rechtswidrigkeit nicht indiziert, sondern muss positiv festgestellt werden.[563] Inhaltlich kann dabei auf die oben beschrieben Grundsätze der Grundrechtskollision verwiesen werden.

(2)

Das Schadensrecht als Rechtsfolge der Schadensersatzansprüche richtet sich nach den §§ 249 ff. BGB. Es gilt gem. § 249 I BGB der Grundsatz der Naturalrestitution.[564] Danach muss der Zustand wieder hergestellt werden, der ohne das schädigende Ereignis bestünde. Da immaterielle Schäden durch Geldzahlungen nicht eigentlich wieder gut gemacht werden können, normiert § 253 I BGB hierfür eine Ausnahme und billigt in gesetzlich geregelten Fällen eine Geldentschädigung zu.[565] Zu diesen gesetzlich geregelten Fällen gehören insbesondere Verletzungen der in § 253 II BGB genannten Rechtsgüter, unter denen sich das Allgemeine Persönlichkeitsrecht nicht findet. Wegen der grundsätzlichen

559 Vgl. insoweit auch die Wertung des § 15 II AGG, nach dem Diskriminierungen etwa wegen der ethnischen Herkunft zu immateriellen Schäden führen; vgl. Bauer/Krieger, AGG, § 15 Rn. 36.

560 Vgl. Walker, in: WFV, Verantwortlichkeiten und Haftung im Sport, S. 88.

561 Vgl. Sprau, in: Palandt, BGB, § 823 Rn. 69.

562 Vgl. Herles, in: StudZR 2013, S. 159.

563 Vgl. Sprau, in: Palandt, BGB, § 823 Rn. 95.

564 Vgl. Spancken/Schneidenbach, in: JuS 2012, S. 299.

565 Vgl. Spancken/Schneidenbach, in: JuS 2012, S. 299.

Bedeutung des Allgemeinen Persönlichkeitsrechts[566] billigt die Rspr.[567] allerdings aus § 823 I BGB i.V.m. Art. 1 I i.V.m. 2 I GG bei schwerwiegenden Verletzungen (etwa der Ehre) einen Schmerzensgeldanspruch zu.[568] Bei gravierenden Verunglimpfungen einzelner Personen kommen Ansprüche gegen Fans auf Zahlung von Schmerzensgeld somit in Betracht.[569] Dies soll etwa der Fall sein, wenn (wie meist bei Fanäußerungen) eine Wiedergutmachung auf andere Weise (etwa durch Widerruf der Äußerung) nicht möglich ist.[570]

(3)
Regelmäßig werden Persönlichkeitsrechtsverletzungen bei Sportveranstaltungen nicht von einzelnen Personen verübt, sondern von Personenmehrheiten. Hierin liegt gerade die situationsspezifische Gefährdung des Einzelnen, der sich mitunter der Verunglimpfung durch eine Masse ausgesetzt sieht. Daher stellt sich die Frage, ob und in welcher Höhe einzelne Schuldner haften. Für das Deliktsrecht bietet § 830 I 1 BGB eine Normierung dieser Frage für das Außenverhältnis.[571] Danach haften Einzelne für den gesamten Schaden, wenn die unerlaubte Handlung gemeinschaftlich begangen wird. Hierunter ist ein bewusstes und gewolltes Zusammenwirken mehrer zu verstehen.[572] Der Beweis dieses vorsätzlichen Zusammenwirkens (§ 286 ZPO) wird regelmäßig dann möglich sein, wenn die ehrverletzende Wirkung erst durch das akustische Zusammenspiel vieler Fans entsteht. Denn ein solches Zusammenspiel entsteht nicht zufällig. Nach *Walker* ist diese Voraussetzung jedenfalls dann erfüllt, wenn Gesänge u.ä. im Vorhinein eingeübt sind.[573] Bei den hier behandelten Persönlichkeitsrechtsverletzungen gibt es daher wohl meist mehrere Verursacher, die als Gesamtschuldner gem. § 421 BGB haften.[574]

---

566 Diese grundsätzliche Bedeutung ergibt sich schon aus der grundrechtlichen Herleitung mit Bezug zur Menschenwürde (Art. 2 I i.V.m. 1 I GG).

567 Bereits BGH NJW 1958, 827; vgl. Neuner, in: JuS 2013, S. 580.

568 Vgl. Glasmacher/Pache, in: JuS 2015, S. 206; Neuner, in: JuS 2013, S. 580; Spancken/Schneidenbach, in: JuS 2012, S. 301; Grüneberg, in: Palandt, BGB, Art. 253 Rn. 10.

569 Über die Höhe des Schmerzensgeld entscheidet das Gericht gem. § 287 I 1 ZPO nach freier Überzeugung; vgl. Reichold, in: Thomas/Putzo, ZPO, § 287 Rn. 5.

570 Vgl. BGH NJW 2010, 763; Neuner, in: JuS 2013, S. 581.

571 Vgl. Walker, in: WFV, Verantwortlichkeiten und Haftung im Sport, S. 89 f.; ders., in: Walker, Hooliganismus, S. 54 f.; Fechner/Arnhold/Brodführer, Sportrecht, Kapitel 5 Rn. 47; Köhler, in: Schild, Rechtliche Aspekte bei Sportgroßveranstaltungen, S. 24 ff.

572 Vgl. Sprau, in: Palandt, BGB, § 830 Rn. 1ff.

573 Siehe Walker, in: Walker, Hooliganismus, S. 57.

574 Vgl. Fechner/Arnhold/Brodführer, Sportrecht, Kapitel 5 Rn. 47.

Aus dieser gesamtschuldnerischen Haftung ergibt sich für den Einzelnen Handelnden ein gesteigertes Haftungsrisiko. Denn für das Schmerzensgeld kommt es auf die Schwere der Persönlichkeitsrechtsverletzung an, die durch die Vielzahl der Handelnden erhöht wird. Die massenhafte Verunglimpfung (vor vielen unbeteiligten Zuhörern) steigert die innere und äußere Ehrverletzung.[575]

(4)
Ob ein Schmerzensgeldanspruch gem. § 254 I BGB wegen Mitverschulden herabzusetzen ist, wenn der Verletzte die handelnden Fans zuvor provoziert hat, erscheint problematisch.[576] Zum einen wird die Frage des eigenen Vorverhaltens bei der Prüfung des deliktischen Anspruchs aus § 823 I BGB i.V.m. Art. 2 I i.V.m. 1 I GG bereits auf der Ebene der Güterabwägung zwischen Allgemeinen Persönlichkeitsrecht und Meinungsfreiheit relevant.[577] Des weiteren ist m. E. zu differenzieren: Rassistische oder antisemitische Beschimpfungen können schlicht nicht provoziert werden. Ein Anlass hierzu besteht niemals. Sonstige Beschimpfungen können möglicherweise durch Provokationen hervorgerufen werden.[578] Zeigt ein Spieler Zuschauern etwa den Mittelfinger, wäre ein Schmerzensgeldanspruch wegen darauf hin erfolgter Beschimpfungen in vertretbarer Weise gem. § 254 I BGB herabzusetzen.[579]

(5)
Neben einem Anspruch aus unerlaubter Handlung besteht kein Schmerzensgeldanspruch als vertraglicher Schadensersatzanspruch gem. § 280 I BGB. Eine Sonderverbindung in Form eines Schuldverhältnisses i.S.d. §§ 311 I, 241 II BGB besteht zwar in der vertraglichen Beziehung (Zuschauervertrag) zwischen den Fans und dem Veranstalter der Sportveranstaltung. Innerhalb dieses Schuldverhältnisses besteht gem. § 241 II BGB eine Nebenpflicht[580] zur Rücksichtnahme auf die Rechtsgüter und Interessen des anderen Teils (einschließlich seiner Spieler und sonstigen Angestellten).[581] Rechtsfolge ist aber kein

575 Kritisch Walker, in: Walker, Hooliganismus, S. 57.
576 Vgl. Walker, in: Walker, Hooliganismus, S. 53.
577 Vgl. Herles, in: StudZR 2013, S. 166.
578 Vgl. Köhler, in: Schild, Rechtliche Aspekte bei Sportgroßveranstaltungen, S. 20.
579 Insoweit ist auch das verbandsrechtliche Verbot der Zuschauerprovokationen zu beachten, vgl. § 9 Nr. 1 DFB-RuVO, Art. 10 I lit. a Nr. 6 UEFA-RPO, Art. 54 FDC.
580 Vgl. Schulze, in: JURA 2011, S. 489.
581 Soweit die verletzte Person nicht dem Veranstalter als Vertragspartner angehört (dritte Personen) müsste die Schadensgeltendmachung ohnehin besonders konstruiert werden (Vertrag mit Schutzwirkung für Dritte / Drittschadensliquidation),

Schmerzensgeldanspruch, da dieser bei Verletzungen des Allgemeinen Persönlichkeitsrechts unmittelbar aus § 823 I BGB i.V.m. Art. 2 I i.V.m. 1 I GG abgeleitet wird und nicht aus § 253 II BGB.[582]

bb) Abwehransprüche gegen Fans

Denkbar wäre auch ein präventiver Abwehranspruch gegen einzelne Fans oder Fangruppen.[583]

Die Beeinträchtigung absolut geschützter Rechte soll nicht nur durch Schadensrecht ausgeglichen, sondern auch präventiv abgewehrt werden können. Der negatorische Anspruch aus § 1004 I BGB stellt für die Beeinträchtigung des Eigentums insoweit eine Grundnorm dar. Da auch das allgemeine Persönlichkeitsrecht gem. Art. 2 I i.V.m. 1 I GG gegenüber jedermann geschützt ist, ist ein Unterlassungsanspruch in Analogie zu § 1004 I 2 BGB anerkannt.[584] Als quasinegatorischer Abwehranspruch schließt die Norm eine Regelungslücke, da das Deliktsrecht der §§ 823 ff. BGB als Rechtsgrund für das Schadensrecht der §§ 249 ff. BGB ausgestaltet ist.[585]

Tatbestandlich muss zunächst eine rechtswidrige Beeinträchtigung des allgemeinen Persönlichkeitsrechts durch den Anspruchsgegner als Störer vorliegen. Verschulden ist dagegen – handelt es sich schließlich um einen präventiven Anspruch – nicht erforderlich.[586] Soweit die Rechtswidrigkeit der Ehrverletzungen nach beschriebenen Grundsätzen durch Abwägung festgestellt werden kann, haften die Fans als unmittelbare Handlungsstörer.[587]

Der präventive Unterlassungsanspruch besteht nur dann, wenn darüber hinaus eine konkrete Wiederholungsgefahr besteht.[588] Hieran wird der Anspruch

---

denn der Veranstalter selbst hätte keinen Schaden; hierzu Bagger/Kober, in: SpuRt 2015, S. 155 ff.

582 Vgl. BGH NJW 2006, 605, 606; Grüneberg, in: Palandt, BGB, § 253 Rn. 10; Walker, in: WFV, Verantwortlichkeiten und Haftung im Sport, S. 89; ders., in: Walker, Hooliganismus, S. 56.

583 Vgl. etwa das Urteil des LG Berlin vom 18.5.2006 (Az. 27 O 372/06, Rn. 26 ff. – Juris), bei dem ein Abwehranspruch eines Nationalspielers schwarzer Hautfarbe gegen eine im Internet veröffentlichte Forderung einer „echt weißen" Nationalmannschaft unter Bezugnahme auf die Spielernummer bejaht wurde.

584 Vgl. Herles, in: StudZR2013, S. 159 f.

585 Vgl. Baldus, in: MüKo, Band IV, § 1004 Rn. 178; Bassenge, in: Palandt, BGB, § 1004, Rn. 4.

586 Vgl. Bassenge, in: Palandt, BGB, § 1004 Rn. 13.

587 Vgl. Herles, in: StudZR 2013, S. 160.

588 Vgl. Bassenge, in: Palandt, BGB, § 1004 Rn. 32; Herles, in: StudZR 2013, S. 160.

in der Praxis meist scheitern. Es müsste dargelegt werden, dass von konkreten Personen bei künftigen Sportveranstaltungen konkrete Beeinträchtigungshandlungen wie Beleidigungen oder rassistische Beschimpfungen zu befürchten sind. Ist dies bei einem einzelnen Fan tatsächlich möglich, ist ein Stadionverbot durch den Veranstalter der wohl schnellere und einfachere, sicherlich jedoch der praxisnähere Weg.

b) Zivilrechtliche Regressansprüche des Vereins gegen Fans

Es wurde bereits erörtert, dass es im Rahmen des verbandsrechtlichen Sportstrafrechts mitunter zu einer Zurechnung von Fanausschreitungen zum Verein kommt. Bei dieser Erkenntnis darf der zivilrechtliche Aspekt der Regressansprüche jedoch nicht unberücksichtigt bleiben. Denn zivilrechtliche Haftungssysteme sind stets im Gesamtkontext von Anspruch und Gegenanspruch zu sehen. Es stellt sich daher die Frage, ob Vereine eine (aufgrund der Fanausschreitungen ergangene) Verbandsstrafe als Schadensposition gem. § 249 I BGB gegen die unmittelbar verursachenden Fans geltend machen können.[589] Die Rspr.[590] bejaht einen solchen Anspruch aus § 280 I BGB i. V. m. dem Zuschauervertrag ebenso wie der überwiegende Teil der Literatur.[591] Dabei besteht über die Anspruchsgrundlagen weitgehend Einigkeit. Neben dem vertraglichen Schadensersatz wegen Verletzung der vertraglichen Nebenpflichten (§ 241 II BGB)[592] kommen deliktische Ansprüche aus § 826 BGB oder § 823 II BGB i. V. m. Schutzgesetzen

589 Die Höhe der verhängten Verbandsstrafe steht im Ermessen des Verbandes. Dies steht einem Regressanspruch gegen den schädigenden Fan jedoch nicht entgegen, da dieser nach dem Grundsatz der Naturalrestitution den Verein eben so zu stellen hat, wie er ohne die schädigenden Ereignisse stehen würde. Lediglich bei völlig überhöhten Verbandstrafen wäre an einen Ausschluss der Haftung wegen mangelnder Vorhersehbarkeit des konkreten Schadens (Adäquanz) zu denken.

590 Bereits wegweisend ist insbesondere die Entscheidung des OLG Rostock vom 28.4.2006 (3 U 106/05 = NJW 2006, 1819 ff., zuvor LG Rostock NJW-RR 2006, 90 ff.), in der sog. „Flitzer“ zur teilweisen Schadensersatzzahlung wegen einer durch ihr Verhalten verursachten Verbandsstrafe gegen den Heimverein verurteilt wurden. Brakel NJW-RR 1988, 1246; vgl. Köhler, in: Schild, Rechtliche Aspekte bei Sportgroßveranstaltungen, S. 29.

591 Etwa Hilpert, Das Fußballstrafrecht des DFB, Teil IV Rn. 12; Haslinger, Zuschauerausschreitungen und Verbandssanktionen im Fussball, S. 28 f.; Bernard, in: SpuRt 2013, S. 9 ff.; Pommerning, in: SpuRt 2012, S. 188 ff.; Walker, in: WFV, Verantwortlichkeiten und Haftung im Sport, S. 97; Köhler, in: Schild, Rechtliche Aspekte bei Sportgroßveranstaltungen, S. 29 f.

592 Vgl. Weller, in: NJW 2007, S. 964.

(z.B. aus dem Strafrecht) in Betracht.[593] Das AG Lingen hat überdies einen Sekundäranspruch aus einem vertragsähnlichen Schuldverhältnis anerkannt.[594] Ein Zuschauer, den der Verein unentgeltlich in sein Stadion gelassen hatte, beleidigte einen Spieler der Gastmannschaft. Daraufhin wurde dem Verein eine Verbandsstrafe auferlegt. Hier nahm das Gericht eine Rücksichtnahmepflicht des Zuschauers aus § 311 II Nr. 3 i. V. m. 241 II BGB an.

Teilweise wird dem Anspruch jedoch entgegengehalten, dass es an einer hinreichenden Kausalität zwischen der Pflichtverletzung und dem Schaden fehle.[595] Neben der Adäquanz[596] ist insbesondere umstritten, ob die Vermeidung von Verbandsstrafen vom Schutzzweck der Anspruchsgrundlage umfasst ist. Nach *Pfister*[597] ist dies zu verneinen, da ansonsten der präventive Zweck und Sanktionscharakter der Verbandsstrafe ins Leere liefe. Dem ist jedoch entgegen zu halten, dass die verschuldensunabhängige Sanktionsmöglichkeit des § 9 a DFB-RuVO mitunter nur dann als verhältnismäßig anzusehen ist, wenn man sie im Gesamtkontext zivilrechtlicher Regressmöglichkeiten sieht.[598] Darüber hinaus besteht für den Verein eine erhebliche Unsicherheit, ob und in welcher Höhe er die Verbandsstrafe über den Regress zurück erhält. Verletzt der Verein pflichtwidrig Sicherheitsmaßnahmen, ist der Anspruch zudem ohnehin gem. § 254 BGB herabzusetzen.[599]

2. Die zivilrechtliche Haftung des Vereins

Unabhängig von verbandsrechtlichen Sanktionen können Geschädigte von Fanausschreitungen zivilrechtliche Ansprüche gegen die Vereine geltend machen. An dieser Stelle soll nicht etwa ein Überblick über das gesamte Haftungsrisiko eines Fußballvereins dargestellt werden, sondern die Frage erörtert werden, ob es im bürgerlich-rechtlichen Haftungssystem zur Zurechnung der Fanausschreitungen zum Verein kommt. Dabei sind die möglichen Ansprüche ihrer

593 Hilpert, Das Fußballstrafrecht des DFB, Teil IV Rn. 13; Pommerning, in: SpuRt 2012, S. 190.

594 Siehe AG Lingen NJW-RR 2010, 757 f.

595 Zuletzt Pfister, in: SpuRt 2014, 11 ff.

596 Ein verbandsrechtliches Vorgehen gegen den Verein wegen Fanausschreitungen ist jedoch ein nicht völlig unwahrscheinlicher Geschehensverlauf, vgl. Pfister, in: SpuRt 2014, S. 11; Walker, in: WFV, Verantwortlichkeiten und Haftung im Sport, S. 97.

597 Vgl. Pfister, in: SpuRt 2014, S. 11 f.

598 Vgl. Koch, in: Stopper/Lentze, Handbuch Fußballrecht, Kapitel 20 Rn. 24. Ähnlich Bernard, in: SpuRt 2013, S. 11.

599 Vgl. Pommerning, in: SpuRt 2012, S. 189 f.

Zielsetzung nach in solche zur Schadensregulierung (Schadensersatzansprüche) und solche zur Schadensprävention (Unterlassungs- und Abwehransprüche) zu unterteilen.

a) Schadensersatzansprüche gegen Vereine

Fanausschreitungen können zu Schadensersatzansprüchen geschädigter Personen gegen den Verein führen. Will sich der Verein keinen Schadensersatzansprüchen aussetzen, muss er selbst Schadensprävention, mithin also Sicherheit gewährleisten.[600] In Betracht kommen dabei sowohl eine vertragliche[601] wie auch eine deliktische Haftung.[602]

(1)
Ein Schmerzensgeldanspruch wegen der Verletzung des Allgemeinen Persönlichkeitsrechts könnte indes nur die Rechtsfolge eines Anspruchs aus unerlaubter Handlung gem. § 823 I BGB i.V.m. Art. 2 I i.V.m. 1 I GG sein.[603]

Der Haftungsgrund liegt hier in der schuldhaften Verletzung von Verkehrssicherungspflichten.[604] Die Vereine als Veranstalter müssen auch bezüglich des Ehrschutzes aller Beteiligter Schutzmaßnahmen (z.B. Stadionverbote, Fanbeauftragte)[605] treffen, soweit diese zumutbar sind.[606]

---

600 Ähnlich Nolte, in: WFV, Verantwortlichkeiten und Haftung im Sport, S. 65.

601 Im Rahmen der Sportveranstaltung kommt es mitunter zu zahlreichen Vertragsbeziehungen (Zuschauervertrag, Arbeitsvertrag etc.) und schuldrechtlichen Sonderverbindungen i. S. d. § 241 I, II, 280 I BGB. So besteht etwa ein Dauerschuldverhältnis zwischen Vereinen und den Sportverbänden, welches eine Schutzwirkung für Dritte (z.B. Schiedsrichter) entfaltet, vgl. Weller, in: NJW 2007, S. 960 f.; vgl. Walker, in: Walker, Holliganismus, S. 40; ders., in: WFV, Verantwortlichkeiten und Haftung im Sport, S. 90 f.; kritisch Fritzweiler, in: Fritzweiler/Pfister/Summerer, Praxishandbuch Sportrecht, 5. Teil Rn. 141.

602 Vgl. Weller, in: NJW 2007, S. 960 f.; Walker, in: WFV, Verantwortlichkeiten und Haftung im Sport, S. 90.

603 Weller, in: NJW 2007, S. 963.

604 Vgl. Walker, in: Walker, Hooliganismus, S. 46. Denn Verkehrssicherungspflichten bestehen insbesondere dort, wo eine besondere Gefahrenquelle eröffnet wird, vgl. Sprau, in: Palandt, BGB, § 823 Rn. 45 ff. Eine Sportgroßveranstaltung ist eine solche Gefahrenquelle, vgl. Nolte, in: WFV, Verantwortlichkeiten und Haftung im Sport, S. 65.

605 Hierzu Köhler, in: Schild, Rechtliche Aspekte bei Sportgroßveranstaltungen, S. 17, 14 f.

606 Vgl. Walker, in: WFV, Verantwortlichkeiten und Haftung im Sport, S. 94.

(2)
Die haftungsbegründende Kausalität liegt jedoch nur dann vor, wenn gerade die Ehrverletzungen adäquat vorhersehbar sind und ihre Vermeidung vom Schutzzweckzusammenhang erfasst ist.[607] Unterlässt der Verein beispielsweise pflichtwidrig umfassende Einlasskontrollen (und verletzt damit seine Verkehrssicherungspflichten), führt dies nicht kausal zu ehrverletzenden Gesängen, da sie auch mit den Einlasskontrollen nicht hätten verhindert werden können.

(3)
Haftet der Verein wegen der Persönlichkeitsrechtsverletzungen, so besteht eine Gesamtschuld mit den unmittelbar haftenden Fans, § 421 BGB. Hiervon unabhängig sind indes Regressansprüche im Innenverhältnis (etwa aus § 280 I BGB oder § 426 I, II BGB).[608]

(4)
Im Verhältnis zwischen dem Verein und seinen Angestellten (insbesondere Spielern) bestehen darüber hinaus arbeitsrechtliche Schutzpflichten, § 6 AGG.[609] Wird ein angestellter Spieler etwa von Fans rassistisch beschimpft, stellt dies eine Diskriminierung wegen der Rasse durch Dritte gem. §§ 1, 7 I AGG dar.[610] Besondere vertragliche Schutzpflichten gegenüber den Zuschauern folgen darüber hinaus aus § 19 I Nr. 1 AGG i.V.m. dem Zuschauervertrag.[611] Versäumt ein Verein etwa Maßnahmen gegen rassistische Äußerungen durch Fans gegen einen seiner Spieler, verletzt er seine arbeitsrechtliche Schutzpflicht aus § 12 IV AGG. Fraglich ist allerdings, ob dies zum verschuldensunabhängigen Schadensersatzanspruch des § 15 I, II AGG führt.[612] Dieser Anspruch umfasst ausweislich des Wortlautes des Absatzes II auch immaterielle Schäden.[613] Problematisch ist hierbei, dass der Tatbestand des § 15 I AGG einen Verstoß gegen das Benachteiligungsverbot (§ 7 AGG) voraussetzt.[614] Teilweise wird insoweit eine Haftung verneint, da es sich

607 Vgl. Sprau, in: Palandt, BGB, § 823 Rn. 53; Walker, in: Walker, Hooliganismus, S. 52.
608 Hierzu Walker, in: Walker, Hooliganismus, S. 56.
609 Vgl. Weller, in: NJW 2007, S. 962 f.; Schulze, in: JURA 2011, S. 490.
610 Vgl. Bauer/Krieger, AGG, § 1 Rn. 14 ff.; Payandeh, in: NJW 2015, S. 699 f.
611 Vgl. Schulze, in: JURA 2011, S. 490.
612 Vgl. Weller, in: NJW 2007, S. 963; Walker, in: Walker, Hooliganismus, S. 57.
613 Hierzu gelten auch immaterielle Schäden wegen einer Verletzung des Allgemeinen Persönlichkeitsrechts; vgl. Weidenkaff, in: Palandt, BGB, § 15 AGG Rn. 6. Der Eintritt eines immateriellen Schadens wird bei einer Diskriminierung unwiderleglich vermutet; vgl. Bauer/Krieger, AGG, § 15 Rn. 36.
614 Vgl. Bauer/Krieger, AGG, § 15 Rn. 14.

bei § 12 IV AGG nicht um eine unmittelbare Benachteiligung durch den Arbeitgeber handelt, sondern um eine mittelbare Benachteiligung durch Dritte.[615] Sinn und Zweck der Vorschrift ist es aber, den Arbeitnehmer effektiv vor Diskriminierungen zu schützen, was gegebenenfalls auch durch Schutzmaßnahmen zu erfolgen hat.[616] Diesem Effektivitätsgedanke dient die Haftung des § 15 I, II AGG.

(5)
Die beschriebenen Fälle der zivilrechtlichen Haftung – vertraglich wie deliktisch – stellen im Übrigen keine eigentliche Zurechnung der Fanausschreitungen zum Verein dar. Denn der Vorwurf liegt nicht im Verhalten der Zuschauer, sondern in der Verletzung eigener Schutzpflichten. Eine Zurechnung findet dabei gerade nicht statt. Die wichtigsten Zurechnungsnormen des Privatrechts, die Zurechnung des Handelns des Erfüllungsgehilfen gem. § 278 BGB und des Verrichtungsgehilfen gem. § 831 BGB greifen nicht, da sich die Zuschauer (auch die eigenen Anhänger)[617] nicht im Pflichtenkreis des Vereins bewegen.[618]

b) Abwehransprüche gegen Vereine

Eine zivilrechtliche Zurechnung des Fanverhaltens ist jedoch über die Störerhaftung des § 1004 BGB zu erwägen. Anders als die schuldrechtlichen Schadensersatzansprüche erfordert dieser Abwehranspruch kein eigenes Verschulden, sondern ermöglicht eine Zurechnung von Störquellen alleine aufgrund der Sach- oder Willensherrschaft des Schuldners.[619] Während der (mittelbare) Handlungsstörer Störungen durch Dritte veranlasst oder gestattet, gehen diese beim Zustandsstörer zumindest mittelbar auf den Willen des Zustandsstörers zurück, weil dieser trotz Sachherrschaft keine Beseitigungshandlungen vornimmt.[620] Beide Varianten setzen also voraus, dass der Störer die tatsächliche Möglichkeit besitzt, die Störung zu beseitigen.[621] Hierin liegt gewissermaßen ein Kompromiss

615 So Walker, in: Walker, Hooliganismus, S. 57 f. m.w.N.
616 Vgl. Weidenkaff, in: Palandt, BGB, § 12 AGG Rn. 2.
617 Vgl. Thumm, in: WFV, Verantwortlichkeiten und Haftung im Sport, S. 16.
618 Vgl. Grüneberg, in: Palandt, BGB, § 278 Rn. 7; Sprau, in: ebd., § 831 Rn. 5.
619 Vgl. Bassenge, in: Palandt, BGB, § 1004 Rn. 13. Hierin liegt ein großer Unterschied zum Deliktsrecht, vgl. Baldus, in: MüKo, BGB, Band VI, § 1004 Rn. 43.
620 Vgl. Bassenge, in: Palandt, § 1004, Rn. 18 f.
621 Vgl. Baldus, in: MüKo, Band IV, § 1004 Rn. 181.

zwischen der Verschuldensunabhängigkeit und der Handlungsmöglichkeit des Schuldners.[622]

So wäre es im vorliegenden Kontext denkbar, drohende Fanausschreitungen (Wiederholungsgefahr) dem Verein als mittelbarem Handlungsstörer zuzurechnen. Die Störerhaftung des § 1004 BGB ist von der noch zu erörternden polizeirechtlichen Verantwortlichkeit freilich zu trennen, wenngleich durchaus Parallelen bestehen. Insoweit soll der polizeirechtlichen Abhandlung an dieser Stelle nicht vorgegriffen werden, da § 1004 BGB als Anspruchsnorm gegen Fußballvereine eine geringe Bedeutung hat. Präventive Sicherheitsmaßnahmen werden nicht von den Zivilgerichten, sondern von den Verbänden und Sicherheitsbehörden durchgesetzt.

---

622 Anerkannt ist insoweit, dass für reine Naturereignisse nicht gehaftet wird, Bassenge, in: Palandt, BGB, § 1004 Rn. 18 f.

§ 4 Staatliche und private Sicherheit bei Sportveranstaltungen

Die bisherigen Ausführungen haben gezeigt, dass Staat und private Beteiligte einer Sportveranstaltung zum Schutz vor Fanausschreitungen berufen sind. Dies wirft die Frage auf, in welchem Verhältnis Sicherheitsmaßnahmen der Polizei und des Veranstalters stehen.

I. Ausgangslage: Die Sicherheitsverantwortung des Veranstalters und des Staates

Sportveranstaltungen sind private Veranstaltungen. Dies ist zunächst die Ausgangslage für die Abgrenzung von staatlicher und privater Sicherheit. Der private Veranstalter schafft eine Gefahrenlage in seiner (privaten) Sphäre.[623] Er hat die Pflicht und das Recht, eigene Sicherheitsvorkehrungen zu treffen.[624] Die Pflicht zur Sicherheitsgewährleistung folgt namentlich aus den zuvor beschriebenen Sorgfalts- und Verkehrssicherungspflichten.[625] Erst die Zumutbarkeit der Sicherheitsmaßnahmen stellt insoweit eine zivilrechtliche Grenze für die Pflicht zur Sicherheit dar.[626] Des Weiteren folgt aus den grundrechtlich verbürgten Veranstalterrechten (Art. 12 I, 14 I GG) auch das Recht, die Organisation der Sportveranstaltung selbst zu gestalten.

Auf der anderen Seite bleibt es nicht bei der Verantwortung des privaten Veranstalters. Das Gewaltmonopol liegt auch bei einer Sportveranstaltung grundsätzlich beim Staat.[627] *Knape* bezeichnet die Gewährleistung der öffentlichen Sicherheit und Ordnung als genuine Aufgabe des Staates.[628] In dieser

623 Vgl. Pitschas, Polizei und Sicherheitsgewerbe, S. 155.

624 Vgl. Feltes, in: NK 2013, S. 52; Breucker, in: NJW 2006, S. 1233.

625 Vgl. Turnit, in: JURA 2012, S. 367; Hilpert, Das Fußballstrafrecht des DFB, Kapitel 2 Rn. 3.

626 Dogmatisch kann für diese Grenze der Grundsatz von Treu und Glaube gem. § 242 BGB herangezogen werden; vgl. Breucker, in: NJW 2006, S. 1234.

627 Vgl. Nolte, in: WFV, Verantwortlichkeiten und Haftung im Sport, S. 57; Hilpert, Das Fußballstrafrecht des DFB, Kapitel 2 Rn. 5; Knape/Schönrock, in: Die Polizei 2011, S. 245.

628 Siehe Knape, in: DHP, Sport und Gewalt Band III, S. 19.

verwaltungsrechtlichen Aufgabenzuweisung schlagen sich nicht zuletzt auch grundrechtliche Schutzpflichten nieder.[629]

Wegen dieser beiden Aspekte besteht ein grundsätzliches Nebeneinander staatlicher und privater Sicherheitsgewährleistung. *Nolte* bezeichnet die Sicherheit bei Sportveranstaltungen zutreffend als geteilte Verantwortung.[630] *Pitschas* spricht gar von einer „Sicherheitspartnerschaft".[631] Im Einzelnen wirft das Nebeneinander staatlicher und privater Sicherheit jedoch Fragen auf.

II. Kooperation zwischen Polizei und Veranstalter

Für das Verhältnis zwischen dem Staat und privaten Beteiligten ist grundsätzlich eine Über-Unterordnung prägend.[632] Im Verfassungsstaat ist es gerade ein Wesensmerkmal, dass demokratisch legitimierte Staatsorgane verbindliche Regelungen und Entscheidungen treffen, die im Rahmen des staatlichen Gewaltmonopols durchzusetzen sind. Neben diesem einseitigen Staatshandeln sind aber auch kooperative Handlungsformen zwischen dem Staat und privaten Beteiligten möglich.[633] Für die Sicherheitsgewährleistung bei Sportveranstaltungen ist die Kooperation zwischen der Polizei und den Fußballvereinen und -verbänden von großer praktischer Bedeutung. Die jeweiligen Sicherheitsmaßnahmen sollen insoweit nicht nur nebeneinander durchgeführt, sondern miteinander koordiniert werden.[634]

---

629 Vgl. Breucker, in: NJW 2006, S. 1234; Nolte, in: WFV, Verantwortlichkeiten und Haftung im Sport, S. 55; Knape, in: DHP, Sport und Gewalt, Band III, S. 21.

630 Siehe Nolte, in: WFV, Verantwortlichkeiten und Haftung im Sport, S. 55.

631 Siehe Pitschas, Polizei und Sicherheitsgewerbe, S. 163.

632 So auch die Subordinationstheorie zur Abgrenzung von öffentlichem und privatem Recht; vgl. Erbguth, Allgemeines Verwaltungsrecht, § 5 Rn. 9.

633 In der Systematik der Verwaltungsverfahrensgesetze wird dies durch die Regelung des öffentlich-rechtlichen Vertrages (Teil IV, §§ 35 ff. VwVfG NRW, Art. 35 ff. BayVwVfG) im Anschluss an die Regelung des Verwaltungsaktes (Teil III, §§ 54 ff. VwVfG, Art. 54 ff. BayVwVfG) zum Ausdruck gebracht.

634 In gewisser Weise handelte es sich auch um eine Kooperation, als das Bundesinnenministerium gegenüber der FIFA eine sog. „Sicherheitsgarantie" für die Weltmeisterschaft 2006 in Deutschland abgab. Hierdurch sollte der Bewerbung des DFB (an der sich auch staatliche Stellen beteiligten) für die Austragung in Deutschland geholfen werden; vgl. Breucker, in: NJW 2006 S. 1234; Hilpert, Das Fußballstrafrecht des DFB, Kapitel 2 Rn. 5; Knape/Schönrock, in: Die Polizei 2011, S. 251.

1. Praktischer Aspekt oder rechtliches Prinzip

Die Kooperation zwischen Polizei und Veranstalter wird im Allgemeinen als ein praktischer und polizeitaktischer Aspekt begriffen. *Deusch* leitet darüber hinaus gar ein rechtliches Kooperationsprinzip unter Heranziehung versammlungsrechtlicher Grundsätze her.[635] Dabei zieht er eine Parallele zur Brockdorf-Entscheidung des BVerfG.[636] Danach habe die Versammlungsbehörde mit dem Veranstalter einer friedlichen Versammlung zusammenzuarbeiten, um gleichermaßen die Versammlungsfreiheit nach Art. 8 I GG als auch die öffentliche Sicherheit und Ordnung zu wahren. Ob in diesem Zusammenarbeitsgedanke ein eigenes rechtliches Prinzip zu sehen ist, das darüber hinaus auch auf bloße Ansammlungen wie kommerzielle Sportveranstaltungen zu übertragen ist, erscheint fraglich. Auch bei kommerziellen Veranstaltungen gilt es, die Veranstalterrechte (Art. 12 I, 14 I GG) im Lichte des Verhältnismäßigkeitsprinzips zu schonen. Kooperative Handlungsformen sind meist mildere Mittel gegenüber einseitigen Eingriffen in die private Veranstaltung. Anderseits hängt die Verhältnismäßigkeit einer polizeilichen Maßnahme davon ab, ob der Veranstalter an einer Kooperation mitgewirkt hat.[637] Diese Erkenntnisse lassen sich bereits durch das auf dem Rechtsstaatsprinzip (Art. 20 III GG) gründenden Verhältnismäßigkeitsprinzip gewinnen. Die Herleitung eines eigenständigen Kooperationsprinzips ist daher m.E. nicht notwendig. Letztlich handelt es sich aber auch nur um eine terminologische Frage. Soweit die Zusammenarbeit mit dem Veranstalter einen Sicherheitsvorteil bringt, gebietet sie bereits die Wirksamkeit und Effizienz der Gefahrenabwehr. In diesem Zusammenhang ist die Kooperation zwischen Polizei und Veranstalter indes als praktischer Aspekt zu verstehen.[638]

2. Die praktische Ausgestaltung der Kooperation

Die Anwendungsfälle der Kooperation zwischen der Polizei und den Fußballvereinen und -verbänden sind zahlreich. Die Kooperation zwischen Polizei und Veranstalter einer Sportveranstaltung findet insbesondere durch

635 Vgl. Deusch, Polizeiliche Gefahrenabwehr bei Sportgroßveranstaltungen, S. 144.

636 BVerfGE 69, 315 (354 ff.).

637 So auch Deusch, der von einem Einfluss auf die Eingriffsschwelle spricht; vgl. Deusch, Polizeiliche Gefahrenabwehr bei Sportgroßveranstaltungen, S. 146, 153 f.

638 So auch Pieroth/Schlink/Kniesel, Polizeirecht, § 5 Rn. 57. Hier wird die Zusammenarbeit zwischen der Polizei und privaten Sicherheitsdiensten als „einfach tatsächlich" gesehen.

Informationsaustausch und Koordination statt. Durch sie soll Gefahrenvorsorge betrieben werden.[639]

Die Ausgestaltung der Kooperation ist im *Nationalen Konzept für Sicherheit im Sport* (NKSS) standardisiert worden.[640] Hierbei handelt es sich um einen Leitfaden[641] des *Nationalen Ausschusses für Sicherheit im Sport* (NASS), der personell u.a. aus Vertretern der Fußballverbände, Vereine aber auch Sicherheitsbehörden zusammengesetzt ist. Im NKSS werden auch die Rahmenbedingungen für die Kommunikation als Rahmenbedingung für die Zusammenarbeit zwischen den Beteiligten bei der Organisation einer Sportveranstaltung festgelegt. Mit den *Landesinformationsstellen Sporteinsätze* (LIS) und der bundesweiten *Zentralen Informationsstelle Sporteinsätze* (ZIS) wurden Plattformen geschaffen, auf denen Polizei und Veranstalter ihre Informationen über Fanausschreitungen sammeln.[642] Im Vorfeld einer Sportveranstaltung findet ein Austausch zwischen der Polizei und den jeweiligen Sicherheitsbeauftragten der teilnehmenden Vereine statt. Bei einer obligatorischen Sicherheitsbesprechung wird die Gefährdungslage einer konkreten Sportveranstaltung unter Mitwirkung von Sicherheitsbeauftragten der Vereine, Verbandsmitgliedern und Polizeibeamten analysiert. Im Rahmen dieser Sicherheitsbesprechung kann eine Spielbegegnung auch als Risikospiel bewertet werden[643], wobei eine solche Qualifizierung unabhängig hiervon auch von den Fußballverbänden vorgenommen werden kann.[644]

Ergänzend zu dem Informationsaustausch findet eine Koordination zwischen privaten und polizeilichen Maßnahmen statt. Die Polizei wird bereits bei der Spieltagsplanung einbezogen, um personelle Einsatzkapazitäten planen zu können.[645] Auch eine Abstimmung mit den Einsätzen privater Ordnungsdienste ist vorgesehen.[646]

---

639 Vgl. Deusch, Polizeiliche Gefahrenabwehr bei Sportgroßveranstaltungen, S. 144 ff.

640 Vgl. Nolte, in: WFV, Verantwortlichkeiten und Haftung im Sport, S. 56.

641 Hierbei handelt es sich nicht um eine Rechtsnorm, sondern um ein politisches Konzept.

642 Vgl. Nolte, in: WFV, Verantwortlichkeiten und Haftung im Sport, S. 56 f.; Schmidbauer, in: KommPrax sp 2005, S. 47.

643 Vgl. Punkt 5.3 NKSS, S. 26 f.; Spahn, in: Walker, Hooliganismus, S. 17.

644 Vgl. § 32 der DFB-Sicherheitsrichtlinien.

645 Vgl. Punkt 5.3 NKSS, S. 27 f.

646 Vgl. Pitschas, Polizei und Sicherheitsgewerbe, S. 164.

3. Rechtliche Grenzen der Kooperation

Rechtliche Grenzen der Kooperation zwischen Staat und Veranstalter resultieren allerdings aus ihrer Ungleichartigkeit. Für das staatliche Handeln sind vor allem verfassungsrechtliche Vorgaben prägend, die das Verhältnis zwischen Staat und Bürgern bestimmen. Demgegenüber ist der Veranstalter selbst „Bürger" in diesem staatsrechtlichen Sinne.[647] Für das Zusammenspiel von staatlicher und privater Sicherheit ergeben sich hieraus Vorgaben, die einer gleichberechtigten Kooperation Grenzen setzen.

a) Kooperation und hoheitliches Handeln am Beispiel von Alkoholverboten

Ein Beispiel begrenzter Kooperation ist die Handhabung von Alkoholverboten bei Sportveranstaltungen. Dem Alkoholkonsum wird mitunter eine enthemmende Wirkung beigemessen[648], wodurch Entstehung und Eskalation von Fanausschreitungen gefördert werden können.[649] Deshalb sieht § 23 Nr. 1 der DFB-Sicherheitsrichtlinien ein grundsätzliches Ausschankverbot in und um Stadien vor. Ausnahmsweise, also bei ungefährlichen Spielbegegnungen, kann hierfür gem. § 23 Nr. 2 der DFB-Sicherheitsrichtlinien eine Ausnahme für leichte alkoholische Getränke (z.B. Bier) gemacht werden. Voraussetzung ist aber die Einwilligung der örtlich zuständigen Sicherheitsorgane. Das Bemerkenswerte an dieser Regelungstechnik ist die scheinbar öffentlich-rechtliche Reglung in einer privatrechtlichen Verbandssatzung. Der DFB bestimmt hier, dass die Erlaubnis zum Alkoholausschank nicht von ihm, sondern von Sicherheitsbehörden erteilt wird. Eine solche Regelung ist von der Rechtsetzungskompetenz der Sportverbände nach Art. 9 I GG, § 25 BGB indes nicht erfasst. Die Regelung statuiert aber nur scheinbar einen behördlichen Erlaubnisvorbehalt. Vielmehr wird hier dem Umstand Rechnung getragen, dass die Sicherheitsbehörden ein Alkoholverbot auch einseitig durch Allgemeinverfügung gem. § 35 S. 2 VwVfG NRW, Art. 35 S. 2 BayVwVfG oder durch Polizeiverordnung festsetzen können. Auch ein gaststättenrechtliches Verbot des Alkoholausschanks an den Veranstalter gem. § 19 GastG kommt in Betracht.[650] Diesen hoheitlichen Handlungsformen soll durch

647 Vgl. insoweit Art. 19 III GG zur Anwendbarkeit von Grundrechten auf Personenvereinigungen.

648 Vgl. Schwind, Kriminologie, § 28 Rn. 29 a; Schmidbauer, in: KommPraxis sp 2005, S. 48 f.

649 Vgl. Punkt 4.4 NKSS, S. 20.

650 Vgl. Siegel, in: NJW 2013, S. 1038.

die sportrechtliche Regelung des § 23 Nr. 2 der DFB-Sicherheitsrichtlinien lediglich durch Kooperation vorgesorgt werden.[651] Letztlich bleibt es aber bei dem Einschätzungsspielraum der Sicherheitsbehörden. Das Staat-Bürger-Verhältnis ist hier ein Über-Unterordnungsverhältnis.

b) Die Grenzen der Kooperation am Beispiel von Stadionverboten

Besonders problematisch ist die Kooperation bei der Handhabung von Stadionverboten.[652] Mit ihnen hat sich ein Sicherheitsinstrument im Fußball entwickelt, dessen Wirksamkeit nach der Konzeption der Sicherheitsarchitektur im Fußball (DFB-Sicherheitsrichtlinien/NKSS) gerade durch das Zusammenspiel von Fußballvereinen, Fußballverbänden und der Polizei erzielt wird. Alle drei genannten Akteure erfüllen eine bestimmte Aufgabe: Die Fußballvereine haben als Veranstalter das Hausrecht inne und üben dieses gem. § 1004 I 2 BGB in Form von Stadionverboten aus.[653] Sie treten also an den Fan selbst heran. Dagegen hat der DFB mit seinen Stadionverbotsrichtlinien die Handhabung der Stadionverbote standardisiert und damit unter anderem die Praxis der bundesweiten Stadionverbote ermöglicht. Vorgesehen ist aber eben auch die staatliche Involvierung. Punkt 5.7 NKSS formuliert dies wie folgt: *Die Polizei prüft zeitnah entsprechende Sachverhalte auf Grundlage der von ihnen durchgeführten strafprozessualen und polizeirechtlichen Maßnahmen und regt konsequent Stadionverbote an.*[654] Das Handeln der Polizei hat also erhebliche Auswirkungen auf die Praxis der Stadionverbote, aus denen sich Probleme im Hinblick auf das Staat-Bürger-Verhältnis ergeben. Diskutiert werden namentlich Aspekte des Datenschutzes und des Rechtschutzes.[655]

aa) Die Datenschutzproblematik

Bei der Handhabung von Stadionverboten sind die Vereine auf den Datenaustausch mit anderen Stellen angewiesen.[656] Denn Grundlage der Stadionverbote sind Verhaltensweisen von Fans, die auf eine erhöhte Gefährlichkeit bei einer

---

651 Wobei ein Alkoholverbot anlässlich einer Sportveranstaltung im öffentlichen Raum vom Alkoholausschank im Stadion unabhängig ist.

652 Die Praxis der Stadionverbote wurde im sportrechtlichen Kapitel bereits dargestellt; siehe § 3 II 5 b).

653 Sie heierzu § 3 II 5 b).

654 Siehe Punkt 5.7 NKSS, S. 33.

655 Hierzu auch Müller-Eiselt, in: DVBl 2014, S. 1168 ff.

656 Vgl. hierzu auch Gädeke, Sportgroßveranstaltungen, S. 118 ff.

künftigen Sportveranstaltung schließen lassen. In der Terminologie der zivilrechtlichen Grundlage des § 1004 I 2 BGB geht es um die Wiederholungsgefahr einer Störung. Von eben diesen Verhaltensweisen muss der Verein aber erst Kenntnis erlangen. Über Kenntnisse verfügt indes insbesondere die Polizei, die relevante Verhaltensweisen von Fans in Dateien speichert (Verbunddatei *Gewalttäter Sport),* und darüber hinaus im Vorfeld von Spielen Informationen durch szenekundige Beamten gewinnen lässt. Eben diesen Umständen trägt Punkt 5.7 NKSS Rechnung und sieht ein Anregen von Stadionverboten vor.[657] Mit einer solchen Anregung ist indes eine Weitergabe von personenbezogenen Daten verbunden. Was hierunter zu verstehen ist, beschreiben §§ 1 I, 3 I BDSG. Gemeint sind Einzelangaben über persönliche und sachliche Verhältnisse natürlicher Personen. Zu den sachlichen Verhältnissen gehören denn auch Rollen oder Verhaltensweisen von Personen.[658] Das kann etwa die Rolle eines Fans bei vergangenen Fanausschreitungen betreffen. Diese Einzelangaben werden nach der Konzeption des NKSS gemeinsam mit Angaben über persönliche Verhältnisse wie Name, Adresse etc. an die Vereine weitergegeben. Durch diese Weitergabe greift die Polizei in das informationelle Selbstbestimmungsrecht gem. Art. 2 I i.V.m. 1 I GG ein.[659] Durch den Eingriff in Form der Weitergabe verliert der Betroffene die Selbstbestimmung über die ihn betreffenden Daten.[660] Wenngleich das daraus resultierende Stadionverbot ein privatrechtliches Instrument ist, liegt daher ein staatlicher Eingriff vor. Hierin liegt die besondere Problematik bei dieser Zusammenarbeit von Polizei und Veranstalter.[661]

Bei der Erörterung der aufgezeigten Problematik ist mit der grundrechtlichen Dogmatik nach einer verfassungsrechtlichen Rechtfertigung des Eingriffs in das allgemeine Persönlichkeitsrecht zu suchen. Hierfür bedarf es zunächst einer gesetzlichen Grundlage.[662] Der besonderen Problematik der Zusammenarbeit zwischen Polizei und Privaten tragen auch die Polizeigesetze Rechnung, indem sie zwischen der Weitergabe von Daten an Stellen innerhalb und außerhalb des öffentlichen Dienstes differenzieren. Nach § 29 I Nr. 1 PolG NRW, Art. 41 I Nr. 1

657 Vgl. Siegel, in: NJW 2013, S. 1036.

658 Vgl. Gusy, in: Wolff/Brink, Datenschutzrecht, § 1 BDSG Rn. 48.

659 Vgl. Müller-Eiselt, in: DVBl 2014, S. 1169.

660 Vgl. Hufen, Grundrechte, § 12 Rn. 4, 8.

661 Die Möglichkeit der Weitergabe von Daten an Fußballvereine wurden noch kategorisch verneint von Markert/Schmidbauer, in: BayVBl 1993, S. 521.

662 In Art. 2 I GG ist eine Schrankentrias genannt, die u.a. die verfassungsmäßige Ordnung nennt. Wegen des Parlamentsvorbehalts für grundrechtswesentliche Fragen ist aber ein formelles Gesetz erforderlich.

BayPAG kommt eine Übermittlung von personenbezogenen Daten durch die Polizei an Stellen außerhalb des öffentlichen Dienstes in Betracht, wenn dies zur polizeilichen Aufgabenerfüllung erforderlich ist.[663] Für diese Initiativübermittlungen kommt es also im vorliegenden Kontext auf die Gefahrenabwehraufgabe des § 2 I PolG NRW, Art. 2 I BayPAG an.[664] Die Voraussetzungen des § 29 I Nr. 1 PolG NRW, Art. 41 I Nr. 1 BayPAG sind mit einem bloßen Abstellen auf die Aufgabeneröffnung relativ unbestimmt gehalten. Denn bei der Aufgabeneröffnung handelt es sich eben um keine Befugnisnorm, bei der grundrechtsrelevante Abwägungen durch den Gesetzgeber vorgenommen werden. Insbesondere ist für die Aufgabeneröffnung des § 2 I PolG NRW, Art. 2 I BayPAG lediglich eine abstrakte Gefahr notwendig.[665] Die Gefahr der Beteiligung an künftigen Fanausschreitungen muss also nicht auf eine bestimmte Sportveranstaltung konkretisiert werden.[666] Ist ein Fan in der Vergangenheit bereits auffällig geworden, besteht regelmäßig ein gewisser Grad der Wahrscheinlichkeit, dass er sich künftig (und irgendwo) an Fanausschreitungen beteiligen wird. Das Stadionverbot gilt meist nicht nur für ein Spiel und – soweit es sich um ein bundesweites Stadionverbot handelt – für alle Spielstätten in Deutschland. Manche Polizeigesetze verlangen für eine Datenübermittlung indes, dass sie zur Abwehr einer (konkreten) Gefahr notwendig ist, so etwa § 44 I 1 NdsSOG. Ob ein bundesweites Stadionverbot zur Abwehr einer konkreten Gefahr erforderlich ist, ist fraglich.[667] Denn die Gefahr müsste dann für jede Sportveranstaltung in Deutschland für die Dauer des Verbots vorliegen. *Stoll/Lüers* bezweifeln dies zu Recht.[668] Die konkrete Gefahr müsste für jede einzelne Sportveranstaltung im Geltungsbereich des Stadionverbots (also etwa jedes Bundesligaspiel) prognostiziert werden können. So kann diese Prognose von Ausschreitungen durch einen Ultra nicht einfach auf Spiele ohne Beteiligung „seines“ Vereins übertragen werden. Zu beachten ist insoweit, dass eine Datenübermittlung nach § 29 I Nr. 1 PolG NRW, Art. 41 I Nr. 1 BayPAG eine Einzelmaßnahme ist und keine generelle Befugnis für das Teilen von polizeilichen Daten mit Privaten darstellt. So besteht Einigkeit, dass ein Zugriff von Fußballvereinen auf die Datei *Gewalttäter Sport* nicht gewährt werden darf.[669]

---

663 Vgl. Ruch, in: JZ 2015, S. 937 ff.

664 Vgl. Schmidbauer, in: Schmidbauer/Steiner, PAG, Art. 41 Rn. 6.

665 Vgl. Schmidbauer, in: Schmidbauer/Steiner, PAG, Art. 2 Rn. 8 f.

666 Vgl. Ruch, in: JZ 2015, S. 938.

667 Vgl. Müller-Eiselt, in: DVBl 2014, S. 1171 f.

668 Siehe Stoll/Lüers, in: Die Öffentliche Verwaltung 2014, S. 229 f.

669 Vgl. Fechner/Arhold/Brodführer, Sportrecht, Kapitel 8 Rn. 10; bereits Markert/Schmidbauer, in: BayVBl 1993, S. 521.

Problematisch ist auch das Tatbestandsmerkmal der Erforderlichkeit.[670] Die Gefahrenabwehr darf nicht mit anderen Mitteln ebenso wirksam möglich sein, die eine geringere Eingriffsintensität bedeuten. Gerade für die kooperative Handlungsform der Stadionverbote durch Private stellt sich die Frage, ob die Polizei nicht durch eigene Maßnahmen ähnliche Ergebnisse erzielen kann. Dann findet nämlich keine Datenübermittlung an Private statt und die Eingriffsintensität in das informationelle Selbstbestimmungsrecht gem. Art. 2 I i.V.m. 1 I GG verringert sich. Unter diesem Gesichtspunkt ist ein polizeiliches Verbot an den Veranstalter zum Verkauf von Eintrittskarten[671] kein milderes Mittel. Auch hier müssten dem Verein Informationen zur Verfügung gestellt werden, für welche Personen das Verbot gilt, wobei die diesbezügliche Begründung gem. § 39 VwVfG NRW, Art. 39 BayVwVfG ebenfalls Informationen über das Verhalten der jeweiligen Personen enthalten müsste. Eine Datenübermittlung könnte indes durch polizeiliche Maßnahmen wie Platzverweise oder Aufenthaltsverbote vermieden werden. Fraglich ist hier allerdings, ob die gleiche Wirksamkeit gegeben ist. Anders als ein (unter Umständen sogar bundesweites) Stadionverbot beziehen sich Platzverweise auf einzelne Sportveranstaltungen.[672] Das gebietet der Bestimmtheitsgrundsatz.

Festzuhalten bleibt im Ergebnis, dass die Weitergabe von Daten zwecks Anregung von Stadionverboten unter die Voraussetzungen des § 29 I Nr. 1 PolG NRW, Art. 41 I Nr. 1 BayPAG gefasst werden kann.

bb) Die Rechtschutzproblematik

Aus dem Zusammenspiel von Polizei und Veranstalter bei Stadionverboten ergibt sich zudem die besondere Problematik des effektiven Rechtschutzes. Im Rechtschutzsystem wird nach der Rechtsnatur des zugrunde liegenden Sachverhalts differenziert. Für bürgerlich-rechtliche Streitigkeiten ist gem. § 13 GVG die Zivilgerichtsbarkeit zuständig. Da es sich bei einem Stadionverbot um eine zivilrechtliche Maßnahme privater Akteure handelt, ist ein Fan, der gegen ein Stadionverbot vorgehen will, auf den Zivilrechtsweg verwiesen. Zivilgerichte überprüfen indes nicht die Rechtmäßigkeit staatlicher Maßnahmen, für die der Rechtsschutz eigens ausgestaltet ist. Häufig werden aber strafrechtliche Ermittlungsverfahren als Anlass für Stadionverbote genommen. Werden Ermittlungen

---

670 Vgl. Müller-Eiselt, in: DVBl 2014, S. 1172.

671 Gestützt auf die Generalklausel gem. § 8 I PolG NRW, Art. 11 I BayPAG; hierzu Siegel, in: NJW 2013, S. 1038.

672 So auch Stoll/Lüers, in: Die Öffentliche Verwaltung 2014, S. 230.

gem. §§ 153, 153 a StPO eingestellt, besteht hiergegen kein Rechtschutz.[673] Das ist so lange mit der Rechtschutzgarantie des Art. 19 IV GG vereinbar, solange eine (möglicherweise vorliegende) Rechtsverletzung nicht mehr vorliegt.[674] Ein Stadionverbot bedeutet aber eben einen solchen rechtlichen Nachteil, der auch bei einer Einstellung nach §§ 153, 153 a StPO zunächst bestehen bleibt. § 7 I, II der DFB-Stadionverbotsrichtlinie differenziert hier zwischen Einstellungen nach § 170 II StPO und solchen nach §§ 153, 153 a StPO.[675] Im ersteren Fall (Absatz I) sind die Stadionverbote aufzuheben. Im zweiten Fall (Absatz II) findet lediglich eine Überprüfung statt. Das liegt wohl daran, dass die staatsanwaltschaftliche Einstellung nicht unbedingt die Unschuld des Fans dokumentiert. Im Gegenteil gehen die §§ 153, 153 a StPO ja gerade von einer geringen Schuld aus. Die Einstellung führt also nicht dazu, dass ein Zivilgericht die Wiederholungsgefahr als Voraussetzung des § 1004 I 2 BGB verneinen muss.[676] Es bleibt daher ein rechtlicher Nachteil beim Fan, gegen den effektiver Rechtschutz gem. Art. 19 IV GG zu gewähren ist. *Schiffbauer* verlangt daher zu Recht die Eröffnung eines Rechtsmittels unter analoger Anwendung des § 23 EGGVG. [677]

Von den Rechtschutzmöglichkeiten gegen die Stadionverbote selbst ist die Frage zu trennen, ob die betroffene Person die im NKSS vorgesehene Anregung der Polizei gerichtlich angreifen kann. Da es sich um eine Maßnahme der Polizei handelt, ist der Verwaltungsrechtsweg nach § 40 I 1 VwGO eröffnet. Die statthafte Klageart richtet sich nach dem Klagegegenstand. Hier zeigt sich wiederum das Zusammenspiel staatlicher und privater Sicherheit. Das Anregen eines Stadionverbots ist keine hoheitliche Verfügung (in Form eines Verwaltungsaktes nach § 35 VwVfG NRW, Art. 35 BayVwVfG), sondern dient der Kooperation mit dem jeweiligen Fußballverein.[678] Eine Anfechtungs- bzw. Fortsetzungsfeststellungsklage nach § 113 I 4 VwGO scheidet damit mangels Verwaltungsakt aus, § 42 I VwGO. Im Hinblick auf den effektiven Rechtschutz gem. Art. 19 IV GG muss aber auch gegen bloße Realakte vorgegangen werden können. Das ist mit

---

673 Vgl. Stoll/Lüers, in: Die Öffentliche Verwaltung 2014, S. 224; im Einzelnen hierzu Schmitt, in: Meyer-Goßner/Schmitt, StPO, § 153 Rn. 33 ff.

674 Vgl. Hufen, Grundrechte, § 44 Rn. 3 f.

675 Vgl. Schiffbauer, in: DVBl 2014, S. 1175.

676 Insoweit genügt eine bloße Überprüfung des Stadionverbots gem. § 7 der DFB-Stadionverbotsrichtlinie bei einer Einstellung nach §§ 153, 153 a StPO im Hinblick auf effektiven Rechtschutz noch nicht.

677 Vgl. Schiffbauer, in: DVBl 2014, S. 1176 ff.

678 Bgl. Stoll/Lüers, in: Die Öffentliche Verwaltung 2014, S. 228.

der Feststellungsklage gem. § 43 I VwGO möglich.[679] Die Klagebefugnis analog § 42 II VwGO ergibt sich aus der Geltendmachung einer Verletzung subjektiver Rechte, die aus dem Datenschutzzweck des § 29 I Nr. 1 PolG NRW, Art. 41 I Nr. 1 BayPAG oder unmittelbar aus dem Grundrecht auf informationelle Selbstbestimmung gem. Art. 2 I i.V.m. 1 I GG folgen. Dagegen hilft die Adressatentheorie hier nicht weiter. Die Anregung eines Stadionverbots ist nicht an den Fan adressiert, so dass allein in dieser Handlung noch kein unmittelbarer Eingriff in die allgemeine Handlungsfreiheit gem. Art. 2 I GG zu sehen ist.[680] Ist die Anregung eines Stadionverbots erledigt, bedarf es seitens des Betroffenen eines berechtigten Interesses an der Feststellung der Rechtswidrigkeit. Angewandt werden kann hier § 113 I 4 VwGO analog.[681] Dieses (Fortsetzungs-) Feststellungsinteresse § 43 I VwGO kann zum einen im Rehabilitationsinteresse des Betroffenen aufgrund des schweren Grundrechtseingriffs bestehen. Denn mit der Anregung des Stadionverbots ist eine gewisse Stigmatisierung des Betroffenen als „Problemfan" verbunden, wodurch eine diskriminierende Wirkung entsteht. Zum Zweiten besteht mitunter Wiederholungsgefahr. Wird die Gefährlichkeit eines Fans einmal angenommen, kann nicht ausgeschlossen werden, dass die Polizei zu einem späteren Zeitpunkt wiederum ein Stadionverbot anregt.[682]

cc) Fazit: Stadionverbote als Flucht ins Privatrecht?

Die Zusammenarbeit von Polizei, Fußballvereinen und Fußballverbänden bei der Handhabung von Stadionverboten ist nicht rechtlich, sondern politisch ausgestaltet.[683] Die Sicherheitskonzeption des NASS ist insoweit mit der des DFB (DFB-Sicherheitsrichtlinien) politisch abgestimmt. Dagegen sind Stadionverbote weder zivil- noch polizeirechtlich speziell ausgestaltet. Zurückgegriffen wird auf die allgemein zu Verfügung stehenden rechtlichen Instrumente des Eigentumsschutzes der Veranstalter nach § 1004 I 2 BGB einerseits und der polizeirechtlichen Befugnis zur Datenübermittlung gem. § 29 I Nr. 1 PolG NRW, Art. 41 I Nr. 1 BayPAG andererseits. Unter rechtlichen Gesichtspunkten findet daher keine Vermischung privater und staatlicher Sicherheit statt. Insbesondere liegt

679 Deren Subsidiarität gem. § 43 II VwGO steht nicht entgegen. Nach Erledigung (die Datenübermittlung an die Vereine ist bereits abgeschlossen) kann die Rechtswidrigkeit im Nachhinein festgestellt werden; vgl. Schenke, Polizeirecht Rn. 667.

680 Vgl. Erbguth, Allgemeines Verwaltungsrecht, § 9 Rn. 11.

681 Str., vgl. Schenke, Polizeirecht, Rn. 669.

682 Zum Fortsetzungsfeststellungsinteresse vgl. Erbguth, Allgemeines Verwaltungsrecht, § 20 Rn. 48.

683 Vgl. Stoll/Lüers. In: Die Öffentliche Verwaltung 2014, S. 230.

eine echte „Flucht ins Privatrecht"[684] nicht vor. Darunter wird eine Umgehung öffentlich-rechtlicher Vorschriften durch privatrechtliche Handlungsformen verstanden. Mit § 29 I Nr. 1 PolG NRW, Art. 41 I Nr. 1 BayPAG liegt aber gerade eine öffentlich-rechtliche Vorschrift vor, die angewandt und nicht umgangen wird. Auf der anderen Seite kann nicht verneint werden, dass sich die Polizei in tatsächlicher Hinsicht der Möglichkeiten Privater bedient.[685] Dass die Polizei die Organisatoren privater Veranstaltungen zu eigenen Sicherheitsmaßnahmen anhält, ist indes üblich und auch unter dem Gesichtspunkt zwingendem öffentlich-rechtlichen Handelns legitim. Eine spezielle und bestimmte Befugnisnorm für die gängige (politisch gewollte) Praxis wäre dennoch im Hinblick auf die Grundrechtswesentlichkeit sachgerecht.[686] Immerhin sind mit der Datenweitergabe schwere Folgen verbunden, denn die Stadionverbote dauern Jahre an und erstrecken sich mitunter auf das ganze Bundesgebiet.[687]

III. Polizei und private Ordnungsdienste

Zur Gewährleistung der Sicherheit bei Sportveranstaltungen bedient sich der Veranstalter privater Ordnungskräfte. Dabei handelt es sich um ein wesentliches Element der Sicherheitsgewährleistung des Veranstalters. Die Bereitstellung von Ordnungskräften ist entsprechend seiner praktischen Bedeutung verbandsrechtlich vorgeschrieben und standardisiert.[688]

Das Nebeneinander von staatlicher und privater Sicherheit nimmt bei Sportveranstaltungen insbesondere dort Gestalt an, wo private Ordnungskräfte und Einsatzkräfte der Polizei zur Verfügung stehen. Ihre Einsätze sind hinsichtlich Funktion und Handlungsmöglichkeiten voneinander abzugrenzen.

1. Sicherheit innerhalb und außerhalb des Stadions

Eine griffige Abgrenzung zwischen dem Einsatz der Polizei und privater Ordnungskräfte kann zunächst in örtlicher Hinsicht getroffen werden.[689]

---

684 Vgl. Erbguth, Allgemeines Verwaltungsrecht, § 29 Rn. 9.
685 Ähnlich Stoll/Lüers. In: Die Öffentliche Verwaltung 2014, S. 231.
686 So auch Gietl, in: JR 2010, S. 55.
687 Zur Dauer der Stadionverbote vgl. § 5 III der DFB-Stadionverbotsrichtlinien.
688 Vgl. § 26 der DFB-Sicherheitsrichtlinien.
689 So der Ansatz von Knape, in: DHP, Sport und Gewalt, Band III, S. 24.

Außerhalb des Stadiongeländes handelt es sich um die Gewährleitung von Sicherheit im öffentlichen Raum.[690] Hier obliegt die Gewährleistung der öffentlichen Sicherheit allein der Polizei. Fanausschreitungen entstehen mitunter auch im räumlichen und zeitlichen Umfeld einer Sportveranstaltung. Dies verwundert nicht, denn gerade außerhalb der Stadien sind die Handlungsmöglichkeiten der Fans größer. So ist etwa im Innenstadtbereich eine Trennung von rivalisierenden Fangruppen wesentlich schwieriger. Dennoch stehen die Fanausschreitungen hier in einem zeitlichen und räumlichen Zusammenhang mit der jeweiligen privaten Sportveranstaltung. Wenngleich über eine Veranlassung des Fanverhaltens durch den Veranstalter möglich erscheint (was im Zusammenhang mit der Störerhaftung noch zu erörtern ist), findet die Wahrung der Sicherheit hier im öffentlichen Interesse statt. Private Ordnungskräfte haben dagegen im öffentliche Raum weder die praktischen noch – mangels Hausrecht – die rechtlichen Möglichkeiten zur Sicherheitsgewährleistung.[691]

Anders stellt sich die Lage dagegen innerhalb des Stadiongeländes als privatem Gelände des Veranstalters dar.[692] Hier liegt die oben beschriebene Ausgangslage der geteilten Sicherheitsaufgabe vor. Für den Bereich des Stadiongeländes muss daher weiter differenziert werden.

2. Private und öffentliche Interessenlage

Ein weiterer Abgrenzungspunkt ist die Interessenlage des Einsatzes.[693] Private Ordnungsdienste handeln alleine im privaten Interesse des Veranstalters.[694] Diesem geht es um die Durchsetzung des Hausrechts und die Erfüllung seiner Sicherheitspflichten.[695] Dagegen liegt dem Polizeieinsatz bei der Sportveranstaltung primär eine öffentliche Interessenlage zu Grunde. Hierbei ist nach den

---

690 Wenngleich auch der öffentliche Verkehrsraum mitunter im Privatbesitz von Verkehrsbetrieben steht, die teilweise eigene Sicherheitsdienste beschäftigen. Diese Verkehrsbetriebe sind jedoch nicht Veranstalter. Zudem sind die Verkehrsflächen öffentlich zugänglich; vgl. Pitschas, Polizei und Sicherheitsgewerbe, S. 165.

691 Vgl. hierzu Gusy, in: JZ 2009, S. 221, 223.

692 Wobei angesichts der Ausrichtung eines Stadions auf den Massenpublikumsverkehr von einem semi-öffentlichen Raum gesprochen werden kann; vgl. Gusy, Polizeirecht, Rn. 164.

693 Vgl. Gusy, Polizeirecht, Rn. 160.

694 Vgl. Gädeke, Sportgroßveranstaltungen, S. 151 f.

695 Dagegen können polizeiliche Maßnahmen nicht auf Grundlage eines übertragenen Hausrechts des Veranstalters ergehen. Der Gesetzgeber hat die Voraussetzungen grundrechtsrelevanter Eingriffe nach dem Vorbehalt des Gesetzes in

verschiedenen Aufgaben der Polizei zu differenzieren, worauf noch einzugehen ist. So kommt auch die Aufgabe des Schutzes privater Rechte gem. § 2 II PolG NRW, Art. 2 II BayPAG in Betracht. Soweit es jedoch um die Abwehr von Gefahren für die öffentlichen Sicherheit und Ordnung gem. § 2 I PolG NRW, Art. 2 I BayPAG geht (auch soweit hier Individualrechte umfasst sind) liegt eine öffentliche Interessenlage vor. Dem Einsatz der Polizei liegt also nicht unbedingt die gleiche Interessanlage zu Grunde, wie dem der privaten Ordnungskräfte. Praktisch reicht diese Abgrenzung jedoch noch nicht aus. Denn die Abwehr von Fanausschreitungen liegt eben meist sowohl im öffentlichen Interesse als auch im privaten Interesse des Veranstalters.

3. Befugnisse und Fähigkeiten

Weiter lassen sich die Einsätze der Polizei und privaten Ordnungsdienste nach ihren faktischen und rechtlichen Möglichkeiten zur Abwehr von Fanausschreitungen abgrenzen.[696]

Die Polizei ist im Rahmen ihrer gesetzlich geregelten Befugnisse mitunter zu erheblichen Grundrechtseingriffen ermächtigt. Bei diesen Befugnissen handelt es sich um Entscheidungen des demokratisch legitimierten Gesetzgebers, denen ein gesetzgeberischer Abwägungsprozess zu Grunde liegt. Dagegen leiten private Ordnungskräfte ihre Handlungsrechte lediglich vom Hausrecht des Veranstalters ab.[697] Für diesen üben sie namentlich die Notwehr- und Selbsthilferechte aus. Insbesondere sind hier die zivilrechtlichen Not- und Selbsthilferechte der §§ 227 ff. BGB mit den strafrechtlichen Gegenstücken der §§ 32 ff. StGB sowie die sachenrechtliche Selbsthilferecht des § 859 I BGB einschlägig (vgl. § 34 a V 1 GewO). Daneben können sich die privaten Ordnungskräfte alleine auf Jedermannsrechte wie etwa § 127 I StPO berufen.[698]

Die Einsatzkräfte der Polizei verfügen jedoch nicht nur über weitergehende rechtliche Befugnisse[699], sondern auch über bessere faktische Fähigkeiten zur Abwehr von Fanausschreitungen. Für Eingriffsmöglichkeiten in Menschenmengen sind sie besser ausgerüstet und ausgebildet. Ihre Einsatzstärke kann zudem

---

den Polizeigesetzen geregelt. Diese können nicht durch ein Abstellen auf Hausrechtsbefugnisse umgangen werden; vgl. Ramm, in: DVBl 2011, S. 1507.

696 Vgl. Knape/Schönrock, in: Die Polizei 2011, S. 247 ff.

697 Vgl. Gusy, Polizeirecht, Rn. 161; Schenke, Polizeirecht, Rn. 472.

698 Vgl. Gusy, Polizeirecht, Rn. 161.

699 Vgl. Pieroth/Schlink/Kniesel, Polizeirecht, § 5 Rn. 55. Hier ist von einer „Grenze mangelnder Befugnisse“ die Rede.

je nach Gefahrenlage bedarfsabhängig erhöht werden. Hierin zeigt sich das Gewaltmonopol des Staates. Eine Eskalation der Fanausschreitungen kann zur Überforderung der privaten Durchsetzung des Hausrechts durch die Ordnungsdienste führen. Dagegen können die rechtlichen und faktischen Handlungsmöglichkeiten des Staates auf eine mögliche Eskalation eingestellt werden.[700]

Dieses Verhältnis zwischen dem Gewaltmonopol des Staates und privater Sicherheit wird im Übrigen bereits im Vorfeld der gewerberechtlichen Zulässigkeit des Sicherheitsgewerbes deutlich. Wegen der Möglichkeit zur Gewaltausübung wird das Bewachungsgewerbe als besonders überwachungsbedürftig eingeschätzt.[701] Die grundsätzliche Gewerbefreiheit gem. Art. 12 I GG, § 1 I GewO wird daher eingeschränkt.[702] Hervorzuheben sind die Genehmigungspflicht des § 34 a I GewO sowie waffenrechtliche Regelungen des §§ 28 ff. WaffG.[703]

4. Polizeiliche Zurückhaltung und Wirksamkeit der Gefahrenabwehr

Auf Grundlage der soeben dargestellten Unterschiede zwischen der Polizei und den privaten Ordnungsdiensten lässt sich ein Fazit zur Abgrenzung von privater und staatlicher Sicherheit bei Sportveranstaltungen ziehen.

Zunächst lässt sich feststellen, dass ein Nebeneinander der Einsätze lediglich innerhalb des Stadiongeländes besteht, da die privaten Ordnungsdienste die Sicherheit im öffentlichen Raum rechtlich und tatsächlich nicht gewährleisten können.

Dagegen unterscheiden sich die Einsätze der Polizei und privaten Ordnungsdienste innerhalb des Stadiongeländes hinsichtlich ihrer Aufgabenstellung und Eingriffsmöglichkeiten. In der Literatur wird sich meist mit der Erkenntnis begnügt, dass Polizei und private Ordnungsdienste schlicht nebeneinander agieren.[704] Es handelt sich jedoch um ein ungleiches Nebeneinander. So besteht Einigkeit darüber, dass ein privater Veranstalter vorrangig für die Sicherheit innerhalb seiner Sphäre verantwortlich ist.[705] Auch im NKSS heißt es: *Für die Sicherheit am Veranstaltungsort ist in erster Linie der Veranstalter verantwortlich.*[706]

---

700 Deutlich wird die Abgrenzung des Einsatzes von Ordnungsdiensten und Polizei daher insbesondere bei Fangewalt. Hier stoßen private Ordnungsdienste rein faktisch schnell an die Grenzen ihrer Handlungsmöglichkeiten.

701 Vgl. Schliesky, Öffentliches Wirtschaftsrecht, S. 249.

702 Vgl. Schliesky, Öffentliches Wirtschaftsrecht, S. 248.

703 Hierzu Schenke, Polizeirecht, Rn. 473.

704 Vgl. Pieroth/Schlink/Kniesel, Polizeirecht, § 5 Rn. 57.

705 Vgl. Feltes, in: NK 2013, S. 52; Breucker, in: NJW 2006, S. 1233.

706 Siehe Punkt 5.5 NKSS, S. 30.

Dies lässt sich insbesondere mit (zivilrechtlichen) Pflichten gegenüber Privaten und (verfassungsrechtlichen) Rechten gegenüber dem Staat begründen. Der Vorrang privater Sicherheit bei einer Sportveranstaltung endet jedoch dort, wo Gefahren für die öffentliche Sicherheit und Ordnung durch den Veranstalter nicht mehr abgewehrt werden oder nicht mehr abgewehrt werden können. Zu Sicherheitsmaßnahmen ist der Veranstalter – anders als der Staat – nur bis zur Grenze der Zumutbarkeit verpflichtet.[707] Gerade Fanausschreitungen bergen aber die Gefahr der Eskalation in sich, die der Veranstalter allein nicht kontrollieren kann. Hier bedarf es des polizeilichen Eingreifens. Die polizeiliche Zurückhaltung auf privatem Gelände findet also dort ihre Grenze, wo ein wirksamer und effizienter Schutz der öffentlichen Sicherheit und Ordnung nur durch ihren Einsatz gewährleistet werden kann.

Pitschas weist zu Recht darauf hin, dass sich die privaten Ordnungsdienste keinesfalls auf bloße Ordnungstätigkeiten beschränken.[708] Sie stellen einen wesentlichen Sicherheitsaspekt bei Sportveranstaltungen dar. Auf der anderen Seite wird das Gewaltmonopol des Staates hierdurch nicht überlagert. Die Verantwortung für die öffentliche Sicherheit liegt beim Staat, der bei Sportveranstaltungen durch die Polizei nach Maßgabe der Effektivität der Gefahrenabwehr handelt.

---

707 Vgl. Breucker, in: NJW 2006, S. 1234.
708 Siehe Pitschas, Polizei und Sicherheitsgewerbe, S. 164.

Dritter Teil: Polizeiliche Gefahrenabwehr

§ 5 Die polizeiliche Aufgabeneröffnung und Zuständigkeit

Grundlage für jedes Handeln der Polizei ist die Eröffnung ihres Aufgabenbereiches, weil dieser die Handlungskompetenz der Sicherheitsbehörde umschreibt.[709] *Die Aufgabeneröffnung stellt somit einen wichtigen Teil der behördlichen Zuständigkeit dar, ohne aber mit dieser identisch zu sein. Im Zentrum des polizeilichen Aufgabenspektrums steht dabei die Gefahrenabwehr.*

I. Die Gefahrenabwehr

Die Abwehr von Gefahren für die öffentliche Sicherheit und Ordnung gem. § 1 I PolG NRW, Art. 2 I BayPAG ist die Kernaufgabe der Polizei.[710] Der Schutz von Rechtsgütern lässt sich als originäre[711], klassische[712] oder vornehmste[713] Aufgabe der Polizei beschreiben. Mit der Aufgabenbeschreibung der Gefahrenabwehr setzt der Polizeigesetzgeber die bereits beschriebenen grundrechtlichen Schutzpflichten um.[714] Die Aufgabennormierung dient dabei der Umsetzung des gesetzgeberischen Gestaltungsspielraums[715] und nicht der Wahrung des Vorbehalts des Gesetzes für eingreifende Maßnahmen.[716] Für solche Maßnahmen genügt die Aufgabeneröffnung alleine noch nicht, sondern es bedarf einer bestimmten Befugnisnorm. Hierin ist der wesentliche Unterschied zwischen der Aufgabe nach § 1 PolG NRW, Art. 2 BayPAG und den Befugnissen der §§ 8 ff. PolG NRW, Art. 11 ff. BayPAG zu sehen. Die Aufgabe gibt alleine darüber Aufschluss, wann die Polizei überhaupt tätig werden darf, nicht dagegen mit welchen Mitteln. Die Aufgabe kann als Rechtsgrundlage daher nur dann als Rechtsgrundlage für Maßnahmen herangezogen werden, wenn mit ihnen keine Rechtseinbußen

709 Vgl. Schmidbauer, in: Schmidbauer/Steiner, PAG, Art. 2 Rn. 1.

710 Vgl. auch § 3 I BPolG für die Funktion der Bundespolizei als Bahnpolizei.

711 Vgl. Zähle, in: JuS 2014, S. 315; Schmidbauer, in: Schmidbauer/Steiner, PAG, Art. 2 Rn. 1.

712 Vgl. Pieroth/Schlink/Kniesel, Polizeirecht, § 5 Rn. 1.

713 Vgl. Zähle, in: JuS 2014, S. 316.

714 Vgl. Gusy, Polizeirecht, Rn. 71 ff.; Schmidbauer, in: Schmidbauer, Steiner, PAG, Art. 2 Rn. 6.

715 Vgl. Gusy, Polizeirecht, Rn. 76.

716 Vgl. Zähle, in: JuS 2014, S. 315 f.

beim Bürger verbunden sind.[717] Für die Teilnahme der Polizei an einer Sicherheitsbesprechung mit den Sicherheitsbeauftragen eines Fußballvereines bedarf es beispielsweise keiner weiteren Befugnisnorm.

Mit der Gefahrenabwehr ist ein Aufgabereich gemeint, der verschiedene Aspekte umfasst. Deutlich wird dies in der gesetzlichen Beschreibung des Art. 6 I BayLStVG. Danach haben die Sicherheitsbehörden die Aufgabe, die öffentliche Sicherheit und Ordnung durch Abwehr von Gefahren und durch Unterbindung und Beseitigung von Störungen aufrechtzuerhalten. Die präventive Vorsorge und Abwehr von Gefahren wird durch die Beseitigung bereits eingetretener Störungen insoweit ergänzt. Zum Schutz der öffentlichen Sicherheit und Ordnung gehören sinnvollerweise sowohl die zukunftsgerichtete Prävention (Gefahrenvorsorge, Verhinderung von Straftaten) als auch die Störungsbeseitigung in der Gegenwart.[718] Nichts anderes meint der Begriff der Gefahr in § 1 I PolG NRW, Art. 2 I BayPAG, der insoweit als Oberbegriff für alle Aspekte des Rechtsgüterschutzes zu verstehen ist.[719]

1. Die Gefahrenprognose bei Sportveranstaltungen

Aus Sicht der Polizei bedarf es einer Beurteilung, ob tatsächlich eine Gefahr für die öffentliche Sicherheit und Ordnung vorliegt und somit die Aufgabe des § 1 I PolG NRW, Art. 2 I BayPAG eröffnet ist. Nach den bisherigen Ausführungen lässt sich feststellen, dass Persönlichkeitsrechtsverletzungen bei Sportveranstaltungen die Rechtsgüter der öffentlichen Sicherheit und Ordnung – als Schutzgüter der polizeirechtlichen Generalklausel – verletzen können. Damit ist allerdings nur eine Aussage über einen möglichen Schadenseintritt getroffen. Das präventive Handeln der Polizei erfordert eine Prognose über den zu erwartenden Geschehensverlauf. Denn eine Gefahr im polizeirechtlichen Sinn liegt eben nicht erst bei bereits eingetretener Rechtsgutsverletzung vor, sondern bereits dann, wenn ein (von der Polizei) ungehinderter Geschehensverlauf mit hinreichender Wahrscheinlichkeit zu einer Verletzung bzw. Störung von Rechtsgütern führen wird.[720] Die zeitliche Nähe und die Wahrscheinlichkeit der Rechtsgutsverletzung muss daher berücksichtigt werden. Berücksichtigt man bei der Beurteilung der Gefahr alle rechtlichen, zeitlichen und situativen Momente, stellt sich die Gefahrenlage

717 Vgl. Schenke, Polizeirecht, Rn. 36.
718 Vgl. Gusy, Polizeirecht, Rn. 101.
719 Vgl. Honnacker/Beinhofer/Hauser, PAG, Art. 2 Rn. 9.
720 Vgl. BVerwGE 45, 51/57; Pieroth/Schlink/Kniesel, Polizeirecht, § 4 Rn. 31; Krüger, in: JuS 2013, S. 985 f.

als sehr komplex dar. Diese Komplexität darf einer rechtssicheren Anwendung polizeirechtlicher Aufgaben- und Befugnisnormen jedoch nicht entgegenstehen. Aus diesem Grund haben sich deskriptive Gefahrenarten herausgebildet, die als Leitfaden für die rechtliche Beurteilung einer Gefahrenlage dienen.[721]

a) Die allgemeine Gefahrenlage bei Sportveranstaltungen

Sportveranstaltungen sind eine Gefahrenquelle für die öffentliche Sicherheit und Ordnung. Entsprechend muss im Vorfeld jeder Sportveranstaltung eine Prognose über die Gefahrenlage getroffen werden.[722] Diese Prognose über die Wahrscheinlichkeit eines Schadenseintritts bei einer Sportveranstaltung hängt von der zeitlichen Nähe des Ereignisses ab. Je näher die Sportveranstaltung rückt, desto konkretere Tatsachengrundlagen über die Gefährlichkeit der Veranstaltung stehen zur Verfügung. Hieran zeigt sich, dass zwischen verschiedenen Gefahrenstufen differenziert werden muss.

Im Vorfeld einer Sportveranstaltung besteht zunächst eine abstrakte Gefahr. Diese lässt sich bereits aus der Erfahrung mit vergangenen Sportveranstaltungen begründen. Auch ohne Verdachtsmomente im Einzelfall besteht eine gewisse Wahrscheinlichkeit, dass es im Rahmen einer Veranstaltung im Fußballsport zu Fanausschreitungen kommen wird.[723] Die Prognose dieser abstrakten Gefahr genügt bereits, um die Aufgabe der Gefahrenabwehr gem. § 1 I PolG NRW, Art. 2 I BayPAG zu eröffnen. Die Polizei muss die Gefahrenlage beim kommenden Ereignis im Auge behalten, mithin also weiter erforschen (insbesondere durch informationelle Vorfeldtätigkeit).[724] Auch ein Einsatz von Polizeikräften bei der

---

721 Vgl. Krüger, in: JuS 2013, S. 987.

722 Bei der polizeilichen Risikobewertung einer Sportveranstaltung wird mitunter eine Einstufung nach den Farben rot/gelb/grün vorgenommen. Diese Kategorisierung ist insbesondere dort von Bedeutung, wo die Risikobewertung mit rechtlichen (nicht nur taktischen) Folgen verbunden ist. Hervorzuheben ist die Bedeutung der Einstufung etwa im Zusammenhang mit der Gebührenpflicht nach dem Bremer Modell (dazu § 7 II 5 c); vgl. Senatsmitteilung, Finanzierung von Polizeieinsätzen, 22.7.2014, S. Punkt 3.0 S. 28.

723 Nicht verwendet werden sollte in diesem Zusammenhang der umstrittene Begriff der latenten Gefahr. Eine solche liegt bei Hinzutreten weiterer Umstände und Ereignisse vor. Solche Ereignisse könnten etwa darin gesehen werden, dass sich bestimmte Fankreise mitunter im Vorfeld einer Sportveranstaltung auf öffentlichkeitswirksame „Aktionen" einigen. Die abstrakte Gefahr berücksichtigt solche Ungewissheiten jedoch bereits. Vgl. Denninger, Handbuch des Polizeirechts, E Rn. 64.

724 Vgl. Nolte, in: NVwZ 2001, S. 149.

Sportveranstaltung muss geplant werden. Die abstrakte Gefahr entsteht im Zusammenhang mit Sportveranstaltungen bereits dann, wenn Kenntnisse über ein Stattfinden der Veranstaltung erlangt werden. Dieser ist etwa bereits dann gegeben, wenn die Polizei bereits ein halbes Jahr vor einem Fußballturnier ein Sicherheitskonzept entwirft.[725]

Eine Gefahr durch Fanausschreitungen entwickelt sich zu einer konkreten Gefahr, wenn der Einzelfallbezug deutlich wirkt. Das Vorliegen einer konkreten Gefahr ist – im Gegensatz zur bloßen Aufgabeneröffnung – Tatbestandsvoraussetzung für viele Befugnisnormen (etwa § 8 I PolG NRW, Art. 11 I BayPAG). Dieser Einzelfallbezug bezieht sich mithin auf die zeitliche und örtliche Nähe des Schadenseintritts, aber auch auf die Individualisierung von Störern[726] und Rechtsgütern.[727] Vorgeschaltet ist dabei der konkrete Gefahrenverdacht. Im Rahmen von Kontrollen vor dem Stadion lassen sich konkrete Gefahren erforschen, indem Erkenntnisse darüber gewonnen werden, welche Fans mit welchen Gegenständen das Stadion betreten.[728] Solche Erkenntnisse lassen die Prognose zu, ob es ohne das Eingreifen der Polizei mit hinreichender Wahrscheinlichkeit in absehbarer Zeit zum Schadenseintritt kommen wird.

Der Übergang zwischen der abstrakten auf die konkrete Gefahr vollzieht sich entsprechend den Erkenntnisquellen, die der Prognose zu Grunde gelegt werden. Zu Beginn der Prognose begründen allgemeine Erfahrungen die abstrakte Gefahr. Dass die Begegnung rivalisierender Mannschaften (z.B. bei sog. „Derbys") ein erhöhtes Gefahrenpotential beinhalten, ist ohne weitere Tatsachenermittlungen bekannt. Im Vorfeld der Sportveranstaltungen lassen sich Indizien dagegen durch Informationsgewinnung in Form von Datenabgleichen, Sicherheitsbesprechungen u.ä. konkretisieren. Auf diese Weise lassen sich Aussagen über die voraussichtlich anwesenden Fangruppen treffen. Hier kann bereits eine konkrete Gefahr als Tatbestandsmerkmal für Gefahrenabwehrmaßnahmen wie beispielsweise Aufenthaltsverbote oder Meldeauflagen bestehen, da die Wahrscheinlichkeit eines Schadenseintritts bereits im Einzelfall besteht. Durch vor

---

725 Vgl. Heckmann, in: Becker/Heckmann/Kempen/Manssen, Öffentliches Recht in Bayern, Teil 3 Rn. 8.

726 Im Rahmen der Ermessensausübung ist insoweit eine personenbezogene Prognose zur Ermittlung der in Anspruch zu nehmenden Störer erforderlich. Hierzu unten § 7.

727 Vgl. Honnacker/Beinhofer/Hauser, PAG, Art. 2 Rn. 11.

728 Vgl. Heckmann, in: Becker/Heckmann/Kempen/Manssen, Öffentliches Recht in Bayern, Teil 3 Rn. 8.

Ort gewonnene Erkenntnisse der Polizei (Kontrollstellen, Überwachungsmaßnahmen etc.) wird die Gefahr weiter konkretisiert.[729]

b) *Die Prognose in Bezug auf Persönlichkeitsrechtsverletzungen*

Die dargestellte allgemeine Gefahrenlage bei Sportveranstaltungen gilt es nun auf die speziellen Schutzgüter der Persönlichkeitsrechte zu beziehen. Dabei ist zwischen der abstrakten und konkreten Gefahrenlage zu unterscheiden. Die Gefahrenprognose ist eine rechtsgutsbezogene Einschätzung der Geschehensentwicklung. Beurteilt werden soll ja gerade, ob es mit hinreichender Wahrscheinlichkeit zu einem Schaden für ein (bestimmtes) Rechtsgut kommen wird.

Um einen Geschehensverlauf zu prognostizieren, bedarf es der Ermittlung von Indizien und Tatsachengrundlagen.[730] Hinsichtlich der Gefahren bei Sportveranstaltungen steht eine Reihe typischer Tatsachenquellen zur Verfügung, die grundsätzlich gleichermaßen für die Einschätzung von psychischer und physischer Fangewalt geeignet sind. Neben Erfahrungswissen über den Verlauf von Sportveranstaltungen sind im Vorfeld der Sportveranstaltung der informationelle Austausch von Vereinen und Polizeibeamten sowie der polizeiliche Datenabgleich hervorzuheben. Kontrollen und andere Überwachungsmaßnahmen (nicht zuletzt aber auch schlicht die polizeiliche Präsenz) vor und während der Sportveranstaltungen ermöglichen zudem die Beobachtung des Fanverhaltens. Denkbar ist auch, dass Hinweise auf die Gefahren für Persönlichkeitsrechte von den Rechtsgutsinhabern selbst kommen. So mag sich ein Spieler gegenüber der Polizei oder den Sicherheitsverantwortlichen des Veranstalters über befürchtete Verunglimpfungen äußern. Derartige Hinweise können zwar ohne weiteres als Indizien herangezogen werden. Zu beachten ist aber, dass es für die Prognose von Gefahren für die öffentliche Sicherheit und Ordnung nicht auf eine individuelle Empfindlichkeit ankommt.[731] Fragen grundrechtlicher Schutzpflichten und strafrechtlicher Taten sind vielmehr neutral und objektiv zu beantworten.

729 *Barczak* weist zutreffend darauf hin, dass der Übergang zwischen Gefahrenvorsorge und Gefahrenbeseitigung bei Polizeieinsätzen im Rahmen von Sportveranstaltungen fließend ist; siehe Barczak, in: JURA 2014, S. 889.

730 Vgl. Gusy, Polizeirecht, Rn. 118.

731 Vgl. Schenke, Polizeirecht, Rn. 75.

aa) Die abstrakte Gefahrenlage für Persönlichkeitsrechte

Das Vorliegen einer abstrakten Gefahr als zentrales Element der Aufgabeneröffnung nach § 1 I PolG NRW, Art. 2 I BayPAG ist, wie bereits dargestellt insbesondere im Vorfeld der Sportveranstaltung von Bedeutung.

Im Vorfeld ist es zwar möglich, die Wahrscheinlichkeit von Fanausschreitungen abzuschätzen, nicht aber deren genauen Verlauf. So ist es nicht immer möglich, die genaue Art des Schadens abzuschätzen, der durch ein Ereignis (hier: durch die Sportveranstaltung) eintreten wird, da nicht mit hinreichender Sicherheit prognostiziert werden kann, ob es zu physischer Gewalt (also zu einer Gefahr für Leib, Leben und Eigentum) oder zu psychischer Gewalt (also zu einer Gefahr für Persönlichkeitsrechte) kommen wird.[732] Eine solch exakte Differenzierung ist bei der Prognose jedoch auch nicht unbedingt notwendig. Das Polizeirecht dient der effizienten Abwehr aller Gefahren für die öffentliche Sicherheit und Ordnung. Wenn nicht prognostiziert werden kann, welche Teilschutzgüter der öffentlichen Sicherheit gefährdet sind, wohl aber, ob die öffentliche Sicherheit insgesamt gefährdet ist, liegt die Tatbestandsvoraussetzung der Gefahr vor. Dies gilt allemal für die abstrakte Gefahr, welche sich durch eine Allgemeinheit und einen mangelnden Individualbezug gerade auszeichnet.

Gewaltfreie Fanausschreitungen sind bei der Prognose abstrakter Gefahren jedenfalls zu berücksichtigen. Als typische Geschehensverläufe legen sie nahe, dass die Persönlichkeitsrechte besonders gefährdeter Personengruppen[733] einem Risiko ausgesetzt sind, das über ein allgemeines Lebensrisiko weit hinausgeht.[734]

bb) Die konkrete Gefahrenlage für Persönlichkeitsrechte

Aber auch eine konkrete Gefahr kann bereits bejaht werden, wenn noch nicht feststeht, auf welches Rechtsgut genau eine aggressive Fanhandlung gerichtet sein wird. So kann ein Fan sowohl auf Waffen als auch auf ehrverletzende Transparente durchsucht werden. Ein konkreter Gefahrenverdacht liegt jedenfalls vor.

Mitunter werden Persönlichkeitsrechtsverletzungen erst als Gefahr wahrgenommen, wenn sie bereits stattfinden. Verunglimpfende Fangesänge etwa kündigen sich meist nicht an. Hier bedarf es keiner Prognose im Sinne einer Wahrscheinlichkeitsbeurteilung mehr.[735] Die Störung des polizeirechtlichen Schutzguts ist bereits eingetreten. Im rechtlichen Sinne liegt dennoch eine

---

732 Etwa Breucker, in: NJW 2004, S. 1632.

733 Hierzu oben § 1 II 4.

734 Vgl. Gusy, Polizeirecht Rn. 110.

735 Vgl. Gusy, Polizeirecht, Rn. 109.

konkrete Gefahr vor, denn die Beseitigung des bereits eingetretenen Schadens ist von der Gefahrenabwehr umfasst.

Dagegen ist es auch denkbar, dass konkrete Anhaltspunkte für die Gefährdung der Persönlichkeitsrechte Einzelner oder Mehrerer[736] vorliegen. Die informationelle Vorfeldtätigkeit der Polizei kann etwa zu der Erkenntnis geführt haben, dass bestimmte rechtsradikale Fangruppen anwesend sein werden, die bereits durch rassistische Verunglimpfungen gegen einen teilnehmenden Sportler aufgefallen sind. Nun stellt sich die Frage, welche Schlüsse dieses Wissen über die Wahrscheinlichkeit zulässt, dass es tatsächlich zu rassistischen Fanausschreitungen gegen jenen Spieler kommen wird. Für eine konkrete Gefahr muss schließlich eine hinreichende Wahrscheinlichkeit vorliegen. Ohne weitere Anhaltspunkte liegt hier möglicherweise nur ein sog. Gefahrenverdacht vor. Darunter werden Sachlagen verstanden, in denen zwar Anhaltspunkte für eine Gefahr vorliegen, eine sichere Prognose (im Sinne einer Sachverhaltsaufklärung) jedoch nicht möglich ist.[737] Der Schadenseintritt erscheint mit anderen Worten nicht unbedingt wahrscheinlich, aber doch möglich. An der Abgrenzung zwischen Wahrscheinlichkeit und Möglichkeit zeigt sich zudem die Problematik des Gefahrenverdachtsbegriffes. Eine Wahrscheinlichkeit ist wesensmäßig nur eine Möglichkeit. Einer Prognose wohnt eine gewisse Unsicherheit stets inne. Die Effizienz und Wirksamkeit der Gefahrenabwehr kann nur gewährleistet werden, wenn auch unsichere Schadensverläufe als Gefahr behandelt werden. Der Begriff des Gefahrenverdachts wird insoweit zu Recht kritisiert.[738] Da er im Gesetz ohnehin nicht verwendet wird, ergeben sich allerdings auch keine Auslegungsprobleme bei der Anwendung einzelner Polizeirechtsnormen.

Die Bedeutung der Persönlichkeitsrechte als gefährdete Rechtsgüter ist im Rahmen der Gefahrenprognose in Relation zur Wahrscheinlichkeit des Schadenseintritts zu setzen. Je höherwertig das gefährdete Rechtsgut bzw. je schwerer seine Verletzung ist, desto weniger hohe Anforderungen sind an die Wahrscheinlichkeit des Schadenseintritts zu stellen.[739] Für die Gefahrenprognose ist also

---

736 Besteht der prognostizierte Geschehensverlauf darin, dass eine ganze Personengruppe (z.B. gegnerische Fans, Bevölkerungsgruppen) verunglimpft werden, kann mithin von einer gemeinen Gefahr gesprochen werden, da sich die drohenden Rechtsgutsschäden auf eine unbestimmte Anzahl von Personen beziehen, vgl. Schenke, Polizeirecht, Rn. 78.

737 Vgl. Krüger, in: JuS 2013, S. 989 f.

738 Vgl. Pieroth/Schlink/Kniesel, Polizeirecht, § 4 Rn. 56; Schenke, Polizeirecht, Rn. 83; Krüger, in: JuS 2013, S. 990.

739 BVerwGE 45, 51, 61; 47, 31, 40, Schenke, Polizeirecht, Rn. 77.

beachtlich, dass gefährdete Rechtspositionen aus Art. 2 I i.V.m. 1 I GG von hohem verfassungsrechtlichem Rang sind. Auch eine geringe, durch wenige konkrete Verdachtsmomente untermauerte Gefahrenwahrscheinlichkeit kann unter dem Gesichtspunkt der Schwere der Ehrverletzung ein polizeiliches Handeln indizieren. Ein enger Bezug zur Menschenwürde (Art. 1 I GG) des Sportlers bei rassistischen oder antisemitischen Verunglimpfungen kann hier eine dringende (oder auch erhebliche) Gefahr begründen. Denn diese Dringlichkeit bezieht sich im Polizeirecht auf die Schwere der Gefahr und die Bedeutung des gefährdeten Rechtsguts.[740]

c) Fehlerhafte Einschätzungen des Inhalts von Fanäußerungen

Ob tatsächlich ein Schaden für die Persönlichkeitsrechte einzelner oder mehrerer Personen droht oder bereits vorliegt, muss die Polizei aus der Situation eines möglichen Einschreitens heraus beurteilen. Ohne alle im Nachhinein (ex post) verfügbaren Erkenntnisquellen kommt es mitunter aber vor, dass die Prognose aus der Situation heraus falsch ist. Die Gefahr mag in Wirklichkeit nicht vorgelegen haben. In der Situation des Einsatzes kann es sich aber so dargestellt haben, als drohe ein Schaden für die öffentliche Sicherheit und Ordnung.

In einer solchen Situation stößt man auf die umstrittene Frage, wessen Wissenshorizont bei der Gefahrenprognose zugrunde zu legen ist. Möglich sind hier eine objektive und subjektive Gefahrenprognose. Bei der Interpretation von Fanäußerungen können individuelle Fehleinschätzungen darüber entscheiden, ob von einer polizeirechtlichen Gefahr auszugehen ist. Mit dem objektiven Gefahrenbegriff sind individuelle Fehlvorstellungen unbeachtlich, da es eben nur auf den objektiv zu erwartenden Geschehensverlauf ankomme.[741] Vertreter der herrschenden subjektiven Theorie nehmen auch dann eine Gefahr an, wenn sie sich in der Einsatzsituation für den handelnden Polizeibeamten[742] als solche darstellte. Für die Rechtmäßigkeit dieses Einschreitens wird folgerichtig die Gefahrenlage zu Grunde gelegt, wie sie sich der Polizei ex ante darstellte.[743] Im Lichte einer effizienten Gefahrenabwehr muss dann ein rechtmäßiges Einschreiten

---

740 Vgl. Schmidbauer, in: Schmidbauer/Steiner, PAG, Art. 11 Rn. 49 f.

741 Vgl. Pieroth/Schlink/Kniesel, Polizeirecht, § 4 Rn. 31.

742 Die Zugrundlegung der Sichtweise des individuellen Polizeibeamten (anstelle eines Idealbeamten) bezeichnet Krüger als intellektuellen Gefahrenbegriff; siehe Krüger, in: JuS 2013, S. 989.

743 Anderes gilt nur für die sekundäre Kostenebene, wo ein endgültiger rechtmäßiger Zustand hergestellt werden soll, im Einzelnen ist hier vieles strittig; vgl. Schenke, Polizeirecht, Rn. 80 f.

gegen diese Anscheinsgefahr möglich sein.[744] In der konkreten Situation eines polizeilichen Einsatzes ist das Abstellen auf einen objektiven allwissenden[745] Beobachter schlicht praxisfern. Fehleinschätzungen sind immer ein möglicher Bestandteil von Prognosen.[746] Eine objektive Prognose gibt es nicht (es wäre dann keine Prognose mehr). Vorzugswürdig ist daher der subjektive Gefahrenbegriff.

Rechtswidrig wird das Handeln gegen eine nicht vorliegende Gefahr somit erst dann, wenn auch in der jeweiligen Situation eine fehlerfreie Einschätzung eines sachkundigen, besonnenen und gewissenhaften Beamten möglich gewesen wäre.[747] Dann liegt nur eine Putativgefahr vor. Ein Irrtum über die tatsächliche oder rechtliche Situation ist insoweit unschädlich, wenn er unvermeidbar war. Auch die Gefahr für Persönlichkeitsrechte erfordert eine doppelte Beurteilung durch die Polizei, nämlich eine tatsächliche und eine rechtliche. In tatsächlicher Hinsicht muss das Handeln der Fans richtig prognostiziert bzw. beobachtet werden. Darüber hinaus ist aber auch eine Subsumtion vorzunehmen, inwieweit dieses Handeln immaterielle Rechte anderer verletzt. Das erfordert eine Würdigung des Sinngehalts von Fanaussagen.[748]

Besondere Schwierigkeiten bereitete dies beispielsweise beim Polizeieinsatz im Rahmen der Spielbegegnung zwischen dem *FC Schalke 04* gegen den griechischen Verein *PAOK Saloniki* am 21. August 2013. Dabei ging es um die Sicherstellung eines Transparents von Schalker Fans, welches eine makedonische Flagge mit einem sog. Vergina-Stern zeigte.[749] Es wurde bereits ausgeführt, dass die Polizei hier zu Unrecht den Tatbestand der Volksverhetzung gem. § 130 I StGB annahm.[750] Eine Gefahr für die öffentliche Sicherheit und Ordnung konnte jedenfalls nicht unter dem Gesichtspunkt einer Straftat begründet werden. Dennoch stellt sich hier die Frage, ob insoweit eine Anscheinsgefahr oder Putativgefahr vorlag. Für eine schuldhafte Fehlprognose im Hinblick auf den Inhalt des Transparents (mit der Folge einer Putativgefahr) spricht die Tatsache, dass der

---

744 Vgl. Gusy, Polizeirecht, Rn. 121.

745 Vgl. Krüger, in: JuS 2013, S. 986.

746 So auch Pieroth/Schlink/Kniesel, Polizeirecht, § 4 Rn. 39 ff.; Gusy, Polizeirecht, Rn. 114 f.

747 Vgl. Schenke, Polizeirecht, Rn. 82.

748 Nach Angaben des Polizeipräsidiums München wird der Inhalt von Fantransparenten und Parolen bei Sportveranstaltungen von der Polizei auf strafbaren Inhalt überprüft. Eine schriftliche Anfrage zu Polizeieinsätzen bei Sportveranstaltungen wurde am 23.7.2014 beantwortet.

749 Vgl. Quirling/Müller, in: CaS 2014, S. 136.

750 Hierzu oben § 2 III 2 e).

vorgezeigte Vergina-Stern in Deutschland kein verbotenes Symbol ist, sondern ein bloßes historische Wappen darstellt. Dieser Umstand hätte von der Polizei im Wege einer zumutbaren Überprüfung (etwa durch Internetrecherche) festgestellt werden können. Laut dem Polizeibericht wurde bei der Gefahrenprognose allerdings die Einschätzung eines mitgereisten griechischen Polizeibeamten zu Grunde gelegt, der die dargestellte Symbolik als aufrührerisch und ehrverletzend beschrieb.[751] Zu beachten ist insoweit auch der Umstand, dass die Beschriftung des Transparents in kyrillischer Schrift war. Mangelnde historische und sprachliche Kenntnisse der anwesenden Beamten können insoweit nicht den Vorwurf einer vermeidbaren Fehlprognose begründen. Vielmehr konnten die Polizeibeamten den Einschätzungen des griechischen Beamten vertrauen. Dieser war wegen seiner Szenekenntnis mitgereist, wobei zur Szenekenntnis über griechische Fans eben auch ein spezielles Kulturverständnis über das Herkunftsland gehört. Die Berücksichtigung dieser Einschätzung bei der Gefahrenprognose legte zumindest den Verdacht nahe, es könnte eine Beschimpfung i.S.d. § 130 I 2 StGB vorliegen. Auch ein besonnener, gewissenhafter und sachkundiger Beamter hätte die Einschätzung seines griechischen Kollegen nicht ignoriert. Die Fehleinschätzung über den Inhalt des Transparents war insoweit nicht eindeutig vermeidbar, so dass m.E. von einer Anscheinsgefahr ausgegangen werden kann.[752] Zu beachten war in diesem Fall jedoch auch die Befürchtung, dass das Transparent zur Provokation der griechischen Fans bis hin zu gewalttätigen Reaktionen führen könnte.[753] Insoweit stellte die Gefahrenprognose auch auf Gefahren durch körperliche Gewalt ab. Diese Prognose war jedenfalls ex ante nicht fehlerhaft.[754]

Anders stellte sich die Rechtslage bei der Sicherstellung einer israelischen Fahne durch die Berliner Polizei im Rahmen eines Spiels am 26.4.2015 dar. Fans des Gastvereins *FC Ingolstadt* hatten im Stadion des 1.*FC Union Berlin* eine Israelfahne angebracht. Die Polizei nahm diese zur Gefahrenabwehr ab, ohne dass konkrete hierdurch provozierte Gewalt zu befürchten war, geschweige denn die Fahne selbst eine Störung darstellte. Für eine Störung im polizeirechtlichen Sinne reicht es nicht aus, dass die Fahne gegen verbandsrechtliche Verbote politischer Äußerungen verstößt. Im Gegenteil würde eine solche Wertung im Polizeirecht gegen die Meinungsfreiheit gem. Art. 5 I GG verstoßen. Die Maßnahme

751 Siehe Müller-Eiselt, in: Verwaltungsrundschau 2014, S. 86.

752 Anderer Ansicht: Müller-Eiselt, in: Verwaltungsrundschau 2014, S. 88.

753 Vgl. Quirling/Müller, in: CaS 2014, S. 136 ff.

754 Vgl. Müller-Eiselt, in: Verwaltungsrundschau 2014, S. 89.

war offensichtlich rechtswidrig (die Polizei entschuldigte sich im Anschluss an die Sportveranstaltung).[755]

Wenn für die Abgrenzung der Anscheinsgefahr zur Nichtgefahr (Putativgefahr) auf die Prognose eines sachkundigen, gewissenhaften und besonnenen Polizeibeamten (und zwar aus der Sichtweise ex ante) abgestellt wird, so ist damit eine objektive Nachprüfung der Gefahrenprognose durch die Gerichte bezweckt.[756] Konkrete Leitlinien, wann und unter welchen Umständen eine tatsächliche Persönlichkeitsrechtsverletzung als solche erkannt werden muss, lassen sich nicht herausarbeiten. Es bleibt eine Prüfung des Einzelfalls unter Berücksichtigung der konkreten Umstände, wie die Relevanz sprachlicher und kultureller Aspekte im soeben beschriebenen Beispiel zeigt. Erforderlich und zumutbar ist jedenfalls sowohl die tatsächliche Beobachtung als auch die rechtliche Bewertung gewaltfreier Fanausschreitungen. Schwierigkeiten dürfte in der Praxis vor allem letztere bereiten. Doch ist hierbei zu berücksichtigen, dass mit der rechtlichen Bewertung im Rahmen der Gefahrenanalyse keinesfalls derselbe strenge juristische Maßstab anzulegen ist, wie etwa bei der strafgerichtlichen Aufarbeitung einzelner Parolen. Ob Fanäußerungen eine Gefährdung für die öffentliche Sicherheit und Ordnung darstellen, lässt sich regelmäßig durch allgemeines Verständnis (eben des gewissenhaften Polizeibeamten) für Ehrverletzungen beurteilen. Beleidigende, rassistische und ähnliche Inhalte zeichnen sich selten durch eine zu komplizierte Interpretationsbedürftigkeit aus. In den übrigen Fällen versteckter Symbolik und politischer Anspielungen ist eine Überprüfung entsprechend der Einsatzsituation vorzunehmen.

2. Die Zuständigkeit der Polizei für die Gefahrenabwehr

Die Zuständigkeit einer Polizeibehörde ist insbesondere für die Rechtmäßigkeit der durch sie durchgeführten Maßnahmen relevant.[757] Sie hat aber etwa auch staatsorganisatorische und politische Bedeutung. So muss die zuständige Bundes- oder Landespolizeibehörde für ihre Aufgabenwahrnehmung auch

755 Spiegel online (mku/dpa), Union-Spiel in Berlin: Israel-Fahne musste weg – Polizei entschuldigt sich, 27.4.2014.

756 Vgl. Gusy, Polizeirecht, Rn. 121.

757 Wie dies allgemein auch für Verwaltungsakte gilt; vgl. Erbguth, Allgemeines Verwaltungsrecht, § 14 Rn. 8.

entsprechend ausgestattet werden. Die Zuständigkeit hat eine sachliche und eine örtliche Komponente.[758]

a) *Das Verhältnis zu anderen Sicherheitsbehörden*

Die sachliche Zuständigkeit ist nicht mit der Aufgabeneröffnung gleichzusetzen. Es wurde bereits dargestellt, dass nicht jede Gefahrenabwehr auch von der Polizei wahrzunehmen ist. Die sachliche Zuständigkeit der Polizei lässt sich daher erst unter Berücksichtigung des Verhältnisses zu anderen Sicherheitsbehörden bestimmen. Der Schutz der öffentlichen Sicherheit und Ordnung ist nicht nur Aufgabe der Polizei, sondern auch anderer Sicherheitsbehörden, die in § 3 OBG NRW, Art. 6 BayLStVG aufgezählt werden.[759] Das Nebeneinander von Polizei und anderen Sicherheitsbehörden[760] wird durch die Subsidiaritätsklauseln der § 1 I 3 PolG NRW, Art. 3 BayPAG geprägt. Danach ist die Polizei nur subsidiär zuständig, wenn die Gefahrenabwehr auch im Zuständigkeitsbereich anderer Sicherheitsbehörden liegt.[761] Die Aufgabeneröffnung und das Subsidiaritätsprinzip verbinden sich gewissermaßen zur sachlichen Zuständigkeit.[762] Das Subsidiaritätserfordernis steht der polizeilichen Zuständigkeit für die Abwehr von spezifischen Gefahren durch Fanausschreitungen nicht entgegen. Dabei ist allerdings zu differenzieren:

Soweit es um die Prävention von Straftaten geht, greift das Subsidiaritätsprinzip von vornherein nicht. Aufschluss gibt hier bereits der Wortlaut des § 1 I PolG NRW.[763] Nach § 1 I 2 PolG NRW hat die Polizei im Rahmen ihrer Gefahrenabwehraufgabe Straftaten zu verhüten und diesen vorzubeugen. Für diese Straftatprävention gilt die Subsidiarität des § 1 I 3 PolG NRW ausweislich des Wortlauts *außer in den Fällen des Satzes 2* nicht. Tatsächlich ist die Straftatprävention im Zusammenhang mit Sportveranstaltungen von großer Bedeutung. Bei Fanausschreitungen werden zahlreiche Straftaten begangen, die es durch vorbeugende Maßnahmen wie etwa Gefährderansprachen oder informationelle Maßnahmen

---

758 Daneben ließe sich noch eine funktionelle oder instanzielle Zuständigkeit nennen, die die Hierarchie zwischen den Behördenebenen betrifft; vgl. Pieroth/Schlink/Kniesel, Polizeirecht, § 6 Rn. 14 f.

759 Vgl. Schenke, Polizeirecht, Rn. 450.

760 Dazu zählen etwa die Kommunen, die nach Punkt 2.1 NKSS Fanprojekte unterhalten, NKSS, S. 7.

761 Vgl. Zähle, in: JuS 2014, S. 316; Gusy, Polizeirecht, Rn. 134.

762 Ähnlich Heckmann, in: Becker/Heckmann/Kempen/Manssen, Öffentliches Recht in Bayern, 3. Teil Rn. 85 ff.

763 Vgl. Dietlein, in: Dietlein/Burgi/Hellermann, Öffentliches Recht in NRW, § 3 Rn. 29.

zu verhüten gilt. Für diese präventiven Maßnahmen ist die Polizei also ohne weiteres zuständig (vgl. § 1 V PolG NRW).

Für andere Maßnahmen der Gefahrenabwehr bei Sportveranstaltungen muss dem Subsidiaritätsprinzip dagegen entsprochen werden. Gem. § 1 I 3 PolG NRW, Art. 3 BayPAG darf die Gefahrenabwehr durch andere Sicherheitsbehörden nicht oder nicht rechtzeitig möglich sein. Das ist bei der Abwehr von Fanausschreitungen regelmäßig der Fall. Ohne die Präsenz der Polizeikräfte mit ihren rechtlichen und tatsächlichen Möglichkeiten können Fanausschreitungen nicht wirksam abgewehrt werden.[764] Darüber hinaus führt die polizeiliche Präsenz bei Sportveranstaltungen auch zum Recht des ersten Zugriffs[765] auf die Gefahr.[766]

b) Das Verhältnis der Polizeibehörden untereinander

Da das Sicherheits- und Polizeiwesen grundsätzlich Sache der Länder ist (Art. 70 I GG), sind bei Sportveranstaltungen die örtlichen Landespolizeibehörden zuständig. Eine im vorliegenden Kontext wichtige Ausnahme besteht für die Zuständigkeit der Bundespolizei für die Sicherheit im Bahnverkehr, § 3 BPolG.[767]

Die Zuständigkeit bezieht sich stets auf ganze Behörden.[768] Keine Frage der Zuständigkeit ist es daher, welche Teileinheiten der Polizei (die je nach Landespolizeiorganisation divergieren) zum Einsatz kommen. Gemeint sind hiermit spezielle Einsatzkräfte wie szenekundige Beamte[769], Beweissicherungsteams, Reiterstaffeln oder Hundertschaften der Bereitschaftspolizei.

Die Abgrenzung der jeweiligen Landesbehörden wird über die örtliche Zuständigkeit vorgenommen. Deren Bestimmung ist bei Sportveranstaltungen grundsätzlich einfach, da die Einsatzorte an den Stadien feststehen. Im Übrigen hat ein Verstoß nicht unbedingt gravierende Folgen, wie etwa § 44 III Nr. 1 VwVfG NRW, Art. 44 III Nr. 1 BayVwVfG für die Wirksamkeit eines Verwaltungsaktes bestimmen.[770] Innerhalb eines Landes dürfen Polizeikräfte ohnehin meist ungeachtet ihrer regionalen Struktur zur Gefahrenabwehr tätig werden, vgl. § 7 III POG NRW, Art. 3 I BayPOG. Im Zusammenhang mit Sportveranstaltungen

764 Vgl. Schmidbauer, in: Schmidbauer/Steiner, PAG, Art. 3 Rn. 12.
765 Vgl. Gusy, Polizeirecht, Rn. 136.
766 So auch Dietlein, in: Dietlein/Burgi/Hellermann, Öffentliches Recht in NRW, § 3 Rn. 26.
767 Vgl. Gusy, Polizeirecht, Rn. 47.
768 Vgl. Kopp/Ramsauer, VwVfG, § 3 Rn. 16.
769 Bzw. fankundige Beamten der Bundespolizei; vgl. Schipfer, in: DPolBl 01/2011, FN 9.
770 Vgl. Kopp/Ramsauer, VwVfG, § 44 Rn. 52.

kommt es regelmäßig vor, dass szenekundige Polizeibeamte des Gastvereins dessen Fans zur Spielstätte des Heimvereins begleiten und sich somit mitunter als Polizeibeamte in einem anderen Bundesland aufhalten. Für derartige Konstellationen bestehen Regelungen in den Polizeiorganisationsgesetzen der Länder, nach denen Dienstkräfte anderer Länder tätig werden dürfen, § 9 I POG NRW, Art. 11 III BayPOG. Diese Dienstkräfte treten dann wie örtliche Polizeibeamte auf, haben also die gleichen Befugnisse und unterliegen dem örtlichen Recht sowie den Weisungen der örtlichen Polizeivorgesetzten, § 9 II POG NRW, Art. 11 IV BayPOG.[771]

c) *Internationale Zusammenarbeit*

Von der Zuständigkeit der Polizeibehörden ist die internationale Zusammenarbeit mit Sicherheitsbehörden anderer Staaten zu unterscheiden. Im polizeilichen Bereich ist diese immer dort von Bedeutung, wo Gefahren einen grenzüberschreitenden Charakter aufweisen. Eben dies ist bei Fanausschreitungen im Rahmen internationaler Sportveranstaltungen der Fall. Hier ist eine Zusammenarbeit der Sicherheitsbehörden des Austragungslandes und der Herkunftsländer der Fangruppen von großer Bedeutung. Als wichtigste Erscheinungsform der internationalen Zusammenarbeit kann der informationelle Austausch in Form von Daten- und Erfahrungsaustausch szenekundiger Beamten betrachtet werden.[772] Hinsichtlich dieser internationalen Zusammenarbeit bei der staatlichen Sicherheitsgewährleistung ist zwischen völker- und europarechtlichen Bezügen zu unterscheiden.

Auf völkerrechtlicher Ebene ist das Übereinkommen des Europarates von 1985 *über Gewalttätigkeiten und Fehlverhalten von Zuschauern bei Sportveranstaltungen und insbesondere bei Fußballspielen* hervorzuheben, dem die Bundesrepublik 2005 (und damit ein Jahr vor der Weltmeisterschaft 2006 im Inland) beigetreten ist.[773] Bei diesem Abkommen handelt es sich um eine Art Mindeststandardisierung für staatliche Sicherheitsmaßnahmen (Art. 3 des Abkommens).

Auf europäischer Ebene sind für die polizeiliche Zusammenarbeit primärrechtlich zunächst die europäischen Grundfreiheiten des AEUV zu berücksichtigen, die insbesondere bei präventiven Maßnahmen gegen reisende Fans von Bedeutung sind. Auf die europarechtliche Zulässigkeit des Präventivgewahrsams

771 Vgl. Schmidbauer, in: Schmidbauer/Steiner, PAG, Art. 11 POG Rn. 12.

772 Nach Punkt 6.5 NKSS wird unter Leitung der ZIS ein SKB-Team für Fans der deutschen Nationalmannschaft errichtet, vgl. NKSS, S. 39.

773 Vgl. Nolte, in: WFV, Verantwortlichkeiten und Haftung im Sport, S. 58.

wird insoweit noch einzugehen sein. Ferner ist die polizeiliche Zusammenarbeit innerhalb der EU in den Art. 87 ff. AEUV kodifiziert. Nach Art. 87 II, III AEUV wird insbesondere der Rat der EU zu Maßnahmen ermächtigt, mit denen die polizeiliche Tätigkeit umgesetzt werden soll. Tatsächlich hat der EU-Rat eine Reihe von Beschlüssen und Empfehlungen erlassen, die die Sicherheit bei Fußballspielen betreffen.[774]

Die dargestellten Grundlagenquellen der internationalen Zusammenarbeit bedürfen einer konkreten Umsetzung durch die nationalen Behörden.[775] In Deutschland nimmt der nationale Umsetzungsspielraum namentlich durch die Ausgestaltung des *NKSS* konkrete Gestalt an, dessen Regelungen internationale Standards auf die nationale Sicherheitskonzeption übertragen.[776]

d) Polizeiliche Gefahrenabwehr und Verfassungsschutz

Die polizeiliche Gefahrenabwehr ist vom Nachrichtendienstwesen getrennt.[777] Während die Polizei Gefahren abwehrt (und andere im Gesetz genannte Aufgaben erfüllt, § 1 PolG NRW, Art. 2 BayPAG) obliegt den Nachrichtendiensten die Beobachtung und Aufklärung bestimmter Sachverhalte. Für die Verfassungsschutzämter des Bundes (BfV) und der Länder geht es insbesondere um die Beobachtung von Szenen, die eine Bedrohung für die freiheitlich demokratische Grundordnung gem. §§ 1 I, 3 I Nr. 1 BVerfSchG darstellen. Das Schutzgut der freiheitlich demokratischen Grundordnung ist wesentlich enger zu verstehen als die allgemein gehaltene öffentliche Sicherheit und Ordnung. Gefahren, die aus der Hooligan- und Ultraszene resultieren, sind verfassungsschutzrechtlich alleine unter dem Gesichtspunkt der politischen Radikalität relevant. Eine allgemeine Beobachtung der Hooligan- und Ultraszene ist nicht Aufgabe der Verfassungsschutzämter. Relevant werden können allerdings Überschneidungen zur rechtsradikalen Szene.[778] Ob mit einer diesbezüglichen verstärkten Beobachtung durch die Verfassungsschutzämter auch eine effektivere Bekämpfung

---

774 Hierzu Deusch, Polizeiliche Gefahrenabwehr bei Sportgroßveranstaltungen, S. 113 ff.

775 Vgl. Nolte, in: WFV, Verantwortlichkeiten und Haftung im Sport, S. 59.

776 Vgl. Punkt 6.5 NKSS, S. 38.

777 Umstritten ist dabei, ob das sog. nachrichtendienstliche Trennungsverbot verfassungsrechtlichen Rang hat; hierzu etwa Pieroth/Schlink/Kniesel, Polizeirecht, § 2 Rn. 19, Schenke, Polizeirecht, Rn. 444; Dietlein, in: Dietlein/Burgi/Hellermann, ÖR in NRW, § 3 Rn. 12.

778 Vgl. BMI, Verfassungsschutzbericht 2013, S. 73.

von rechtsradikalen Fanausschreitungen möglich ist, erscheint indes fraglich.[779] Denn auch die Polizei bedient sich im Zusammenhang mit Gefahren durch Fußballfans in großem Maße einer informationellen Vorfeldtätigkeit.[780] Die Erhebung von Daten der Verbunddatei *Gewalttäter Sport,* die Tätigkeit der *ZIS* sowie der szenekundigen Beamten kommt einer Beobachtung der (gefahrgeneigten) Fanszene schon sehr nahe. Zudem ist sie nicht auf rechtsradikale Erscheinungsformen beschränkt, sondern dient der Informationsgewinnung über alle Formen von Gefahren durch Fans.

II. Abgrenzung zum subsidiären Schutz privater Rechte

Der öffentlichen Sicherheit und Ordnung gem. § 1 I PolG NRW, Art. 2 I BayPAG ist vom subsidiären Schutz privater Rechte gem. § 2 II PolG NRW, Art. 2 II BayPAG abzugrenzen.

1. Das Verhältnis zum Schutz der öffentlichen Sicherheit

Im vorliegenden Kontext ist diese Abgrenzung überaus relevant. Denn das Allgemeine Persönlichkeitsrecht gem. Art. 2 I i.V.m. 1 I GG stellt – wie bereits dargestellt – sowohl ein Schutzgut der öffentlichen Sicherheit als auch ein privates Recht dar. Das zeigt sich an seinen unterschiedlichen Anwendungsbereichen. Zunächst ist das Allgemeine Persönlichkeitsrecht ein Grundrecht und entwickelt negative wie positive Grundrechtsfunktionen. Andererseits ist es auch ein Rahmenrecht des § 823 I BGB, da es als ein gegenüber jedermann wirkendes absolutes Recht verstanden wird.[781] Wird das Allgemeine Persönlichkeitsrecht bei Sportveranstaltungen durch Fans verletzt, stellt sich also die Frage, ob ein Einschreiten der Polizei (ergänzend oder alternativ) auf den Schutz privater Rechte gestützt wird.

Die Abgrenzung der beiden polizeilichen Aufgaben bereitet deshalb Probleme, weil die privaten Rechte i.S.d. § 1 II PolG NRW, Art. 2 II BayPAG auf den ersten Blick nur schwierig von subjektiven Rechtsgütern der öffentlichen Sicherheit i.S.d. § 1 I PolG NRW, Art. 2 I BayPAG zu unterschieden sind. Es stellt sich insoweit die Frage, ob sich die beiden Aufgaben jeweils ausschließen, weil ein

779 Forderungen nach einer verstärkten Beobachtung rechtsradikaler Hooligans kommen etwa von der Gewerkschaft der Polizei; Frankfurter Allgemeine online (ohne Autor), GdP fordert Verfassungsschutz gegen Hooligans, 1.11.2014.

780 Vgl. Schenke, Polizeirecht, Rn. 444.

781 Vgl. Herles, in: StudZR 2013, S. 159.

zu schützendes Recht entweder privat ist, oder eben der öffentlichen Sicherheit unterfällt.

In gewisser Weise ist eine Exklusivität der beiden polizeilichen Aufgaben anzunehmen, wenn man mit einer teilweise vertretenen Ansicht annimmt, dass subjektive Schutzgüter nur bei Vorliegen eines öffentlichen Interesses zur öffentlichen Sicherheit gehören. Angeführt wird dabei der Wortlaut mancher Polizeigesetze wie § 1 I 1 PolG BW oder § 1 I 1 SächsPolG, die ein öffentliches Interesse als Teil der öffentlichen Sicherheit normieren.[782] Neben der grammatikalischen Auslegung wird aber insbesondere auf die teleologische Auslegung abgestellt. So diene der Schutz der öffentlichen Sicherheit weniger dem Schutz des Einzelnen als mehr der Aufrechterhaltung der Rechtsordnung. Dieser Ansicht ist aber nicht zu folgen. Denn der Schutz des Einzelnen ist mit dem Schutz privater Rechte nicht gleichzusetzen. Das zeigen (auf einzelne Personen bezogene) grundrechtliche Schutzpflichten, die aus einer objektiven Wertentscheidung des Verfassungsgebers abgeleitet werden.[783]

Für einen gegenseitigen Ausschluss der polizeilichen Aufgaben besteht keine Veranlassung. Wenn ein Individualrecht der öffentlichen Sicherheit unterfällt, kann es eben gleichzeitig auch ein privates Recht sein, das gegebenenfalls (d.h. subsidiär) polizeirechtlich nach § 1 II PolG NRW, Art. 2 II BayPAG zu schützen ist. Der Sinn und Zweck der Aufgabe des Schutzes privater Rechte gem. § 1 II PolG NRW, Art. 2 II BayPAG ist m.E. gar nicht die Abgrenzung zur Aufgabe des Schutzes der öffentlichen Sicherheit. Der Sinn dieser speziellen Aufgabennormierung ist es vielmehr, die Voraussetzungen des polizeilichen Privatrechtsschutzes zu bestimmen. Namentlich ist dies insbesondere das Subsidiaritätserfordernis. Danach obliegt der Schutz privater Rechte der Polizei nur dann, wenn gerichtlicher Schutz nicht oder nicht rechtzeitig möglich ist, § 1 II PolG NRW, Art. 2 II BayPAG. Der Hintergrund dieser Grundsatzentscheidung des Gesetzgebers ist das Gewaltenteilungsprinzip des Art. 20 II 2 GG. Die Durchsetzung privater Rechte ist Aufgabe der Zivilgerichte und nicht der Verwaltung.[784] Das Subsidiaritätserfordernis fungiert also als Kompromiss zwischen der Durchbrechung der Gewaltenteilung und der effektiven Durchsetzbarkeit privater Rechte.

782 Vgl. Schoch, Der Schutz privater Rechte, in: JURA 2013, S. 469 Fn. 13.
783 Vgl. Pieroth/Schlink/Kingreen/Poscher, Grundrechte, Rn. 94.
784 Vgl. Gusy, Polizeirecht, Rn. 91.

2. Polizeiliche Hilfe bei der Durchsetzung zivilrechtlicher Ansprüche

Für die vorliegende Problematik bedeutet dies, dass der Schutz grundrechtlich gewährleisteter Persönlichkeitsrechte (Allgemeines Persönlichkeitsrecht, Menschenwürde) ohne Weiteres zur Aufgabe des Schutzes der öffentlichen Sicherheit und Ordnung gem. § 1 I PolG NRW, Art. 2 I BayPAG gehört. Geht es aber um die Durchsetzung zivilrechtlicher Ansprüche, ist die Polizei nur subsidiär gem. § 1 II PolG NRW, Art. 2 II BayPAG zuständig. Namentlich ist es denkbar, dass ein Kläger Fans auf Schmerzensgeld wegen der Verletzung des Allgemeinen Persönlichkeitsrechts gem. § 253 II BGB i.V.m. Art. 2 I i.V.m. 1 I GG verklagt. Zuständig ist hierfür gem. § 13 GVG die ordentliche Gerichtsbarkeit. Denkbar ist hierbei, dass der Kläger die haftungsbegründende Handlung nicht beweisen kann, weil er die Identität der Fans in der Menschenmenge nicht feststellen kann. Hier kann eine Identitätsfeststellung der Polizei zum Schutz privater Rechte gem. § 1 II PolG NRW, Art. 2 II BayPAG angezeigt sein.[785] Denn nur die Polizei hat unter Umständen die Möglichkeit, die Identität der Fans festzustellen, die in einer Menschenmenge anonym unterzutauchen versuchen. Ohne das polizeiliche Handeln droht hier ein Rechtsverlust.

3. Der Schutz der Veranstalterrechte

Die Aufgabeneröffnung nach § 1 II PolG NRW, Art. 2 II BayPAG ist zudem unter dem Gesichtspunkt des Schutzes der Veranstalterrechte denkbar. Beispielhaft wird in der Literatur im Zusammenhang mit Fußballspielen das polizeiliche Begleiten von Mannschaftsbussen mit Polizeiwagen genannt.[786] Ohne die polizeiliche Eskorte ist der Ablauf der Sportveranstaltung mitunter gefährdet, wobei nur die Polizei rechtzeitig Abhilfe schaffen kann (nur sie verfügt etwa über Blaulichtfahrzeuge). Die Subsidiarität steht hier demnach nicht im Wege. Zurückhaltung ist allerdings dabei geboten, die polizeiliche Abwehr von Fanausschreitungen generell auf den Schutz privater Rechte gem. § 1 II PolG NRW, Art. 2 II BayPAG zu stützen.[787] In erster Linie gefährden Fanausschreitungen die Schutzgüter der öffentlichen Sicherheit und Ordnung, so dass primär auf die Aufgabe des § 1 I PolG NRW, Art. 2 I BayPAG abzustellen ist. Soweit hierbei zugleich private Rechte geschützt werden (gewissermaßen als positiver Nebeneffekt) bestehen keine

785 Vgl. Gusy, Polizeirecht, Rn. 95; Schoch, Der Schutz privater Rechte, in: JURA 2014, S. 471; Schmidbauer, in: Schmidbauer/Steiner, PAG, Art. 13 Rn. 24.

786 Vgl. Breucker, in: NJW 2006, S. 1234; Hilpert, Das Fußballstrafrecht des DFB, Kapitel 2 Rn. 5.

787 Vgl. Hilpert, Das Fußballstrafrecht des DFB, Kapitel 2 Rn. 5.

rechtlichen Besonderheiten. Auf den Schutz privater Rechte kann ergänzend abgestellt werden. Dagegen obliegt der Polizei nicht die Sicherstellung privatrechtlicher Obligationen des Veranstalters, die durch Fanausschreitungen gefährdet werden. Denkbar ist etwa, dass rassistische Vorfälle den „Marketing-Wert" der Sportveranstaltung mindern, so dass das Vertragsverhältnis zu Sponsoren gestört wird. Derartige Vertragsstörungen sind im Hinblick auf die Subsidiarität jedoch alleine auf zivilrechtlichem Wege abzuwickeln.[788]

III. Abgrenzung zur Strafverfolgung durch die Polizei

Die polizeirechtliche Aufgabeneröffnung ist vom strafprozessualen Handeln der Polizei abzugrenzen. Die Polizeibeamten sind zugleich Ermittlungspersonen im Strafverfahren, § 163 I StPO, § 152 GVG.[789] Die bei einer Sportveranstaltung anwesenden Einsatzkräfte erfüllen somit eine doppelte Funktion. Die Trennung zwischen Polizeirecht und Strafprozessrecht ist zunächst durch divergierende Gesetzgebungskompetenzen begründet. Während das Polizeirecht gem. Art. 70 I GG grundsätzlich Landesrecht ist, fällt das Strafprozessrecht unter den Kompetenztitel konkurrierender Gesetzgebung des Art. 72 I, 74 I Nr. 1 GG („gerichtliches Verfahren").[790] Die Gesetzgebungskompetenzen sind für die Abgrenzung der beiden Rechtsgebiete von großer Bedeutung. Aus ihr folgt bereits das zeitliche Abgrenzungskriterium. Im Polizeirecht geht es um die präventive Abwehr von Gefahren, mithin also auch um die Verhinderung von Straftaten. Dagegen dient das Strafprozessrecht der repressiven (also nachträglichen) strafrechtlichen Verfolgung von Straftaten.[791]

Bedeutung erlangt die Abgrenzung zwischen Polizeirecht und Strafprozessrecht zum einen bei der Auswahl der richtigen Rechtsgrundlage einer Maßnahme. Den jeweiligen Rechtsgrundlagen liegen denn auch unterschiedliche Prinzipien zu Grunde, wie sich bei der Gegenüberstellung von Opportunitätsprinzip im Polizeirecht und Legalitätsprinzip im Strafprozessrecht zeigt.[792] Zudem unterscheiden sich aber auch die Rechtswege für eine Überprüfung einer Maßnahme. Für polizeirechtliche Maßnahmen steht der Verwaltungsrechtsweg

788 Vgl. Breucker, in: NJW 2006, S. 1234.
789 Vgl. Gusy, Polizeirecht, Rn. 17.
790 Vgl. Graulich, in: NVwZ 2014, S. 686; Gusy, Polizeirecht, Rn. 19.
791 Vgl. Schroeder/Verrel, Strafprozessrecht, § 2 Rn. 13, Gusy, Polizeirecht, Rn. 22.
792 Vgl. Turnit, in: JURA 2012, S. 368.

gem. § 40 I VwGO offen, für strafprozessuale dagegen die ordentliche Gerichtsbarkeit gem. § 23 I EGGVG.[793]

1. Die Abgrenzungsproblematik zwischen präventivem und repressivem Polizeihandeln

Einschränkungen erfährt die Abgrenzung zwischen präventivem und repressivem Handeln im Zusammenhang mit sog. Strafverfolgungsvorsorge. Hier geht es darum, vorbeugend (präventiv) die Strafverfolgung im Anschluss (repressiv) an eine Straftat zu ermöglichen. *Graulich* bezeichnet dies als repressiven Teil vorbeugender Verbrechensbekämpfung.[794] Grundsätzlich muss das Strafprozessrecht wirksame Instrumente bereitstellen, um Täter ermitteln und ihre Taten beweisen zu können. Dafür kann es notwendig sein, bereits vor der Verwirklichung der Tat Maßnahmen zu ergreifen. Auch wenn vorbeugende Maßnahmen nicht Teil eines gerichtlichen Verfahrens i.S.d. Art. 74 I Nr. 1 GG sind, kann die Strafverfolgungsvorsorge zumindest als Annex[795] unter den Kompetenztitel für das Strafprozessrecht gefasst werden.[796]

Die Strafverfolgungsvorsorge ist indes ihrerseits von der polizeirechtlichen Gefahrenabwehr schwer abzugrenzen. Veranschaulicht werden kann dies am Beispiel von Bild- und Tonaufnahmen von Fans. Durch sie kann im Nachhinein ermittelt werden, welche Fans genau an bestimmten Handlungen beteiligt waren. Gerade dieses Beispiel zeigt aber auch, dass Maßnahmen der Polizei mitunter nicht eindeutig einem präventiven oder repressiven Zweck zuzuordnen sind. Denn durch die Bild- und Tonaufnahmen sollen gefährliche Fans zugleich deanonymisiert und abgeschreckt werden. Durch diesen Effekt wird der Begehung von Straftaten vorgebeugt. Aus Sicht der Polizei wird nicht bereits vor der Maßnahme darüber entschieden, ob Straftaten vorgebeugt oder aufgeklärt werden sollen.[797] Die Maßnahme dient schlicht beiden Zwecken. Kommt es trotz der Gefahrenabwehrfunktion (Abschreckung, Deanonymisierung) zu Straftaten, werden die Aufzeichnungen für die Strafverfolgung benötigt und verwendet. Es

793 Vgl. Zähle, in: JuS 2014, S. 118.

794 Siehe Graulich, in: NVwZ 2014, S. 686.

795 Insoweit kann zumindest von einem sachlichen Zusammenhang der Strafverfolgungsvorsorge zum gerichtlichen Verfahren i.S.d. Art. 74 I Nr. 1 GG ausgegangen werden; allgemein zur Annexkompetenz Degenhart, Staatsorganisationsrecht, Rn. 184.

796 Vgl. Graulich, in: NVwZ 2014, S. 686.

797 Ähnlich Schoch, Doppelfunktionelle Maßnahmen, in: JURA 2013, S. 1117.

handelt sich daher um eine doppelfunktionelle Maßnahme. Die Behandlung solcher doppelfunktionaler Maßnahmen ist problematisch.

Zunächst einmal ist festzustellen, dass eine grundsätzliche Notwendigkeit besteht, eine Maßnahme entweder dem Polizeirecht oder dem Strafprozessrecht zuzuordnen. Ansonsten besteht eine im Hinblick auf Rechtsstaatsprinzip (Art. 20 III GG) nicht hinnehmbare Unklarheit, auf welche Rechtsgrundlage mitunter grundrechtssensible Eingriffe gestützt werden. Eine Aufspaltung von Maßnahmen in einen polizeirechtlichen und strafprozessualen Teil ist insoweit auch unter dem Gesichtspunkt effektiven Rechtsschutzes gem. Art. 19 IV GG abzulehnen.[798] Ein Betroffener könnte mit einer Klage alleine nicht die Rechtswidrigkeit einer Maßnahme feststellen lassen und wäre auf zwei verschiedene Rechtswege angewiesen.

Diesbezüglich stellt sich die Frage, wie die Rechtsnatur einer doppelfunktionalen Maßnahme zu ermitteln ist. Das BVerfG[799] betont den staatsorganisatorischen Aspekt des Vorrangs von Bundesrecht. Könne eine Maßnahme (auch) als strafprozessual qualifiziert werden, sei hierfür jedenfalls die Bundesvorschriften der StPO anzuwenden. Dieser generelle Vorrang ist aber ebenso wenig sachdienlich wie die umgekehrte Faustformel[800], wonach im Zweifel von einer Gefahrenabwehr auszugehen ist. Derartige Ansätze verkennen eben die Doppelfunktionalität mancher polizeilicher Maßnahmen.

Teilweise wird demgegenüber vorgeschlagen, der Polizei ein Wahlermessen einzuräumen, ob sie eine Maßnahme auf Polizeirecht oder Strafprozessrecht stützen will.[801] Doch ist eine solche Entscheidung im Vorfeld praktisch eben nicht möglich. Würde man der Polizei demgegenüber eine nachträgliche Wahl zugestehen, könnte die Polizei über die Anwendung und Nichtanwendung von Rechtsgrundlagen entscheiden und somit über grundrechtswesentliche Entscheidungen des Gesetzgebers disponieren.[802]

Abzustellen ist mit Rspr.[803] und überwiegender Literatur[804] deshalb auf den Schwerpunkt der Maßnahme. Dieser h.M. wird teilweise vorgeworfen, sie beinhalte nur eine Leerfloskel, da nicht klar sei, aus wessen Sicht der Schwerpunkt zu

798 a.A. Schoch, Doppelfunktionelle Maßnahmen, in: JURA 2013, S. 1118.
799 Etwa BVerfG NJW 2005, 2603 ff; BVerfGE 109, 190, 229 ff.
800 Vgl. Schoch, Doppelfunktionelle Maßnahmen, in: JURA 2013, S. 1117.
801 Etwa Schoch, Doppelfunktionelle Maßnahmen, in: JURA 2013, S. 1118.
802 Ähnlich Graulich, in: NVwZ 2014, S. 689.
803 Etwa BayVGH BayVBl. 1986, 337 f., 2010, 220, OVG Münster, NWVBl. 2012, 364.
804 Vgl. Pieroth/Schlink/Kniesel, Polizeirecht, § 2 Rn. 15, Turnit, in: JURA 2012, S. 368.

ermitteln sei.[805] Durch das Abstellen auf einen objektiven Beobachter lässt sich jedoch ein sachgerechtes Ergebnis erzielen. Der Vorgang muss aus objektiver Sicht (nämlich aus Sicht des Gerichts) objektiv nachprüfbar sein. Diese Objektivität kann nur durch Berücksichtigung aller Gesamtumstände erreicht werden, zu denen sowohl die Zielsetzung der Polizei als auch die Wahrnehmung durch den Betroffenen gehören. Das Abstellen auf den Schwerpunkt der Maßnahme überzeugt im Hinblick auf einen effektiven Rechtschutz (Art. 19 IV GG). Der Betroffene einer Maßnahme muss erkennen können, auf welcher Rechtsgrundlage eine Maßnahme gegen ihn beruht und welcher Rechtsweg ihm hiergegen offen steht.

2. Der Schwerpunkt von Maßnahmen bei Sportveranstaltungen

Für die Bestimmung des Schwerpunkts einer konkreten polizeilichen Maßnahme sind alle Umstände im Einzelfall zu berücksichtigen. Deshalb ist bei generellen Aussagen über die Rechtsnatur von Polizeimaßnahmen bei Sportveranstaltungen Vorsicht geboten. Immerhin lässt die typische Gefahren- und Ausgangslage im Zusammenhang mit Fanausschreitungen gewisse Vermutungen über die Zweckrichtung polizeilichen Handelns zu. So bergen Fanausschreitungen regelmäßig die Gefahr einer Eskalation. Auch wenn es bereits zu Straftaten gekommen ist, geht es meist zumindest auch um die Unterbindung weiterer (möglicherweise schwerer) Taten.

Dem Beschluss des OVG NRW vom 6.8.2014 lag ein Fall zu Grunde, in welchem ein Fußballfan zusammen mit anderen Personen von der Polizei in Gewahrsam genommen wurde, nachdem aus seiner Richtung (d.h. aus einer Fanansammlung, zu der er gehörte) Flaschen auf Polizeibeamte geworfen wurden.[806] Gegen diese Maßnahme hatte der Fan vor dem VG Düsseldorf geklagt, war also von der polizeirechtlichen Einordnung der Maßnahme ausgegangen. Das VG Düsseldorf sah dies zunächst anders und wollte den Fall an die ordentliche Gerichtsbarkeit verweisen. Das OVG verneinte die Möglichkeit einer Verweisung des Rechtstreits an die ordentliche Gerichtsbarkeit gem. §§ 17 a II 1, 17 II 1 GVG. Aus Sicht eines objektiven Beobachters ging es bei der Maßnahme zumindest auch um die präventive Abwehr weiterer Fangewalt. Das Gericht berücksichtigte hier verschiedene Kriterien in einem Gesamtkontext. Von besonderer Bedeutung war der Umstand, dass der Fan von etwaigen strafprozessualen Ermittlungen

805 Vgl. Graulich, in: NVwZ 2014, S. 689, Schenke, Polizeirecht, Rn. 423.
806 OVG NRW Beschluss vom 6.8.2014 (Az.: 5 E 375/14) – Juris Rn. 11 ff.

nichts wusste.[807] Auch das Verhalten der Polizei deutete nicht auf eine überwiegend strafprozessuale Zweckrichtung hin. Den betroffenen Personen gegenüber wurde die Durchführung von Identitätsfeststellungen angekündigt, ohne aber zwischen der strafprozessualen und polizeirechtlichen zu differenzieren. Für einen objektiven Durchschnittsbetrachter lag der Schwerpunkt der Maßnahme insgesamt im Polizeirecht, so dass sich die Rechtmäßigkeit der Ingewahrsamnahme nach der Vorschrift des § 35 I Nr. 2 PolG NRW richtete.[808]

Für einen polizeirechtlichen Schwerpunkt im vorliegenden Kontext spricht auch der zeitliche Zusammenhang zwischen der etwaigen Straftatbegehung und der Persönlichkeitsrechtsverletzung. Das Vorzeigen eines ehrverletzenden Transparents etwa stellt eine Tathandlung i.S.d. § 185 I StGB dar, die solange andauert, wie das Transparent zu sehen ist (denn solange wird die ehrverletzende Wirkung entfaltet). Mit der Sicherstellung des Transparents wird die Tathandlung der Beleidigung erst beendet. Die Beendigung einer Straftat steht gegenüber ihrer Verfolgung im Hinblick auf einen effektiven Rechtsgüterschutz im Vordergrund. Der präventive Aspekt der Beseitigung einer Störung für die öffentliche Sicherheit überwiegt hier dem repressiven Aspekt der Beweissicherung für ein späteres Strafverfahren.

---

807 OVG NRW Beschluss vom 6.8.2014 (Az.: 5 E 375/14) – Juris Rn. 7.

808 Die beschriebene Rspr. deckt sich mit dem Ergebnis einer schriftlichen Anfrage beim Polizeipräsidium München. Eine schriftliche Anfrage zu Polizeieinsätzen bei Sportveranstaltungen wurde am 23.7.2014 beantwortet. Hierin heißt es: „Grundsätzlich liegt der Schwerpunkt bei der Prävention". Der subjektiven Sicht der Polizei kommt mit der hier vertretenen Ansicht zumindest eine Indizwirkung zu, welchen Schwerpunkt eine Maßnahme hat.

§ 6 Maßnahmen der Polizei

Zur Erfüllung ihrer Aufgaben steht der Polizei eine Vielzahl möglicher Maßnahmen zur Verfügung, deren Rechtsgrundlagen sich in den Polizeigesetzen finden. Bei der Betrachtung polizeilicher Maßnahmen sind sowohl rechtliche als auch taktische Gesichtspunkte zu berücksichtigen. Im Folgenden sollen jene Maßnahmen dargestellt werden, die in der typischen Gefahrenlage bei Sportveranstaltungen ergriffen werden und spezifisch bei Gefahren durch Persönlichkeitsrechtsverletzungen angewandt werden können.

I. Die Deanonymisierung der Fans im Vorfeld der Sportveranstaltungen

Fanausschreitungen werden durch die Anonymität des Einzelnen in der Menschenmasse gefördert. Im Vorfeld einer Sportveranstaltung verfolgt die Polizei daher insbesondere das Ziel, Fans mit Gefahrenpotential[809] zu deanonymisieren.[810] Hierfür stehen der Polizei namentlich zwei Maßnahmen zur Verfügung. Die Gefahrenaufklärung erfordert zunächst eine Datenerhebung vor dem Spiel, um einen Erkenntnisüberblick über potentielle Störer zu erhalten (hierzu Punkt 1). Sind einzelne Fans mit Gefahrenpotential identifiziert, werden regelmäßig Gefährderansprachen vorgenommen (hierzu Punkt 2).

1. Dateien und ihre Auswertung

Im Zusammenhang mit Fanausschreitungen werden in großem Maße Daten gesammelt. Zwei Datensammlungen sind hierbei hervorzuheben. Eine statistische Auswertung von Fanausschreitungen nimmt die *Zentrale Informationsstelle Sporteinsätze* (ZIS) vor und gibt die gewonnenen Ergebnisse in jährlichen Jahresberichten heraus. Personenbezogene Daten über einzelne „Problemfans" werden dagegen vom BKA in der Verbunddatei *Gewalttäter Sport* gesammelt.[811]

---

809 Der gebräuchliche Begriff des gewaltbereiten Fan passt im vorliegenden Kontext der Persönlichkeitsrechtsverletzungen nicht. Seine Verbreitung zeigt aber, dass Gefahren für Leib, Leben und Eigentum im Mittelpunkt der Sicherheit bei Sportveranstaltungen stehen.

810 Bereits Markert/Schmidbauer, in: BayVBl. 1993 , S. 518.

811 Derzeit sind etwa 15.000 Personen registriert; siehe Schiffbauer, in: DVBl 2014, S. 1173.

Sinn der Datensammlung ist es, Tatsachengrundlagen für die Gefahrenprognose hinsichtlich künftiger Sportveranstaltungen zu gewinnen.[812] Eine erste Datensammlung über gewaltbereite Fußballfans wurde mit der Arbeitsdatei *Straftäter bei Sportveranstaltungen und gewalttätige Jugendgruppen* bereits Anfang der 90er Jahre durch die bayerische Landespolizei auf Grundlage von Art. 38 II 1, 37 I BayPAG errichtet.[813] Mittlerweile nimmt das BKA seine Funktion als Sammelstelle kriminalistischer Daten gem. § 2 II Nr. 1 BKAG auch im Hinblick auf Fanausschreitungen wahr.[814] Die Speicherung von personenbezogenen Daten über Fans und ihre Verhaltensweisen (vgl. §§ 1, 3 I BDSG) greift in das Grundrecht auf informationelle Selbstbestimmung gem. Art. 2 I i.V.m. 1 I GG ein.[815] Nach dem Vorbehalt des Gesetzes ist deshalb eine Ermächtigungsgrundlage erforderlich. Für die Verbunddatei *Gewalttäter Sport* findet sich diese in den §§ 8 I i.V.m. 2 II Nr. 1 BKAG i.V.m. der BKA-Datenverordnung.[816] Die zentrale Speicherung der Dateien durch den Bund ist erforderlich (§ 7 I BKAG), da gerade bei Bundesligaspielen ein reger Reiseverkehr von Fans zwischen den Bundesländern zu beobachten ist. Der Dateiname *Gewalttäter Sport* könnte den Eindruck vermitteln, es handle sich ausschließlich um Informationen über gewalttätige Verhaltensweisen von Fans. Tatsächlich sind aber unterschiedliche Delikte berücksichtigt, die nicht direkt als Gewalt (etwa im Sinne des § 240 I StGB) bezeichnet werden können. So werden – für den vorliegenden Kontext besonders relevant – etwa auch Beleidigungsdelikte (§ 185 StGB) sowie Delikte nach §§ 86, 86 a StGB oder Volksverhetzung (§ 130 StGB) berücksichtigt.[817] Die generelle Bezeichnung als „Gewalttäter" ist insoweit problematisch, da mit ihr ein negatives Werturteil verbunden ist. So sah es auch das OVG NRW, dem ein Fall zur Entscheidung vorlag, in dem es um eine Darstellung im Jahresbericht der *Zentralen Informationsstelle*

812 Nolte spricht von zuverlässigen Planungsdaten, vgl. Nolte, in: WFV, Verantwortlichkeiten und Haftung im Sport, S. 60.

813 Vgl. Markert/Schmidbauer, in: Schild, Rechtliche Aspekte bei Sportgroßveranstaltungen, S. 42.

814 Die Verbunddatei Gewalttäter Sport ist Teil des Polizeilichen Informationssystems INPOL, § 11 BKAG; vgl. Gädeke, Sportgroßveranstaltungen, S. 110 ff.; Schiffbauer, in: DVBl 2014, S. 1175.

815 Vgl. Schiffbauer, in: DVBl 2014, S. 1175; Fechner/Arnhold/Brodführer, Sportrecht, Kapitel 8 Rn. 12; Deusch, in: Polizeiliche Gefahrenabwehr bei Sportgroßveranstaltungen, S. 181.

816 BVerwG NJW 2011, 405 ff; vgl. Schiffbauer, in: DVBl 2014, S. 1175; ausführlich hierzu Kehr, Datei Gewalttäter Sport, S. 266 ff.

817 Vgl. Fechner/Arnhold/Brodführer, Sportrecht, Kapitel 8 Rn. 11.

Sport[818] ging.[819] In dem Jahresbericht hieß es, ein „Gewalttäter" sei in ein Gleisbett gestoßen worden.[820] Unter Bezugnahme auf entsprechende Presseberichte konnte der Name der betreffenden Person herausgefunden werden. Die als „Gewalttäter" bezeichnete Person verlangte Unterlassung der ehrverletzenden Darstellung. Die Bezeichnung als „Gewalttäter" resultierte alleine aus der Eintragung des Antragstellers in der Datei *Gewalttäter Sport*, wobei er in dieser als „Mitläufer" bei Fanausschreitungen beschrieben war. Das mit dem Begriff „Gewalttäter" verbundene Werturteil fußte daher auf keiner hinreichenden wahren Tatsachengrundlage.[821] Der Entscheidung ist im Hinblick auf die Bandbreite möglicher Fanausschreitungen, die sich keinesfalls auf Gewalttaten beschränken, zuzustimmen. Nicht jeder „Problemfan" kann in sachlicher Weise als „Gewalttäter" bezeichnet werden.

2. Die Gefährderansprache

Zu den praktisch wichtigsten, zugleich aber auch rechtlich umstrittensten polizeilichen Maßnahmen bei Sportveranstaltungen gehören die sog. Gefährderansprachen. Dabei handelt es sich um ein übliches Vorgehen im Vorfeld von Versammlungen und Veranstaltungen, um den Geschehensverlauf prognostizierter Gefahren bereits präventiv zu unterbinden. So wird – schriftlich oder mündlich[822] – an Personen herangetreten, von denen die Polizei aufgrund vergangener Verhaltensweisen annimmt, dass sie mit erhöhter Wahrscheinlichkeit Störungen (namentlich v. a. Straftaten) bei einer bevorstehenden Sportveranstaltung verursachen werden.[823] Diesen Personen wird informatorisch mitgeteilt, dass sie polizeilich auffällig geworden sind und bei der bevorstehenden Sportveranstaltung unter besonderer Wahrnehmung stehen.[824] In diesem Zusammenhang werden sie darüber belehrt, welche polizei- oder strafrechtlichen Folgen etwaige Fanausschreitungen haben können. Durch diese Informationen sollen die Gefährder von der Begehung etwaiger Fanausschreitungen abgeschreckt

818 Da diese zur nordrheinwestfälischen Landespolizei gehört war das Land NRW auch Beklagter gem. § 78 I Nr. 1 VwGO.

819 OVG NRW DVBl 2013, 1460 ff. = SpuRt 2014, 78 ff.

820 Auch der ZIS-Jahresbericht kann demnach in die informationelle Selbstbestimmungsfreiheit gem. Art. 2 I i.V.m. 1 I GG eingreifen und somit einer Rechtsgrundlage bedürfen. Abgestellt wird hier auf § 8 I PolG NRW; vgl. OVG NRW DVBl 2013, 1461.

821 OVG NRW DVBl 2013, 1461 f.

822 Vgl. Vogl, in: DPolBl. 03/2014, S. 15.

823 Vgl. Kießling, in: DVBl. 2012, S. 1210.

824 Vgl. Vogl, in: DPolBl. 03/2014, S. 15.

werden. Hierin liegt der Hauptzweck der Maßnahme.[825] Teilweise werden mit der Ansprache auch konkrete Unterlassungsverfügungen ausgesprochen, etwa bzgl. der Verwendung bestimmter rechtsradikaler Symbole.[826]

Bei den Gefährderansprachen vor Sportveranstaltungen stehen die zu erwartenden Gewalttaten im Vordergrund.[827] Bei der Auswahl der anzusprechenden Personen wird meist auf Erkenntnisse fankundiger Beamter sowie entsprechender Dateien zurückgegriffen. Insofern ist eine Ansprache aber auch aufgrund drohender Beleidigungen oder sonstiger Persönlichkeitsrechtsverletzungen denkbar, wenngleich eher unwahrscheinlich.

a) Die Eingriffsqualität

Von zentraler Bedeutung für die rechtliche Handhabung der Gefährderansprache ist die Frage, ob die Maßnahme einen Grundrechtseingriff darstellt. Eine pauschale Antwort ist hier kaum möglich, es kommt vielmehr darauf an, wie die Gefährderansprache ausgestaltet ist.[828]

(1)

Wird mit der Ansprache eine Unterlassungsverfügung verbunden, wird zumindest in den Schutzbereich der allgemeinen Handlungsfreiheit gem. Art. 2 I GG eingegriffen, so dass bereits der klassische Eingriffsbegriff erfüllt ist.[829]

Rein informatorische Ansprachen verbieten dagegen nichts, was im Schutzbereich eines Grundrechts liegt. Die Gefährder können die Veranstaltung weiterhin aufsuchen, und zwar wann und mit wem sie wollen. Unter den klassischen finalen Eingriffsbegriff lassen sie sich daher nicht einordnen.

(2)

Dieses Ergebnis kann jedoch nicht abschließend bleiben. Mit dem faktischen modernen Grundrechtseingriff werden auch staatliche Maßnahmen erfasst, die eine Grundrechtsausübung rein faktisch beschränken oder erschweren.[830] Durch die Gefährderansprache werden die Adressaten zumindest von bestimmten Handlungsweisen abgeschreckt, hierin liegt ja gerade der Zweck

825 Als weitere Zwecke können die Beschaffung von Informationen durch das Gespräch (Gefahrenerforschung) sowie die Aufklärung über geltende Verbote (Normverdeutlichungsgespräch) genannt werden, vgl. Vogl, in: DPolBl. 03/2014, S. 15.

826 Vgl. das Musteranschreiben in Vgl. Vogl, in: DPolBl. 03/2014, S. 17.

827 Vgl. Kießling, in: DVBl. 2012, S. 1210.

828 Vgl. Arzt, in: Die Polizei 2006, S. 156.

829 Vgl. Vogl, in: DPolBl. 03/2014, S. 16.

830 Vgl. Gädeke, Sportgroßveranstaltungen, S. 124.

der Maßnahme.[831] Durch die Ansprache bleiben die Gefährder der Sportveranstaltung möglicherweise ganz fern und machen von ihrer allgemeinen Handlungsfreiheit gem. Art. 2 I GG nicht mehr Gebrauch. In dem hier relevanten (wenngleich praktisch seltenen) Fall, dass drohende Persönlichkeitsrechtsverletzungen den Anlass der Gefährderansprache bieten, ist zudem an eine Abschreckungswirkung hinsichtlich streitbarer Äußerungen zu denken, auch wenn diese letztlich der Meinungsfreiheit gem. Art. 5 I GG[832] unterfallen. Eine gewisse Grundrechtsbeschränkung durch die Abschreckungswirkung ist daher unverkennbar.[833]

(3)
Ein faktischer Grundrechtseingriff kann auch in das allgemeine Persönlichkeitsrecht der Gefährder aus Art. 2 I i.V.m. 1 I GG erfolgen, wenn die Situation der Ansprache kompromittierende Wirkung hat. So mögen etwa Kollegen am Arbeitsplatz oder Familienangehörige zu Hause die Warnungen der Polizeibeamten mitbekommen.[834]

(4)
In diesen Fällen faktischer Grundrechtsbeschränkungen ist allerdings auch zu berücksichtigen, dass die Gefährderansprache bereits ein sehr schonendes Mittel des Staates ist, bei dem rein informatorisch vorgegangen wird.[835] Andererseits ist die Intensität eines Eingriffs im System der Drei-Stufen-Prüfung von Grundrechtsverletzungen eine Frage der Rechtfertigung und nicht des Eingriffs selbst.

(5)
Ob eine Gefährderansprache einen Grundrechtseingriff darstellt muss also am Einzelfall geprüft werden. Ein Eingriff wäre m. E. etwa zu bejahen, wenn ein Gefährder vor seinen Kollegen am Arbeitsplatz auf etwaige rechtsradikale Parolen angesprochen wird. Dagegen wäre ein Eingriff wohl im Gegenbeispiel zu verneinen, in welchem die Ansprache schriftlich erfolgt und der Gefährder vor Gewalttaten gewarnt wird. Hierdurch entsteht weder eine kompromittierende

---

831 So wird auch eine Abschreckungswirkung von Bild- und Tonaufnahmen bei Versammlungen anerkannt, VG Berlin DVBl. 2010, 1245 f.; vgl. Kießling, in: DVBl. 2012, S. 1211.

832 Vgl. Vogl, in: DPolBl. 03/2014, S. 16.

833 So auch OVG Lüneburg NJW 2006, 391; Weber, in: KommPraxis sp 2009, S. 181 f.

834 Vgl. Arzt, in: Die Polizei 2006, S. 156; Deusch, Polizeiliche Gefahrenabwehr bei Sportgroßveranstaltungen, S. 184 f.

835 Vgl. Nolte, in: NVwZ 2001, S. 150; Deusch, Polizeiliche Gefahrenabwehr bei Sportgroßveranstaltungen, S. 184.

Wirkung noch wird der Angesprochene von der Ausübung seiner Grundrechte aus Art. 2 I GG unzumutbar eingeschränkt.

b) Die Rechtsgrundlage

Von der Einstufung der Maßnahme als Grundrechtseingriff hängt die Auswahl der Ermächtigungsgrundlage ab. Ausgangspunkt ist dabei folgende Problematik:

Wenngleich die Sportveranstaltung unmittelbar bevorsteht, bestehen regelmäßig noch keine konkreten Gefahren. Eine solche konkrete Gefahr muss erst anhand objektiver Kriterien prognostiziert werden.[836] Das kann im Einzelfall etwa möglich sein, wenn objektive Anhaltspunkte (etwa aufgrund entsprechender Hinweise anderer Fans) bestehen, ein polizeibekannter Fan plane Fanausschreitungen bei der bevorstehenden Sportveranstaltung. Ansatzpunkt für die Gefährderansprache ist hier neben vergangenem Verhalten des Fans auch ein konkreter Verdacht hinsichtlich künftiger Taten. Mit anderen Worten ist die Gefährderansprache hier Gefahrenabwehr (str.). In vielen Fällen besteht aber lediglich eine unsichere Möglichkeit, dass der Fan wiederholt bei eben der bevorstehenden Sportveranstaltung auffällig werden wird. Alleine die vergangenen Taten und die Speicherung in der Datei „Gewalttäter Sport" bietet keine ausreichende Prognosegrundlage für eine konkrete Gefahr.[837] Hier handelt es sich um eine reine Gefahrenvorsorgemaßnahme.

Verneint man einen Grundrechtseingriff, genügt als Rechtsgrundlage für diese Gefahrenvorsorgemaßnahme die Aufgabeneröffnung gem. § 1 I PolG NRW, Art. 2 I BayPAG.[838]

Aus der Einstufung der Gefährderansprache als Grundrechtseingriff folgt aber das Erfordernis einer gesetzlichen Befugnisnorm.[839] Nach dem Demokratie- und Rechtsstaatsprinzip muss der Gesetzgeber alle wesentlichen Entscheidungen selbst treffen, womit insbesondere grundrechtswesentliche Entscheidungen gemeint sind. Eine spezielle Befugnisnorm für die Gefährderansprache enthalten die Polizeigesetze indes nicht. Somit bleibt alleine die Generalklausel des § 8 I PolG NRW, Art. 11 I BayPAG, auf die Rechtsprechung und Schrifttum abstellen.[840] Voraussetzung für eine Maßnahme aufgrund der Generalklausel ist aber

836 Vgl. Vogl, in: DPolBl. 03/2014, S. 17.
837 So auch Deusch, Polizeiliche Gefahrenabwehr bei Sportgroßveranstaltungen, S. 185; Vogl, in: DPolBl. 03/2014, S. 17.
838 Vgl. Markert/Schmidbauer, in: BayVBl. 1993, S. 517.
839 Vgl. Arzt, in: Die Polizei 2006, S. 158.
840 Vgl. Turnit, in: JURA 2012, S. 370; Gädeke, Sportgroßveranstaltungen, S. 126 ff.

das Vorliegen einer konkreten Gefahr. Die Generalklausel ermächtigt nur zu Gefahrenabwehrmaßnahmen, nicht jedoch zu Gefahrenvorsorgemaßnahmen.

Für die Konstellation einer Gefährderansprache, die einerseits einen Grundrechtseingriff bedeutet, andererseits aber noch nicht der Abwehr einer konkreten Gefahr sondern der Gefahrenvorsorge dient, wird demgegenüber zu Recht die Schaffung einer speziellen Befugnisnorm in den Polizeigesetzen gefordert.[841]

c) *Die Rechtsnatur*

Von eher formaljuristischer Bedeutung ist die Überlegung, ob es sich bei der Gefährderansprache um einen Verwaltungsakt gem. § 35 S. 1 VwVfG NRW, Art. 35 S. 1 BayVwVfG handelt. Soweit mit der Ansprache keine Unterlassungsverfügung verbunden ist, ist dies mangels Regelungsgehalt nicht der Fall, denn letztlich wird nur informiert und kommuniziert, jedoch keine Rechtsfolge erzeugt.[842] Es handelt sich mithin um einen Realakt.[843]

II. Gefahrenabwehrmaßnahmen gegen an- und abreisende Fans

Sportveranstaltungen bringen nicht nur innerhalb der Sportstätten typische Gefahren mit sich. Im zeitlichen und örtlichen Vorfeld des Ereignisses bedeutet gerade die An- und Abreise der Fans ein erhebliches Gefahrenpotential. Im Vergleich zum Geschehen im Stadion sind dabei jedoch einige Besonderheiten zu berücksichtigen. Zum einen lässt sich das Stimmungsbild unter den Fans aus polizeilicher Sicht bereits während der Anreise beobachten. Andererseits kann eine aufgeheizte Stimmung bei der Anreise auch eine Dynamik entwickeln, die sich im Stadion fortzusetzen droht. Die Deeskalation steht daher an vorderster Stelle beim Umgang mit an- und abreisenden Fans.

1. Sicherheit auf den Verkehrswegen

Eine weitere Besonderheit besteht in dem Umstand, dass die spezifische Gefahrenlage im öffentlichen Raum (bzw. in öffentlichen Verkehrsmitteln)[844] entsteht, was ein Einwirken durch den Veranstalter schwierig macht. Wenngleich das

---

841 Etwa Vogl, in: DPolBl. 03/2014, S. 17; Kießling, in: DVBl. 2012, S. 1217.

842 Vgl. Erbguth, Allgemeines Verwaltungsrecht, § 12 Rn. 10, 12.

843 So auch OVG Lüneburg NJW 2006, 391; vgl. Kopp/Ramsauer, VwVfG, Art 35 Rn. 91; Weber, in: KommPraxis sp 2009, S. 181 f.

844 Vgl. Schipfer, in: DPolBl 2011, S. 22.

NKSS eine Einbindung der Vereine bei der Durchführung des Reiseverkehrs ihrer Fans vorsieht[845], kann der Veranstalter hier nicht als polizeirechtlich Verantwortlicher in Anspruch genommen werden. Außerhalb des Stadions fehlt es ihm hierfür an einer hinreichenden Gefahrenbeseitigungsmöglichkeit.

Ein beträchtlicher Teil der Fans reist im Bahnverkehr zu den Sportstätten an. Dies birgt ein besonderes Gefahrenpotential, da sich hier potentielle Störer auf engem Raum und in einem sicherheitsbedürftigen Bereich zusammenfinden. In dieser spezifischen Gefahrenlage ist insbesondere der Zuständigkeitsbereich der Bundespolizei eröffnet, § 3 I BPolG.[846] Wegen der praktisch überaus bedeutsamen Problematik der Fanausschreitungen für die Sicherheit im Bahnverkehr beschäftigt die Bundespolizei eigene fankundige Beamten.[847] Ähnlich wie in den Stadien findet im Bahnbereich eine Zusammenarbeit mit privaten Sicherheitsdiensten statt.[848] Auch das Hausrecht der Bahngesellschaft ist ein wichtiges Instrument zur Sicherheitsgewährleistung. So werden in der Regel etwa umfassende Alkoholverbote festgesetzt. Die Ausführungen zum Verhältnis privater und staatlicher Sicherheitsbeteiligter können hier entsprechend herangezogen werden (s. o. § 4 III).

2. Das Begleiten der Fans auf dem Weg zum und vom Stadion

Sobald sich die Fans im öffentlichen Raum befinden, ist alleine die Polizei zur Gefahrenabwehr berufen. Eine praktisch wichtige Maßnahme ist hier das Aufsammeln und Begleiten von (prognostiziert) gewaltbereiten Fangruppen durch die Polizei. Die Fangruppen werden dabei zwischen bestimmten Ankunftsorten und dem Stadion (bzw. zurück) zusammengehalten und begleitet, um etwa ein unkontrolliertes Aufeinandertreffen mit gegnerischen Fans zu verhindern. Da die begleiteten Fans dabei nicht aus der Gruppe weichen können und dürfen, könnte man die Maßnahme als Gewahrsamnahme i.S.d. § 35 I PolG NRW, Art. 17 I BayPAG qualifizieren.[849] Nach der Zielsetzung der Begleitung liegt der Schwerpunkt der Maßnahme jedoch nicht auf der Freiheitsentziehung an einem Ort, sondern auf der Gewährleistung eines sicheren Transports zwischen zwei Punkten. Abzustellen ist daher auf eine atypische Maßnahme gem. § 8 I PolG

845 Siehe NKSS; S. 18 f.

846 Vgl. Graulich, in: Schenke/Graulich/Ruthig, Sicherheitsrecht des Bundes, § 3 BPolG Rn. 6, 11.

847 Vgl. Schipfer, in: DPolBl 2011, S. 25.

848 Vgl. Schipfer, in: DPolBl 2011, S. 24 f.

849 Vgl. Gädeke, Sportgroßveranstaltungen, S. 143 ff.

NRW, Art. 11 I BayPAG.[850] Dieses Ergebnis ist m. E. auch im Hinblick auf Maßnahmen gegen Personen konsequent, die aus der begleiteten Fangruppe ausbrechen wollen. In diesem Fall gestörter Polizeitätigkeit stellt sich die Frage, ob eine erforderliche Reaktion (z.B. das Festhalten der ausbrechenden Fans) auf eben dieselbe Befugnisnorm der Ausgangsmaßnahme (Aufsammeln und Begleiten) gestützt werden kann.[851] Gegen ausbrechende Fans müssen mitunter physische Maßnahmen getroffen werden, die in ihrer Eingriffsintensität gegenüber der Ausgangsmaßnahme weit hinausgehen. Ein pauschales Abstellen auf die Befugnisnorm der Ausgangsmaßnahme reicht hier nicht mehr aus. Richtigerweise müssten daher weitere Maßnahmen wie Gewahrsamnahmen und Zwangsmaßnahmen ergriffen werden, deren Tatbestandsvoraussetzungen eigens vorliegen müssen.

Das beschriebene Aufsammeln der Fans ist ein übliches Vorgehen im Umfeld von Sportveranstaltungen, im Übrigen aber zur Vorbeugung von Persönlichkeitsrechtsverletzungen nur bedingt zweckmäßig. Durch die Maßnahme kann und soll ein physisches Aufeinandertreffen von Fangruppen unterbunden werden. An beleidigenden oder verunglimpfenden Parolen sind die Fans aber nicht gehindert. Hier zeigt sich der vorrangige Schutz von Leib und Leben durch die Polizei.

3. Reisebeschränkungen gegen Fans bei Auslandsspielen

Gegen Fanausschreitungen bei Sportveranstaltungen im Ausland besteht neben den klassischen polizeirechtlichen Maßnahmen ein weiteres rechtliches Instrumentarium. So können deutschen Fans Reisebeschränkungen auferlegt werden, von denen die Beteiligung an Fanausschreitungen vermutet wird. Hierdurch wird nicht nur in die durch § 2 I GG geschützte Ausreisefreiheit eingegriffen, sondern (soweit es sich um eine Sportveranstaltung innerhalb der EU handelt) auch in die Freizügigkeit nach Art. 21 I AEUV.[852]

In solchen Fällen wird regelmäßig auf Maßnahmen nach dem PassG zurückgegriffen. Namentlich kann die Geltung des Reisepasses gem. § 7 II PassG beschränkt werden oder selbiger gem. § 8 i.V.m. § 7 I Nr. 1 PassG entzogen

850 So auch Schmidbauer, in: Schmidbauer/Steiner, PAG, Art. 11 Rn. 220; Markert/Schmidbauer, in: BayVBl 1993, S. 521.

851 Vgl. Heckmann, in: Becker/Heckmann/Kempen/Manssen, Öffentliches Recht in Bayern, 3. Teil Rn. 298 ff.

852 Vgl. Barczak, in: JURA 2014, S. 897.

werden.[853] Gem. § 10 I 1 PassG wird regelmäßig zudem eine Ausreiseuntersagung ausgesprochen. Dass hierbei nicht auf das (Landes-) Polizeirecht, sondern auf das Passrecht zurückgegriffen wird, zeigt bereits die Zielsetzung der Maßnahme. In erster Linie geht es nicht um den Schutz der öffentlichen Sicherheit und Ordnung, sondern um die Belange der Bundesrepublik Deutschland, § 7 I Nr. 1 PassG.[854] Von der Rspr.[855] und Literatur[856] wird angenommen, dass die Ausschreitung durch deutsche Fans das internationale Ansehen der Bundesrepublik schädigt.[857] Wenngleich Passbeschränkungen oder –Entziehungen bislang nur im Zusammenhang mit gewalttätigen Fanausschreitungen relevant geworden sind, ist es durchaus denkbar, dass auch Persönlichkeitsrechtsverletzungen gleichermaßen einen Ansehensverlust mit sich bringen können. Besonders deutlich würde dies etwa bei antisemitisch geprägtem Verhalten deutscher Fans im Ausland zu bejahen sein.

III. Polizeiliche Überwachung

Findet die Sportveranstaltung bereits statt, kommt es mitunter zu einer Überwachung der Zuschauer durch die Polizei. Namentlich sind hierbei die Anfertigung von Bild- und Tonaufnahmen sowie die polizeiliche Observation zu nennen.[858]

1. Die Anfertigung von Bild- und Tonaufnahmen

Mit der Anfertigung von Bild- und Tonaufnahmen kann das Fanverhalten durch die Polizei dokumentiert werden. Als Zielsetzung dieser Dokumentation kommen dabei verschiedene Aspekte in Betracht. Sie kann zunächst der Aufklärung über die Situation und damit die Gefahrenlage bei dieser und künftigen Sportveranstaltungen dienen. Daneben kann die Anfertigung von Bild und Tonaufnahmen auch Einfluss auf das Fanverhalten selbst entfalten, indem deanonymisierte

---

853 Vgl. Barczak, in: JURA 2014, S. 897.

854 Zu beachten ist auch die ausschließliche Gesetzgebungskompetenz des Bundes gem. Art. 71, 73 I Nr. 3 GG.

855 Vgl. VG Frankfurt, Urteil v. 22.7.2014 (Az. 5 K 4684/13), Juris Rn. 25.

856 Vgl. Barczak, in: JURA 2014, S. 898; Breucker, in: NJW 2004, S. 1632.

857 Drohen Ausschreitungen durch deutsche Fans, begründet nach Ansicht Breuckers zudem das völkerrechtliche Rücksichtnahmegebot (neben grundrechtlichen Schutzpflichten) eine Handlungspflicht deutscher Sicherheitsbehörden; siehe Breucker, in: NJW 2004, S. 1631.

858 Vgl. Gädeke, Sportgroßveranstaltungen, S. 140 ff.

Fans von bestimmten Verhaltensweisen abgeschreckt werden.[859] Schließlich kann eine bildliche oder akustische Dokumentation auch zu späteren Beweiszwecken verwendet werden.[860] Beweisbedürftig ist dabei unter Umständen nicht nur das Verhalten der Fans (etwa in späteren Strafverfahren), sondern auch das der Polizeibeamten selbst (etwa in späteren Fortsetzungsfeststellungsklagen, § 113 I 4 VwGO).[861]

Hinsichtlich der Rechtsgrundlagen, die wegen der Eingriffsqualität in das Allgemeine Persönlichkeitsrecht gem. Art. 2 I i.V.m. 1 I GG erforderlich sind, unterscheiden sich die Polizeigesetze der Länder.[862] Nach § 15 I 1 PolG NRW ist eine Überwachung von Veranstaltungen oder Ansammlungen möglich.[863] Voraussetzung dafür sind Tatsachen, die die Annahme rechtfertigen, es werde dabei zu Straftaten oder Ordnungswidrigkeiten kommen. Das ist bei Sportveranstaltungen regelmäßig der Fall. Bei grammatikalischer Auslegung bezieht sich „dabei" auf die Veranstaltung und nicht auf die zu überwachenden Personen.

Anders ist die Rechtsgrundlage des Art. 32 I BayPAG ausgestaltet. Die Bild- und Tonüberwachung bei Veranstaltungen ist gem. § 32 I 1 BayPAG auf die Störer gerichtet, wie sich aus der Formulierung „über die für eine Gefahr Verantwortlichen" ergibt. Diese Tatbestandsvoraussetzung erfährt durch Art. 32 I 2 BayPAG jedoch eine Einschränkung, wonach die Maßnahmen auch durchgeführt werden dürfen, wenn Dritte unvermeidbar betroffen werden. Das betrifft namentlich friedliche Zuschauer in Fanblöcken oder Stadionbereichen, in denen sich eben auch Störer aufhalten.[864]

Die Dokumentation von Fanausschreitungen führt zu der Frage ihrer Verwendung zu Beweiszwecken in späteren Verfahren. Für das Strafverfahren geben hierzu § 15 I 3 PolG NRW und Art. 32 IV BayPAG Aufschluss. Zum Schutz des Allgemeinen Persönlichkeitsrechts gem. Art. 2 I i.V.m. 1 I GG sind aufgezeichnete Bild- und Tonaufnahmen spätestens nach einem Monat bzw. drei Wochen

859 Bereits Markert/Schmidbauer, in: BayVBl. 1993, S. 520.

860 Vgl. Fechner/Arnhold/Brodführer, Sportrecht, Kapitel 8 Rn. 14.

861 Der Einsatz von Videokameras wird insoweit auch als ein Aspekt der Eigensicherung von Polizeibeamten gesehen (vgl. § 15 b PolG NRW); vgl. Turnit, in: JURA 2012, S. 369.

862 Vgl. Turnit, in: JURA 2012, S. 369.

863 Vgl. Dietlein, in: Dietlein/Burgi/Hellermann, Öffentliches Recht in NRW, § 3 Rn. 223.

864 Vgl. Nolte, in: NVwZ 2001, S. 151; bereits Markert/Schmidbauer, in: BayVBl. 1993, S. 519 f. Für das Verhalten von Fans im öffentlichen Raum (z.B. Fußgängerzonen) ist darüber hinaus mitunter auch die offene Videoüberwachung gem. Art. 32 II BayPAG von Bedeutung; vgl. Schmidbauer, in: Schmidbauer/Steiner, PAG, Art. 32 Rn. 9.

zu löschen. Dies gilt jedoch nicht, soweit sie zur Verfolgung von Straftaten und Ordnungswidrigkeiten benötigt werden.[865] Das sagt über die Verwertbarkeit als Beweis in einem gerichtlichen Verfahren jedoch noch nichts aus. Zu beachten ist insoweit aber auch der Vorrang des Strafprozessrechts als Bundesrecht gegenüber den Landespolizeigesetzen, Art 31 GG. Letztere regeln nur die Befugnisse der Landespolizei zur Aufnahme und Aufzeichnung der Daten. Die Beweisvorschriften finden sich alleine in der StPO. Im Strafverfahren können die Aufzeichnungen als Beweis in Form der richterlichen Augenscheinnahme gem. § 86 StPO[866] verwendet werden.[867]

Die Video- und Kameraüberwachung von Fans in Fußballstadien weist eine Besonderheit auf. Denn hierzu stehen nicht nur Kameras der Polizei zur Verfügung, sondern auch zahlreiche fest installierte Überwachungskameras der Veranstalter.[868] Ihre Installation ist verbandsrechtlich in § 10 V der DFB-Sicherheitsrichtlinien vorgeschrieben, wobei eine Vorrangschaltung der Polizei vorgesehen ist.[869] Die Polizei kann also auf das privat hergestellte Bildmaterial zurückgreifen. Das führt zur Frage ihrer polizeirechtlichen Behandlung. Der Datenschutz im Verhältnis Privater untereinander unterscheidet sich von den datenschutzrechtlichen Bestimmungen über polizeiliche Befugnisse. Es stellt sich hier also die Frage, ob die Nutzung privat hergestellter Aufnahmen eine polizeiliche

---

865 Die Beweisverwertung von Bild- und Tonaufnahmen auf Grundlage polizeirechtlicher Befugnisse ist von der repressiven Herstellung von Aufnahmen nach § 100 h I StPO zu unterscheiden. Dabei handelt es sich um eine strafprozessuale Ermittlungsmaßnahme ohne Wissen des Betroffenen, die nach umstrittener Ansicht auch durch Polizeibeamte als Ermittlungspersonen i.S.d. § 152 GVG durchgeführt werden kann; vgl. Schmitt, in: Meyer-Goßner/Schmitt, StPO, § 100 h Rn. 10. Die Maßnahme ist allerdings gem. § 100 h I 1 a.E. nur subsidiär zulässig.

866 Vgl. Schmitt, in: Meyer-Goßner/Schmitt, StPO, § 86 Rn. 10.

867 Eine ähnliche Frage stellt sich im Zivilprozess. Denkbar ist etwa, dass ein Kläger bestimmte Fans wegen einer Ehrverletzung auf Schmerzensgeld nach § 823 I BGB i.V.m. Art. 2 I i.V.m. 1 I GG verklagt. Der Vorfall könnte durch Aufzeichnungen der Polizei mitunter bewiesen werden (Augenscheinsbeweis gem. § 371 I ZPO). Anders als im Strafverfahren gilt im Zivilprozess aber der Beibringungsgrundsatz. Im Besitz der Aufnahmen ist jedoch nicht der Kläger, sondern die Polizei. Der Kläger könnte allenfalls die Übermittlung von Daten nach § 29 II Nr. 1 PolG NRW, Art. 41 II Nr. 1 BayPAG beantragen oder eine Beiziehung der Aufnahmen gem. §§ 371 II i.V.m. 432 I ZPO beantragen oder einen bei dem Vorfall anwesenden Polizeibeamten als Zeugen benennen.

868 Hierzu Schmidt/Hermonies, in: CaS 2014, S. 34 ff.

869 Vgl. Feltes, in: NK 2013, S. 55.

Datenerhebung darstellt.[870] Nach § 3 III BDSG ist unter Erheben das Beschaffen von Daten über den Betroffenen gemeint. Für die Erhebung kommt es also nicht auf die Art der Beschaffung, sondern auf die Zielrichtung der Datenbeschaffung an.[871] Durch die Ansammlung personenbezogener Daten wird in das Allgemeine Persönlichkeitsrecht gem. Art. 2 I i.V.m. 1 I GG eingegriffen. Deshalb ist eine gesetzliche Ermächtigungsgrundlage erforderlich und zwar unabhängig davon, ob die Kameras von Privaten installiert wurden. Die allgemeinen Bestimmungen über die polizeiliche Datenerhebung setzen insoweit voraus, dass Daten auch bei Dritten erhoben werden können.[872] *Feltes* geht deshalb zu Recht davon aus, dass es sich bei der Verwendung von Bildern privat installierter Kameras um eine Auftragsdatenverarbeitung handelt, die sich nach den beschriebenen öffentlich-rechtlichen Normen richtet.[873]

2. Die Observation von Fans

Im Gegensatz zur Videoüberwachung ist die polizeiliche Observation von vornherein auf bestimmte einzelne Personen gerichtet. So werden im Rahmen von Sportveranstaltungen bestimmte Fangruppen an Treffpunkten polizeilich beobachtet. Geeignet ist auch die gezielte Beobachtung von Personen, die als Rädelsführer von Fanausschreitungen in Betracht kommen. Die Maßnahme dient wiederum sowohl der Aufklärung als auch der Abschreckung.[874] Auch die bloße Beobachtung durch Polizeibeamte bedarf einer gesetzlichen Ermächtigungsgrundlage, da hierdurch in das Allgemeine Persönlichkeitsrecht gem. Art. 2 I i.V.m. 1 I GG eingegriffen wird. Betroffen ist insbesondere der Schutzbereich der informationellen Selbstbestimmung[875]. Für letztgenannten Schutzbereich ist allerdings die Sphärentheorie zu beachten.[876] Im Rahmen der Sportveranstaltung und seinem Umfeld befinden sich Fans in der Öffentlichkeitssphäre, was sich auf das Schutzniveau auswirkt.

Für die richtige Rechtsgrundlage ist die Unterscheidung zwischen kurzfristiger und langfristiger, d.h. über 24 Stunden andauernder Observation von

870 Vgl. Schmidt/Hermonies, in: CaS 2014, S. 34 ff.

871 Vgl. Schenke, Polizeirecht, Rn. 179.

872 Zum Ausdruck bringt dies etwa Art. 30 II 2 BayPAG.

873 Siehe Feltes, in: NK 2013, S. 58.

874 Nolte spricht von einer Verunsicherung der Fans; siehe Nolte, in: WFV, Verantwortlichkeiten und Haftung im Sport, S. 63.

875 So auch Nolte, in: NVwZ 2001, S. 151.

876 Vgl. Pieroth/Schlink/Kingreen/Poscher, Grundrechte, Rn. 396.

Bedeutung.[877] Längerfristige Observationen stellen besonders schwere Grundrechtseingriffe dar und sind deshalb eigens in § 16 a I PolG NRW, Art. 33 I Nr. 1 BayPAG geregelt. Die polizeiliche Observation von Fans wird sich dagegen regelmäßig auf die Zeit um die Sportveranstaltung beschränken. Abzustellen ist daher auf die kurzfristige Observation. Sie richtet sich nach § 16 a IV PolG NRW, Art. 31 I Nr. 1 BayPAG.[878] Erforderlich ist hier eine konkrete Gefahr.

3. Verdeckte Ermittler und nicht offen ermittelnde Polizeibeamte

Nicht alle Polizeibeamten sind bei ihren Einsätzen in Fußballstadien als solche erkennbar. Dienen manche polizeilichen Maßnahmen der Abschreckung vor Fanausschreitungen, soll die Beobachtung von Fans durch äußerlich nicht erkennbare Polizeibeamte eine genaue Aufklärung ermöglichen. Der Einsatz solcher nicht offen ermittelnder Polizeibeamter ist grundsätzlich ebenso möglich, wie das Tätigwerden uniformierter Polizeibeamter. Anders verhält sich dies bei verdeckten Ermittlern.[879] Sie schleusen sich unter einer Legende in die Fanszene[880] ein und observieren diese somit langfristig ohne deren Wissen.[881] Die Rechtsgrundlagen hierfür finden sich polizeirechtlich in § 20 PolG NRW, Art. 33 I Nr. 3 BayPAG und strafprozessual in § 110 a StPO. Diese Befugnisnormen stellen angesichts der Grundrechtsintensität strenge Anforderungen, die bei der Abwehr von Persönlichkeitsrechtsverletzungen nicht erfüllt werden. § 20 I Nr. 1 PolG NRW erlaubt den Einsatz verdeckter Ermittler zur Abwehr einer gegenwärtigen Gefahr nur im Hinblick auf die Schutzgüter Leib, Leben oder Freiheit. Auch liegt in diesem Zusammenhang keine Straftat von erheblicher Bedeutung i.S.d § 20 I 2 i.V.m. 8 III PolG NRW vor. Gleiches gilt für die Voraussetzungen des § 110 a I 4 StPO, der den Verdacht eines Verbrechens (§ 12 I StGB) voraussetzt.[882]

---

877 Vgl. Schenke, Polizeirecht, Rn. 202 a.

878 Vgl. Pieroth/Schlink/Kniesel, Polizeirecht, § 14 Rn. 100 ff.; Schmidbauer, in Schmidbauer/Steiner, PAG Art. 33 Rn. 4.

879 Vgl. Schmidbauer, in Schmidbauer/Steiner, PAG Art. 33 Rn. 34, 36.

880 Relevant wird der Einsatz von verdeckten Ermittlern auch im Hinblick auf kriminelle Vereinigungen gem. § 129 I StGB; vgl. Fischer, StGB, § 129 Rn.4. Hinzuweisen ist in diesem Zusammenhang auf BGH, Urteil vom 22.1.2015 (Az. 3 StR 233/14), wonach Hooligan-Gruppen kriminelle Vereinigungen gem. § 129 I StGB sein können.

881 Vgl. Schenke, Polizeirecht, Rn. 198.

882 Vgl. Fechner/Arnhold/Brodführer, Sportrecht, Kapitel 8 Rn. 15.

IV. Polizeiliche Kontrollen

Neben der allgemeinen polizeilichen Präsenz und Überwachung der Sportveranstaltungen finden auch konkrete Kontrollen einzelner Fans statt. Zu diesen Gefahrenforschungseingriffen zählen die Identitätsfeststellung und Durchsuchung von Personen.

1. Kontrollstellen

Personenkontrollen in Form von sog Identitätsfeststellungen und Durchsuchungen werden bei Sportveranstaltungen häufig im Rahmen sog. Kontrollstellen durchgeführt.[883] Es handelt sich hierbei auch um einen polizeitaktischen Begriff.[884] Je nach Gefahrenlage errichtet die Polizei mobile oder stationäre Stellen, an denen eine effektive Kontrolle eventueller Störer vorgenommen werden kann. Um Gefahren durch Fanausschreitungen möglichst frühzeitig zu erkennen, befinden sich jene Kontrollstellen häufig bereits an Treffpunkten der Fans im Bereich von Bahnhöfen. Hintergrund dieser Maßnahme ist, dass sich einzelne Fangruppen bereits an Bahnhöfen zusammenfinden, um geschlossen in die Innenstädte oder zu den Stadien zu gelangen. Das Gefährdungspotential gewaltbereiter Gruppen entfaltet sich nach polizeilicher Erfahrung somit häufig bereits im Bereich der Bahnhöfe.[885] Gleichwohl ist hier eine Einzelfallprognose anzustellen, an welchen Orten sich das Gefährdungspotential entwickeln wird bzw. wo sich Hooligan- oder Ulras-Gruppen bilden werden. Die Erfahrung szenekundiger Beamter wird hier von entscheidender Bedeutung sein.

Für die Errichtung der Kontrollstelle an sich ist keine besondere Befugnisnorm erforderlich.[886] Mit ihr ist nicht automatisch ein Eingriff verbunden. Erst durch die konkreten Personenkontrollen Einzelner werden Eingriffe vorgenommen, für die die Polizeigesetzgeber Befugnisnormen bereitstellen. Die polizeitaktische Maßnahme der Errichtung von Kontrollstellen zur Gefahrenerforschung kann demgegenüber auf die bloße Aufgabeneröffnung der Gefahrenabwehr gem. § 1 I PolG NRW, Art. 2 I BayPAG gestützt werden.

---

883 Es handelt sich regelmäßig nicht um eine Kontrollstelle i.S.d. § 13 I Nr. 4 PolG NRW, Art. 12 I Nr. 4 BayPAG. Die Einschränkung der hier genannten Straftatkataloge (§ 129 a StGB bzw. § 100 a StPO) wird der Gefahrenabwehrlage bei Sportveranstaltungen nicht gerecht.

884 Nolte, in: NVwZ 2001, S. 151.

885 Nolte, in: NVwZ 2001, S. 151; Deusch, Polizeiliche Gefahrenabwehr bei Sportgroßveranstaltungen, S. 187.

886 Vgl. Deusch, Polizeiliche Gefahrenabwehr bei Sportgroßveranstaltungen, S. 187.

2. Identitätsfeststellungen

Durch die Identitätsfeststellung gem. § 12 PolG NRW, Art. 13 BayPAG wird der einzelne Störer aus der Anonymität der Masse herausgenommen. Polizeitaktisch wird davon ausgegangen, dass Fans weniger aggressiv agieren, wenn sie erkannt sind, oder sich zumindest erkannt fühlen und ihrer Verantwortlichkeit bewusst werden.[887] Die Identitätsfeststellung ist daher ein wirksames Instrument zur Gefahrenabwehr von Fanausschreitungen bei Sportveranstaltungen.[888] Dies gilt umso mehr, als die Identitätsfeststellung einen sofortigen Abgleich mit der Datei *Gewalttäter Sport* ermöglicht.[889]

Ist eine Identitätsfeststellung den Umständen nach nicht möglich, oder verweigert die betroffene Person ihre Mitwirkung, besteht die Möglichkeit der Durchführung erkennungsdienstlicher Maßnahmen gem. § 14 I Nr. 1, III PolG NRW, Art. 14 I Nr. 1, III BayPAG. Je nach der Durchführung der erkennungsdienstlichen Maßnahmen kann sich die Intensität des Eingriffs in das informationelle Selbstbestimmungsrecht gem. Art. 2 I i.V.m. 1 I GG erhöhen.[890]

a) Die Identitätsfeststellung zur Abwehr einer Gefahr

Zur Identitätsfeststellung besteht zum einen dann Anlass, wenn vorherige polizeiliche Kontrollen einen Gefahrenverdacht im Hinblick auf einzelne Fans konkretisiert haben. So mögen etwa im Rahmen einer Durchsuchung an einer Kontrollstelle Gegenstände i. S. § 39 I PolG NRW, Art. 22 I BayPAG gefunden worden sein.[891] Im vorliegenden Kontext ist hier an Transparente oder Kleidungsstücke mit persönlichkeitsrechtsverletzendem Inhalt zu denken. Hier besteht eine konkrete Gefahr, wodurch der Tatbestand des § 12 I Nr. 1 PolG NRW, Art. 13 I Nr. 1 BayPAG erfüllt ist.

Ist eine konkrete Gefahr im Zusammenhang mit dem einzelnen Adressaten der Maßnahme jedoch nicht erkennbar, kann eine Identitätsfeststellung auch nicht unter dem Gesichtspunkt der Abwehr einer konkreten Gefahr vorgenommen

887 Siehe Markert/Schmidbauer, in: Schild, Rechtliche Aspekte bei Sportgroßveranstaltungen, S. 36.

888 So auch Schmidbauer, in: Schmidbauer/Steiner, PAG, Art. 13 Rn. 1, 4.

889 Vgl. Deusch, Polizeiliche Gefahrenabwehr bei Sportgroßveranstaltungen, S. 187.

890 Bei einer Verbringung zur Dienststelle wird gar das Recht auf Fortbewegungsfreiheit gem. Art. 2 II 2 i.V.m. 104 GG eingeschränkt; bgl. Nolte, in: NVwZ 2001, S. 151 f.

891 Nolte, in: NVwZ 2001, S. 151.

werden. Eine allgemeine präventive Personenkontrolle kann unter § 12 I Nr. 1 PolG NRW, Art. 13 I Nr. 1 BayPAG daher nicht gefasst werden.[892]

b) *Die Identitätsfeststellung an einem gefährlichen Ort*

Für die Personenkontrolle unabhängig von einem konkreten Verdacht spielt dagegen die Tatbestandsalternative der Kontrolle an einem gefährlichen Ort i.S.d. § 12 I Nr. 2 a) PolG NRW, Art. 13 I Nr. 2 a) BayPAG eine große Rolle. Bei den Tatbestandsmerkmalen ist zwischen den Anforderungen an den Ort und denen an die Person zu unterscheiden.

Zunächst muss die Personenkontrolle an einem sog. gefährlichen Ort vorgenommen werden. Hier genügt nicht alleine der Hinweis darauf, dass die spezifischen Gefahren durch Fanausschreitungen üblicherweise bei Sportveranstaltungen auftreten. Diese Annahme ginge zu weit und wäre zu ungenau, denn dann wären damit überall bei Sportveranstaltungen präventive Personenkontrollen möglich.[893] Dem Wortlaut nach müssen tatsächliche Anhaltspunkte auf das Verabreden, Vorbereiten oder die Verübung von Straftaten an diesem Ort hinweisen. Damit ist aber andererseits keine konkrete Gefahr gemeint, denn diese gilt es dem Zweck der Maßnahme nach erst zu erforschen. Erforderlich ist daher eine ortsgebundene Prognose aufgrund von Tatsachen, die etwa im Vorfeld der Sportveranstaltung bekannt geworden sind. Denkbar ist die Annahme eines gefährlichen Ortes daher an einer Sammelstelle von Fans (beispielsweise an einem Bahnhof) oder in einem bestimmten Block gewaltbereiter Fans.[894]

Des Weiteren muss sich die Person, deren Identität festgestellt werden soll, an diesem Ort aufhalten. Hier wiederum kommt es nicht auf Verdachtsmomente an, sondern auf die bloße Anwesenheit der Person. Fraglich ist allerdings, welche Anforderungen an das Tatbestandsmerkmal des Aufhaltens zu stellen sind. Gerade an einem gefährlichen Ort wie einem Bahnhof vor dem Stadion würde es ausufern, jede vorbeigehende Person kontrollieren zu dürfen. Durch das bloße Passieren wird ein gefahrenrelevanter Bezug zwischen dem Ort und der Person kaum hergestellt.[895] Im Beispiel des Bahnhofes nimmt *Deusch* dies an, wenn ein Fan an diesem Ort auf das Zusammentreffen mit anderen Fans wartet.[896]

---

892 Vgl. BayVGH, BayVBl 1993, 429; Gusy, Polizeirecht, Rn. 228.

893 Vgl. Gusy, Polizeirecht, Rn. 229.

894 Vgl. Nolte, in: NVwZ 2001, S. 151.

895 OVG NVwZ-RR 2003, 276 f; Pieroth/Schlink/Kniesel, Polizeirecht, § 14 Rn. 45; Deusch, Polizeiliche Gefahrenabwehr bei Sportgroßveranstaltungen, S. 188.

896 Deusch, Polizeiliche Gefahrenabwehr bei Sportgroßveranstaltungen, S. 188.

c) *Die Identitätsfeststellung zum Schutz privater Rechte*

In den Polizeigesetzen mancher Länder – etwa in Art. 13 I Nr. 6 BayPAG – ist eine Identitätsfeststellung darüber hinaus zum Schutz privater Rechte zulässig. Es handelt sich dann um eine Maßnahme zur Aufgabenerfüllung des Art. 2 II BayPAG und nicht um eine Maßnahme zur Abwehr einer Gefahr für die öffentliche Sicherheit und Ordnung.[897] Schreitet die Polizei aber gegen eine Persönlichkeitsrechtsverletzung nicht ein – unabhängig davon, ob eine Gefahr für die öffentliche Sicherheit und Ordnung vorlag – ist der Verletzte auf eine polizeiliche Identitätsfeststellung mitunter angewiesen.[898] Denn eine zivilrechtliche Klage, etwa auf Zahlung eines Schmerzensgeldes gem. § 823 I BGB i.V.m. Art. 2 I i.V.m. 1 I GG, setzt eine Individualisierung des Klagegegners aus der Ansammlung von Zuschauern voraus.

d) *Die Abgrenzung zu strafprozessualen Maßnahmen*

Von der polizeirechtlichen Identitätsfeststellung sind strafprozessuale Maßnahmen der Beweissicherung zu unterscheiden, § 163 b StPO.[899] Grundsätzlich kommt es auch hier auf den Schwerpunkt des Zwecks der Maßnahme an. In der Praxis werden Identitätsfeststellungen zur Gefahrenabwehr insbesondere zu Beginn der Sportveranstaltungen (namentlich beim Einlass oder bei der Anreise) vorgenommen werden. Eine Beweissicherung aufgrund beobachteter Straftaten wird dagegen eher während oder nach dem Spiel in Betracht kommen. Abgrenzungsschwierigkeiten können sich hier allenfalls zur Identitätsfeststellung zum Schutz privater Rechte gem. Art. 13 I Nr. 6 BayPAG ergeben.

3. Durchsuchungen

Zur Kontrolle einzelner Fans gehört auch ihre Durchsuchung nach Sachen gem. § 39 I PolG NRW, Art. 21 I BayPAG. Diese Maßnahme ist bei Sportveranstaltungen durchaus von großer Bedeutung, betrifft aber insbesondere die Suche nach Waffen, gefährlichen und pyrotechnischen Gegenständen.[900] Hier kann bei

---

897 Schmidbauer, in: Schmidbauer/Steiner, PAG, Art 13 Rn. 24.

898 Vgl. Gusy, Polizeirecht, Rn. 228.

899 Vgl. Gusy, Polizeirecht, Rn. 227; Schmitt, in: Meyer-Goßner/Schmitt, StPO, § 163 b Rn. 1.

900 Vgl. Nolte, in: NVwZ, 2001, S. 151; Deusch, Polizeiliche Gefahrenabwehr bei Sportgroßveranstaltungen, S. 188.

einigen Fans die Annahme gerechtfertigt sein, dass sie derartige sicherzustellende Sachen mit sich führen, § 39 I Nr. 2 PolG NRW, Art. 21 I Nr. 1 BayPAG.[901]

Entsprechend den Ausführungen zur Identitätsfeststellung kommt auch die Tatbestandsalternative der Durchsuchung an einem gefährlichen Ort gem. §§ 39 I Nr. 4; 12 I Nr. 2 PolG NRW, Art. 21 I Nr. 3, 13 I Nr. 2 BayPAG in Betracht.[902] Es müssen allerdings Anhaltspunkte für die Störereigenschaft der durchsuchten Personen vorliegen.[903]

Zur Erforschung von Gefahren im Hinblick auf drohende Persönlichkeitsrechtsverletzungen ist die Durchsuchung dagegen kaum geeignet. Denkbar ist allenfalls, dass bei einer Durchsuchung Transparente oder sonstige verkörperte Äußerungen mit entsprechendem Inhalt gefunden werden. Soweit diese Gegenstände zufällig (z. B. anstatt vermuteter Waffen) gefunden werden, ergeben sich insoweit keine weiteren Probleme.

Denkbar ist aber auch, dass der Durchsuchungszweck auf verkörperte Äußerungen gerichtet ist, durch die etwa Straftaten wie § 86 a StGB begangen werden. Polizeiliche Erkenntnisse könnten zu dieser Annahme Anlass geben. Hier würden Meinungsäußerungen unter Umständen vor ihrer Kundgabe polizeirechtlich überprüft werden. Darin ist aber keine Zensur i.S.d. Art. 5 I 3 GG zu sehen. Diese Schranken-Schranke[904] meint zwar die staatliche Vorzensur.[905] Der Zweck der Maßnahme liegt aber nicht in einer generellen Überprüfung des Inhalts eines Geisteswerkes i.S. einer Vorprüfung[906] vor seiner Verbreitung, sondern lediglich in der Erforschung einer Gefahr.

V. Die Gefahren- und Störungsbeseitigung

Hat die Polizei eine Gefahr durch Persönlichkeitsrechtsverletzungen erkannt bzw. prognostiziert, stehen ihr eine Reihe von Gefahrenabwehrmaßnahmen zur Verfügung. Sie wird dabei versuchen, die Gefahr durch eine Grundverfügung

---

901 Vgl. Turnit, in: JURA 2012, S. 370.

902 Vgl. Schenke, Polizeirecht, Rn. 147.

903 Vgl. Gusy, Polizeirecht, Rn. 246; Deusch, Polizeiliche Gefahrenabwehr bei Sportgroßveranstaltungen, S. 188.

904 Das Zensurverbot des Art. 5 I 3 GG gilt für alle Grundrechte des Art. 5 I GG, da es sich der Systematik nach auf Satz 1 und 2 bezieht; vgl. Pieroth/Schlink/Kingreen/Poscher, Grundrechte, Rn. 651.

905 BVerfGE 33, 52, 71; vgl. Hufen, Grundrechte, § 27 Rn. 12; Sodan, in: Sodan, GG, Art. 5 Rn. 35.

906 So die Definition in BVerfGE 33, 52, 72; vgl. Sodan, in: Sodan, GG, Art. 5 Rn. 35.

abzuwehren, die später unter Umständen vollstreckt werden kann.[907] Durch die Vielzahl möglicher Grundverfügungen lassen sich gewisse rechtsdogmatische Einteilungen vornehmen.

Dies beginnt bereits bei der Auswahl der Rechtsgrundlage. Greift eine polizeiliche Maßnahme in die Grundrechte des Bürgers ein, bedarf es einer gesetzlichen Ermächtigungsgrundlage.[908] Diese Ermächtigungsgrundlagen finden sich in den Polizeigesetzen, wobei zwischen Standardermächtigungen und der Generalklausel unterschieden wird.[909] Bei den Standardermächtigungen handelt es sich um die Normierung praktisch wie theoretisch bedeutsamer Standardmaßnahmen durch den Gesetzgeber.[910] Sie gehen der Generalklausel als leges speciales vor.[911] Das folgt bereits aus dem Vorrang des Gesetzes: Hat der Gesetzgeber Entscheidungen über eine Standardmaßnahme getroffen (insbesondere hinsichtlich ihrer Tatbestandsvoraussetzungen), dürfen diese nicht durch Rückgriff auf die Generalklausel umgangen werden.[912]

Eine weitere grundlegende Unterscheidung betrifft die Rechtsnatur der polizeilichen Maßnahme. Hier geht es um die Abgrenzung von Verwaltungsakten (§ 35 S. 1 VwVfG NRW, Art. 35 S. 1 BayVwVfG) und Realakten.[913] Relevant wurde diese Abgrenzung bereits bei manchen Maßnahmen der Gefahrenprävention. So ließe sich auch bereits feststellen, dass trotz fehlender Möglichkeit einer Anfechtungsklage gem. § 42 I VwGO auch gegen Realakte effektiver Rechtschutz gewährt wird. Dennoch gibt die Unterscheidung Aufschluss über die Funktionsweise der jeweiligen polizeilichen Maßnahme. Sie wirkt entweder befehlend oder

---

907 Vgl. Heckmann, in: Becker/Heckmann/Kempen/Manssen, Öffentliches Recht in Bayern, 3. Teil Rn. 77 f.

908 Vgl. Leisner, in: Sodan, GG, Art. 20 Rn. 49 a.

909 Vgl. Schenke, Polizeirecht, Rn. 501; Gusy, Polizeirecht, Rn. 179.

910 Vgl. Pieroth/Schlink/Kniesel, Polizeirecht, § 12 Rn. 1.

911 Vgl. Pieroth/Schlink/Kniesel, Polizeirecht, § 7 Rn. 11.

912 Problematisch ist dagegen der umgekehrte Fall, dass der Gesetzgeber über eine Maßnahme gerade keine speziellen Entscheidungen getroffen hat. Hier wird teilweise vertreten, Maßnahmen aufgrund der Generalklausel dürften hinsichtlich ihrer Grundrechtsintensivität nicht über Standardmaßnahmen hinausgehen. Dem ist aber nicht zuzustimmen. Denn mit der Schaffung der Generalklausel hat der Gesetzeber durchaus eine Entscheidung getroffen, und zwar hinsichtlich einer flexiblen Handlungsmöglichkeit der Polizei zur effektiven Abwehr von Gefahren. Ist keine Standardermächtigung einschlägig, ermächtigt die Generalklausel auch zu grundrechtsintensiven Eingriffen (freilich unter Wahrung aller Rechtmäßigkeitserfordernisse); so auch Gusy, Polizeirecht, Rn. 184.

913 Vgl. Schenke, Polizeirecht, Rn. 483 f.

realisierend. Dieser Erkenntnisgewinn über die Funktionsweise ginge verloren, würde man in jedem Realakt auch eine konkludente Duldungsverfügung[914] sehen. Dagegen soll die Frage, inwieweit eine Ermächtigung für einen polizeilichen Befehl auch zur Durchsetzung dessen ermächtigt, nicht pauschal, sondern anhand der konkreten Maßnahmen erörtert werden.

1. Die Unterlassungsanordnung

Um eine störende Handlung zu beseitigen kann die Polizei zunächst eine Unterlassungsanordnung als polizeilichen Befehl erlassen. Als Adressaten dieser Maßnahme kommen sowohl Fans als auch Veranstalter in Betracht.

a) Die Unterlassungsanordnung gegen Handlungen der Fans

Zunächst liegt es nahe, die persönlichkeitsrechtsverletzende Handlung schlicht zu verbieten, um die Gefahr zu beseitigen. Die Generalklausel ermächtigt die Polizei dazu, Störern das Unterlassen von Störungshandlungen zu befehlen. Es handelt sich hierbei um die klassische Situation eines polizeilichen Befehls.

In dem Befehl zum Unterlassen (Verbot) ist ein Regelungscharakter i.S.d. § 35 S. 1 VwVfG NRW, Art. 35 S. 1 BayVwVfG zu sehen.[915] Wird die Unterlassungsverfügung etwa in einem Gefährderanschreiben ausgesprochen, wird dieses damit zum Verwaltungsakt. Bei einem solchen präventiven Verbot ist allerdings auf eine hinreichende Bestimmtheit zu achten, § 37 I VwVfG NRW, Art. 37 I BayVwVfG. So ließe sich alleine dem schriftlichen Verbot, beleidigende Parolen zu unterlassen, wohl noch kein konkreter Regelungsgehalt entnehmen. Eine solche Formulierung wäre wohl eher als rechtlicher Hinweis über das grundsätzliche Verbot von Beleidigungen (§ 185 StGB) auszulegen. Nimmt das Gefährderanschreiben dagegen auf eine konkrete Handlung Bezug, z. B. weil die Verwendung eines bestimmten rechtsradikalen Symbols zu befürchten ist, liegt eine Regelung im Einzelfall i.S.d. § 35 S. 1 VwVfG NRW, Art. 35 S. 1 BayVwVfG vor.[916] Für den Fan ist hier unter Berücksichtigung der konkreten Umstände des Einzelfalls ersichtlich, welche Handlungsformen ihm verboten werden.[917]

Haben die Persönlichkeitsrechtsverletzungen während der Sportveranstaltung dagegen schon begonnen, ist eine Unterlassungsverfügung dem Inhalt nach ohne weiteres möglich. Kommen beleidigende Parolen während der

914 Vgl. Gusy, Polizeirecht, Rn. 182.
915 Vgl. Erbguth, Allgemeines Verwaltungsrecht, § 12 Rn. 11.
916 Vgl. Kopp/Ramsauer, VwVfG, § 37 Rn. 6a.
917 Vgl. Kopp/Ramsauer, VwVfG, § 37 Rn. 6.

Sportveranstaltung von einer Masse von Fans gleichzeitig, so kann die Polizei die Unterlassungsverfügung mittels einer Stadiondurchsage aussprechen.[918] Es handelt sich insoweit um eine formlose Bekanntgabe gem. §§ 37 II 1, 41 I VwVfG NRW, Art. 37 II 1, 41 I BayVwVfG. Eine genaue Identifikation der einzelnen Störer ist hier nicht möglich. Dennoch richtet sich die Verfügung nur an diejenigen Personen, die sich an den entsprechenden Parolen beteiligen. Die Bestimmung der Adressaten ist hier nach allgemeinen Merkmalen möglich, so dass es sich m.E. um eine adressatenbezogene Allgemeinverfügung i.S.d. § 35 S. 2 Var. 1 VwVfG NRW, Art. 35 S. 2 Var. 1 BayVwVfG handelt.[919]

b) Das Verbot des Verkaufs von Eintrittskarten an den Veranstalter

Es kann vorkommen, dass die Vereine trotz drohender Ausschreitungen durch bestimmte Fans kein Stadionverbot aussprechen. Hierin kann zunächst ein Verstoß gegen die Stadionverbotsrichtlinie des DFB liegen, deren Folgen sich allerdings alleine verbandsrechtlich beurteilen. Polizeirechtlich besteht dagegen die Möglichkeit, dem Verein den Verkauf von Eintrittskarten an die jeweiligen Fans zu untersagen.[920] Hierin ist ein Regelungsgehalt des entsprechenden Verwaltungsaktes gem. § 35 Satz 1 VwVfG NRW, Art. 35 Satz 1 BayVwVfG zu sehen. Aus einer kooperativen Handlungsform wird dann eine einseitig befehlende Handlungsform des Staates gegenüber dem Veranstalter. Die Maßnahme hängt maßgeblich davon ab, ob die Vereine (die die Karten verkaufen) als Störer zu sehen sind. Hierauf ist im Rahmen der Polizeipflichtigkeit noch einzugehen.[921] Hinsichtlich der Wirksamkeit weist *Siegel* darauf hin, dass sich Fans auch auf dem Schwarzmarkt mühelos Eintrittskarten verschaffen können.[922] Das trifft zwar zu, wenngleich die Möglichkeit der Eintrittsverschaffung mittels Schwarzmarktkarte

918 Die Stadionlautsprecheranlage wird zwar vom Veranstalter bedient, ist aber mit einer Vorrangschaltung für die Polizei ausgestattet. Kommt der Veranstalter der Anordnung zur Stadiondurchsage nicht nach, kann die Polizei selbst eine Durchsage vornehmen. Es geht hier also nicht um die Durchsetzung einer fremden Handlungspflicht i.S. einer Ersatzvornahme, sondern um die Vornahme einer eigenen Handlung.

919 Vgl. Erbguth, Allgemeines Verwaltungsrecht, § 12 Rn. 23.

920 Vgl. Siegel, in: NJW 2013, S. 1038; Barczak, in: JURA 2014, S. 900 f; VG Hamburg, Beschluss vom 2.4.12 (Az. 15 E 756/12); bestätigt vom OVG Hamburg, Beschluss vom 13.4.12 (Az. 4 Bs 78/12); vgl. Beutel, in: Die Polizei 2014, S. 118.

921 Siehe unten § 7.

922 Siehe: Siegel, in: NJW 2013, S. 1038; zustimmend Barczak, in: JURA 2014, S. 901 (Fn. 142).

auch bei einem Stadionverbot gegeben ist, solange die Identität des Betroffenen am Einlass zum Stadion nicht festgestellt wird.

2. Platzverweis und Aufenthaltsverbot

Persönlichkeitsrechtsverletzungen entfalten bei Sportveranstaltungen ihre Wirkung erst durch die besondere Kulisse des Stadions. Eine wirksame Beseitigung der Störung der öffentlichen Sicherheit und Ordnung kann daher durch einen Platzverweis gem. § 34 I 1 PolG NRW, Art. 16 Satz 1 BayPAG gegen Fans erreicht werden. Neben der vorübergehenden Platzverweisung kommt auch ein präventives Aufenthaltsverbot gem. § 34 II PolG NRW, Art. 11 I, II BayPAG in Betracht.[923]

a) Der vorübergehende Platzverweis

Inhaltlich enthält der Platzverweis ein Entfernungsgebot sowie ein vorübergehendes Betretungsverbot.[924] Mit ihm kann also erreicht werden, dass bestimmte Fans von Orten entfernt werden, an denen sich ihr Aggressionspotential entfalten kann.[925] *Siegel* bezeichnet Platzverweise für Stadien auch als polizeirechtliche Stadionverbote.[926]

Der Tatbestand des § 34 I 1 PolG NRW, Art. 16 Satz 1 BayPAG erfordert das Vorliegen einer (konkreten) Gefahr.[927] Umstritten ist hierbei, ob ein Verstoß gegen eine Stadionordnung als konkrete Gefahr ausreicht. [928] Namentlich geht es insbesondere um das Mitführen von (nach der Stadionordnung) verbotenen Gegenständen[929] sowie um die Verletzung des Alkoholverbots[930]. Soweit der Tatbestand einer polizeirechtlichen Befugnisnorm von einer Gefahr spricht, ist hiermit eine Gefahr für die öffentliche Sicherheit und Ordnung gemeint. Das

---

923 Vgl. Turnit, in: JURA 2012, S. 370.

924 Vgl. Schmidbauer, in: Schmidbauer/Steiner, PAG, Art. 16 Rn. 18.

925 Die Maßnahme greift nicht nur in die körperliche Bewegungsfreiheit ein, sondern hat mitunter auch wirtschaftliche Konsequenzen. Gekaufte Eintrittskarten können mangels Rücktrittsgrund gem. § 323 I BGB nicht zurückgegeben werden und dürfen aufgrund von AGB Bestimmungen regelmäßig nicht weiterverkauft werden. Dem Adressaten der Maßnahme bleibt nur einstweiliger Rechtschutz gem. § 80 V VwGO; vgl. Yamato, in: JA 2014, S. 379, 384.

926 Siehe Siegel, in: NJW 2013, S. 1036.

927 Vgl. Schmidbauer, in: Schmidbauer/Steiner, PAG, Art. 16 Rn. 14.

928 Vgl. Nolte, in: NVwZ 2001, S. 152; zustimmend Siegel, in: NJW 2013, S. 1036.

929 Vgl. Deusch, Polizeiliche Gefahrenabwehr bei Sportgroßveranstaltungen, S. 190.

930 Vgl. Nolte, in: NVwZ 2001, S. 152.

Vorliegen einer Gefahr für die öffentliche Sicherheit und Ordnung kann aber nicht von privaten Auflagen des Veranstalters abhängen. Andererseits bringen die Listen verbotener Gegenstände in Stadionordnungen aber die typische Gefahrenlage bei Sportveranstaltungen zum Ausdruck. Wird etwa ein Fantransparent mit beleidigendem Inhalt gefunden, rechtfertigt diese Tatsache insoweit die Annahme einer konkreten Gefahr in Form einer Beleidigung gem. § 185 StGB. M.E. sollte ein Verstoß gegen Veranstalterauflagen zwar nicht per se als polizeirechtliche Gefahr angesehen werden, wohl aber als Indiz für das Vorliegen einer solchen gesehen werden.

Da der Platzverweis die körperliche Bewegungsfreiheit gem. Art. 2 II 2 GG einschränkt, muss die Maßnahme hinsichtlich Zeit und Ort hinreichend konkret sein. Es bezieht sich auf einen konkreten Ort wie etwa einen bestimmten Zuschauerblock[931] oder einen Bereich im Stadiongelände, an dem es zu einem Aufeinandertreffen rivalisierender Fans kommt. In Abgrenzung zum Aufenthaltsverbot ist der Platzverweis nur vorübergehend.[932] Welche Zeitspanne hierunter zu verstehen ist, ist zwar umstritten, bei Sportveranstaltungen aber unproblematisch.[933] Es handelt sich um eine Gefahrenlage, die sich auf wenige Stunden rund um die Sportveranstaltung erstreckt.

b) Das Aufenthaltsverbot

Das Aufenthaltsverbot geht über den Platzverweis hinaus, da es nicht nur vorübergehend ist, sondern präventiv den Aufenthalt an einem bestimmten Ort und eine bestimmte Zeitspanne enthält, die weit länger als nur „vorübergehend" sein kann.[934] Auch das Aufenthaltsverbot ist bei Sportveranstaltungen von großer praktischer Bedeutung, da sich die Gefahrenlage durch Fanausschreitungen zeitlich und räumlich konkretisieren lässt.

Hinsichtlich der Dauer der Maßnahmen ist zu berücksichtigen, dass sich Fanausschreitungen regelmäßig nur am Tag der Sportveranstaltung realisieren.[935]

---

931 Wird etwa ein ganzer Zuschauerblock „geräumt", muss ein Platzverweis gegen sämtliche darin befindlichen Zuschauer ausgesprochen werden. Formell ist dies durch eine Allgemeinverfügung i.S.d. § 35 S. 2 Var. 1 VwVfG NRW, Art. 35 S. 2 Var. 1 BayVwVfG möglich.

932 Vgl. Schenke, Polizeirecht, Rn. 132.

933 Meist wird ein Zeitraum von bis zu 24 Stunden angenommen; vgl. etwa Turnit, in: JURA 2012, S. 370; Schenke, Polizeirecht, Rn. 132.

934 Vgl. Gusy, Polizeirecht, Rn. 282.

935 Anders mag es bei Auswärtsbegegnungen im Ausland sein, bei denen Fans ihre Mannschaft über mehrere Tage hinweg begleiten.

Dagegen kann sich die örtliche Gefahrenlage durchaus auch auf Bereiche außerhalb des Stadiongeländes erstrecken. Hervorzuheben sind hier besonders Stadtviertel, die erfahrungsgemäß vor und nach den Spielen von Fans besucht werden (z.B. Fußgängerzonen in Innenstädten). Soweit jene Stadtteile hinreichend bestimmt bezeichnet werden, können sich die Aufenthaltsverbote auf sie erstrecken.[936]

Während das Aufenthaltsverbot in § 34 II PolG NRW geregelt ist, enthält das BayPAG keine entsprechende Standardbefugnis. Insbesondere ist ein Rückgriff auf Art. 16 BayPAG unzulässig. Der Gesetzgeber hat hier bewusst nur den Platzverweis geregelt. Aufenthaltsverbote werden deshalb auf die Allgemeinklausel gem. Art. 11 I, II BayPAG gestützt. Unter rechtstaatlichen Gesichtspunkten ist dies problematisch. Nach dem Wesentlichkeitsgrundsatz müssen grundrechtswesentliche Entscheidungen vom Gesetzgeber ausdrücklich getroffen werden.[937] Soweit Art. 16 BayPAG aber nur den Platzverweis betrifft, ist zu beachten, dass das Aufenthaltsverbot eine wesentlich grundrechtssensiblere Maßnahme darstellt.[938] Denn hier wird das Verbot, einen Ort zu betreten, nicht nur vorübergehend ausgesprochen, sondern es wird dadurch sogar das Grundrecht auf Freizügigkeit gem. Art. 11 I GG beschränkt.[939] Diesbezüglich bestehen berechtigte Zweifel, ob die Generalklausel des Art. 11 I, II BayPAG den Anforderungen der Schranke des Art. 11 II GG genügt.[940] Solange eine Standardbefugnis jedoch nur für den Platzverweis existiert, wird der Anwendungsbereich der Allgemeinklausel als eröffnet angesehen.[941]

Der Tatbestand des § 34 II PolG NRW erfordert, dass Tatsachen die Annahme rechtfertigen müssen, es werde zur Begehung von Straftaten kommen.[942] Das VG Neustadt hatte über einen Fall zu entscheiden, in dem die Polizei Aufenthaltsverbote gem. § 13 III POG RP für den Innenstadtbereich von Kaiserslautern in Form von Allgemeinverfügungen gegen Fans mit bundesweitem Stadionverbot

---

936 Vgl. Gusy, Polizeirecht, Rn. 281.

937 Vgl. Heckmann, in: Becker/Heckmann/Kempen /Manssen, Öffentliches Recht in Bayern, Teil 3 Rn. 359.

938 Vgl. Gusy, Polizeirecht, Rn. 282.

939 Unter der Freizügigkeit nach Art. 11 I GG wird das Recht zum Aufenthalt und Wohnsitz im Bundesgebiet verstanden; vgl. Sodan, in: Sodan; Art. 11 Rn. 2.

940 Vgl. Turnit, in: JURA 2012, S. 370.

941 Kritisch Siegel, in: NJW 2013, S. 1037; Gusy, Polizeirecht, Rn. 282.

942 Vgl. auch VG Köln, Beschluss vom 21.8.2015 (Az. 20 L 2023/15) – Juris Rn. 13 ff.; VG Köln, Urteil vom 14.9.2015 (Az. 20 K 699/14) – Juris Rn. 14.

erlassen hatte.[943] Die besondere Situation lag hier darin, dass das Aufenthaltsverbot das Stadionverbot nicht nur durchsetzen sollte, sondern auf den Innenstadtbereich erweitert wurde. Die Maßnahme diente somit nicht dem Schutz des Hausrechts des Veranstalters sondern alleine der öffentlichen Sicherheit und Ordnung im öffentlichen Raum. Dennoch wurde an die privat ausgesprochenen Stadionverbote angeknüpft. Die verbandsrechtlich ausgestalteten Voraussetzungen des bundesweiten Stadionverbots sind aber alleine auf das Verhalten der Fans während der Sportveranstaltungen ausgerichtet. Daher nahm das VG Neustadt zurecht an, dass alleine das Vorliegen eines bundesweiten Stadionverbots den Tatbestand des Aufenthaltsverbotes (hier § 13 III des POG RP) nicht erfüllt.[944] Nach § 13 III POG RP müssen Tatsachen vorliegen, die die Annahme rechtfertigen, es werde an einem bestimmten Ort zur Begehung von Straftaten kommen. Dieser Ort war hier jedoch nicht einmal derselbe, wie jener Ort, auf den sich die Stadionverbote beziehen. Die Prognose, dass es zur Begehung von Straftaten kommen wird, muss für jeden Ort zutreffen, auf den sich das Aufenthaltsverbot erstreckt. Unzulässig ist es daher, die Prognose bzgl. der Gefahr im öffentlichen Raum lediglich auf Tatsachen zu stützen, die alleine für den Stadionbereich gelten. Die Erstreckung des Aufenthaltsverbots ist dann nicht erforderlich, da eine Beschränkung auf den Stadionbereich das mildere Mittel wäre.[945]

c) *Flankierende Meldeauflagen*

Um die Wirksamkeit eines Aufenthaltsverbots sicherzustellen, werden flankierend häufig Meldeauflagen gegen Fans erlassen.[946] Es handelt sich jedoch nicht um eine Maßnahme nach § 34 I 1 PolG NRW, Art. 16 Satz 1 Var. 1 BayPAG, sondern um eine begleitende Maßnahme auf Grundlage der Allgemeinklausel gem. § 8 I PolG NRW, Art. 11 I, II BayPAG.[947] Erforderlich ist insoweit wiederum das Vorliegen einer konkreten Gefahr. Für die Meldeauflage ist daher eine eigene Gefahrenprognose und Ermessensausübung vorzunehmen.[948]

---

943 Vgl. VG Neustadt, Beschluss vom 2.5.2014 (Az.: 5 L 404/14) – Juris Rn. 2.

944 Vgl. VG Neustadt, Beschluss vom 2.5.2014 (Az.: 5 L 404/14) – Juris Rn. 14 ff.

945 Ähnlich Yamato, in: JA 2014, S. 387.

946 Vgl. Siegel, in: NJW 2013, S. 1037; Turnit, in: JURA 2012, S. 370.

947 Vgl. Turnit, in: JURA 2012, S. 370; Schucht, in: NVwZ 2011, S. 709 ff.; Schmidbauer, in: Schmidbauer/Steiner, PAG, Art. 11 Rn. 217 f.; a.A. Barczak, in: JURA 2014, S. 893, der eine eigenständige Befugnisnorm für die Meldeauflage als Gefahrenvorsorge fordert.

948 Vgl. hierzu VG Meiningen, Urteil vom 8.2.2011 (Az.: 2 K 453/09) – Juris Rn. 19 ff.

3. Die Gewahrsamnahme von Fans

Die Gewahrsamsnahme i.S.d. § 35 I PolG NRW, § 17 I BayPAG gehört zu den schärfsten präventiven Maßnahmen der Polizei, da hierbei die durch Art. 2 II 2 GG geschützte körperliche Freiheit zeitweise entzogen wird.[949] Mit dieser Freiheitsentziehung liegt eine besonders schwerwiegende Form einer Freiheitsbeschränkung vor[950], für die das GG selbst in Art. 104 II GG besondere Verfahrensanforderungen[951] normiert, die in den Polizeigesetzen umgesetzt werden, §§ 36 ff. PolG NRW, Art. 18 ff. BayPAG. Besonders hervorzuheben ist die Entscheidungsgewalt des Richters gem. Art. 104 II 1, 2 GG.[952]

Um eine Gewahrsamsnahme handelt es sich nur, wenn die Polizei die betreffende Person gegen oder ohne ihren Willen festhält. Unterstellt sich also etwa ein Schiedsrichter nach einem Fußballspiel freiwillig dem Schutz der Polizei, liegt kein Gewahrsam vor.[953] Zu unterscheiden ist dieser Fall jedoch vom sog. Schutzgewahrsam gem. § 35 I Nr. 1 PolG NRW, Art. 17 I Nr. 1 BayPAG, bei dem Personen ohne oder gegen ihren Willen festgehalten werden, die sich selbst gefährden oder sonst gefährdet sind.[954]

a) Der Präventivgewahrsam zur Verhinderung von Straftaten

Über den Schutzgewahrsam hinaus können Personen in Präventivgewahrsam genommen werden, um die Begehung von Straftaten zu verhindern, § 35 I Nr. 2 PolG NRW, Art. 17 I Nr. 2 BayPAG. Im Zusammenhang mit Sportveranstaltungen werden insbesondere Personen in Präventivgewahrsam genommen, die als „Rädelsführer" von Fanausschreitungen gelten. Mit der Maßnahme soll dann die Anwesenheit der betroffenen Person bei der Sportveranstaltung verhindert

949 Als Freiheitsentziehung ist insoweit die Aufhebung der körperlichen Bewegungsfreiheit in alle Richtungen zu verstehen; BVerfG DVBl. 2011, 623 f.; vgl. Sodan, in: Sodan, GG, Art. 104 Rn. 3.

950 Vgl. Nolte, in: WFV, Verantwortlichkeit und Haftung im Sport, S. 64; Gusy, Polizeirecht, Rn. 300.

951 Vgl. Pieroth/Schlink/Kingreen/Poscher, Grundrechte, Rn. 450.

952 Da die Polizei die Gefahrenabwehrmaßnahme der Gewahrsamsnahme regelmäßig sofort durchführt, ist eine zwar nachträgliche, aber doch unverzügliche richterliche Entscheidung einzuholen, vgl. § 36 PolG NRW, Art. 18 BayPAG. Immerhin ermöglicht dies ein eigenmächtiges Handeln der Polizei bis zum Ende der Sportveranstaltung.

953 Vgl. Dietlein, in: Dietlein/Burgi/Hellermann, Öffentliches Recht in NRW, S. 373.

954 Vgl. Gusy, Polizeirecht, Rn. 295.

werden. Die Rechtmäßigkeit eines solchen Präventivgewahrsams wirft allerdings insbesondere im Hinblick auf die Rspr. des EGMR[955] Probleme auf.[956]

aa) Die Prognose der Straftatbegehung

Der Tatbestand der § 35 I Nr. 2 PolG NRW, Art. 17 I Nr. 2 BayPAG erfordert die Prognose der Straftatbegehung.

In Art. 17 I Nr. 2 lit. a-c BayPAG sind Fälle beschrieben, in denen „insbesondere" Straftaten durch Gewahrsamsnahmen zu verhindern sind. Es handelt sich hierbei um legislative Prognosehilfen[957], die nicht zuletzt auch auf typische Situationen bei Massenveranstaltungen zugeschnitten sind.[958] So können gem. Art. 17 I Nr. 2 lit. a BayPAG etwa Personen in Gewahrsam genommen werden, die Transparente mit sich führen, die Aufforderungen zu Straftaten enthalten. Bei aufhetzenden Fanplakaten kann dies der Fall sein, wobei beleidigende oder sonst strafrechtlich relevante Transparente auch sonstige Gegenstände i.S.d. Art. 17 I Nr. 2 lit. b BayPAG sein können. Auf die Art der Straftat kommt es für das präventive Mittel der Gewahrsamsnahme grundsätzlich nicht an. Wenn nach dem Wortlaut der Rechtsgrundlage schon Ordnungswidrigkeiten (deren Folge keine Freiheitsentziehung sein kann) für einen Gewahrsam ausreichen, gilt dies erst recht auch für Beleidigungen i.S.d. § 185 StGB.

bb) Die Vereinbarkeit mit Art. 5 I EMRK

Umstritten ist die Vereinbarkeit des Präventivgewahrsams gegen Fußballfans mit Art. 5 I EMRK. In das Menschenrecht auf Freiheit darf nur auf gesetzlicher Grundlage und in den Fällen des Art. 5 I 2 a)-f) EMRK eingegriffen werden.

Zunächst liegt es nahe, für den Präventivgewahrsam nach § 35 I Nr. 2 PolG NRW, Art. 17 I Nr. 2 BayPAG auf die Schranke des Art. 5 I 2 c) EMRK abzustellen. Denn Ziel der Maßnahme ist es, die betroffene Person an der Begehung von Straftaten zu hindern.

Der für die Auslegung der EMRK zuständige EGMR sieht dies jedoch anders. Nach seiner Rspr. müssen sich Maßnahmen nach Art. 5 I 2 c) EMRK stets auf ein konkretes Strafverfahren beziehen.[959] Er stellt dabei auf den Wortlaut *zur Vorführung vor die zuständige Gerichtsbehörde* ab. Die reine Prognose zukünftiger

955 EGMR NVwZ 2014, 43.

956 Hierzu Michaelis, in: JA 2014, S. 199 ff.; Barczak, in: JURA 2014, S. 899 ff.

957 Vgl. Schmidbauer, in: Schmidbauer/Steiner, PAG, Art. 17 Rn. 41.

958 Vgl. Schmidbauer, in: Schmidbauer/Steiner, PAG, Art. 17 Rn. 39.

959 EGMR NVwZ 2014, 43; NVwZ 2012, 1089.

Straftaten reiche dagegen für eine Freiheitsentziehung in Form des Präventivgewahrsams nicht aus. Abzustellen sei vielmehr auf Art. 5 I 2 b) EMRK, wonach eine Freiheitsentziehung zur Durchsetzung gesetzlicher Verhaltenspflichten möglich sei. Eine solche gesetzliche Verhaltenspflicht sei etwa in der Anordnung zu sehen, sich im Rahmen einer bestimmten Sportveranstaltung nicht an Straftaten zu beteiligen (diese Anordnung ist Teil des polizeilichen Aufsammelns und Begleiten von Fangruppen).[960]

Da die Auslegung der EMRK durch den EGMR bindend ist, hat sich die nationale Rspr. dieser Ansicht angeschlossen.[961] In der Literatur wird sie jedoch kritisiert.[962] Gegen die Ansicht des EMRK spricht zum einen der Wortlaut des Art. 5 I 2 c) EMRK. Der Normtext enthält nämlich zwei Schranken. Während der erste Halbsatz die Freiheitsentziehung zur *Vorführung vor die zuständige Gerichtsbehörde* vorsieht geht es im zweiten Halbsatz um die Verhinderung der *Begehung einer Straftat*, wobei die Alternativen durch das Wort *oder* getrennt sind. Die Prävention von Straftaten ist damit auch als Sinn und Zweck der Schranke anzusehen. Die vom EGMR angenommene Voraussetzung des bestehenden Strafverfahrens ist dagegen nicht angelegt. Ferner überzeugt der Ansatz des EGMR nicht, auf Art. 5 I 2 b) abzustellen. Die Verpflichtung keine Straftat zu begehen ist allzu allgemein und nicht konkret genug.[963]

b) Die Gewahrsamnahme zur Durchsetzung von Platzverweisen

Bei Sportveranstaltungen liegt die wichtigste Bedeutung des polizeilichen Gewahrsams in der Durchsetzung von Platzverweisen. In den Ermächtigungsgrundlagen ist dieser Fall in den § 35 I Nr. 3 PolG NRW, Art. 17 I Nr. 3 BayPAG ausdrücklich normiert. Widersetzt sich ein Fan, der von der Sportstätte oder einem bestimmten Bereich des Stadions verwiesen wurde dieser Anordnung, können Vollstreckungsmaßnahmen ergriffen werden. Führt jedoch auch dies nicht nachhaltig zum Ziel, ist eine darüber hinausgehende Grundverfügung in Form der Gewahrsamsnahme erforderlich.[964] Denn erst durch die Entziehung der Bewegungsfreiheit für die Zeit der Sportveranstaltung kann eine Fortführung der Fanausschreitungen konsequent verhindert werden. Dagegen stellt sich die Frage, ob auch dann eine Gewahrsamnahme vorliegt, wenn der Fan zum Zwecke der

960 Vgl. Barczak, in: JURA 2014, S. 899.
961 Vgl. OVG Lüneburg, Urteil vom 24.2.2014 (Az. 11 LC 228/12) – Juris Rn. 65.
962 Vgl. Michaelis, in: JA 2014, S. 198, 200; Barczak, in: JURA 2014, S. 899.
963 So auch Michaelis, in: JA 2014, S. 200; Barczak, in: JURA 2014 S. 900.
964 Vgl. Turnit, in: JURA 2012, S. 370.

Verbringung an einen anderen Ort (etwa in einem Fahrzeug auf dem Weg vom Stadion zum Bahnhof) festgehalten wird (Verbringungsgewahrsam).[965] Objektiv liegt hier zwar eine zeitweise Freiheitsentziehung vor. Diese ist aber nur die Nebenfolge des Ortswechsels als vorrangiges Ziel der Maßnahme, die regelmäßig als Vollstreckungsmaßnahme zu qualifizieren ist.[966]

c) Die Gewahrsamnahme zum Schutz privater Rechte

In einigen Polizeigesetzen wird die Gewahrsamsnahme zum Schutz privater Rechte ermöglicht, so auch in § 35 I Nr. 5 PolG NRW. Hier wird nicht auf eine Gefahrenlage für die öffentliche Sicherheit abgestellt, sondern auf die Ausgangssituation der bürgerlich-rechtlichen Notwehr- und Selbsthilferechte der §§ 229, 230 III BGB.[967] Voraussetzung ist demnach die Gefährdung der Durchsetzung zivilrechtlicher Ansprüche, was im vorliegenden Kontext hinsichtlich etwaiger Schmerzensgeldansprüche aus § 823 I i.V.m. Art. 2 I i.V.m. 1 I GG relevant sein kann.

d) Die Abgrenzung zur strafprozessualen Festnahme

Der polizeirechtliche Gewahrsam ist von der strafprozessualen Festnahme zu trennen.[968] Die Polizei kann Personen gem. § 127 I StPO vorläufig festnehmen, wenn sie den Täter auf frischer Tat antreffen. Wie sich aus § 127 III StPO ergibt, kommt eine vorläufige Maßnahme auch bei Antragsdelikten wie der Beleidigung (§ 185 StGB) in Betracht.[969] Als Gründe für die vorläufige Festnahme kommen gem. § 127 I 1 StPO der Fluchtverdacht oder die Notwendigkeit zur Identitätsfeststellung in Betracht. Beides kann bei Fanausschreitungen regelmäßig angenommen werden. Selbst wenn ein Fan bei der Begehung einer Straftat aus einer Zuschauermenge heraus entdeckt wurde, steht seine Identität noch nicht fest. Auch kann er sich jedenfalls zum Ende der Sportveranstaltung innerhalb einer Menschenmenge entfernen. Es muss damit gerechnet werden, dass sich der Täter seiner strafrechtlichen Verantwortung entziehen wird.[970]

Da die Festnahme nach § 127 I StPO eben nur vorläufig ist, ist die Fortsetzung der Freiheitsentziehung nur durch richterlichen Haftbefehl gem. § 114 StPO

---

965 Vgl. Thil, Polizeirecht, Rn. 462; Helmke, Der polizeiliche Platzverweis, S. 147 ff.
966 So auch Turnit, in: JURA 2012, S. 370 f.
967 Vgl. Dietlein, in: Dietlein/Burgi/Hellermann, Öffentliches Recht in NRW, S. 377.
968 Vgl. Gusy, Polizeirecht, Rn. 310.
969 Vgl. Schmitt, in: Meyer-Goßner/Schmitt, StPO, § 127 Rn. 21.
970 Vgl. Schmitt, in: Meyer-Goßner/Schmitt, StPO, § 127 Rn. 10.

zulässig. Anders als beim präventiven Gewahrsam handelt es sich hier allerdings um ein strafprozessuales Instrument, so dass der Grundsatz der Verhältnismäßigkeit von besonderer Bedeutung ist.[971]

4. Die Sicherstellung verkörperter Äußerungen

Persönlichkeitsrechtsverletzungen finden bei Sportveranstaltungen teilweise mittels verkörperter Äußerungen statt. Fantransparente sind im Stadion für jedermann sichtbar und eignen sich daher gut zur Verkörperung von Äußerungen. Ergibt sich aus dem Inhalt der Transparente eine Gefahr für die öffentliche Sicherheit und Ordnung, können sie gem. § 43 Nr. 1 PolG NRW, Art. 25 Nr. 1 BayPAG sichergestellt werden. Die Sicherstellung von Sachen hat bei Sportveranstaltungen ohnehin eine große Bedeutung, da sie regelmäßig in Folge von Durchsuchungen an Kontrollstellen angewandt wird.[972] Meist betrifft dies freilich pyrotechnische oder waffenähnliche Gegenstände.

Durch die Sicherstellung wird ein alleiniger hoheitlicher Gewahrsam an der Sache begründet (Verstrickung), worin auch der Regelungsgehalt des Verwaltungsaktes zu sehen ist.[973] Die polizeirechtliche Sicherstellung ist von der strafprozessualen Beschlagnahme gem. § 94 StPO zu unterscheiden, mit der Beweismittel für Strafverfahren gesichert werden sollen. Ist eine Sache aus präventiven Gründen sichergestellt worden, muss die strafprozessuale Maßnahme nach § 94 I StPO gesondert angeordnet werden. Immerhin ist in der Praxis dann keine Beschlagnahme nach § 94 II StPO mehr notwendig, da hoheitlicher Gewahrsam bereits besteht und eine (unfreiwillige) Herausgabe nicht mehr möglich ist.

So wurden beispielsweise bei der Begegnung des FC Schalke 04 und PAOK Saloniki am 21.8.2013 Transparente sichergestellt, denen die Polizei im Wege der Gefahrenprognose volksverhetzenden und beleidigenden Inhalt beimaß.[974] Hier lag aus Sicht der Polizei (ex ante) in doppelter Hinsicht eine Gefahr für die

---

971 Vgl. Gusy, Polizeirecht, Rn. 311.

972 Vgl. Nolte, in: NVwZ 2001, S. 151.

973 Ob in der Sicherstellungsverfügung zugleich die Befugnis zum faktischen Wegnehmen der Sache als Realakt beinhaltet ist oder ob hierfür zusätzlich eine Vollstreckungsmaßnahme erforderlich ist, ist fraglich. Für die Durchsetzung von Verwaltungsakten stellt das Polizeirecht Vollstreckungsmöglichkeiten bereit. Bei systematischer Auslegung liegt es daher nahe, nach einem zweistufigen Verfahren vorzugehen, und in der Sicherstellung lediglich eine Regelungsanordnung zu sehen; vgl. Gusy, Polizeirecht, Rn. 286.

974 Vgl. Müller-Eiselt, in: Verwaltungsrundschau 2014, S. 87 f.; Quirling/Müller, in: CaS 2014, S. 136.

öffentliche Sicherheit und Ordnung vor. Zum einen ging es um den vermeintlich strafbaren Inhalt der Transparente selbst, zum anderen sollten gewaltsame Fanausschreitungen verhindert werden, die durch die Transparente möglicherweise provoziert worden wären.

VI. Die Vollstreckung der Grundverfügungen

Werden die zuvor dargestellten Grundverfügungen nicht befolgt oder widersetzen sich Fans gegen diese, bedarf es ihrer zwangsweisen Durchsetzung, § 50 I PolG NRW, Art. 53 I BayPAG.[975] Als Vollstreckungsmaßnahmen kommen gem. § 51 I Nr. 1–3 PolG NRW, Art. 54 I Nr. 1–3 BayPAG die Ersatzvornahme, das Zwangsgeld sowie der unmittelbare Zwang in Betracht. Im Folgenden soll die Anwendung der Ersatzvornahme und des unmittelbaren Zwangs zur Abwehr von Persönlichkeitsrechtsverletzungen dargestellt werden.[976]

1. Die Ersatzvornahme

Eine Ersatzvornahme kommt immer dann in Betracht, wenn eine vertretbare Handlung durchgesetzt werden soll, § 52 I 1 PolG NRW, Art. 55 I 1 BayPAG.[977] Hierin liegt jedoch gerade das Problem bei der Abwehr von Persönlichkeitsrechtsverletzungen. Ihnen liegen Äußerungen zu Grunde, die es zu unterlassen gilt. Das Unterlassen einer Äußerung ist aber nur dem äußernden Fan selbst möglich.[978]

Vertretbar ist allenfalls eine Handlung zur Beseitigung einer Persönlichkeitsrechtsverletzung. So kann es etwa darum gehen, ein an einem Tribünengelände befestigtes Transparent zu entfernen. Der hierauf gerichtete polizeiliche Befehl hat einen vertretbaren Inhalt. Die Polizei (oder ein sonstiger Dritter) kann zumindest die weitere Verbreitung der verkörperten Äußerung verhindern.

Lässt sich in dem genannten Beispiel der Urheber des Transparents nicht bestimmen (z. B. weil das Transparent vor einer unbesetzten Tribünenstelle

---

975 Es kann insoweit von einem zweistufigen Verfahren gesprochen werden; vgl. Gusy, Polizeirecht, Rn. 436.

976 Die Verhängung eines Zwangsgeldes (§ 53 PolG NRW, Art. 56 BayPAG) zur Abwehr von Fanausschreitungen ist während einer Sportveranstaltung praktisch untauglich. Denkbar ist eine Androhung eines Zwangsgeldes indes im Vorfeld einer Sportveranstaltung, etwa zur Durchsetzung eines an bestimmte Fans gerichteten Verbots. Hier ergeben sich aber keine Besonderheiten aufgrund der spezifischen Situation einer Sportveranstaltung.

977 Vgl. Schmidbauer, in: Schmidbauer/Steiner, PAG, Art. 55 Rn. 1.

978 Vgl. Schenke, Polizeirecht, Rn. 553.

angebracht wurde), kann ein sofortiger Vollzug gem. § 50 II PolG NRW, Art. 53 II BayPAG angeordnet werden. Durch die Sichtbarkeit des Transparents findet eine andauernde Rechtsverletzung statt, worin somit auch eine gegenwärtige Gefahr zu sehen ist. Der polizeiliche Befehl zur Entfernung des Transparentes könnte den störenden Fans (wären sie bekannt) erteilt werden. Die hypothetische Grundverfügung wäre daher rechtmäßig.[979] Solange und soweit die störenden Fans jedoch nicht bekannt sind, ist eine gegen sie gerichtete Maßnahme nicht möglich.

Problematisch ist indes, dass auch der Veranstalter (handelnd durch seinen Ordnungsdienst) Adressat der Grundverfügung sein könnte. Für die zu Grunde liegende Verfügung stellt sich die Frage, ob der Veranstalter als Störer angesehen werden kann. Hierauf ist im Rahmen der Polizeipflichtigkeit noch einzugehen. Für die Ersatzvornahme kommt es darauf aber nicht unbedingt an. Der Wortlaut des § 50 II PolG NRW, Art. 53 II BayPAG umfasst sowohl Störer als auch Nichtstörer („Personen nach den §§ 4 bis 6“ bzw. „Art. 7 bis 10“). Sofern eine Entfernung des Transparents durch den privaten Ordnungsdienst jedoch nur verzögert oder unter Schwierigkeiten möglich ist, ist die sofortige Vollziehung im Hinblick auf eine effiziente Gefahrenabwehr möglich.[980]

Die Polizeigesetze mancher Länder kennen neben dem sofortigen Vollzug auch die unmittelbare Ausführung, etwa Art. 9 I BayPAG. Die Abgrenzung zwischen den beiden Rechtsinstituten ist umstritten.[981] Manche stellen auf die mutmaßliche Willensrichtung des Adressaten ab.[982] Der sofortige Vollzug setze als Zwangsmittel einen entgegenstehenden Willen voraus. Der ist aber nur schwer ermittelbar, wo ein Adressat gerade fehlt. Über den Willen müsste regelmäßig gemutmaßt werden.[983] Zudem stellt das Gesetz selbst eine Abgrenzung bereit. Nach Art. 53 II BayPAG dürfen Maßnahmen nach Art. 7 bis 10 nicht erfolgsversprechend sein. Die unmittelbare Ausführung nach Art. 9 I BayPAG ist demnach vorrangig anzuwenden.[984] Anders als der weiter gefasste sofortige Vollzug bezieht

979 Vgl. Gusy, Polizeirecht, Rn. 441.
980 Vgl. Schenke, Polizeirecht, Rn. 564.
981 Vgl. Gusy, Polizeirecht, Rn. 440.
982 Vgl. Schenke, Polizeirecht, Rn. 564 m.w.N.
983 So auch Heckmann, in: Becker/Heckmann/Kempen/Manssen, Öffentliches Recht in Bayern, 3. Teil Rn. 282 f.
984 Heckmann, in: Becker/Heckmann/Kempen/Manssen, Öffentliches Recht in Bayern, 3. Teil Rn. 283; Kugelmann, in: DÖV 1997, S. 153 ff.; Gusy, Polizeirecht, Rn. 440; a.A. Schmidbauer, in: Schmidbauer/Steiner, PAG, Art. 9 Rn. 10.

sich die unmittelbare Ausführung alleine auf vertretbare Handlungen von Störern[985]. Beides ist im Beispiel der Entfernung eines Fantransparents der Fall.

2. Der unmittelbare Zwang gegen Fans

In manchen Fällen ist zur effektiven Gefahrenbeseitigung mitunter die Anwendung körperlicher Gewalt notwendig, vgl. § 58 I, II PolG NRW, Art. 61 I, II BayPAG. Bei Sportveranstaltungen ist die Anwendung unmittelbaren Zwangs durch die Polizei regelmäßig dann erforderlich, wenn es um die Abwehr gewalttätiger Fanausschreitungen geht. Dagegen stellt sich die Frage, ob die Anwendung körperlicher Gewalt auch zum Schutz von Persönlichkeitsrechten in Betracht kommen kann. Immerhin gehen mit ihr regelmäßig intensive Eingriffe in die Grundrechte auf körperliche Unversehrtheit gem. Art. 2 II 1 GG oder Freiheit gem. Art. 2 II 2 GG einher.

a) Die Durchsetzung einer Gefahrenabwehrmaßnahme

Für die Beantwortung dieser Frage ist zunächst auf die genaue Bestimmung der Zweckrichtung des unmittelbaren Zwangs zu achten. Im zweistufigen System der Gefahrenabwehr dienen die Zwangsmittel der Durchsetzung einer Grundverfügung.[986] Übt die Polizei etwa Gewalt gegen einen Fan aus, der ein Transparent entsprechenden Inhalts nicht herausgibt, wird sie zuvor regelmäßig eine Sicherstellung (§ 43 Nr. 1 PolG NRW, Art. 25 Nr. 1 BayPAG) des Transparents angeordnet haben, die es nun durchzusetzen gilt.[987] Die Gewalteinwirkung ist also nicht die unmittelbare Folge einer verkörperten Äußerung, sondern dient erst der Überwindung von Widerstand gegen die eigentliche Gefahrenbeseitigung. Die Gewalt richtet sich insoweit nicht gegen eine Äußerung, sondern gegen den Widerstand des Störers.

Theoretisch kann die zwangsweise durchzusetzende Grundverfügung auch in einer bloßen Unterlassungsverfügung liegen. Auch ein Unterlassen ist, wie sich aus § 50 I PolG NRW, Art. 53 I PayPAG ergibt, ein vollstreckungsfähiger

---

985 Der Wortlaut des Art. 9 I BayPAG umfasst aber nur Verantwortliche nach Art. 7 und 8 PayPAG, dagegen keine Nichtstörer nach Art. 10 BayPAG.

986 Vgl. Gusy, Polizeirecht, Rn. 436.

987 So im bereits beschriebenen Fall des Polizeieinsatzes beim Spiel zwischen dem FC Schalke 04 und PAOK Saloniki am 21.8.2013, als die Polizei unter Einsatzes von Pfefferspray einen Schalker Fanblock stürmte um Platzverweise und die Sicherstellung eines Transparents durchzusetzen; vgl. Müller-Eiselt, in: Verwaltungsrundschau 2014, S. 91 f.

(und auch vollstreckungsbedürftiger) Anordnungsinhalt.[988] Zwischen der Unterlassungsverfügung und der Anwendung unmittelbaren Zwangs ist das Dazwischenschalten einer weiteren Grundverfügung allerdings zweckmäßig und mitunter geboten. So wäre etwa der Einsatz eines „Pfeffersprays" (Reizstoffe i.S.d. § 58 III PolG NRW, Art. 61 III BayPAG) gegen eine Gruppe von Fans unverhältnismäßig, um das Unterlassen des Hitlergrußes durchzusetzen. Hier müsste zuvor ein Platzverweis bzw. eine Gewahrsamnahme stattfinden. Widersetzen sich die Fans dann gegen diese Maßnahmen, ist der Einsatz des Reizstoffes dagegen unter Umständen erforderlich und angemessen.

b) Das Verhältnis zu anderen Zwangsmitteln

Dem Verhältnismäßigkeitsgrundsatz dient auch die Subsidiaritätsvorschrift der § 55 I PolG NRW, Art. 58 I PayPAG. Die Anwendung unmittelbaren Zwangs ist nur dann erforderlich, wenn andere Zwangsmittel nicht in Betracht kommen, keinen Erfolg versprechen oder unzweckmäßig sind.[989] So dürfte etwa eine Sicherstellung eines Transparents nicht durch unmittelbaren Zwang gegen Fans durchgesetzt werden, wenn auch eine Ersatzvornahme durch die Polizei möglich wäre. Im bereits geschilderten Fall wäre dies anzunehmen, wenn das Transparent nicht von den Fans festgehalten wird, sondern an einem Tribünengeländer angebracht ist.

Wenngleich das Zwangsgeld nach § 53 PolG NRW, Art. 54 BayPAG typischerweise zur Durchsetzung von Unterlassungsverfügungen geeignet ist, ist es in der Situation während einer Sportveranstaltung ungeeignet.

c) Die Androhung gegenüber einer Menschenmenge

Eine besonders wichtige (formelle) Rechtmäßigkeitsvoraussetzung ist die Androhung. Für den unmittelbaren Zwang sind mit den § 61 PolG NRW, Art. 64 BayPAG speziellere Normen gegenüber den § 56 PolG NRW, Art. 59 BayPAG

---

988 Insoweit ist das Verbot der § 55 II PolG NRW, Art. 58 II BayPAG für diesen umgekehrten Fall des Unterlassens einer Äußerung nicht analog anzuwenden. Nach diesen Vorschriften ist der unmittelbare Zwang zur Abgabe einer Erklärung ausgeschlossen. Letztlich geht es hier um das Verbot der Folter. Die Aussage einer Person muss stets aus freiem Willen heraus erfolgen und darf nicht durch körperliche Gewalt erzwungen werden; vgl. Schmidbauer, in: Schmidbauer/Steiner, PAG, Art. 58 Rn. 7. Wird mit der Aussage umgekehrt aber eine Rechtsverletzung begangen, kann dies nicht den gänzlichen Ausschluss eines Zwangsmittels bedeuten.

989 Vgl. Schmidbauer, in: Schmidbauer/Steiner, PAG, Art. 58 Rn. 2.

geschaffen worden.[990] Nach § 61 I 2 PolG NRW, Art. 64 I 2 BayPAG kann von der Androhung abgesehen werden, wenn insbesondere die Effizienz der Abwehr einer gegenwärtigen Gefahr dies notwendig macht. Denkbar ist in einer lauten Stadionkulisse auch, dass eine Androhung gar nicht wahrgenommen werden kann.[991] Für das Einschreiten bei Sportveranstaltungen ist jedoch regelmäßig zu beachten, dass die körperliche Zwangswirkung auf eine Menschenmenge wirkt. Meist entstehen Fanausschreitungen aus einer anonymen Menschenmenge heraus, so dass auch ein hiergegen gerichtetes Einschreiten auf Nichtstörer wirken kann (etwa durch die Streuwirkung eines Reizstoffes). Für diesen Fall betont die Vorschrift der § 61 III 1 PolG NRW, Art. 64 III 1 BayPAG die Bedeutung einer rechtzeitigen Androhung. Sinn und Zweck der Norm ist es u.a., unbeteiligten Personen ein rechtzeitiges Entfernen vom Ort des Geschehens zu ermöglichen.

d) Die Abgrenzung zur Notwehr von Polizeibeamten

Die Anwendung körperlichen Zwangs im Rahmen der polizeilichen Gefahrenabwehr ist von etwaigen Notwehrhandlungen der Polizeibeamten zu unterscheiden. Die im vorliegenden Kontext zu untersuchenden Persönlichkeitsrechtsverletzungen stellen regelmäßig auch gegenwärtige rechtswidrige Angriffe auf ein notwehrfähiges Rechtsgut dar, mithin also eine Notwehrlage i.S.d. § 32 StGB, § 227 BGB. Das Verhältnis zwischen polizeilichen Befugnissen und der Notwehr ist allerdings umstritten. Gem. § 57 II PolG NRW, Art. 60 II BayPAG bleiben die zivil- und strafrechtlichen Vorschriften über Notwehr und Notstand unberührt. Diese gesetzliche Klarstellung wirft jedoch mehr Fragen auf, als sie beantwortet. Überwiegend werden differenzierte Ansätze vertreten.

Teilweise wird zwischen Notwehr und Nothilfe unterschieden.[992] In Nothilfefällen, in denen dritte Personen Angriffen ausgesetzt sind, liegt aus Sicht eines Polizeibeamten sowohl eine polizeirechtliche Gefahr, also auch eine Nothilfelage vor. Gefahren- und Notwehrlage treffen also zusammen. Die grundrechtssensible polizeirechtliche Ausgestaltung des Staat-Bürger-Verhältnisses dürfe hier nicht umgangen werden. Verteidige sich dagegen der Polizeibeamte selbst gegen Angriffe, handle er weniger im Staats- als im Eigeninteresse. Um seine persönlichen Rechtsgüter schützen zu können, müsse er die gleichen Rechte haben wie jeder andere Bürger auch.

---

990 Vgl. Schmidbauer, in: Schmidbauer/Steiner, PAG, Art. 64 Rn. 1.

991 Da diese akustische Situation aber vorhersehbar ist, muss die Polizei entsprechende technische Hilfsmittel (z.B. Megafone) bereithalten.

992 Siehe Fischer, StGB, § 32 Rn. 12 a m.w.N.

Richtigerweise erübrigt sich das Problem des Verhältnisses zwischen Polizeirecht und Notwehr bei einer genauen Trennung der Rechtsgebiete. Geht es um die Zulässigkeit polizeirechtlicher Maßnahmen, kommt es alleine auf die jeweiligen Befugnisnormen an. Diesen liegen gesetzgeberische Entscheidungen über die Tragweite polizeilichen Handelns zu Grunde. Geht es dagegen um die zivil- oder strafrechtliche Verantwortung eines Polizeibeamten, der seine Befugnisse überschritten hat, kommt es nach allgemeinen Grundsätzen auf die zivil- und strafrechtlichen Rechtfertigungsgründe an.[993] Hier haben § 57 II PolG NRW, Art. 60 II BayPAG im Übrigen nur deklaratorische Wirkung. Als Landesgesetze können sie die zivil- und strafrechtlichen Wertungen des Bundesgesetzgebers[994] nicht überlagern, Art. 31 GG.

Wird insoweit etwa ein Polizeibeamter bei einer Sportveranstaltung von einem Fan beleidigt, bleibt es bei den bislang beschriebenen möglichen polizeirechtlichen Befugnissen. Wendet er außerhalb dieser Befugnisse Gewalt an, verschiebt das Notwehrrecht die polizeirechtliche Betrachtung nicht. Strafrechtlich ist er jedoch unter Umständen gerechtfertigt. So findet im Notwehrrecht grundsätzlich keine Güterabwägung statt. Bei erheblicher Gewaltanwendung ließe sich jedoch im Hinblick auf ein grobes Missverhältnis zwischen Schutz- und Erhaltungsgut an der Gebotenheit der Notwehrhandlung zweifeln.

VII. Ausblick: Verbot und „Abbruch" der Sportveranstaltung

Bisweilen führten schwere, insbesondere aber gewaltsame Fanausschreitungen zu Unterbrechungen und Abbrüchen von Fußballspielen durch die Spielleitung. Dagegen wurden professionelle Fußballsportveranstaltungen in Deutschland bislang nicht verboten oder durch die Polizei aufgelöst. Nach der bisherigen Darstellung polizeilicher Maßnahmen bei Sportveranstaltungen sollen mit dem Verbot und „Abbruch" der Sportveranstaltung zwei besonders einschneidende hypothetische Maßnahmen erörtert werden. Ein Spielabbruch käme als Maßnahme in Betracht, um schwere anhaltende Fanausschreitungen als Störungen für die öffentliche Sicherheit und Ordnung zu beseitigen.

1. Die Abgrenzung zum Verbot von Sportveranstaltungen

Davon abzugrenzen ist das vorsorgliche Verbot einer Sportveranstaltung, durch welches das Stattfinden eines Risikospiels, und damit das Entstehen einer

993 Vgl. Schmidbauer, in: Schmidbauer/Steiner, PAG, Art. 61 Rn. 6.
994 Konkurrierende Gesetzgebung gem. Art. 72 I, 74 I Nr. 1 GG.

konkreten Gefahrenquelle verhindert werden soll.[995] Unter Rückgriff auf allgemeine sicherheitsrechtliche Erkenntnisse über das Verbot von Veranstaltungen lässt sich aber die Rechtmäßigkeit dieser hypothetischen Maßnahme zur Abwehr von Fanausschreitungen erörtern.[996] Ausgangspunkt ist dabei der Schutz der öffentlichen Sicherheit und Ordnung. Das Verbot einer Sportveranstaltung wäre auf die polizeiliche Generalklausel gem. § 8 I PolG NRW, Art. 11 I BayPAG zu stützen.[997]

a) Persönlichkeitsrechtsverletzungen als Teil der Gefahrenlage

Zum Zeitpunkt eines Veranstaltungsverbots ist das Ausmaß drohender Fanausschreitungen nur mittels einer Prognose zu ermitteln. Erfahrungssätze und Vorfeldinformationen können hier als Tatsachengrundlagen herangezogen werden. Im vorliegenden Kontext ist dabei zu beachten, dass ein Veranstaltungsverbot nicht alleine auf die Gefahr durch Persönlichkeitsrechtsverletzungen gestützt werden wird. Im Rahmen einer Gefahrenprognose wird es kaum möglich sein, den Verlauf von Fanausschreitungen dergestalt zu prognostizieren, dass zwischen gewalttätigen und gewaltfreien Ausschreitungen unterschieden werden kann. Bei einem Aufeinandertreffen noch so rivalisierender Fangruppen etwa lässt sich die Art der Aggressionsentladung nicht vorhersagen. Drohende Persönlichkeitsverletzungen sind hier nur als Teil der Gefahrenlage für die öffentliche Sicherheit und Ordnung denkbar. Eine Differenzierung zwischen Gefahren für Persönlichkeitsrechte einerseits und Gefahren für Leib, Leben und Eigentum ist insoweit schwer möglich, darüber hinaus aber auch rechtlich nicht zwingend erforderlich. Der Tatbestand der polizeirechtlichen Generalklausel § 8 I PolG NRW, Art. 11 I BayPAG stellt mit der öffentlichen Sicherheit und Ordnung ja gerade auf die Gesamtheit polizeirechtlicher Schutzgüter ab. Ein Verbot würde demnach wohl nicht ausschließlich wegen schwerer drohender Persönlichkeitsrechtsverletzungen, sondern wegen schwerer drohender Fanausschreitungen erlassen werden.[998]

---

995 Vgl. Gädeke, Sportgroßveranstaltungen, S. 139.

996 Vgl. Turnit, in: JURA 2012, S. 368 f.; Deusch, Polizeiliche Gefahrenabwehr bei Sportgroßveranstaltungen, S. 165 ff.

997 Vgl. Deusch, Polizeiliche Gefahrenabwehr bei Sportgroßveranstaltungen, S. 166.

998 Die Gefahrenprognose als Grundlage der Maßnahme wäre gegenüber dem Veranstalter als Adressaten des Verbots gem. § 39 I VwVfG NRW, Art. 39 I BayVwVfG auch zu begründen. Dabei kommt es darauf an, dass der Adressat in die Lage versetzt wird, die Verwaltungsentscheidung nachzuvollziehen. Dafür genügt es im Hinblick auf § 39 I 3 VwVfG NRW, Art. 39 I 3 BayVwVfG darzulegen, unter welchen Gesichtspunkten

b) *Der Ausschluss von Fans als milderes Mittel*

Generell stünde einem generellen Verbot einer Sportveranstaltung m.E. die Erforderlichkeit als Teilaspekt des Übermaßverbots entgegen. Eine Sportveranstaltung dient nicht nur als kommerzielle Massenveranstaltung, sondern auch der Austragung eines sportlichen Wettkampfes. Die spezifischen Gefahren durch Fanausschreitungen resultieren alleine aus der Ausgestaltung als Massenveranstaltung. Ohne die Anwesenheit einer Vielzahl von Fans sind Fanausschreitungen nicht zu befürchten. Somit stellt zumindest die Anordnung eines (teilweisen) Ausschlusses der Zuschauer ein milderes Mittel dar. Ein solcher Ausschluss ließe sich während der Sportveranstaltung durch eine Räumung der Zuschauerränge oder Teilen davon bewerkstelligen. Auch im Vorfeld der Sportveranstaltung wäre bereits eine sicherheitsrechtliche Auflage denkbar, keine Karten an unbestimmte Personenmassen zu verkaufen. Alleine der Einlass etwa von Zuschauern mit Sponsoren-, VIP-, oder Dauertickets wird keine Gefahrenlage begründen, die ein generelles Verbot rechtfertigen würde. Durch eine entsprechende Auflage blieben zudem Fernseheinnahmen erhalten, was als wesentlicher Teil der Berufsausübung von Sportvereinen nach Art. 12 I, 19 III GG angesehen werden kann.[999]

Die spezifischen Gefahren eines Risikospieles blieben bei einem Ausschluss des Publikums nur für den Bereich außerhalb des Stadions bestehen, insbesondere also im öffentlichen Raum. Von der Veranstaltung ausgeschlossene Fans könnten sich etwa im Innenstadtbereich ansammeln bzw. aufeinandertreffen. Verhindert werden könnte dies wiederum durch polizeiliche Verordnungen und Aufenthaltsverbote. Zu beachten ist hier die Rolle des Veranstalters.[1000] Auf das Geschehen außerhalb des Stadions haben diese regelmäßig keinen Einfluss. So könnte der veranstaltende Fußballverein hier keinesfalls als Störer gem. § 4 I PolG NRW, Art. 7 I BayPAG angesehen werden. Denn ein Veranstalter, der an Fans keine Tickets verkauft, Zweck-veranlasst auch keine Fanhandlungen im öffentlichen Raum. Dieser Umstand wäre im Rahmen einer Abwägung zu

---

in tatsächlicher Hinsicht schwere Fanausschreitungen zu befürchten sind und welche Folgen dies für das Entschließungs- und Auswahlermessen der Polizei hat; vgl. Erbguth, Allgemeines Verwaltungsrecht, § 14 Rn. 13.

999 Vgl. Fechner/Arnhold/Brodführer, Sportrecht, Kapitel 2 Rn. 22.

1000 Zur ausführlichen Erörterung der umstrittenen polizeirechtlichen Verantwortlichkeit des Veranstalters siehe unten § 7 I 2. Ein Veranstaltungsverbot wird in der Literatur nur unter den Voraussetzungen der Inanspruchnahme des Veranstalters als Nichtstörer erörtert. Dabei sieht Deusch die Zumutbarkeitsschwelle für den Veranstalter bei entsprechender Gefahrenlage gewahrt; vgl. Deusch, Polizeiliche Gefahrenabwehr bei Sportgroßveranstaltungen, S. 169; a.A. Turnit, in: JURA 2012, S. 369.

berücksichtigen, würde ein generelles Veranstaltungsverbot (anstelle eines bloßen Zuschauerausschlusses) wegen verbleibender Gefahren im öffentlichen Raum ausgesprochen.

2. Der Spielabbruch als sportorganisatorisches und polizeiliches Instrument

Im Gegensatz zum Verbot einer Sportveranstaltung im Vorfeld käme ein Spielabbruch im Zuge des Veranstaltungsverlaufes in Betracht. Die Terminologie des Spielabbruchs hat sich aufgrund ihrer verbandsrechtlichen Verwendung[1001] durchgesetzt, kann aber auch als Beschreibung einer hypothetischen polizeilichen Maßnahme verwendet werden. Gemeint ist damit nicht nur der Abbruch des sportlichen Wettkampfes, sondern der Sportveranstaltung als solcher als Reaktion auf Fanausschreitungen, letztlich also eine Veranstaltungsauflösung. Der *Leitfaden Spielabbruch* des DFB legt die Voraussetzungen fest, unter denen ein Spiel unterbrochen und ggf. abgebrochen werden kann. Neben gewalttätigen Formen von Fanausschreitungen[1002] sind dabei auch „Rassismus und Diskriminierung“ genannt. Dieser Tatbestand umschreibt somit auch die denkbaren Ausgangslagen eines polizeilich angeordneten Spielabbruchs. Als ultima ratio im Einsatz bei Sportveranstaltungen käme er nur in Betracht, wenn schwerwiegende anhaltende Persönlichkeitsrechtsverletzungen vorlägen. Als Anlass für die Maßnahme sind einfache Beleidigungen (§ 185 StGB) und Ehrverletzungen schwer vorstellbar. Relevant sind hier von vornherein Extremfälle, insbesondere schwere rassistische oder antisemitische Fanhandlunge, die einen engen Menschenwürdebezug aufweisen und in die Veranstaltungskulisse prägen.

Mit dem *Leitfaden Spielabbruch* hat der DFB ein Sicherheitsinstrument im Rahmen seiner Verbandsautonomie (Art. 9 I GG, § 25 BGB) normiert. Zu einem polizeilich angeordneten Spielabbruch kam es bislang wohl nicht, weil diese Sicherheitsmaßnahme falls erforderlich von privater Seite aus durchgeführt wurde. An dieser Stelle zeigt sich also der Vorrang privater Sicherheitsmaßnahmen des Veranstalters vor einem etwaigen Eingreifen der Polizei.[1003] Die Richtlinien des DFB sehen vor, dass der Schiedsrichter zunächst über eine Spielunterbrechung entscheidet. Halten die Fanausschreitungen dennoch an, obliegt ihm die

---

1001 Siehe den Leitfaden Spielabbruch des DFB.

1002 Genannt werden Pyrotechnik, Werfen von Gegenständen, Ausschreitungen und Vandalismus, Platzsturm und Flitzer, Angriff auf Schiedsrichter und Spieler; siehe DFB, Leitfaden Spielabbruch, S. 2.

1003 Hierzu oben § 4 III.

Entscheidung über einen Spielabbruch, wobei eine Sicherheitsbesprechung u.a. mit dem Einsatzleiter der Polizei und dem Veranstaltungsleiter vorgesehen ist.[1004] Beachtlich ist bei dieser Praxis, dass nicht der Veranstalter (namentlich der Heimverein) sondern der Schiedsrichter als Organ des Fußballverbandes die letztendliche Entscheidung über den Abbruch fällt. Vertreter des Veranstalters wirken bei der Entscheidungsfindung lediglich mit. Das Verhältnis zwischen dem Heimverein als Veranstalter und dem Fußverband ist aber ausschließlich privatrechtlich und im Innenverhältnis ausgestaltet. Aus Sicht der Polizei – gewissermaßen im öffentlich-rechtlichen Außenverhältnis – ist das Handeln des Schiedsrichters als das des sicherheitsrechtlich relevanten Veranstalters zu werten. Denn der Veranstalter lässt hier Veranstalterrechte durch den Verband ausüben.

Das Polizeirecht wird durch die verbandsrechtliche Ausgestaltung der Spielabbruchspraxis nicht überlagert. An die Entscheidung des Schiedsrichters ist die Polizei im Rahmen ihrer eigenen Ermessensausübung nicht gebunden. Ein polizeilich angeordneter Spielabbruch wäre also denkbar, dass die Entscheidung des Schiedsrichters gegen einen Spielabbruch in Kollision mit der Ermessensentscheidung der Polizei gerät. Hier ergeben sich allerdings Fragen, welchen Einfluss die sportorganisatorische Ausgestaltung der Spielabbruchspraxis für eine entsprechende polizeiliche Maßnahme hätte.

a) Rechtsgrundlage der Maßnahme

Ein polizeilich angeordneter Spielabbruch zielte letztlich auf die Auflösung der Sportveranstaltung. Die Störung der öffentlichen Sicherheit und Ordnung ginge insoweit ja nicht vom sportlichen Wettkampf, sondern von der Veranstaltungskulisse aus. Eine Standardbefugnis für das Auflösen einer Veranstaltung gibt es in den Polizeigesetzen nicht. Es besteht also kein polizeirechtliches Pendant zur Versammlungsauflösung nach § 13, 15 III VersG, Art. 12 II, 15 VI BayVersG, die eine Versammlungsuntersagung mit der Aufforderung an die Teilnehmer zum Verlassen des Versammlungsortes verbindet.[1005] Gestützt werden müsste der Spielabbruch also auf die polizeirechtliche Generalklausel des § 8 I PolG NRW, Art. 11 I BayPAG.[1006] Erforderlich wäre eine polizeiliche Untersagung der

1004 Siehe DFB, Leitfaden Spielabbruch, S. 2 f.

1005 Vgl. Gusy, Polizeirecht, Rn. 429.

1006 Vgl. etwa zur Auflösung eines Konzerts VG Hamburg, Urteil vom 11.6.2002 (Az.: 10 VG 468/01) – Juris Rn. 35.

Veranstaltung. Als inhaltliche Ausgestaltung des polizeilichen Befehls[1007] wäre denkbar, den Veranstalter zur Durchführung der verbandsrechtlich normierten Spielabbruchsmaßnahme anzuweisen. Dieses Vorgehen wäre aber unnötig kompliziert. Denn die verbandsrechtliche Ausgestaltung der Spielabbruchspraxis überlagert nicht das Polizeirecht. Auf den *Leitfaden Spielabbruch* des DFB käme es bei einem polizeilich angeordneten Spielabbruch nicht an. Die Polizei könnte unmittelbar selbst die Untersagung der Sportveranstaltung durch Stadiondurchsage anordnen. Für weitergehende Durchführungsmaßnahmen (insbesondere Platzverweise) wären – insoweit besteht ein Unterschied zur Versammlungsauflösung[1008] – zusätzliche flankierende Maßnahmen erforderlich.

b) Sicherheitsbesprechung mit dem Veranstalter und Anhörung

Auch wenn die Richtliniensetzung des DFB das polizeiliche Handeln in rechtlicher Hinsicht nicht beeinflusst, so ergeben sich dennoch Bezugspunkte zum Verwaltungsverfahrensrecht. Soweit die im *Leitfaden Spielabbruch* vorausgesetzte Sicherheitsbesprechung[1009] unter Mitwirkung des Einsatzleiters der Polizei stattfindet, genügt dies als Anhörung des Veranstalters als Beteiligtem gem. § 28 I VwVfG NRW, Art. 28 I BayVwVfG. Kommt es zu keiner Sicherheitsbesprechung, wäre allerdings auch die Möglichkeit einer Maßnahme ohne Anhörung wegen Gefahr in Verzug gem. § 28 II Nr. 1 VwVfG NRW, Art. 28 II Nr. 1 BayVwVG zu beachten.[1010]

c) Verhältnismäßigkeitserwägungen

Problematisch an einem polizeilich angeordneten Spielabbruch wäre insbesondere die Verhältnismäßigkeit der Maßnahme. Auf das im Rechtsstaatsprinzip und den Grundrechten verankerte Verhältnismäßigkeitsprinzip wird im Zusammenhang mit dem polizeilichen Ermessen noch ausführlich einzugehen sein.[1011] An dieser Stelle soll aber bereits auf einige spezielle Gesichtspunkte im Hinblick auf einen polizeilich angeordneten Spielabbruch hingewiesen werden.

Ein Spielabbruch wäre zunächst nur dann verhältnismäßig, wenn er als Maßnahme zur Beseitigung schwerer Persönlichkeitsrechtsverletzungen geeignet ist. Die Intensität von durch Fans verursachten Fanhandlungen hängt maßgeblich

---

1007 In dieser Untersagung läge ein Regelungsgehalt i.S.d. § 35 VwVfG NRW, Art. 35 BayVwVfG, so dass die Maßnahme als Verwaltungsakt zu qualifizieren wäre.
1008 Vgl. Gusy, Polizeirecht, Rn. 429.
1009 Siehe DFB, Leitfaden Spielabbruch, S. 3.
1010 Vgl. Schenke, Polizeirecht, Rn. 493.
1011 Hierzu unten § 8.

von der Wahrnehmung des ehrverletzenden Äußerungsgehalts in der Kulisse der Sportveranstaltung ab. Durch einen Spielabbruch kann eine sofortige Unterbindung der Fanäußerungen zwar nicht sichergestellt werden. Zumindest wird ihnen aber die Kulisse entzogen. Die Maßnahme ist somit zumindest zur Eindämmung der Persönlichkeitsrechtsverletzungen förderlich, was für die Geeignetheit ausreicht.[1012]

Das Entziehen der Veranstaltungskulisse als Ganzes ist auch unter dem Gesichtspunkt der Erforderlichkeit relevant. Einzelmaßnahmen gegen Fans oder Fangruppen stellen zwar mildere Mittel dar. Je nach den Umständen im Einzelfall ist dabei aber nicht von einer gleichen Wirksamkeit auszugehen. Denkbar ist insoweit etwa, dass Fanparolen nicht nur in einzelnen Fanblöcken, sondern verteilt auf das gesamte Stadion zu beobachten sind. Dann können Einzelmaßnahmen eine Beseitigung der Störungsquelle nicht in gleich effizienter Weise gewährleisten.

Von besonderer Problematik wäre indes die Angemessenheit der Maßnahme. Durch den Spielabbruch bliebe von der Ausübung der Veranstalterrechte nach Art. 12 I GG nichts übrig. Zudem würde auch die Grundrechtsausübung Dritter beeinträchtigt werden (z.B. die Berufsausübung der Fußballspieler). Diese Positionen müssten mit den zu schützenden Persönlichkeitsrechten abgewogen werden. Im Ergebnis könnte von einer Angemessenheit wohl nur bei engem Menschenwürdebezug nach Art. 1 I GG, insbesondere im Fall schwerer rassistischer oder antisemitischer Fanausschreitungen ausgegangen werden. Dieser Abwägungsvorgag ist als Teil der Verhältnismäßigkeitsprüfung (auch Verhältnismäßigkeit im engeren Sinn) bei jeder belastenden Maßnahme durchzuführen. Bei einem Spielabbruch durch die Polizei ergibt sich aus der beschriebenen sportorganisatorischen Ausgestaltung des Spielabbruchmechanismus indes eine Besonderheit. Der *Leitfaden Spielabbruch* hält dem Veranstalter einen (verbands-)rechtlichen Rahmen für eine Spielunterbrechung und einen Spielabbruch bereit.[1013] Dem Veranstalter ist stufenweises Vorgehen in Absprache mit der Polizei[1014] möglich, um den Spielablauf als solchen bestmöglich zu schonen. Die Polizei wäre zu einer eigenen Spielabbruchsmaßnahme nur bei Untätigkeit des Veranstalters veranlasst. Dieses Unterlassen einer Spielunterbrechung/ eines Spielabbruches trotz entsprechender verbandsrechtlicher Vorgaben wäre zu Lasten des Veranstalters im Rahmen der Güterabwägung zu berücksichtigen.

1012 Vgl. Klatt/Meister, in: JuS 2014, S. 195.
1013 Vgl. DFB, Leitfaden Spielabbruch, S. 2 f.
1014 Vgl. DFB, Leitfaden Spielabbruch, S. 3.

§ 7 Die polizeirechtliche Verantwortlichkeit

Die Auswahl des richtigen polizeirechtlichen Verantwortlichen stellt den personellen Aspekt der Ermessensausübung dar, die die materielle Gerechtigkeit der Maßnahmen gewährleisten muss. Im Folgenden soll erörtert werden, wer für die Persönlichkeitsrechtsverletzungen bei Sportveranstaltungen im polizeirechtlichen Sinne verantwortlich ist und als Störer der Gefahr angesehen werden kann.

I. Die unmittelbaren Handlungsstörer

Polizeiliche Maßnahmen richten sich stets an bestimmte Personen, die polizeirechtlich Verantwortlichen. Sie müssen Gefahrenabwehrmaßnahmen entweder selbst durchführen, sie dulden und mitunter ihre Kosten tragen.[1015] In erster Linie hat sich die Polizei dabei an die Störer zu halten, wobei in den Polizeigesetzen zwischen Handlungs- und Zustandsstörern unterschieden wird, §§ 4, 5 PolG NRW, Art. 7, 8 BayPAG.[1016]

Handlungsstörer verursachen die Gefahr durch ihr Verhalten.[1017] Es liegt nahe, zunächst einmal die unmittelbaren handelnden Fans als Handlungs- oder auch Verhaltensstörer i.S.d. § 4 I PolG NRW, Art. 7 I BayPAG zu qualifizieren. Wer beleidigende Äußerungen im Stadion ausruft oder entsprechende Transparente ins Stadion bringt und vorzeigt, verursacht die vorliegend zu betrachtende Gefahr. Dieses Ergebnis bedarf keiner aufwändigen dogmatischen Herleitung. Nach der conditio-sine-qua-non-Formel setzen diese Fans die kausale Ursache für den Gefahrenverlauf, da es ohne ihr Dazutun nicht zur Einbuße der jeweiligen Persönlichkeitsrechte käme.[1018] Diese Kausalität hält auch einer normativen Betrachtung stand, wie sie etwa die vorherrschende Lehre von der unmittelbaren Verursachung vornimmt.[1019] Durch die Handlung der Fans wird die Schwelle zur Gefahr überschritten und zwar unabhängig davon, ob das Unmittelbarkeitskriterium zeitlich oder situativ verstanden wird.[1020]

1015 Vgl. Gusy, Polizeirecht, Rn. 324, 330.
1016 Vgl. Pieroth/Schlink/Kniesel, Polizeirecht, § 9 Rn. 2.
1017 Vgl. Schenke, Polizeirecht, Rn. 241.
1018 Vgl. Gusy, Polizeirecht, Rn. 331.
1019 Vgl. Steiner, in: Schmidbauer/Steiner, PAG, Art. 7 Rn. 9; Schenke, Polizeirecht, Rn. 241.
1020 Vgl. Pieroth/Schlink/Kniesel, Polizeirecht, § 9 Rn. 15; Gusy, Polizeirecht, Rn. 335 f.

1. Die personenbezogene Prognose

Wer als Störer in Anspruch zu nehmen ist, ist von der Polizei im Rahmen einer personenbezogenen Ermessensausübung zu bestimmen. Für diese Ermessensausübung sind Tatsachengrundlagen erforderlich. Im einfachsten Fall ergeben sich die Tatsachen aus eigenen Beobachtungen der Polizei während der Sportveranstaltung. So lässt sich mittels Beobachtung (und ggf. technischer Überwachung) feststellen, welche Fans an einzelnen Handlungen beteiligt sind. Gerade im Vorfeld einer Sportveranstaltung fehlt es dagegen an sicheren Beobachtungen, was eine Prognose erforderlich macht. Für Vorfeldmaßnahmen wie Gefährderansprachen[1021], Aufenthaltsverbote, Meldeauflagen u.ä. bedarf es einer Einschätzung, ob und gegen welche Personen die Maßnahmen zu richten sind.[1022]

Für die Prognose, dass sich ein bestimmter Fan bei einem künftigen Sportereignis an Fanausschreitungen beteiligen wird, kommen namentlich zwei Tatsachengrundlagen als Ansätze in Betracht. Zum einen kann vergangenes Verhalten des Fans den Schluss zulassen, dass sich jenes Verhalten wiederholen wird. Zum anderen kann die Zugehörigkeit zu einer bestimmten Ultra- oder Hooligangruppe den Verdacht nahe legen, dass die Person sich im Rahmen der Gruppenzugehörigkeit an gruppentypischen Ausschreitungen beteiligen wird.

In beiden Fällen besteht die Problematik darin, dass die mit den Vorfeldmaßnahmen verbundenen Grundrechtseingriffe auf Grundlage einer bloßen Einschätzung ergehen. Allerdings besteht hierin gerade die Besonderheit des präventiven Gefahrenabwehrrechts. In ihr kommt kein Unwerturteil für vergangenes Verhalten, sondern eine naturgemäß unsichere Gefahrenprognose zum Ausdruck. Eine Unschuldsvermutung gilt hier daher gerade nicht. Aus diesem Grund bestätigt die Rspr. regelmäßig Verwaltungsentscheidungen, die eine Störerhaftung auf der Tatsachengrundlage vergangener Fanausschreitungen annehmen.[1023] Voraussetzung für die (ex-ante) fehlerfreie Ermessensausübung ist eine gründliche Berücksichtigung aller bekannten Umstände. Eine vergangene Handlung des Fans (etwa in Form einer Straftat) darf insoweit nicht alleine für die Begründung einer Störereigenschaft herangezogen werden. Vielmehr muss das vergangene Verhalten in einen Kontext mit der konkreten bevorstehenden Sportveranstaltung gebracht werden. Es muss ein nachvollziehbarer Grund

---

1021 Hierzu Kießling, in: DVBl 2012, S. 1212.

1022 Vgl. Weber, in: KommPraxis sp 2009, S. 128 ff.

1023 Etwa VG Frankfurt, Urteil vom 22.7.2014 (Az.: 5 K 4684/13)- Juris Rn. 17; VG Meiningen, Urteil vom 8.2.2011 (Az.: 2 K 453/09) – Juris Rn. 33; VG Bayreuth, Beschluss vom 19.12.2014 (Az.: B 1 S 14.851), Rn. 36 ff. – Juris.

vorliegen, warum sich das Verhalten auch an Ort und Zeit der kommenden Sportveranstaltung wiederholen könnte.[1024] Hieran könnte es etwa fehlen, wenn sich der Fan bislang ausschließlich an Fanausschreitungen gegen eine bestimmte rivalisierende Fangruppe beteiligte, die bei der kommenden Sportveranstaltung gar nicht involviert sein wird. Bei der Berücksichtigung aller Aspekte ist ein großes Maß an Kenntnis und Erfahrung erforderlich, weshalb der Einschätzung durch eigens hierfür ausgebildeter szenekundiger Beamter (SKB) erhöhte Bedeutung beigemessen wird.[1025]

Eine Gesamtbetrachtung ist auch vorzunehmen, wenn auf die Zugehörigkeit eines Fans zu einer bestimmten Ultra- oder Hooligangruppe abgesellt wird. Hier ist letztlich eine doppelte Prognose erforderlich. Erstens muss die Gefährlichkeit der Gruppierung feststehen, und zweitens muss davon ausgegangen werden, dass diese Gefährlichkeit auf die jeweilige Person übertragen werden kann. Letztere Aussage kann aus der bloßen Gruppenzugehörigkeit nicht automatisch geschlossen werden.[1026] Anders sieht dies der BayVGH, der eine Störereigenschaft annahm, obwohl eine persönliche Auffälligkeit nicht vorlag. Vielmehr reichte die Zugehörigkeit zu einer Hooligangruppe aus, deren Gewaltbereitschaft „allgemein bekannt" sei.[1027] Eine solch generalisierende Prognose erscheint m.E. nur in Extremfällen fehlerfrei, in denen die Hooligangruppe als kriminelle Vereinigung angesehen werden kann und die aktive Beteiligung der betroffenen Person in der Gruppe feststeht.[1028]

Eine Störereigenschaft kann zumindest auch aus der Zusammenschau des vergangenen Verhaltens mit der Zugehörigkeit zu einer bestimmten Gruppe angenommen werden.[1029]

2. Störer und Nichtstörer in der Menschenmasse

Die besondere Problematik bei der Bestimmung der unmittelbaren Handlungsstörer besteht indes in der faktischen Situation einer Sportveranstaltung. Fanausschreitungen finden regelmäßig aus einer Menschenmasse heraus statt. Störende

1024 So auch Yamato, in: JA 2014, S. 385.

1025 Vgl. VG Meiningen, Urteil vom 8.2.2011 (Az.: 2 K 453/09) – Juris Rn. 24.

1026 Vgl. Yamato, in: JA 2014, S. 385.

1027 BayVGH, Beschluss vom 9.6.2006 (Az.: 24 CS 06.1521) – Juris Rn. 15; Weber, in: KommPraxis sp 2009, S. 180 ff.

1028 Vgl. hierzu BGH, Urteil vom 22.1.2015 (Az. 3 StR 233/14), zuvor LG Dresden, Urteil vom 29.4.2013 (Az. 14 KLs 204 / Js 41068/08).

1029 Vgl. Yamato, in: JA 2014, S. 386.

Fans sind von außen mitunter schwer von friedlichen Fans zu unterscheiden.[1030] Wird etwa ein rassistisches Transparent am Geländer eines Fanblocks angebracht, ist meist nicht eindeutig erkennbar, ob und welche der dahinter stehenden Fans hierfür verantwortlich sind. Mitunter erwecken Fangesänge aus einzelnen Fanblöcken oder Gruppen auch den Eindruck der Geschlossenheit, ohne passive Zuschauer identifizieren zu können.

Trotz dieser faktischen Abgrenzungsschwierigkeiten sind friedliche Fans stets Nichtstörer. Die Polizei ist zur Differenzierung zwischen Störern und Nichtstörern bereits aufgrund der Polizeigesetze verpflichtet, ohne dass ein spezielles Differenzierungsgebot aus der allgemeinen Handlungsfreiheit herzuleiten ist.[1031] Eine gewisse Parallele zu den Wertungen des Versammlungsrechts ist allerdings durchaus erkennbar. Eine Inanspruchnahme friedlicher Fans kommt nur als Nichtstörer gem. § 6 PolG NRW, Art. 10 BayPAG in Betracht. Regelmäßig ist dies für Duldungsverfügungen relevant. So müssen etwa auch friedliche Fans das Aufsammeln und Begleiten durch die Polizei dulden. In keinem Fall müssen die nicht störenden Fans dagegen auf der Sekundärebene Kosten tragen.

Wo die Abgrenzung friedlicher und störender Fans schwierig ist, stellt sich jedoch die Frage, wie mit der im Nachhinein betrachtet (ex post) irrtümlichen Störerannahme umzugehen ist. Auf der primären Gefahrenabwehrebene ist mitunter ein sofortiges Handeln der Polizei erforderlich. Für die Rechtmäßigkeit einer Primärmaßnahme kommt es daher auf eine (ex ante vorzunehmende) Einschätzung ein. Begründen Umstände den Verdacht, ein Fan beteilige sich an Persönlichkeitsrechtsverletzungen, weil er z.B. hinter einem Transparent sitzt, kann er als Anscheinsstörer betrachtet werden.[1032] Dabei handelt es sich um einen (ex post betrachtet) Nichtstörer, der ex ante (aufgrund seines Verhaltens) als Störer gesehen werden konnte.[1033] Fehlt es dagegen an nachvollziehbaren Verdachtsmomenten darf ein Fan auch auf Primärebene nicht als Störer behandelt werden (Putativstörer). Ob etwa eine äußerlich erkennbare Zugehörigkeit zu einer Fangruppe ausreicht, die durch entsprechende Fangesänge auffällt, erscheint fraglich. In Anbetracht der Geschlossenheit mancher Fangruppen kann

1030 Deusch spricht hier von „Einbettung“ der störenden Fans in der Gruppe der friedlichen Fans, siehe Deusch, Polizeiliche Gefahrenabwehr bei Sportgroßveranstaltungen, S. 175.

1031 So aber Deusch, Polizeiliche Gefahrenabwehr bei Sportgroßveranstaltungen, S. 174 f.

1032 Vgl. Gusy, Polizeirecht, Rn. 331.

1033 Vgl. Schenke, Polizeirecht, Rn. 253.

die Wirksamkeit einer (präventiven) Maßnahme eine bejahende Prognose der Störereigenschaft wohl indizieren.

Praktisch wird es sich dabei aber regelmäßig nicht verhindern lassen, dass auch Nichtstörer (also unbeteiligte Zuschauer) erfasst werden. Dieses Problem ist nach den allgemeinen polizeirechtlichen Grundsätzen der polizeilichen Inanspruchnahme zu lösen. Eine Inanspruchnahme als Nichtstörer ist im Falle eines polizeilichen Notstandes gem. § 6 PolG NRW, Art. 10 BayPAG möglich, wenn die Inanspruchnahme von Störern nicht oder nicht rechtzeitig Erfolg verspricht.[1034] Wenn eine unübersichtliche Lage eine Differenzierung zwischen Störern und Nichtstörern faktisch unmöglich macht, ist eine wirksame Gefahrenabwehr nur durch eine Inanspruchnahme von Nichtstörern möglich.

II. Die Veranstalter als Störer

Neben den unmittelbar handelnden Fans ist auch eine polizeirechtliche Verantwortlichkeit der ausrichtenden Veranstalter – namentlich der ausrichtenden Fußballvereine – als mittelbare Handlungsstörer denkbar. Der Eröffnung einer Gefahrenquelle als normativer Gesichtspunkt treten die Greifbarkeit und die Einflussmöglichen als faktisch-taktische Gründe für eine polizeirechtliche Verantwortlichkeit hinzu. Dabei ist zwischen einer Inanspruchnahme auf der primären Gefahrenabwehrebene und der sekundären Kostenebene zu unterscheiden.

Nach § 4 I PolG NRW, Art. 7 I BayPAG sind polizeiliche Maßnahmen an die Person zu richten, die sie verursacht hat. Dieser Handlungsstörer ist der primäre polizeirechtliche Verantwortliche.[1035] Dabei kann Handlungsstörer auch derjenige sein, der die Gefahr nicht unmittelbar selbst, sondern mittelbar durch andere verursacht. Hierin liegt der Ansatzpunkt für die Zurechnung des Fanverhaltens zum Verein. Auch der Verein als juristische Person kann insoweit Handlungsstörer im polizeirechtlichen Sinne sein.[1036] In jüngerer Zeit hat das VG Hamburg[1037] die Handlungsstörerhaftung eines Fußballvereins (es war der FC St. Pauli) angenommen und eine sicherheitsrechtliche Anordnung für rechtmäßig erachtet, mit der die Behörde dem Verein den Verkauf von Tickets an gegnerische Fans (des

1034 Vgl. Schenke, Polizeirecht, Rn. 132 a.

1035 Zur Reihenfolge der Inanspruchnahme vgl. § 7 IV.

1036 Vgl. Pieroth/Schlink/Kniesel, Polizeirecht, § 9 Rn. 8.

1037 VG Hamburg, Beschluss vom 2.4.12 (Az. 15 E 756/12); bestätigt vom OVG Hamburg, Beschluss vom 13.4.12 (Az. 4 Bs 78/12). Es handelte sich allerdings nur um eine summarische Überprüfung im Rahmen des vorläufigen Rechtsschutzes, vgl. Beutel, in: Die Polizei 2014, S. 118.

FC Hansa Rostock) untersagte.[1038] Diese Ansicht der Rspr. ist in der Literatur jedoch umstritten, auch was die dogmatische Herleitung angeht. Insbesondere sind die Anforderungen an den Verursachungsbeitrag umstritten.

1. Das Veranstalten als Verursachungsbeitrag

Die Eigenschaft der Handlungsstörung knüpft an einen bestimmten Verursachungsbeitrag an. Für eine mittelbare Handlungsstörung des ausrichtenden Vereins kommt dabei zunächst das Veranstalten der Großveranstaltung als solches in Betracht.

a) Die Zurechnung über die Kausalverursachung

Wird alleine auf das Veranstalten als mittelbarer Verursachungsbeitrag abgestellt, muss das Drittverhalten der Fans zugerechnet werden. Von praktischer Relevanz ist die Frage der Zurechnung in jenen Fällen, in denen dem Verein kein Verschulden hinsichtlich der Gefahrenentstehung zu Last gelegt werden kann, etwa weil der Verein gebotene Schutzvorkehrungen nicht trifft. Insoweit besteht Einigkeit, dass ein Verschulden keine Voraussetzung für eine polizeirechtliche Verantwortlichkeit ist.[1039]

Die selten vertretene Rechtswidrigkeitstheorie[1040] und Sozialadäquanztheorie[1041] wollen den Verursachungsbeitrag allerdings rechtlich bewerten, da mit der Störereigenschaft mitunter Grundrechtseingriffe verbunden sind. Damit wäre ein rechtmäßig (bzw. sozialadäquat) handelnder Verein kein Störer. Diese Theorien verkennen jedoch, dass in der polizeilichen Störerauswahl gerade kein Unwerturteil zum Ausdruck kommt. Denn die daraufhin erfolgenden Maßnahmen sind keine Strafe, sondern dienen der effizienten Gefahrenabwehr. Auch rechtmäßiges Verhalten kann daher einen polizeirechtlich relevanten Verursachungsbeitrag darstellen. Es gilt vielmehr auf der Rechtsfolgenebene den Grundrechtsträger vor schweren Nachteilen durch die polizeiliche Inanspruchnahme

---

1038 Vgl. Beutel, in: Die Polizei, 2014, S. 117; VG Hamburg, Beschluss vom 2.4.12 (Az. 15 E 756/12), Rn. 2 ff. (juris).

1039 Vgl. Schenke, Polizeirecht, Rn. 241; Pieroth/Schlink/Kniesel, Polizeirecht, § 9 Rn. 15.

1040 Mit der Rechtswidrigkeitstheorie wird verlangt, dass ein Verursachungsbeitrag nur dann zur polizeirechtlichen Verantwortlichkeit führt, wenn sich bereits in diesem ein Rechtsverstoß (und damit ein Verstoß gegen die öffentliche Sicherheit) manifestiert, vgl. Poscher/Rusteberg, in: JuS 2011, S. 1083.

1041 Die Sozialadäquanztheorie stellt für rechtlich nicht kodifizierte Verhaltensregeln ergänzend auf die Sozialadäquanz ab, vgl. Gusy, Polizeirecht, Rn 339.

zu bewahren. Lediglich umgekehrt in dem Fall, dass bereits der Verursachungsbeitrag rechtswidrig ist (etwa weil vorgeschriebene Schutzmaßnahmen nicht getroffen werden), ließe sich bereits hieraus eine Handlungsstörung ableiten.

Um der effizienten Gefahrenabwehr gerecht zu werden, stellt die überwiegende Meinung dagegen auf eine Kausalhaftung des Störers ab.[1042] Ausgangspunkt ist insoweit die Conditio-sine-qua-non-Formel, bei der gefragt wird, ob die Beeinträchtigung der öffentlichen Sicherheit und Ordnung auch dann bestünde, wenn das Verhalten des Vereins hinweg gedacht würde.[1043] Der Verursachungsbeitrag des Vereins ist die Veranstaltung des Sportereignisses, die nach dieser Betrachtung zu den betreffenden Fanausschreitungen führt. Ohne dass die Funktionsträger des Vereins selbst Ausschreitungen begehen, wird ihnen das Verhalten der Fans als ein Element in der Kausalkette zugerechnet.

In irgendeiner Weise hängen alle Geschehensverläufe zusammen. Die Kausalkette ad absurdum geführt bedeutet dies, dass bereits die Gründung einer Fußballliga im letzten Jahrhundert kausal für heutige Fanausschreitungen ist. Die reine Kausalitätshaftung muss daher wertend eingeschränkt werden. Diese Erkenntnis ist nicht nur im Polizeirecht allgemein anerkannt. So wird im Straf- und Zivilrecht ergänzend zur Conditio-sine-qua-non-Formel auf wertende Kriterien wie die objektive Zurechenbarkeit oder die Adäquanz eines Kausalverlaufs abgestellt.[1044]

Um eine Ausuferung der polizeirechtlichen Verantwortlichkeit zu verhindern, wendet die traditionelle[1045] und nach wie vor herrschende Meinung hierfür die Lehre von der unmittelbaren Verursachung an.[1046] Danach ist Störer, wer durch sein Verhalten die Schwelle zur Gefahr überschreitet. Hierin liegt zugleich die Schwierigkeit für die Rechtsanwendung, da der unbestimmte Rechtsbegriff der Verursachung durch ebenfalls unbestimmte Begriffe ersetzt wird. Das Unmittelbarkeitskriterium soll als wertende Einschränkung der reinen Kausalität (Äquivalenztheorie) dienen, ist aber seinerseits unbestimmt und somit umstritten.[1047]

1042 Vgl. Denninger, in: Lisken/Denninger, Handbuch des Polizeirechts, Kapitel D Rn. 75.

1043 Vgl. Pieroth/Schlink/Kniesel, Polizeirecht, § 9 Rn. 10.

1044 Vgl. Peine, Die Zusatzverantwortlichkeit im Gefahrenabwehrrecht, S. 27.

1045 Bereits PrOVGE 31, 409 ff.; 103, 139 ff., vgl. Schenke, Polizeirecht, Rn. 242.

1046 Vgl. Gusy, Polizeirecht, Rn. 336; Pieroth/Schlink/Kniesel, Polizeirecht, § 9 Rn. 15; Schenke, Polizeirecht, Rn. 242.

1047 Vgl. Gusy, Polizeirecht, Rn. 336.

Teilweise wird verlangt, dass der Verursachungsbeitrag der letzte zeitliche Beitrag vor dem Gefahreneintritt ist.[1048] Danach wäre der Verein nicht Verursacher, da der zeitlich letzte Beitrag bei Fanausschreitungen stets von den Fans kommt.

Besonders effizient wäre die Gefahrenabwehr jedoch nicht, würde man stets nur an der (naturalistisch betrachtet) letzten Handlung anknüpfen. Daher wird die Unmittelbarkeit teilweise auch normativ bestimmt, was freilich zu Rechtsunsicherheit führt. *Beutel* greift die Argumentation des VG Hamburg auf und sieht die Gefahrenschwelle jedenfalls dann überschritten, wenn bereits die Gefahrenprognose Fanausschreitungen befürchten lässt.[1049]

Alleine mit der Unmittelbarkeitslehre lässt sich die Störerhaftung des Vereins jedoch nicht begründen. Denn festzuhalten bleibt, dass nicht der rechtmäßige Verursachungsbeitrag des Vereins, sondern erst das rechtswidrige (und vorsätzliche) Dazwischentreten der Fans zum Gefahreneintritt führt. Bereits begrifflich liegt also keine unmittelbare, sondern eben eine mittelbare Verursachung vor.

b) Die Rechtsfigur des Zweckveranlassers

Die Zweckveranlassung ist der vorherrschende Ansatzpunkt für die dogmatische Herleitung der Störereigenschaft von Fußballvereinen.[1050] Während dem Verein das Verhalten der Zuschauer nach der Unmittelbarkeitslehre letztlich nicht zugerechnet wird, kann in der Rechtsfigur des Zweckveranlassers ein echter Zurechungsmechanismus gesehen werden. Bereits begrifflich lässt sich dieser Unterschied erkennen, da sich die Veranlassung stets auf ein zusätzliches fremdes Verhalten bezieht. Die Zweckveranlassung ist für Konstellationen gedacht, in denen ein enger Zusammenhang zwischen der Veranlassung fremden Verhaltens und der Gefahrenverursachung durch dieses fremde Verhalten besteht.[1051] Es wird demnach ebenfalls auf eine Kausalkette abgestellt, wobei der Veranlassungsbeitrag bei wertender Betrachtung als besonders folgenreich bewertet wird.

1048 Vgl. Gusy, Polizeirecht, Rn. 335; Schenke, Polizeirecht, Rn. 243.

1049 Was insbesondere bei Risikospielen der Fall sei, vgl. Beutel, in: Die Polizei 2014, S. 118.

1050 Etwa Götz, Polizeirecht, § 9 Rn. 31 m.w.N.; VG Hamburg, Beschluss vom 2.4.12 (Az. 15 E 756/12), Rn. 37, 39 m.w.N. – Juris; vgl. auch Beutel, in: Die Polizei 2014, S. 118 f.; Schenke, Polizeirecht, Rn. 246; Gusy, Polizeirecht, Rn. 336; Pieroth/Schlink/Kniesel, Polizeirecht, § 9 Rn. 28.

1051 Ähnlich Schenke, Polizeirecht, Rn. 244.

aa) Kritik an der Rechtsfigur

Die in Rechtsfortbildung entwickelte Figur des Zweckveranlassers ist umstritten.[1052] So besteht bereits darüber Uneinigkeit, ob es sich um eine Ergänzung oder eine Ausnahme der Unmittelbarkeitslehre handelt.[1053] Teilweise wird in der Rechtsfigur lediglich eine weite Auslegung der Unmittelbarkeitslehre gesehen, da die Unmittelbarkeit des Verursachungsbeitrags eben in der Zweckveranlassung liege.[1054] Allerdings wird die Gefahr nicht unmittelbar, sondern eben mittelbar verursacht. Letztlich soll ein Ausgleich zwischen einer effizienten Gefahrenabwehr und der normativen Einschränkung einer reinen Kausalhaftung geschaffen werden.

Mitunter wird die Figur des Zweckveranlassers als altmodisch empfunden und kritisiert.[1055] Die Anhänger der Rechtswidrigkeits- oder Sozialadäquanztheorie verschließen sich freilich der Zulässigkeit einer Zurechnung fremden Verhaltens durch die Zweckveranlassung.[1056] Teilweise wird die Rechtsfigur auch als überflüssig angesehen.[1057] Manche begründen dies mit der erwähnten weiten Auslegung der Unmittelbarkeitslehre.[1058]

bb) Inhalt und Varianten der Rechtsfigur

Die Schwierigkeit bei der Anwendung der Rechtsfigur des Zweckveranlassers liegt in ihrer Unbestimmtheit und Variantenvielfalt.

aaa) Subjektive, objektive und kombinierte Theorien

Unterschieden werden insbesondere subjektive und objektive Varianten der Zweckveranlassung. Dabei geht es um die Frage, ob es für eine wertungsmäßige Verknüpfung zwischen dem mittelbaren und unmittelbaren Verursachungsbeitrag auf die subjektive Willensrichtung des mittelbaren Störers ankommt (so die subjektive Theorie), oder ob ein rein objektiver Wahrscheinlichkeitszusammenhang ausreicht (so die objektive Theorie). Kombinationstheorien verlangen

1052 Vgl. Gusy, Polizeirecht, Rn. 336; Beutel, in: Die Polizei 2014, S. 118 f.

1053 Vgl. Schenke, Polizeirecht, Rn. 244.

1054 So etwa Schenke, Polizeirecht, Rn. 244 f.

1055 Etwa Beutel, in: Die Polizei 2014, S. 118 f.

1056 Vgl. Götz, Polizeirecht, § 9 Rn. 29; Denninger, in: Lisken/Denninger, Handbuch des Polizeirechts, Kapitel D Rn. 81.

1057 Etwa Beaucamp/Seifert, in: JA 2007, S. 580.

1058 So Beutel, in: Die Polizei 2014, S. 119.

insoweit beide Aspekte für die Wertung eines Verursachungsbeitrages als mittelbare Handlungsstörung.[1059]

Im Ergebnis ergeben sich im vorliegenden Kontext erhebliche Unterschiede. Eine subjektive Voraussetzung setzt namentlich ein zumindest billigendes In-Kauf-nehmen der Handlungen Dritter durch die Hintermänner voraus. Eine solche subjektive Willensrichtung in Bezug auf Fanausschreitungen liegt bei Fußballvereinen regelmäßig nicht vor.[1060] Die Vereine haben als Veranstalter – gerade auch im Hinblick auf etwaige Verbandssanktionen – ein Interesse an der Friedlichkeit ihrer Sportveranstaltungen. Ein billigendes In-Kauf-nehmen kann insoweit selbst im Falle unterlassener Sicherheitsmaßnahmen wohl nicht unterstellt werden. [1061]

bbb) Anforderungen an den objektiven Wahrscheinlichkeitszusammenhang

Eine Zweckveranlassung der Fanausschreitungen durch die Veranstalter kommt demnach nur bei einer objektiven Auslegung der Rechtsfigur in Betracht, die auf die objektive Eignung der Veranstaltung zur Herbeiführung von Fanausschreitungen abstellen.[1062] Das VG Hamburg argumentiert dabei mit der objektiven Gefährlichkeit, die zumindest bei Risikospielen durch Gefahrenprognose ermittelt werde.[1063]

Dabei werden allerdings unterschiedliche Anforderungen an den objektiven Wahrscheinlichkeitszusammenhang zwischen mittelbarem und unmittelbarem Verursachungsbeitrag angeführt. Eine einheitliche objektive Theorie gibt es also nicht. Im Raum stehen mit den Begriffen „typisch", „vorhersehbar" und „zwangsläufig" drei Beschreibungen.[1064] Das Problem bei dieser Abgrenzung besteht darin, dass mit einem Begriff umschrieben werden soll, wann die Gefahrenschwelle durch den Hintermann bei wertender Betrachtung überschritten ist. Gerade eine wertende Feststellung lässt sich jedoch nicht durch einfache Subsumtion,

---

1059 Vgl. Schoch in: JURA 2009, S. 363; Lange, Zweckveranlassung, S. 233 ff.; Beaucamp/Seifert, in: JA 2007, S. 578; Quirling/Müller, in: CaS 2014, S. 138.

1060 Vgl. Barczak, in: JURA 2014, S. 900; Turnit, in: JURA 2012, S. 368 f.

1061 Im Gegensatz zum Eventualvorsatz liegt hier allenfalls eine grobe Fahrlässigkeit vor.

1062 Vgl. Beutel, in: Die Polizei 2014, S. 118 f.

1063 VG Hamburg, Beschluss vom 2.4.12 (Az. 15 E 756/12), Rn. 40- Juris, vgl. Beutel, in: Die Polizei 2014, S. 118.

1064 Vgl. VG Hamburg, Beschluss vom 2.4.2012 (Az. 15 E 756/12), Rn. 39 – Juris; Beutel, in: Die Polizei, S. 117 f.; Quirling/Müller, in: CaS 2014, S. 138 f.; Müller-Eiselt, in: Verwaltungsrundschau 2014, S. 89 f.; Lange, Zweckveranlassung, S. 164 f.

sondern nur unter Berücksichtigung der Einzelfallumstände treffen. Hinzu kommt, dass die genannten Begriffe ihrerseits keinesfalls bestimmt sind. So ist eine typische Gefahr auch stets vorhersehbar, solange sich die Vorhersehbarkeit auf ein geringes Maß an Wahrscheinlichkeit beschränkt.

Eine Zweckveranlassung von Fanausschreitungen durch die Veranstalter lässt sich regelmäßig nicht bejahen, wenn eine Zwangsläufigkeit als Wahrscheinlichkeitszusammenhang verlangt wird.[1065] Zum einen ist ein bestimmtes aggressives Verhalten niemals zwangsläufige Folge einer Veranstaltung. Selbst Risikospiele verlaufen bisweilen friedlich, was eine zuvor prognostizierte Zwangsläufigkeit als Unterstellung entlarvt. Zum anderen gelingt es mitunter durch zahlreiche staatliche und private Sicherheitsmaßnahmen die Zwangsläufigkeit von Fanausschreitungen zu unterbinden. Letzterer Gesichtspunkt zeigt, dass es bei der Annahme einer Zweckveranlassung stets auch um die Beherrschbarkeit des Geschehensverlaufes durch den Veranstalter geht. Insoweit müsste davon ausgegangen werden, dass die Veranstalter die Kausalkette zwischen der Zweckveranlassung (dem Veranstalten des Sportereignisses) und den Fanausschreitungen beherrschen.[1066] Ansonsten kann ihnen das Fanverhalten billigerweise nicht zugerechnet werden und sie sind bloße Anlassgeber.[1067]

c) Das Veranstalten von Sportveranstaltungen als Zweckveranlassung von Fanausschreitungen

Wendet man die Rechtsfigur des Zweckveranlassers an, ist umstritten, ob Fußballvereine in concreto Fanausschreitungen (zweck-)veranlassen.

aa) Meinungsstand

In der Literatur wird eine Zweckveranlassung von Fanausschreitungen durch die Fußballvereine ganz überwiegend abgelehnt.[1068] Teilweise wird trotz vorhandener Einwirkungsmaßnahmen in der Beherrschung der Gefahrenlage eine reine

---

1065 Vgl. Turnit, in: JURA 2012, S. 368 f.

1066 Vgl. Steiner, in: Schmidbauer/Steiner, PAG, Art. 7 Rn. 10; Gusy, Polizeirecht, Rn. 336.

1067 So auch Steiner, in: Schmidbauer/Steiner, PAG, Art. 7 Rn. 10.

1068 Vgl. Siegel, in: NJW 2013, S. 1038; Barczak, in: JURA 2014, S. 900; Turnit, in: JURA 2012, S. 368 f.; Stopper/Holzhäuser/Knerr, in SpuRt 2013, S. 50; Steiner, in Schmidbauer/Steiner, PAG, Art. 7 Rn. 10; Deusch, Polizeiliche Gefahrenabwehr bei Sportgroßveranstaltungen, S. 173; Schenke, Polizeirecht, Rn. 246; Pieroth/Schlink/Kniesel, Polizeirecht, § 9 Rn. 29; Beaucamp/Seifert, in: JA 2007, S. 580; Siegel, in: DÖV 2014, S. 868 f.

Unterstellung gesehen.[1069] *Schenke* empfindet die Bewertung als Zweckveranlassung indes als unverhältnismäßige Grundrechtsbeschränkung.[1070] Einen anderen Ansatz vertritt *Deusch.*[1071] Er zieht eine Analogie zu den Wertungen des Versammlungsrechts.[1072] So könne dem Veranstalter einer rechtmäßigen Versammlung das Verhalten gewaltbereiter Einzelner nicht zugerechnet werden, solange die Versammlung nicht insgesamt einen aufrührerischen Verlauf nehme (Brokdorf-Entscheidung)[1073]. Insoweit sei der Zurechnungszusammenhang auch in einer Sportveranstaltung unterbrochen, in der der Verein als Veranstalter das Verhalten von einzelnen gewaltbereiten Fans missbillige. In der Eskalation von Ausschreitungen wird denn auch im vorliegenden Kontext mitunter eine Unterbrechung des Zurechnungszusammenhangs gesehen.[1074]

Bejaht wurde eine Zweckveranlassung durch die Fußballvereine in der Literatur dagegen nur vereinzelt.[1075] *Lange* stellt dabei auf die Typik und Vorhersehbarkeit von Fanausschreitungen aufgrund der Erfahrungen mit Sportveranstaltungen in der Vergangenheit ab.[1076] *Götz* tritt dem Argument einer unverhältnismäßigen Einschränkung von Grundrechten der Veranstalter mit der Feststellung entgegen, dass die Störereigenschaft der Fußballvereine keine allgemeine Haftung, sondern lediglich eine öffentlich-rechtliche Verantwortung des Veranstalters bedeute, die aus dem Wirkungszusammenhang zwischen Veranstaltung und Ausschreitungen resultiere.[1077]

1069 Vgl. Pieroth/Schlink/Kniesel, Polizeirecht, § 9 Rn. 29.

1070 Siehe Schenke, Polizeirecht, Rn. 246; auch Beaucamp/Seifert, in: JA 2007, S. 580.

1071 Siehe Deusch, Polizeiliche Gefahrenabwehr bei Sportgroßveranstaltungen, S. 142 f.

1072 Das speziellere Versammlungsrecht ist nicht anwendbar, da es sich bei einer Sportveranstaltung um eine bloße Zusammenkunft zu Unterhaltungszwecken und nicht zur öffentlichen Meinungsbildung handelt, str., vgl. Gusy, Polizeirecht, Rn. 412; Deusch, Polizeiliche Gefahrenabwehr bei Sportgroßveranstaltungen, S. 77; Hufen, Grundrechte, § 30 Rn. 7; Sodan, in: Sodan, GG, Art. 8 Rn. 3; Kniesel/Poscher, in: Lisken/Denninger, Handbuch Polizeirecht, Kapitel K Rn. 47.

1073 BVerfGE 69, 315.

1074 Vgl. Siegel, in: NJW 2013, S. 1038; Stopper/Holzhäuser/Knerr, in SpuRt 2013, S. 50.

1075 Auch Gädeke, Sportgroßveranstaltungen, S. 170 f; bereits Lenge, in: Verwaltungsarchiv 1998, S. 77 ff.

1076 Siehe Lange, Zweckveranlassung, S. 164 f.

1077 Siehe Götz, Polizeirecht, § 9 Rn. 31.

In der Rspr. wurde eine Zweckveranlassung in der bereits genannten Entscheidung des VG Hamburg bejaht.[1078] Abgestellt wurde dabei auf ein objektives Sonderrisiko, das die Fußballvereine durch das Veranstalten setzten.

bb) Stellungnahme

Die dargestellten Grundsätze einer mittelbaren Handlungsstörerhaftung sollen im Kern einen gerechten Ausgleich zwischen einer effizienten Gefahrenabwehr und der Verhältnismäßigkeit beim Eingriff in grundrechtlich geschütztes Verhalten schaffen. Dieser gerechte Ausgleich kann mit der hergebrachten polizeirechtlichen Dogmatik gelöst werden.

Als Grundlage der polizeirechtlichen Handhabung steht die Erkenntnis, dass das Veranstalten von Fußballspielen durch den Verein grundrechtlich geschützt und staatlich gewollt ist.[1079] Sieht man von jenen Situationen ab, in denen den Vereinen eigenes Verhalten vorgeworfen werden kann, verbietet sich deshalb jedwede Konstruktion, mit der im Veranstalten als solchem der entscheidende Verursachungsbeitrag gesehen wird. Somit lässt sich alleine aufgrund der Unmittelbarkeitslehre keine Störereigenschaft herleiten. Die Rechtsfigur des Zweckveranlassers bietet demgegenüber grundsätzlich die Möglichkeit, dem Verein das vorsätzliche Verhalten der Fans zuzurechnen.

Die Rechtsfigur der Zweckveranlassung ist dabei objektiv auszulegen. Im Polizeirecht geht es um die Abwehr objektiv drohender Schäden für Rechtsgüter. Dagegen kommt es diesem Telos des Polizeirechts entsprechend gerade nicht darauf an, ob der Verursacher eines gefahrgeneigten Geschehensverlaufes den Eintritt der Gefahr auch billigend in Kauf nimmt.[1080] Eine rein objektive Gefahrenbeurteilung erscheint im Zusammenhang mit vielen Gefahren eine Selbstverständlichkeit, angeführt seien hier exemplarisch Gefahren aus dem Straßenverkehr. Der Umstand, dass es sich bei den mittelbar durch die Fußballvereine verursachten Gefahren um bewusstes und gesteuertes Verhalten Dritter handelt, legt per se keine andere Wertung nahe.

Dabei sind an den objektiven Wahrscheinlichkeitszusammenhang zwischen dem mittelbaren und unmittelbaren Verursachungsbeitrag keine zu hohen Anforderungen zu stellen. Im Hinblick auf eine effiziente Gefahrenabwehr muss

---

1078 VG Hamburg, Beschluss vom 2.4.2012 (Az. 15 E 756/12), Rn. 38, 40 – Juris; bestätigt durch OVG Hamburg, Beschluss vom 13.4.12 (Az. 4 Bs 78/12); vgl. Beutel, in: Die Polizei, S. 117 f.

1079 Vgl. hierzu Fechner/Arnhold/Brodführer, Sportrecht, Kapitel 2 Rn. 7 ff.

1080 Ausgedrückt werden soll eben kein Unwerturteil wie im Straf- oder Ordnungswidrigkeitenrecht.

für die Störereigenschaft genügen, dass es sich bei Fanausschreitungen um typische und vorhersehbare Folgen von Sportveranstaltungen handelt. Dagegen geht das Kriterium der Zwangsläufigkeit zu weit. Die Qualifizierung eines Handlungsstörers bezieht sich stets auf die Prognose einer Gefahr. Prognosen sind aber wesensmäßig ungewiss. Ein drohender Schadenseitritt muss auch dann schon polizeilich abgewehrt könne, wenn er nicht zwangsläufig, sondern eben nur hinreichend wahrscheinlich ist. Das ist bei typischen und vorhersehbaren Geschehensverläufen der Fall, wie sie etwa Fanausschreitungen bei Sportveranstaltungen darstellen.

Mit der Zurechnung in Form einer Zweckveranlassung wäre in der Tat ein Grundrechtseingriff verbunden. Die Normierung polizeirechtlicher Verantwortlichkeit fungiert dabei nicht als Grundrechtsschranke. Es gilt vielmehr, auf Ermessensebene für schonende Maßnahmen zu sorgen. Dagegen müssten gewichtige Gründe effizienter Gefahrenabwehr die Konstruktion einer mittelbaren Handlungsstörung der Vereine rechtfertigen. Man mag dabei zunächst an die Eröffnung der Risikosphäre[1081] der Vereine denken, die aus kommerziellen und sportlichen Gründen das Fußballspiel bewusst zu einer Großveranstaltung machen. Dieses legitime Handeln indiziert keine nachteilige polizeirechtliche Wertung. Denn hierbei ist zwischen primärer Gefahrenabwehrebene und sekundärer Kostenebene zu unterscheiden. Für erstere ist alleine die effiziente Gefahrenabwehr maßgeblich.

Im vorliegenden Kontext bietet sich eine Parallele zum sog. Schaufensterfall an, der als Paradebeispiel des Zweckveranlassers gilt.[1082] Dabei wurde dem Inhaber eines Geschäfts mit auffälliger Schaufensterwerbung die Verkehrsbeeinträchtigung durch schaulustige Passanten polizeirechtlich zugerechnet. Ein Unterschied zur Sportveranstaltung liegt zwar darin, dass das Betreten von Verkehrsflächen (abseits der Gehwege) nicht in gleicher Weise legitim ist, wie der Besuch von Zuschauern im Stadion. Andererseits liegt der Bereich des Stadions erst Recht in der Risikosphäre der Fußballvereine. Wenn zudem schon Verkehrsbehinderungen als vergleichsweise untypische Folge einer Schaufensterwerbung für die Annahme einer Zweckveranlassung ausreichen, muss dies m.E. auch für die typische Gefahr von Fanausschreitungen bei Sportveranstaltungen gelten.

Die Risikosphäre des Veranstalters führt zu einem weiteren Gesichtspunkt, der für eine mittelbare Handlungsstörung spricht. Die Fußballvereine verfügen über zahlreiche Einwirkungsmöglichkeiten auf die Fans. Dieser Umstand

---

1081 Vgl. Gusy, Polizeirecht, Rn. 327 f.

1082 PrOVGE 85, 270, 271; vgl. Schoch, in: JURA 2009, S. 362.

muss berücksichtigt werden, will man den Ursachenzusammenhang zwischen dem Veranstalten und den Fanausschreitungen bewerten. Eine umfassende Beherrschung der Fans ist den Fußballvereinen zwar nicht möglich.[1083] Durch zahlreiche Einflussmöglichkeiten auf die Fans im Stadion – angefangen von Fanbetreuung bis hin zu Stadionverboten – beziehen die Fußballvereine die Fans insoweit in ihre Risikosphäre ein. Das gilt zumindest für die Fans der eigenen Mannschaft. Das Verhalten der Gastfans liegt freilich nicht in gleicher Weise im Einflussbereich des gastgebenden Vereins. Dies könnte zur Annahme führen, die Fußballvereine zweckveranlassten nur die Ausschreitungen der Heimfans. Doch geht es im Polizeirecht ja um die präventive Bewertung einer Gefahrenquelle. Eine Aufspaltung des Verhaltens eigener und fremder Fans ist im Nachhinein zwar möglich und sinnvoll, jedoch aus präventiver Sicht regelmäßig nicht sachdienlich.[1084] Die Verantwortlichkeit des Veranstalters erstreckt sich eben auf die gesamte Veranstaltung (mit allen dabei in Erscheinung tretenden Fans).

2. Das Unterlassen von Sicherheitsmaßnahmen als Verursachungsbeitrag

Mit der Rechtsfigur des Zweckveranlassers wird danach gefragt, ob das Veranstalten einer Sportveranstaltung als Gefahrenverursachungsbeitrag für eine Inanspruchnahme nach § 4 I PolG NRW, Art. 7 I BayPAG ausreicht. Neben dem Veranstalten als solchem ist aber zudem denkbar, dass der Veranstalter Sicherheitsvorkehrungen bzw. die Mitwirkung an Sicherheitsmaßnahmen unterlässt. In diesem Unterlassen ist bisweilen ein weiterer Ansatzpunkt für die Begründung einer mittelbaren Handlungsstörung zu sehen.[1085]

Polizeirechtlich kommen dabei die Gesichtspunkte der Duldung und des pflichtwidrigen Unterlassens in Betracht. Auf das Unterlassen kann dann abgestellt werden, wenn eine Rechtspflicht zur Handlung besteht. Hier ließe sich zunächst an die verbandsrechtliche Normierung des Spielabbruchs durch den DFB denken. Dieser verpflichtet die Veranstalter eines Fußballspieles zur Ergreifung bestimmter Sicherheitsmaßnahmen. Als Beispiel soll hier der speziell ausgestaltete Spielabbruch dienen. Der DFB hat Richtlinien erlassen, die eine

---

1083 Vgl. Pieroth/Schlink/Kniesel, Polizeirecht, § 9 Rn. 29.

1084 Die Differenzierung von Heim- und Gastfans spielt insoweit insbesondere im Zusammenhang mit Verbandsstrafen eine Rolle, hierzu § 3 II 6.

1085 Vgl. Siegel, in: NJW 2013, S. 1038.

Spielunterbrechung, gegebenenfalls aber auch einen Spielabbruch vorsehen.[1086] Diese Verpflichtung ist aber keine Rechtspflicht im polizeirechtlichen Sinn, da das Verbandsrecht nach Art. 9 I GG, § 25 BGB das Polizeirecht nicht überlagert. Allerdings konkretisieren sich die Verkehrssicherungspflichten (§ 823 I BGB) bei Fußballspielen durchaus durch die Vorgaben der Fußballverbände. Vernachlässigt ein Veranstalter die verbandsrechtlich standardisierten Sicherheitsmaßnahmen, verletzt er hierdurch seine – auf staatlichem Recht begründeten – Verkehrssicherungspflichten.[1087]

Gegen eine Rechtspflicht des Veranstalters ließe sich indes anführen, dass die Normierung des Spielabbruchs durch den DFB nicht unbedingt als Festlegung von Mindestsicherheitsstandards auszulegen ist. Wäre im Spielabbruch eine (im Hinblick auf die Verkehrssicherungspflichten) überobligatorische Maßnahme zu sehen, spricht dies gegen die Annahme einer polizeirechtlich relevanten Handlungspflicht.

Demgegenüber zeigt die verbandsrechtliche Normierung erst die rechtliche und faktische Möglichkeit des Spielabbruchs auf. Polizeirechtlich kann zumindest von einer Duldung fremdverursachter Störungen gesprochen werden, wenn die faktische und zumutbare Möglichkeit besteht, hiergegen vorzugehen.[1088] Diese allgemeine Definition gilt umso mehr, wenn die fremden Handlungen im engen Zusammenhang mit der eigenen Risikosphäre stehen.

Unterlässt der Veranstalter mögliche Sicherheitsmaßnahmen (bricht er etwa ein Fußballspiel nicht ab), obwohl er damit zu einer effektiven Eindämmung von Fanausschreitungen in der Lage gewesen wäre, kann er als mittelbarer Handlungsstörer gem. § 4 I PolG NRW, Art. 7 I BayPAG angesehen werden, ohne dass es auf eine Zweckveranlassung ankommt.

3. Abgrenzung zum Zustandsstörer

Im Gegensatz zur Verhaltensstörerschaft geht die Gefahr bei der Zustandsstörung gem. § 5 I PolG NRW, Art. 8 I BayPAG von einer Sache aus. Solche sind etwa die Fußballstadien, die regelmäßig von den Vereinen oder ihren Tochtergesellschaften betrieben werden (tatsächliche Gewalt) und mitunter auch in ihrem Eigentum stehen.[1089] Die Gefahrenlage bei Fanausschreitungen geht aber eben vom

---

1086 Hierzu § 6 VII 2. Vorgesehen ist die Maßnahme auch für den Fall rassistischer und diskriminierender Ausschreitungen; vgl. DFB, Leitfaden Spielabbruch, S. 2.

1087 Vgl. Schenke, Polizeirecht, Rn. 239.

1088 Vgl. Honnacker/Beinhofer/Hauser, PAG, Art. 7 Rn. 6.

1089 Vgl. Steiner, in: Schmidbauer/Steiner, PAG, Art. 8 Rn. 3.

Verhalten der Fans und nicht vom Stadion als Sache aus. Im Gegenteil sollen die Gefahren durch die bauliche Gestaltung des Stadions eingedämmt werden. Für eine Zustandsstörung müsste dagegen das Zuschauerverhalten nicht dem Verein, sondern quasi der Sache (dem Stadion) des Vereins zugerechnet werden. Eine solche Gefahr durch das Stadion könnte etwa dann angenommen werden, wenn erst die bauliche Gestaltung zur Gefahr führt, etwa weil die Tribünen bei übermäßigen Bewegungen der Zuschauer einzustürzen drohen. Ähnliches gilt für immissionsschutzrechtliche Fragen bzgl. des durch Fans verursachten Lärms.[1090] Mit Persönlichkeitsrechtsverletzungen haben diese Situationen aber nichts zu tun.

4. Abgrenzung zum Zusatzverantwortlichen

Während der Verhaltensstörer einen eigenen Verursachungsbeitrag setzt, wird dem Zusatzverantwortlichen fremdes Verhalten zugerechnet.[1091] Der Unterschied zur mittelbaren Handlungsstörung[1092] liegt also in dem fehlenden eigenen Verursachungsbeitrag. Ein Zweckveranlasser verursacht durch eigens Verhalten Störungen durch andere. Er ist somit selbst Störer und kann nicht zugleich Zusatzverantwortlicher sein.[1093] Dagegen ist der Zusatzverantwortliche ein Nichtstörer, der im Hinblick auf eine effektive Gefahrenabwehr als fiktiver Störer behandelt wird. [1094] Der Grund hierfür liegt in den Einwirkungsmöglichkeiten und Einwirkungspflichten des Zusatzverantwortlichen gegenüber der störenden Person. Nach § 4 II, III PolG NRW, Art. 7 II, III BayPAG kommt eine Zuordnung fremden Verhaltens zum Zusatzverantwortlichen in Betracht, wenn der Zusatzverantwortliche die Personensorge oder Personenbetreuung für die störende Person hat, oder diese als Verrichtungsgehilfe bestellt hat. Beide Varianten treffen aber nicht auf das Verhältnis zwischen Fußballvereinen und Fans zu.

5. Die Inanspruchnahme des Veranstalters auf der Sekundärebene

Während es auf der polizeilichen Primärebene um eine effiziente Gefahrenabwehr geht, stellt sich auf der Sekundärebene die Frage nach der ökonomischen Lastenverteilung. Diese Frage weist nicht zuletzt eine politische Dimension auf. Mögliche Fanausschreitungen im Rahmen der Sportgroßveranstaltungen

1090 Vgl. Fechner/Arnhold/Brodführer, Sportrecht, S. 11 Rn. 31.
1091 Vgl. Schenke, Polizeirecht, Rn. 265.
1092 Vgl. Peine, Die Zusatzverantwortlichkeit im Gefahrenabwehrrecht, S. 31.
1093 Vgl. Peine, Die Zusatzverantwortlichkeit im Gefahrenabwehrrecht, S. 223, 249.
1094 Vgl. Peine, Die Zusatzverantwortlichkeit im Gefahrenabwehrrecht, S. 266.

erfordern einen großen Einsatzaufwand[1095], dessen Kosten der Fiskus trägt.[1096] Andererseits werden die Umsätze im Profifußball nicht zuletzt durch die Vermarktung der Fußballspiele als Massenevent[1097] erzielt. Es stellt sich daher die Frage einer ökonomischen Zurechnung des Fanverhaltens zu den Fußballvereinen.[1098] Die Forderung nach einer finanziellen Beteiligung der Vereine an den Kosten der Polizeieinsätze steht daher seit langem im Raum.[1099]

a) Rechtsgrundlagen

Die Wahrung der öffentlichen Sicherheit und Ordnung durch die Polizei gehört zu den Kernaufgaben des Staates, die dieser durch das allgemeine Steueraufkommen deckt. Dahinter steht auch der Gedanke, dass die Wahrnehmung der Sicherheit durch die Polizei nicht durch eine finanzielle Abschreckung erschwert wird.[1100] In gesetzlich geregelten Fällen finden sich jedoch Kostentragungsregelungen für polizeiliche Leistungen, die als Grundrechtseingriff (Vorbehalt des Gesetzes) einer gesetzlichen und bestimmten Rechtsgrundlage bedürfen.[1101]

Für die vorliegende Fragestellung sind zwei verschiedene Arten von Kostenansprüchen zu unterscheiden. Zum einen können Kosten für konkrete Einzelfallmaßnahmen erhoben werden, die entstehen, weil der Kostenpflichtige seiner Pflicht zur Gefahrenabwehr nicht nachkommt. Hier kommt es auf die zuvor erörterte Frage an, ob die Vereine als Störer angesehen werden oder nicht.[1102] Nichtstörer haften indes nicht für entstehende Einsatzkosten, da ihnen die Gefahr eben nicht zugerechnet werden kann.[1103] Dieser Regelung trägt etwa Art. 9

1095 Eine Statistik über die Einsatzbelastung der Polizei bei Fußballspielen findet sich im ZIS-Jahresreport 2012/13, S. 20.

1096 Zu diesen Kosten zählen der Eigenaufwand (Gebühren) und der Fremdaufwand (Auslagen), vgl. Gusy, Polizeirecht Rn. 457. Bei Fußballspielen sind vor allem erstere relevant, da die Polizei den Einsatz mit eigenen Kräften gestaltet.

1097 Vgl. Thumm, in: WFV, Verantwortlichkeiten und Haftung im Sport, S. 10.

1098 Vgl. Deusch, Polizeiliche Gefahrenabwehr bei Sportgroßveranstaltungen, S. 219.

1099 Eine Darstellung der Diskussion bei Bernhardt, in: WFV, Verantwortlichkeiten und Haftung im Sport, S. 67 m. w. N.; auch Schmidbauer, in: Schmidbauer/Steiner, PAG, Art. 76 Rn. 65; Gädeke, Sportgroßveranstaltungen, S. 161 ff.; Lenge, in: Verwaltungsarchiv 1998, S. 85 ff.

1100 Vgl. Stopper/Holzhäuser/Knerr, in: SpuRt 2013, S. 49.

1101 Pieroth/Schlink/Kniesel, Polizeirecht, § 25 Rn. 2

1102 Davon hängt im Übrigen auch die Frage ab, ob der Verein einen Regressanspruch gegen Mitstörer analog § 426 BGB hat, vgl. Gusy, Polizeirecht, Rn. 367; Schenke, Polizeirecht, Rn. 288.

1103 Vgl. Gusy, Polizeirecht, Rn. 460.

II 1 BayPAG Rechnung, wonach die Kosten für die unmittelbare Ausführung von den nach Art. 7 oder 8 Verantwortlichen (den Störern) erhoben werden.[1104]

Zum anderen erfordert eine Sportgroßveranstaltung die Präsenz eines großen Polizeiaufkommens (Schutzpräsenz) sowie die Regelung des erhöhten Verkehrsaufkommens.[1105] Es handelt sich insofern um allgemeine Einsatzkosten, um die sich der angesprochene politische Diskurs dreht. Nach derzeitiger Rechtslage bestehen – mit Ausnahme von Bremen[1106] – hierfür allerdings keine Rechtsgrundlagen.[1107] So finden sich etwa in § 2 I GebG NRW i. V. m. Tarifstelle 18 GebO NRW keine Kostenposten, die im Rahmen von Sportgroßveranstaltungen einschlägig wären.[1108] Lediglich bis zum 1.12.1991 fand sich in § 81 II 1 PolG BW aF eine Regelung, wonach Aufwendungen der Polizei bei privaten kommerziellen Veranstaltungen vom Veranstalter zu tragen waren.[1109] Im Ländervergleich hat sich dieser Weg (abgesehen von Bremen) jedoch nicht durchgesetzt, und wurde auch in Baden-Württemberg abgeschafft.[1110]

b) Die Rechtfertigung einer Kostenpflicht für Vereine

Nach derzeitiger Rechtslage in den meisten Bundesländern (bis auf Bremen) besteht für Fußballvereine mangels Rechtgrundlage keine Pflicht zur Deckung der allgemeinen Einsatzkosten bei Sportveranstaltungen. Es bleibt eine politische Forderung, deren Umsetzung verfassungsrechtlichen Anforderungen genügen müsste.[1111]

1104 Selbst wenn man den Verein mit der Figur des Zweckveranlassers als Störer ansieht, folgt hieraus regelmäßig keine Kostentragungspflicht. Denn die Polizeigesetze enthalten nur für bestimmte Maßnahmen Kostenregelungen, die sich meist direkt an die störenden Fans richten. Anordnungen aufgrund der Allgemeinklausel (§ 8 PolG NRW, Art. 11 BayPAG) etwa sind dagegen kostenfrei. Denkbar wäre die Kostenpflicht des Vereins für eine Ersatzvornahme gem. § 52 I 1 PolG NRW, Art. 55 I 2 BayPAG, wenn die Polizei eine vertretbare Handlung durchführt, die eigentlich vom Ordnungsdienst hätte vorgenommen werden sollen, vgl. Stopper/Holzhäuser/Knerr, in: SpuRt 2013, S. 51.

1105 Vgl. Bernhardt, in: WFV, Verantwortlichkeiten und Haftung im Sport, S. 72.

1106 Dazu unten Punkt c)

1107 Vgl. Stopper/Holzhäuser/Knerr, in: SpuRt 2013, S. 49 f., Schmidbauer, in: Schmidbauer/Steiner, PAG, Art. 76 Rn. 65, Bernhardt, in: WFV, Verantwortlichkeiten und Haftung im Sport, S. 75.

1108 Vgl. Stopper/Holzhäuser/Knerr, in: SpuRt 2013, S. 49.

1109 Vgl. Gusy, Polizeirecht, Rn. 459.

1110 Vgl. Bernhardt, in: WFV, Verantwortlichkeiten und Haftung im Sport, S. 69.

1111 Vgl. auch Siegel, in: DÖV 2014, S. 869 ff.

Ausgangspunkt ist dabei der Ermessenspielraum des (Landes-)Gesetzgebers.[1112] Ihm obliegt es im Rahmen seiner demokratischen Legitimation, die grundsätzliche Wertentscheidung zu treffen, ob Fußballvereine an den Polizeikosten zu beteiligen sind.[1113] Gleichwohl handelte es sich bei einer solchen Reglung um einen Grundrechtseingriff in Art. 12 I GG, 14 I, 19 III GG. Es bedürfte daher einer Rechtfertigung für die Auferlegung der Kosten.[1114]

Alleine der Gedanke der Veranlassung des Polizeieinsatzes genügt dabei nicht. Denn die Ausrichtung eines Profifußballspiels ist nicht nur grundrechtlich geschützt, sondern in Anbetracht staatlicher Sportförderung und der Vorbildwirkung des Profisports auch staatlich gewollt. Ein schlichtes Abstellen auf die Veranlassung käme indes einer wirtschaftlichen Sanktion gleich und stellt einen Wertungswiderspruch dar.[1115]

Überzeugender ist dagegen der Gedanke des Vorteilsausgleiches.[1116] Sportgroßveranstaltungen machen für die Fußballvereine einen erheblichen Anteil ihres Umsatzes aus. Dabei sind sie organisatorisch von der Mitwirkung der Polizei abhängig. Zwar unterhalten die Vereine auch eigene Ordnungsdienste für den Innenbereich des Stadions. Dies alleine reicht allerdings nicht aus, um den Sicherheitsanforderungen im räumlichen und zeitlichen Vorfeld der Veranstaltung sowie im Falle eskalierender Fanausschreitungen gerecht zu werden. Hierin liegt jedoch auch zugleich das Gegenargument für eine Kostenpflicht der Vereine: Die Gewährleistung der öffentlichen Sicherheit und Ordnung liegt eben nicht nur im privaten, sondern auch im öffentlichen Interesse.[1117] Dies gilt besonders für den Bereich außerhalb des Fußballstadions.[1118] Das schließt eine Wertentscheidung zu Lasten der Vereine jedoch nicht völlig aus. Auch wenn die Polizei einem öffentlichen Interesse nachkommt, profitieren hieran zweifellos die Vereine.[1119]

1112 Neben den Landespolizeibehörden entstehen auch der Bundespolizei erhebliche Einsatzkosten durch die Überwachung des erhöhten Bahnverkehrs bei Fußballspielen. Vgl. hierzu allgemein Schipfer, in: DPolBl 2011 S. 23 f.

1113 Vgl. Deusch, Polizeiliche Gefahrenabwehr bei Sportgroßveranstaltungen, S. 226.

1114 Hierbei ergeben sich allerdings keine erhöhten Anforderungen aus der Drei-Stufen-Theorie. Die Auferlegung von Kosten betrifft lediglich die dritte Stufe der Berufsausübung; vgl. Pieroth/Schlink/Kingreen/Poscher, Grundrechte, Rn. 916, 925.

1115 Vgl. Gusy, Polizeirecht, Rn. 456.

1116 Vgl. Deusch, Polizeiliche Gefahrenabwehr bei Sportgroßveranstaltungen, S. 221 f.; Gusy, Polizeirecht, Rn. 456.

1117 Vgl. Deusch, Polizeiliche Gefahrenabwehr bei Sportgroßveranstaltungen, S. 221.

1118 Hier stellt sich insoweit die Frage, ob die Vereine ohne den Polizeieinsatz anfallende Kosten einsparen.

1119 So auch Pieroth/Schlink/Kniesel, Polizeirecht, § 25 Rn. 21.

Problematisch erscheint dagegen der Gedanke der Kommerzialisierung.[1120] Dass Veranstaltungen profitabel sind, ist nicht nur legitim, sondern auch im Interesse des Staates.[1121] Denn hieran verdient dieser durch die allgemeinen Steuern mit. So sind Verkehrsgeschäfte im Rahmen der Sportveranstaltungen (z. B. Ticketverkauf, Gastronomie etc.) umsatzsteuerpflichtig. Auch an den Umsätzen des Profifußballs insgesamt profitiert der Staat (Einkommenssteuer der Spieler, Körperschaftssteuer der Vereine etc.). Zu weit ginge es allerdings, in diesem Zusammenhang von einer verdeckten Doppelbesteuerung auszugehen.[1122]

Insgesamt läge eine Entscheidung für eine Kostenbeteiligung im gesetzgeberischen Ermessen. Dabei müssten jedoch auch verfassungsrechtliche Anforderungen bei der Ausgestaltung der Kostenregelung eingehalten werden.

Eine solche Regelung müsste hinreichend bestimmt sein. Dies war bei § 81 II 1 PolG BW aF problematisch. Hier war nicht genau ersichtlich, welche privaten Veranstaltungen genau der Norm unterfielen und welche Kosten im Einzelnen geltend gemacht werden konnten.[1123]

Aufgezählt werden müssten detailliert alle kostenpflichtigen Veranstaltungsarten, wobei auf das Gleichheitsgebot des Art. 3 I GG zu achten wäre. So müssten ähnlich gefährliche Veranstaltungen wie Rockkonzerte oder Technoumzüge ähnlichen Regelungen unterfallen.[1124]

Detailliert geregelt werden müsste auch die Höhe der Kosten. Von vornherein könnte nach dem Äquivalenzprinzip nur ein Anteil der Einsatzkosten erhoben werden.[1125] Dieses Äquivalenzprinzip wäre verletzt, wenn das öffentliche Sicherheitsinteresse neben dem Vorteil der Vereine völlig unberücksichtigt bliebe. Auch solche Kosten, die der Polizei auch ohne konkreten Einsatz anfielen (Fixkosten), wie etwa die Unterhaltung einer Bereitschaftspolizei, dürften billigerweise nicht auferlegt werden.[1126] Im Übrigen verfügt der Gesetzgeber aber auch hier über eine weite Einschätzungsprärogative. Es bleibt hier bei den allgemeinen Grenzen gesetzgeberischer Lastenverteilung. Insbesondere darf grundrechtlich

---

1120 Vgl. Gusy, Polizeirecht, Rn. 456.

1121 Vgl. Fechner/Arnhold/Brodführer, Sportrecht, S. 20 Rn. 12.

1122 Vgl. Bernhardt, in: WFV, Verantwortlichkeiten und Haftung im Sport, S. 77.

1123 Vgl. Deusch, Polizeiliche Gefahrenabwehr bei Sportgroßveranstaltungen, S. 233.

1124 Vgl. Bernhardt, in: WFV, Verantwortlichkeiten und Haftung im Sport, S. 81; Siegel, in: DÖV 2014, S. 871.

1125 Vgl. Bernhardt, in: WFV, Verantwortlichkeiten und Haftung im Sport, S. 79 f., Deusch, Polizeiliche Gefahrenabwehr bei Sportgroßveranstaltungen, S. 234 f.; Gädeke, Sportgroßveranstaltungen, S. 174.

1126 Vgl. Gusy, Polizeirecht, Rn. 459.

geschütztes Verhalten – hier das Veranstalten eines Fußballspiels – nicht in unverhältnismäßiger Weise erschwert werden.[1127] Der Gedanke der Kommerzialisierung bietet hier einen Anhaltspunkt. Der Zweck des Grundrechts aus Art. 12 I GG liegt in der Erzielung eines Erwerbs. Ein Kostentatbestand wäre jedenfalls dann unverhältnismäßig, wenn das Veranstalten einer Sportgroßveranstaltung nicht mehr in gewinnbringender Weise möglich wäre. Von diesem Ausmaß sind die bislang angedachten Kostenbeteiligungsvorschläge jedoch entfernt.

c) Das Bremer Kostenmodell

Das Bundesland Bremen geht seit der Bundesliga-Saison 2014/15 einen eigenen Weg. Für den Polizeieinsatz bei Risikospielen[1128] soll hier eine Verwaltungsgebühr für den Veranstalter anfallen.[1129] Die Besonderheit des Bremer Kostenmodells liegt in der rein gebührenrechtlichen Regelungstechnik.[1130] Der Bremer Innensenat berechnet die Kosten im Zusammenhang mit Fußballspielen als gewinnorientierte Großveranstaltung auf der Grundlage des Kostenverzeichnisses zur Kostenverordnung, §§ 13 I, 4 I Nr. 2, 3 I BremGebBeitrG i.V.m. § 1 I BremInKostV. Bei der Kostenerhebung handelt es sich dogmatisch nicht um eine polizeirechtliche Inanspruchnahme des Veranstalters auf Sekundärebene. Wie aus der Mitteilung des Bremer Innensenats hervorgeht, wird insoweit nicht von einer Störereigenschaft des Veranstalters im Zusammenhang mit Fanausschreitungen – auch nicht unter dem Gesichtspunkt einer Zweckveranlassung – ausgegangen.[1131] Angeknüpft wird alleine an die Gewinnorientierung der Veranstaltung.[1132]

1127 So auch der Ansatz von Lange, Zweckveranlassung, S. 183.

1128 Eine Gefahrenprognose für das Spiel muss mindestens eine Gefahrenstufe von gelb bis rot ergeben; vgl. Senatsmitteilung, Finanzierung von Polizeieinsätzen, 22.7.2014, Punkt 3.0 S. 28. Die Grundlast für den Einsatz bei „normalen" Spielen würde insoweit von der Höhe der Kosten abgezogen.

1129 Hierzu Schiffbauer, in: NVwZ 2014, S. 1283 ff.

1130 Hierzu Heise, in: NVwZ 2015, S. 263 f.

1131 Siehe Senatsmitteilung, Finanzierung von Polizeieinsätzen, 22.7.2014, Punkt 1.2.1 S. 15 f.

1132 Zur Klarstellung der Interessenlage wurde § 4 I Nr. 2 BremGebBeitrG dahingehend geändert, das der Polizeieinsatz nicht mehr im „überwiegenden", sondern nur noch schlicht „im Interesse" des Einzelnen erfolgen muss; siehe Senatsmitteilung, Änderungsgesetz BremGebBeitrG, 22.7.2014, S. 3 f; vgl. Klein, in: DVBl. 2015, S. 278; Schiffbauer, in: NVwZ 2014, S. 1283.

Interessanterweise würde ein etwaiger Gebührenbescheid nicht an den ausrichtenden Verein (namentlich der *SV Werder Bremen)* adressiert, sondern an die DFL. Nach Ansicht des Innensenats wird angesichts der Entscheidungsmöglichkeit des Verbandes über Zeit und Ort der Sportveranstaltungen vom richtigen gebührenrechtlich Pflichtigen ausgegangen. Damit wird im Ergebnis allerdings ein zweiter Veranstalter fingiert, was der tatsächlichen Konstellation einer Sportveranstaltung m.E. nicht gerecht wird.[1133] Faktisch betrifft die Regelung nur Heimspiele des *SV Werder Bremen*, der als Heimverein der eigentliche Veranstalter ist. Wäre er Adressat eines entsprechenden Gebührenbescheids, wäre darin zwar ein wirtschaftlicher Nachteil gegenüber anderen Fußballvereinen zu sehen. Doch gilt der Gleichbehandlungsgrundsatz des Art. 3 I GG immer nur gegenüber demselben Hoheitsträger. Ein Verweis auf die Rechtslage in anderen Bundesländern wäre somit unbegründet.[1134] Im Innenverhältnis zwischen der DFL und den Vereinen dürften sich insoweit zudem Regressprobleme ergeben.[1135]

Eine gerichtliche Entscheidung zur Kostenregelung kann und wird erst ergehen, sobald die DFL gegen einen tatsächlich erhobenen Gebührenbescheid vorgeht. Eine entsprechende Absicht wurde von der DFL, auch im Hinblick auf eine mögliche Verfassungsbeschwerde bereits erklärt.[1136] Dabei würde man sich wohl auf die Berufsfreiheit gem. Art. 12 I GG[1137] berufen, wobei auf die obigen Ausführungen verwiesen werden kann. Da der Gebührentatbestand im Bremer Kostenmodell nur im Kostenverzeichnis speziell ausgestaltet ist, stellt sich allerdings die Frage, ob der Parlamentsvorbehalt für grundrechtswesentliche Fragen eingehalten ist.[1138]

1133 Kritisch auch Klein, in: DVBl 2015, S. 281; vgl. auch Böhm, in: NJW 2015, S. 3003.

1134 Kritisch Siegel, in: DÖV 2014, S. 871.

1135 Interessant wäre etwa die Frage, ob die DFL einen Teil der Gebühr nicht nur vom Heimverein, sondern auch dem Gastverein in Rechnung stellt. Denn die Qualifizierung als Risikospiel entsteht erst unter Zugrundelegung des jeweiligen Spielgegners. Allerdings ist der Gastverein eben nicht Veranstalter.

1136 Vgl. Lampertz, in: CaS 2014, S. 259.

1137 Vgl. Schiffbauer, in: NVwZ 2014, S. 1284 f.

1138 Kritisch insbesondere im Hinblick auf den Bestimmtheitsgrundsatz Klein, DVBl 2015, S. 281 f; Schiffbauer, in: NVwZ 2014, S. 1285 f.

III. Die mittelbare Handlungsstörung von Fans durch das Provozieren von Fangewalt

Eine Handlungsstörung von Fans gem. § 4 I PolG NRW, Art. 7 I BayPAG kommt nicht nur unter dem Gesichtspunkt unmittelbarer Rechtsgutsverletzungen in Betracht (dazu oben Punkt I). Häufig liegen Fälle vor, in denen eine Fangruppe eine andere Fangruppe zu Ausschreitungen provoziert. Zur präventiven Abwehr dieser Fanausschreitungen kann es aus Sicht der Polizei angezeigt sein, die provozierenden Handlungen zu unterbinden, indem etwa entsprechende Transparente sichergestellt werden.[1139] Diese Konstellation beschreibt im vorliegenden Kontext der Persönlichkeitsrechtsverletzungen gewissermaßen aber einen Exkurs. Denn die Störereigenschaft der provozierenden Fans bezieht sich hier nicht (oder zumindest nicht primär) auf die Gefährdung von Persönlichkeitsrechten, sondern auf die Gefahren der gegnerischen (gewaltsamen) Fanreaktionen. Dabei handelt es sich insbesondere um Gefahren für Leib, Leben und Eigentum. Praktisch ist diese Fallkonstellation aber mit den bislang beschriebenen Fällen psychischer Gewalt häufig verbunden. Denn besonders ehrverletzende Fanparolen dienen bisweilen der Provokation.

Im rechtlichen Umgang mit der Provokation gegnerischer Fangruppen wirken drei Faktoren zusammen: Die rechtliche Bewertung der Provokationshandlung an sich, die tatsächliche Wahrscheinlichkeit und Kausalität gewaltsamer Reaktionen und schließlich die subjektive Willensrichtung der provozierenden Fans.

(1)

Zum Ersten kommt es darauf an, wie das provozierende Verhalten an sich rechtlich zu bewerten ist. Stellt das provozierende Fanverhalten bereits selbst eine Störung der öffentlichen Sicherheit und Ordnung dar, etwa weil ehrverletzende und strafbare Inhalte verbreitet werden, bestehen polizeiliche Handlungsmöglichkeiten bereits unabhängig von drohenden Reaktionen. Letztere können und müssen allerdings ergänzend im Rahmen der Gefahrenprognose und auf der Rechtsfolgenebene berücksichtigt werden.

Eine rechtliche Komplikation tritt aber insbesondere dann auf, wenn die Provokationshandlungen nicht bereits selbst eine Störung der öffentlichen Sicherheit und Ordnung darstellen, sondern an sich rechtlich zulässig sind. Die

1139 So etwa im bereits beschriebenen Fall des Polizeieinsatzes im Rahmen des Spiels zwischen dem FC Schalke 04 und PAOK Saloniki; vgl. Müller-Eiselt, in: Verwaltungsrundschau 2014, S. 89 ff., Quirlig/Müller, in: CaS 2014, S. 138 f.

Fanäußerung ist in diesem Fall nicht Gefahr, sondern allenfalls Gefahrenverursachungsbeitrag. Hier stellt sich insbesondere die Frage, ob und inwieweit der grundrechtliche Schutz des Art. 5 I GG einer Einstufung als mittelbare Handlungsstörung entgegensteht. Diese Problematik ergibt sich häufig auch im Zusammenhang mit Gewaltreaktionen auf Meinungskundgaben bei Versammlungen.[1140] Von zentraler Bedeutung ist an dieser Stelle zunächst die präventive Sichtweise der Gefahrenabwehr, bei der es grundsätzlich auf keine Rechtswidrigkeit oder Schuld ankommt.[1141] In der Gefahrenabwehr kommt kein Unwerturteil zum Ausdruck, sie dient alleine dem Schutz vor Schäden. Gleichwohl erfordert das Übermaßverbot eine Abwägung zwischen effizienter Gefahrenabwehr und Freiheitsgewährleistung.

(2)
Zum Zweiten stellt sich in tatsächlicher Hinsicht die Frage der Kausalitätsverknüpfung zwischen einer Provokation einerseits und folgenden Fanausschreitungen andererseits. Die Polizei darf gegen eine (erlaubte) Provokationshandlung nur dann vorgehen, wenn diese Teil des Geschehensverlaufs ist, in dessen Rahmen gewalttätige Fanausschreitungen befürchtet werden. Hierbei kommt es nicht nur auf die Wahrscheinlichkeit drohender Fanausschreitungen an, sondern auch auf den Kausalzusammenhang zur vorhergehenden Kausalität.

Dieser Aspekt steht im Vordergrund wenn man einer objektiven Variante der Rechtsfigur des Zweckveranlassers folgt.[1142] Hier muss danach gefragt werden, ob die Fanausschreitungen die typische und (objektiv) vorhersehbare Folge des Verursachungsbeitrages sind. Angewandt auf die Frage der mittelbar durch Fans verursachten Gewalt muss das provozierende Verhalten von Fans also typischerweise und vorhersehbar zu Ausschreitungen der gegnerischen Fans führen. Dabei wird eine Prognose nicht derart sicher möglich sein, dass Fanausschreitungen

---

1140 Hierzu Lange, Zweckveranlassung, S. 190 ff.; Schoch, in: JURA 2009, S. 362; Beaucamp/Seifert, in: JA 2007, S. 577, 580.

1141 So nur die Rechtswidrigkeits- und Sozialadäquanztheorie; vgl. Gusy, Polizeirecht, Rn. 338 f.

1142 Die umstrittene Rechtsfigur der Zweckveranlassung wurde schon im Zusammenhang einer mittelbaren Handlungsstörung des Veranstalters erörtert (oben Punkt II 1). Zwischen den beiden Fallkonstellationen lassen sich Parallelen ziehen. In beiden Fällen geht es um die Frage, ob ein mithin rechtlich zulässiges Verhalten (Veranstalterrechte einerseits, Meinungskundgabe andererseits) als Verursachungsbeitrag für das Verhalten Dritter rechtlich relevant ist.

eine zwangsläufige Folge[1143] des provozierenden Verhaltens darstellen. Im Lichte einer effizienten Gefahrenabwehr dürfen hier aber keine zu strengen Anforderungen an die Wahrscheinlichkeit des Drittverhaltens gemacht werden. Die Qualifizierung als Störer ist Teil einer Gefahrenprognose, die naturgemäß Unsicherheiten birgt. Eine effiziente Gefahrenabwehr muss auch bereits dann möglich sein, wenn Provokationen von Fans eine gewaltsame Reaktion gegnerischer Fans vorhersehbar und wahrscheinlich machen.[1144] Das kann, je nach Inhalt und Äußerungsform der Provokation anzunehmen sein.

(3)
Drittens kann die subjektive Willensrichtung der provozierenden Fans nicht unberücksichtigt bleiben. Im Vordergrund steht dieser Aspekte bei der subjektiven Variante des Zweckveranlassers. Danach müsste sich die Willensrichtung der provozierenden Fans, zumindest im Sinne eines bedingten Vorsatzes gerade auf die Reaktion der gegnerischen Fans beziehen. Dabei darf keine allgemeine Annahme in den Raum gestellt werden. Vielmehr wird es praktisch schwierig sein, die Motivationslage von Fans zu erkennen, zumal eine einheitliche Motivation bei einer Vielzahl von Fans möglicherweise gar nicht existiert. Dennoch soll m.E. die Eskalationsabsicht – wenn sie denn erkennbar ist – das ausschlaggebende Kriterium bei der vorliegenden Wertungsfrage darstellen.[1145] Denn die Meinungsäußerungen sind umso weniger schutzbedürftig, je mehr es dem äußernden Fan auf eine Eskalation im Stadion ankommt. Kommt es ihm nämlich nicht nur auf eine Provokation an (provozieren darf und soll eine öffentliche Meinungsäußerung durchaus)[1146], sondern auf eine Eskalation, setzt er einen wertungsmäßig zurechenbaren Verursachungsbeitrag.[1147]

1143 Vgl. Müller-Eiselt, in: Verwaltungsrundschau 2014, S. 90, Quirlig/Müller, in: CaS 2014, S. 138 f.

1144 Der Effizienzgedanke ist deshalb wichtig, weil alternativ zur Störereigenschaft der provozierenden Fans nur deren Inanspruchnahme als Nichtstörer in Betracht käme, was nur unter den engen Voraussetzungen des § 6 I PolG NRW, Art. 10 I BayPAG möglich ist; vgl. Müller-Eiselt, in Verwaltungsrundschau 2014, S. 90 f.

1145 Vgl. insoweit im Zusammenhang mit provozierter Gewalt bei Versammlungen: Lange, Zweckveranlassung, S. 191.

1146 So auch die mittlerweile wohl vorherrschende Auffassung zur Zweckveranlassung von gewaltsamen Gegendemonstranten im Versammlungsrecht; vgl. Lange, Zweckveranlassung, S. 190 ff.; Schoch, in: JURA 2009, S. 362; Beaucamp/Seifert, in: JA 2007, S. 580.

1147 Auch wenn ein Fan als Zweckveranlasser provozierter Fanausschreitungen angesehen wird, sind Positionen aus Art 5 I GG im Übrigen im Rahmen des Ermessens und insbesondere der Verhältnismäßigkeit zu berücksichtigen.

IV. Die Reihenfolge der Störerauswahl

Die gerade beschriebene Konstellation der provozierten Fanausschreitungen verdeutlicht den Umstand, dass bei der Abwehr von Gefahren im Rahmen von Sportveranstaltungen mitunter mehrere und unterschiedliche Störer in Betracht kommen. Das wirft die Frage der Störerauswahl auf, die Teil des polizeilichen Ermessens und somit gem. § 114 VwGO vollständig gerichtlich nachprüfbar ist. Dementsprechend ist die Polizei an bestimmte Kriterien gebunden, gegen wen sie Maßnahmen richtet.[1148]

Ein Kriterium ergibt sich bereits aus dem Gesetz. Gem. § 6 I Nr. 2 PolG NRW, Art. 10 I Nr. 2 BayPAG dürfen Nichtstörer nur subsidiär gegenüber Handlungs- und Zustandsstörern in Anspruch genommen werden, also nur wenn Maßnahmen alleine gegen Störer die Gefahr nicht wirksam abwehren.[1149] Für die Gefahrenabwehr bei Sportveranstaltungen ist diese Grundentscheidung von zentraler Bedeutung. Maßnahmen gegen den Veranstalter oder provozierende Fans hängen demnach maßgeblich von der eben strittigen Frage ob, ob diese mittelbare Handlungsstörer sind.

Sucht man die polizeirechtlichen Verantwortlichen zunächst also unter den Störern, ist bei Fanausschreitungen eine Mehrheit von Handlungsstörern gem. § 4 I PolG NRW, Art. 7 I BayPAG festzustellen.[1150] Das betrifft zum einen eine Mehrheit von unmittelbaren Handlungsstörern. Fanausschreitungen sind ein gruppendynamisches Phänomen, so dass es kaum einen einzelnen unmittelbaren Handlungsstörer gibt. Je nach Einzelfall und rechtlicher Auffassung kommen mit dem Veranstalter und ggf. provozierenden Fans zudem ein oder mehrere mittelbare Handlungsstörer in Betracht.[1151] In der Auswahl eines Adressaten in einer Störermehrheit liegt die besondere Schwierigkeit, da hier keine ausdrücklichen gesetzlichen Vorgaben wie § 4 I PolG NRW, Art. 7 I BayPAG zur Verfügung stehen. So gibt es beispielsweise keine Vorgaben, ob die Polizei nur gegen einen Störer oder kumulativ gegen mehrere Störer vorgehen darf.[1152] Denkbar ist – unter Wahrung insbesondere des Übermaßverbotes – auch ein Vorgehen, welches

1148 Vgl. Gusy, Polizeirecht, Rn. 367.

1149 Vgl. Schmidbauer, in: Schmidbauer/Steiner, PAG, Art. 10 Rn. 14.

1150 Vgl. Schoch, in: JURA 2012, S. 686.

1151 Bei der Störermehrheit wird nicht nach dem Anteil an der Gefahrenverursachung unterschieden, Die Störereigenschaft gilt absolut für die ganze Gefahr; vgl. Schenke, Polizeirecht, Rn. 284.

1152 Vgl. Schoch, in: JURA 2012, S. 685.

sowohl Maßnahmen gegen die unmittelbaren Störer als auch gegen mittelbare Störer beinhält.[1153]

Ein wichtiger Anhaltspunkt zur Bestimmung jener Kriterien ist der Sinn und Zweck der polizeirechtlichen Bestimmungen.[1154] Dem Zweck des Polizeirechts als Gefahrenabwehrrecht entsprechend ist zuvorderst auf die Effizienz und Wirksamkeit der Gefahrenabwehr zu achten.[1155] Die Polizei hat eine Maßnahme also zunächst an denjenigen Störer zu adressieren, dessen Inanspruchnahme die Gefahr schnellstmöglich beseitigt. Das ist regelmäßig derjenige, der über eine besondere Nähe zur Gefahrenquelle verfügt. Bei Gefahren durch Fanausschreitungen sind dies die handelnden Fans selbst. Sie sind der Gefahrenquelle nicht nur nahe, sondern stellen sie selbst dar.[1156]

Eine Effizienz der Gefahrenabwehr ist durch die Inanspruchnahme der unmittelbar handelnden Fans jedoch nicht unbedingt sichergestellt. Dies gilt etwa dann, wenn vor einer Sportveranstaltung eine Vielzahl potentiell gefährlicher Fans identifiziert wird. Mit der Gefährderansprache kann sich die Polizei zwar an jede einzelne Person richten. Letztendlich ermöglicht eine effiziente Gefahrenabwehr hier aber die Inanspruchnahme des Veranstalters, dem ein Verbot des Verkaufs von Eintrittskarten angeordnet werden kann. Die Effizienz der Gefahrenabwehr resultiert hier aus den rechtlichen und faktischen Möglichkeiten des Veranstalters zur Einwirkung auf die Zuschauer. Dieses Beispiel führt zum nächsten bedeutenden Kriterium für die Störerauswahl, dem der Leistungsfähigkeit.[1157] Sie ist vom Effizienzkriterium nicht streng zu trennen, sondern bildet mehr eine Ergänzung. Denn die Leistung bezieht sich auf die Fähigkeit zur Beseitigung der Gefahr. Mit der Leistungsfähigkeit kann insbesondere die Inanspruchnahme der Veranstalter begründet werden, da diese über diverse rechtliche und tatsächliche Einwirkungsmöglichkeiten verfügen.

Neben dem Effizienz- und Leistungsfähigkeitskriterium ist, wie bei jeder Ermessensausübung, der Verhältnismäßigkeitsgrundsatz zu beachten.[1158] Dieser Grundsatz lässt sich auch auf die personelle Ebene der Störerauswahl übertragen. So fehlt es etwa an der Erforderlichkeit eines Eingriffs, wenn ein anderer

1153 Beispiel: Die Polizei nimmt ausschreitende Fans in Gewahrsam und stellt zugleich ein provozierendes Transparent gegnerischer Fans sicher.

1154 Vgl. Gus, Polizeirecht, Rn. 367, 369.

1155 Vgl. Pieroth/Schlink/Kniesel, Polizeirecht § 16 Rn. 88, Gusy, Polizeirecht, Rn. 369, Schoch, in: JURA 2012, S. 688.

1156 Vgl. Quirling/Müller, in: CaS 2014, S. 138.

1157 Vgl. Gusy, Polizeirecht, Rn. 369.

1158 Vgl. Pieroth/Schlink/Kniesel, Polizeirecht § 16 Rn. 89, Schoch, in: JURA 2012, S. 689.

Störer die Gefahr leichter beseitigen könnte. Der Verhältnismäßigkeitsgrundsatz dient der Erreichung materieller Gerechtigkeit. Anders als bei der Begründung der Störereigenschaft kann im Rahmen der Störerauswahl insoweit auch der Umstand des persönlichen Verschuldens berücksichtigt werden. Das ist insbesondere im Verhältnis zwischen Fans und Veranstaltern relevant. Fanausschreitungen sind von den handelnden Personen verschuldet, während sie aus Sicht der Veranstalter unerwünscht sind. Kann eine Gefahr sowohl durch die Inanspruchnahme der Fans als auch der Veranstalter erfolgen, muss sich die Polizei im Lichte des Verhältnismäßigkeitsprinzips zunächst an die Fan halten. Voraussetzung wäre allerdings, dass die zur Auswahl stehenden Maßnahmen gleich effizient wären. Das wird praktisch selten der Fall sein. Im geschilderten Beispiel ist eine Gefährderansprache nicht genauso wirksam wie ein Kartenverkaufsverbot an den Veranstalter. Denn die Gefährderansprache erfüllt nur eine informatorische und abschreckende, keine verbietende Funktion. Hier bleibt im Einzelfall also die Auswahl der Veranstalter als Störer zulässig.

Aus den genannten Kriterien lässt sich für die Gefahrenabwehr bei Sportveranstaltungen zusammenfassen, dass Maßnahmen grundsätzlich primär gegen die unmittelbar handelnden Fans zu richten sind.[1159] Das ergibt sich zum einen aus dem Gesichtspunkt ihrer Gefahrennähe und der daraus resultierenden Effektivität entsprechender Maßnahmen (Zweckmäßigkeit). Die Fans sind unter dem Gesichtspunkt der Verhältnismäßigkeit aber auch dann primär in Anspruch zu nehmen, wenn Maßnahmen gegen andere Personen gleich wirksam und zweckmäßig wären. Hier greift auch das Ermessenskriterium der Billigkeit.[1160]

1159 Vgl. Quirling/Müller, in: CaS 2014, S. 138.
1160 Schoch, in: JURA 2012, S. 688 f.

§ 8 Die Ermessensausübung bei der polizeilichen Abwehr drohender Persönlichkeitsrechtsverletzungen

Wann darf, wann muss die Polizei gegen Persönlichkeitsrechtsverletzungen bei Sportveranstaltungen einschreiten, und wie sind die diesbezüglichen Maßnahmen auszuwählen? Diese Ermessensfragen stellen den Schlussstein der vorliegenden Abhandlung dar. Polizeiliche Maßnahmen sind keine gebundenen Entscheidungen, sondern bedürfen stets einer Einzelfallprüfung, die ein materiell gerechtes Ergebnis sichern soll. Daher steht der Polizei ein Ermessenspielraum zu, ob (Entschließungsermessen) und auf welche Weise (Auswahlermessen) sie den Schutz von Rechtsgütern umsetzt.[1161] *Soweit die Handlungsmöglichkeiten der Polizei aber frei (und nicht gebunden) ausgestaltet sind, ergibt sich hieraus ein Spannungsverhältnis zwischen dem Opportunitätsprinzip und der Gewährleistung des staatlichen Schutzauftrages.*[1162]

I. Grundlagen für das polizeiliche Ermessen beim Schutz von Individualrechtsgütern

Bei der Ausübung des Ermessens ist die Polizei nicht völlig frei, sondern an rechtliche Vorgaben gebunden.[1163] Das ist in Anbetracht der Bedeutung des Ermessens für ein materiell gerechtes Ergebnis unerlässlich. Hierin liegt ein wichtiger Unterschied zwischen der Tatbestands- und der Rechtsfolgenseite einer polizeirechtlichen Befugnisnorm. Soll der Tatbestand in möglichst bestimmter Weise beschreiben, unter welchen Voraussetzungen ein Handeln zulässig ist, ist die Rechtsfolgenseite für die Berücksichtigung aller unbestimmten Umstände im Einzelfall offen. Das Gesetz gibt hier lediglich Grundlagen vor, die das rechtliche Dilemma zwischen Opportunitätsprinzip[1164] und den grundrechtlichen Vorgaben des staatlichen Schutzauftrages[1165] lösen sollen. Bevor die konkreten Gesichtspunkte im Zusammenhang mit Fanausschreitungen und

1161 Vgl. Gusy, Polizeirecht, Rn. 392.
1162 Vgl. Gusy, Polizeirecht, Rn. 391.
1163 Vgl. Sachs, in: Stelkens/Bonk/Sachs, VwVfG, § 40 Rn. 1.
1164 Vgl. Gusy, Polizeirecht, Rn. 391.
1165 Vgl. Zähle, in: JuS 2014, S. 319.

Persönlichkeitsrechtsverletzungen erörtert werden, gilt es daher zunächst die beschriebenen Grundlagen polizeilichen Ermessens darzustellen.

1. Die Justiziabilität der polizeilichen Ermessensausübung

Die Einhaltung rechtlicher Vorgaben an die Ermessensausübung ist vollständig gerichtlich nachprüfbar. § 114 VwGO bietet hier – in Umsetzung eines effizienten Rechtschutzes nach Art. 19 IV GG – einen umfassenden Überprüfungsmaßstab.[1166] Der gerichtliche Blickwinkel erfordert eine Nachprüfbarkeit des Ermessens anhand objektiver Kriterien, die als Grundlage für die Handhabung des Konflikts zwischen polizeirechtlichem Opportunitätsprinzip und staatlichem Schutzauftrag dienen.

a) Ermessensfehler und Zweckmäßigkeit

Die gerichtliche Überprüfung einer polizeilichen Ermessensentscheidung gem. § 114 VwGO bedeutet zunächst die Suche nach Ermessensfehlern. Herausgebildet hat sich hierbei die Prüfung anhand der sog. Fehlertrias, bei der zwischen Ermessensausfall bzw. -unterschreitung, Ermessensüberschreitung und Ermessensfehlgebrauch unterschieden wird.[1167] Diese Trias umschreibt gewissermaßen die drei Fehlerquellen einer Ermessensausübung, ohne dabei jedoch einen rechtlichen Unterschied zu machen. Es handelt sich insoweit um eine einheitliche Betrachtung der Ermessensausübung, die unabhängig von der Art des Fehlgebrauchs als insgesamt fehlerhaft eingestuft wird.

Unter der Fehlerhaftigkeit ist hierbei alleine die juristische Fehlerhaftigkeit gemeint. Beurteilt wird nur, ob alle rechtlichen Ermessenskriterien eingehalten wurden, nicht aber, ob eine Maßnahme auch polizeitaktisch sinnvoll war. Auf eine taktische oder psychologische Fehlerhaftigkeit – mithin also auf die Zweckmäßigkeit – kommt es nicht an.[1168] Für die Beurteilung eines polizeilichen Einsatzes ist diese Erkenntnis von entscheidender Bedeutung.

Stellt die Polizei etwa ein ehrverletzendes Transparent sicher und provoziert dadurch noch intensivere verbale Ehrverletzungen, so war die Maßnahme zwar möglicherweise rechtmäßig, aber nicht unbedingt zweckmäßig. Für die Fehlerhaftigkeit der Ermessensausübung i.S.d. § 114 VwGO reicht dies jedoch nicht aus. Das Gericht trifft keine eigene Einsatzentscheidung, sondern vollzieht lediglich

1166 Vgl. Rennert, in: Eyermann, VwGO, § 114 Rn. 3.

1167 Vgl. Pieroth/Schlink/Kniesel, Polizeirecht, Rn. 36, Rennert, in: Eyermann, VwGO, § 114 Rn. 16. ff.

1168 Vgl. Erbguth, Allgemeines Verwaltungsrecht, § 14 Rn. 41.

die getroffene Entscheidung des handelnden Polizeibeamten nach. Soweit es auf der polizeirechtlichen Primärebene um die Frage effizienter Gefahrenabwehr geht, kommt es insoweit auf den Blickpunkt ex-ante der Einsatzsituation an.[1169]

Vom Ermessensspielraum und etwaigen Zweckmäßigkeitserwägungen ist wiederum der Beurteilungsspielraum zu unterscheiden. Anders als eine Behördenentscheidung mit Ermessensspielraum ist eine solche mit Beurteilungsspielraum nur eingeschränkt gerichtlich nachprüfbar. Beurteilt werden in diesem Sinne Sachverhalte, über die die Behörde gegenüber dem Gericht einen Erkenntnisvorsprung hat.[1170] Das ist im vorliegenden Kontext aber nicht der Fall. So steht etwa der Polizei auch kein Beurteilungsspielraum bei der Gefahrenprognose zu. Die Polizei stützt sich hier zwar auf spezielle Erkenntnisse (z.B. von szenekundigen Beamten). Dabei handelt es sich jedoch nicht um eine besondere Beurteilungsfähigkeit, die einem Gericht fehlt.[1171] Die Gefahrenprognose dient in rechtlicher Hinsicht dazu, den Tatbestand einer polizeirechtlichen Befugnisnorm als gegeben zu sehen oder eben nicht. Tatbestandsmerkmale sind als materielle Rechtmäßigkeitsvoraussetzungen indes vollständig gerichtlich nachprüfbar.

b) Zwischen Untermaßverbot und Übermaßverbot

Polizeiliche Maßnahmen schützen – wie auch im vorliegenden Kontext – die Rechtsgüter der einen und greifen dabei gleichzeitig in die Rechtsgüter anderer ein. Für beide Gesichtspunkte gibt es verfassungsrechtliche Grenzen, die im Untermaßverbot auf der einen, und dem Übermaßverbot auf der anderen Seite Ausdruck gefunden haben.

Praktisch relevant und dogmatisch gefestigt ist dabei insbesondere das Übermaßverbot (oder Verhältnismäßigkeitsprinzip). Es verbietet staatliche Eingriffe, die ungeeignet, nicht erforderlich oder unangemessen in die Rechtsgüter einzelner eingreifen. Unter diesen Rechtsgütern sind insbesondere Grundrechtspositionen relevant, die zusammen mit dem Rechtstaatsprinzip (Art. 20 III GG) als dogmatische Herleitung dienen.[1172] In der klassischen Drei-Schritt-Prüfung dient das Übermaßverbot hier als Schranken-Schranke für Eingriffe.[1173] In der

1169 Der maßgebliche Zeitpunkt für die Beurteilung der Sach- und Rechtlage ist auch der Zeitpunkt der Ermessensausübung; vgl. Rennert, in: Eyermann, VwGO, § 114 Rn. 10.

1170 Ein typisches Beispiel sind Prüfungsleistungen; vgl. Kment/Vorwalter, in: JuS 2015, S. 198, Erbguth, Allgemeines Verwaltungsrecht, § 14 Rn. 27 ff.

1171 Vgl. Kment/Vorwalter, in: JuS 2015, S. 195, 197.

1172 Vgl. Degenhart, Staatsorganisationsrecht, Rn. 417 f.

1173 Vgl. Pieroth/Schlink/Kingreen/Poscher, Grundrechte, Rn. 289 ff.

verwaltungsrechtlichen Dogmatik findet die Verhältnismäßigkeitsprüfung im Rahmen des Ermessens Anwendung.[1174]

Demgegenüber stößt das Untermaßverbot[1175] auf größere Bedenken und Anwendungsschwierigkeiten.[1176] Fraglich erscheint zunächst bereits, ob das Untermaßverbot nur für legislatives Handeln gilt, oder ob es auch als Kriterium für Ermessensentscheidungen Bedeutung hat. Die Ausgangssituation ist hier mit der des Übermaßverbotes durchaus vergleichbar. Gesetze dürfen keinesfalls über- oder untermäßig sein. Eröffnet ein Gesetz der Verwaltung einen Ermessensspielraum, wie dies bei polizeirechtlichen Befugnisnormen der Fall ist, kann und muss die Verwaltung bei der Anwendung im Einzelfall sicherstellen, dass die verfassungsrechtlichen Vorgaben eingehalten werden.

Wenn es ein Übermaßverbot und ein Untermaßverbot gibt, stellt sich die Frage des richtigen Maßes.[1177] Dabei gibt es für die Polizei nicht das eine richtige Maß. Das Opportunitätsprinzip wird weder durch das Untermaßverbot, noch durch das Übermaßverbot überlagert. Gleichwohl verengt sich der Ermessensspielraum bei der Gefahrenabwehr in beide Richtungen. Es handelt sich insoweit um äußerste Grenzen.[1178] Das Untermaßverbot wird bestmöglich durch den Ermessensgesichtspunkt der effizienten Gefahrenabwehr gewahrt. Herangezogen wird das Untermaßverbot namentlich dort, wo eine vollständige Reduzierung des Ermessens auf Null hergeleitet werden soll.[1179] Dagegen ist eine Verhältnismäßigkeitsprüfung stets dann vorzunehmen, wenn das konkrete Ausmaß des Grundrechtseingriffs durch eine bestimmte Maßnahme feststeht.

2. Die subjektivrechtliche Dimension der Ermessensausübung

Ob (Entschließung) und wie (Auswahl des Mittels) die Polizei dem Schutz der öffentlichen Sicherheit und Ordnung nachkommt liegt in ihrem Ermessen, § 3 I PolG NRW, Art. 5 I BayPAG. Zu den von der öffentlichen Sicherheit umfassten Schutzgütern gehören aber auch subjektive Rechtspositionen, wie eben auch die

---

1174 Eine Verhältnismäßigkeitsprüfung durch die Verwaltung ist nur dort möglich, wo ihr auch ein Ermessensspielraum eröffnet ist. Bei gebundene Entscheidungen bleibt hierfür kein Raum. Verhältnismäßig muss freilich aber das Gesetz sein, dass die gebundene Entscheidung vorgibt.

1175 BVerfGE 88, 203/254.

1176 Vgl. Pieroth/Schlink/Kingreen/Poscher, Grundrechte, Rn. 308 f.

1177 Vgl. Ipsen, Grundrechte, Rn. 107. Ipsen bezeichnet die Konstellation als verfassungsrechtliches Dilemma; vgl. Ipsen, Grundrechte, Rn. 108.

1178 Vgl. Tian, Objektive Grundrechtsfunktionen im Vergleich, S. 185 ff.

1179 Vgl. Schenke, Polizeirecht, Rn. 100.

Persönlichkeitsrechte Einzelner. Das wirft die Frage auf, ob die subjektivrechtliche Dimension der Gefahrenlage Einfluss auf die Ermessensausübung der Polizei hat. Namentlich könnte ein an sich objektiver Ermessensvorgang durch einen subjektivrechtlichen Anspruch überlagert werden.

a) Der Anspruch auf fehlerfreie Ermessensausübung

Der Begriff des Anspruchs ist der verwaltungsrechtlichen Dogmatik tatsächlich nicht fremd.[1180] Als Anspruch kann es mithin bezeichnet werden, wenn ein Bürger etwas von einem Verwaltungsträger verlangen kann. Auch wenn der Verwaltung ein Ermessen zusteht, besteht zumindest ein Anspruch darauf, dass dieses Ermessen auch fehlerfrei ausgeübt wird.[1181] § 114 S. 1 VwGO stellt hier ein umfassendes gerichtliches Nachprüfungsprogramm bereit.[1182]

Der Anspruch auf fehlerfreie Ermessensausübung besteht unabhängig von der konkreten Situation, in der die Verwaltungsentscheidung getroffen wurde. Er besteht also etwa auch unter den Bedingungen eines Polizeieinsatzes bei einer Sportveranstaltung. Die Belastung der Polizei beim Einsatz gegen Fanausschreitungen ändert also nichts an dem Anspruch auf fehlerfreie Ermessensausübung, wohl aber möglicherweise an dem Ergebnis dieser Ermessensausübung.

b) Die Ermessensreduzierung auf Null

Einen originären Anspruch auf polizeiliches Handeln gibt es also nicht. Es kann allerdings vorkommen, dass das Ermessen – auf dessen fehlerfreie Ausübung ein Anspruch besteht – nur in einer Weise zu einem rechtmäßigen Ergebnis kommt.[1183] Dann liegt eine Ermessensreduzierung auf Null vor, was einem Anspruch auf polizeiliches Handeln gleich kommt.[1184] Voraussetzung für diesen subjektiv-rechtlichen Aspekt der Ermessensausübung ist, dass das Schutzgut

---

1180 Vgl. Tzemos, Das Untermaßverbot, S. 151.

1181 Vgl. Erbguth, Allgemeines Verwaltungsrecht, § 14 Rn. 49.

1182 Vgl. Honnacker/Beinhofer/Hauser, PAG, Art. 5 Rn. 11; Schmidbauer, in: Schmidbauer/Steiner, PAG, Art. 5 Rn. 9.

1183 Da die Ermessensausübung der Polizei insgesamt vollständig gerichtlich nachgeprüft werden kann, liegt eine Ermessensreduzierung vor, wenn jedes andere Ergebnis rechtswidrig i.S.d. § 114 S. 1 VwGO wäre; vgl. Honnacker/Beinhofer/Hauser, PAG, Art. 5 Rn. 11.

1184 Vgl. Erbguth, Allgemeines Verwaltungsrecht, § 14 Rn. 49; Schenke, Polizeirecht, Rn. 103 f.

seinem Zweck nach (auch) Einzelne schützen soll. Das ist bei den hier relevanten Persönlichkeitsschutzrechten der Fall.

Reduziert sein können sowohl das Entschließungs- als auch das Auswahlermessen.[1185] Zum Einschreiten gegen eine bestimmte Gefahr kann die Polizei demnach ebenso verpflichtet sein, wie zur Auswahl einer bestimmten Maßnahme. Die Prüfung einer Ermessensreduzierung erfolgt in beiden Fällen nach den gleichen Kriterien. Dabei ist allerdings fraglich, unter welchen Voraussetzungen sich eine Ermessensreduzierung auf Null annehmen lässt. Im Mittelpunkt der Problematik steht die Frage, ob es allein auf die Schwere des drohenden Schadens (also den Wert des Schutzgutes[1186] und die Intensität der Gefahr) ankommt oder ob weitere Voraussetzungen im tatsächlichen Bereich vorliegen müssen, insbesondere die Zumutbarkeit und Möglichkeit zur Gefahrenabwehr.[1187] Bei der Abwehr von Persönlichkeitsrechtsverletzungen bei Sportveranstaltungen kommt es genau auf diese Frage an. Wie die vorstehenden Ausführungen[1188] gezeigt haben, werden etwa mit dem Allgemeinen Persönlichkeitsrecht (Art. 2 I i.V.m. 1 I GG) und der Menschenwürde (Art. 1 I GG) hohe Rechtsgüter in teilweise großer Intensität im Rahmen von Sportveranstaltungen gefährdet. Gerade der polizeiliche Einsatz bei Sportveranstaltungen ist jedoch durch tatsächliche und taktische Aspekte geprägt. Das polizeiliche Einschreiten gegen Fanausschreitungen hängt regelmäßig davon ab, welche Einsatzkapazitäten zur Verfügung stehen, welches Risiko mit dem Einschreiten verbunden ist[1189], und wie zumutbar ein Vorgehen in Menschenmassen für die Polizeibeamte ist. Daher kommt es für eine Ermessensreduzierung auf Null nicht ausschließlich auf die Wertigkeit des gefährdeten Rechtsguts und die Intensität der Gefahr an. Kriterien der objektiven und subjektiven Möglichkeit[1190] sind ebenso zu beachten wie die Frage, ob vorrangige Aufgaben bestehen. Letzteres ist insbesondere denkbar, wenn neben psychischer Gewalt auch physische Gewalt abgewehrt werden muss. Die Vielzahl einzubeziehender Erwägungen erklärt sich aus dem Umstand, dass es sich bei der Ermessensausübung um eine Gesamtbetrachtung im Einzelfall handelt, die nicht pauschal auf ein bestimmtes Ergebnis beschränkt werden kann. Dieser Gesamtbetrachtung soll auch die sog. Schädlichkeitsformel gerecht

1185 Vgl. Gusy, Polizeirecht, Rn. 394 f; Erbguth, Allgemeines Verwaltungsrecht, § 14 Rn. 48.

1186 BVerwGE 11, 95/97; vgl. Pieroth/Schlink/Kniesel, Polizeirecht, § 10 Rn. 39.

1187 Vgl. Pieroth/Schlink/Kniesel, Polizeirecht, § 10 Rn. 39 ff.

1188 Vgl. insbesondere § 2.

1189 Vgl. Schenke, Polizeirecht, Rn. 100.

1190 Vgl. Gusy, Polizeirecht, Rn. 396.

werden.[1191] Mit ihr wird danach gefragt, ob ein Nichteinschreiten (bzw. nicht-so-Einschreiten beim Auswahlermessen) gegen die Gefahr die Grenzen der noch tolerierbaren Schädlichkeit überschritten wird.[1192] Diese Formel umschreibt indes mehr das Wesen der Ermessensreduzierung auf Null als es deren Voraussetzungen definiert.

Dem bisher Gesagten folgend, scheint ein Abstellen auf folgende Kriterien sachgerecht: Wert des gefährdeten Rechtsguts, Intensität der Gefahr, objektive Möglichkeit zur Gefahrenabwehr, subjektive Zumutbarkeit der Gefahrenabwehr, einhergehendes Risiko der Gefahrenabwehr, keine vorrangigen Aufgaben.[1193] Schwere Persönlichkeitsrechtsverletzungen können somit insbesondere dann zu einer Ermessensreduzierung auf Null führen, wenn das Einschreiten dagegen faktisch und mit angemessenem Einsatzaufwand möglich ist, ohne dass Fangewalt gefördert oder vernachlässigt wird.[1194]

II. Einzelne Ermessensgesichtspunkte

Die Ermessensausübung ist ein einzelfallbezogener Vorgang, so dass eine abstrakte Darstellung aller denkbaren Gesichtspunkte nicht möglich ist. Ausgehend von den bislang dargestellten rechtlichen Grundlagen lassen sich gleichwohl Aussagen über die Berücksichtigung typischer Ermessensgesichtspunkte bei der Gefährdung von Persönlichkeitsrechten im Rahmen von Sportveranstaltungen treffen.

1191 Vgl. Tzemos, Das Untermaßverbot, S. 151 ff.

1192 Vgl. Schenke, Polizeirecht, Rn. 100.

1193 Vgl. Gusy, Polizeirecht, Rn. 396; Schmidbauer, in: Schmidbauer/Steiner, PAG, Art. 11, Rn. 128.

1194 Ist die Polizei zum Einschreiten gegen Persönlichkeitsrechtsverletzungen verpflichtet, stellt sich die Frage der Amtshaftung nach § 839 I BGB i.V.m. Art. 34 GG; vgl. Schmidbauer, in: Schmidbauer/Steiner, PAG, Art. 11 Rn. 129. Der polizeiliche Schutz von Individualrechtsgütern ist insoweit eine drittschützende Amtspflicht. Die haftungsbegründende Kausalität könnte daraus abgeleitet werden, dass die Polizei ein (faktisch mögliches) Einschreiten trotz Ermessensreduzierung auf Null (=Rechtspflicht zum Handeln) unterlassen hat, und die Persönlichkeitsrechtsverletzung deshalb fortdauerte. Vorrangig müssten aber die aktiv handelnden Fans zivilrechtlich in Anspruch genommen werden, da diese die Kausalkette überhaupt erst in Gang setzten. Das Amtshaftungsrecht ist zivilrechtlich ausgeprägt, wobei § 839 I BGB i.V.m. Art. 34 GG als Rechtsgrund auf die Rechtsfolgen des Schadensrechts der §§ 249 ff. BGB verweist. Denkbar ist auch ein Anspruch auf Geldentschädigung wegen Verletzung des Allgemeinen Persönlichkeitsrechts; vgl. Sprau, in: Palandt, BGB, § 839 Rn. 79; etwa OLG München, Entscheidung vom 7.2.2012, Az. 1 W 102/12.

1. Die Nichtberücksichtigung in der Gefahrensituation der Sportveranstaltung

Berücksichtigt die Polizei im Rahmen ihres Ermessens Persönlichkeitsrechte überhaupt nicht, liegt ein Ermessensnichtgebrauch vor. Denkbar ist etwa, dass die Polizei (bzw. ihr Einsatzleiter) im Rahmen des Polizeieinsatzes bei einer Sportveranstaltung von vornherein nicht auf Persönlichkeitsrechtsverletzungen achtet. Dieser Nichtberücksichtigung mag etwa die irrtümliche Annahme zugrunde liegen, der Polizeieinsatz diene ausschließlich der Abwehr von Gewalttaten (die gegebenenfalls nicht vorliegen). In diesem Fall liegt ein Ermessensnichtgebrauch in Bezug auf das Entschließungsermessen vor. Zu einer Ermessensausübung kommt es nicht, weil bereits der Tatbestand der Gefahr für die öffentliche Sicherheit und Ordnung fehlerhaft verneint wird.[1195]

Ein weiteres Beispiel betrifft den Fall, dass ein Entschließungsermessen ausgeübt wurde, dabei jedoch nur bestimmte Gefahren berücksichtigt wurden. Die Ausübung des Entschließungsermessens mag etwa zu dem Ergebnis geführt haben, dass eine Gruppe ausschreitender Fans (Anwendung von Pyrotechnik und Vorzeigen ehrverletzender Transparente) beobachtet und in Vorbereitung weiterer Maßnahmen von Polizeibeamten umgeben wird. Stellen Polizeibeamte nun lediglich die pyrotechnischen Gegenstände sicher, obwohl eine Sicherstellung der Transparente ebenfalls möglich gewesen wäre, läge ein Ermessensfehler vor, wenn der Grund hierfür in der Nichtberücksichtigung von Persönlichkeitsrechten liegt. In Betracht käme neben dem Ermessensnichtgebrauch auch ein Ermessensfehlgebrauch. Das Ermessen bezieht sich allerdings auf eine konkrete Maßnahme zur Abwehr einer bestimmten Gefahr.[1196] Die Sicherstellungsverfügung hinsichtlich der pyrotechnischen Gegenstände wäre in rechtlicher Hinsicht also von der Sicherstellung hinsichtlich der Transparente zu unterscheiden. Hinsichtlich letzterer Maßnahme fand ein Ermessen indes überhaupt nicht statt. Daher läge ein Ermessensnichtgebrauch vor.[1197]

1195 Vgl. BVerwGE 78, 314/320; Rennert, in: Eyermann, VwGO § 114 Rn. 17.

1196 Die beiden Sicherstellungsverfügungen wären insoweit auch unterschiedliche Streitgegenstände (ggf. objektive Klagehäufung gem. § 44 VwGO), für die § 114 VwGO jeweils gesondert bei einer Begründetheitsprüfung anzuwenden wäre.

1197 Möglicherweise läge dagegen ein Ermessensfehlgebrauch vor, wenn der Polizeibeamte die Möglichkeit einer Sicherstellung des Transparents zwar nicht verkannte, die von ihnen ausgehende Gefahr jedoch irrtümlich als zu gering gewichtete.

2. Differenzierung nach der Art von Persönlichkeitsrechtsverletzungen

Für die abstrakte Gewichtung der betroffenen Rechtsgüter ist nach der Art der Persönlichkeitsrechtsverletzungen zu differenzieren. Die grundrechtliche Herleitung der Rechtspositionen unterscheidet sich danach, ob die Menschenwürde gem. Art 1 I GG als solche, oder das allgemeine Persönlichkeitsrecht als Kombination aus Art. 2 I GG und Art. 1 I GG betroffen ist. Auf die Menschenwürde kann namentlich bei rassistischen und antisemitischen Verunglimpfungen abgestellt werden, da hier die elementare Basisgleichheit abgesprochen wird.[1198] Dagegen greifen einfache Ehrverletzungen in den Schutzbereich des Allgemeinen Persönlichkeitsrechts ein.[1199] Wenngleich der Menschenwürdebezug den abstrakten Wert des Allgemeinen Persönlichkeitsrechts gegenüber Art. 2 I GG erhöht[1200], wiegt das eigenständige Grundrecht aus Art. 1 I GG als oberstes Verfassungsgut schwerer.

3. Die Abwägungsunfähigkeit der Menschenwürde

Einigkeit besteht darüber, dass die Menschenwürde gem. Art. 1 I GG das oberste Rechtsgut des GG überhaupt ist.[1201] Daraus wird der Schluss gefolgert, dass eine Abwägung von Rechtsgütern niemals zu Lasten der Menschenwürde ausgehen kann, diese also abwägungsunfähig ist.[1202] Diese Erkenntnis ist so zu verstehen, dass ein Eingriff in die Menschenwürde nicht durch ein anderes Rechtsgut gerechtfertigt werden kann.[1203] Die Abwägungsunfähigkeit betrifft insoweit Fälle, in denen es um die Rechtfertigung staatlicher (Art. 1 III GG) Eingriffe geht. Dagegen überlagert ein Menschenwürdebezug bei Angriffen durch Dritte nicht von vornherein das Opportunitätsprinzip der Polizei. Andernfalls müsste bereits ein minimaler Angriff auf die Menschenwürde (z.B. eine Beleidigung gem. § 185 StGB)[1204] vorrangig vor schweren Gewalttaten abgewehrt werden, da Art. 1 I GG auf abstrakter Ebene stets schwerer als andere Grundrechtspositionen etwa aus

---

1198 Vgl. Kirchhof, in: Kirchhof/Isensee, Handbuch des Staatsrechts V, § 124 Rn. 99 ff. Hierzu § 2 III 3 b).

1199 BVerfGE 54, 208/217; Hufen, Grundrechte, § 11 Rn. 14. Hierzu § 2 III 3 a) aa).

1200 Vgl. Sodan/Ziekow, GK ÖR, § 27 Rn. 6

1201 Vgl. Sodan/Ziekow, GK ÖR § 26 Rn. 1.

1202 Vgl. Degenhart, Staatsorganisationsrecht, Rn. 426.

1203 Vgl. Sodan/Ziekow, GK ÖR § 26 Rn. 11.

1204 Zur Berücksichtigung der Menschenwürde als Rechtfertigung einer Strafbarkeit einer Karikatur wegen Beleidigung BVerfGE 75, 369 ff. (Strauss-Karikatur).

Art 2 II 1 GG wiegt. In diesem Beispiel müsste die Polizei indes entsprechend ihrer Einsatzkapazitäten zunächst gegen die Gewaltausschreitungen vorgehen, da hier in konkreter Hinsicht schwerere Schäden drohen. Ein Menschenwürdebezug in einer polizeilichen Gefahrenlage ist demnach zwar auf abstrakter Ebene zu berücksichtigen, entbindet jedoch nicht von der Einschätzung des Gefahrenausmaßes und der faktischen Einsatzkapazitäten der Polizei.

4. Das faktische Ausmaß der Persönlichkeitsrechtsverletzungen

Die rechtliche Bewertung einer Fanhandlung als Störung für die öffentliche Sicherheit und Ordnung allein reicht noch nicht aus. Die für das Einzelfallermessen bedeutende Intensität der Störung kann nur bei Betrachtung des faktischen Ausmaßes beurteilt werden. Beleidigende Schmährufe einzelner Fans sind etwa von einstudierten Parolen ganzer Fanblocks zu unterscheiden. Für die abstrakte Sichtweise auf die Ermessensausübung hilft eine Je-desto-Formel. Je größer das faktische Ausmaß der Persönlichkeitsrechtsverletzungen und damit die Gefahrenintensität ist, desto eher ist die Polizei zum Handeln verpflichtet.[1205]

Dogmatisch lässt sich diese Herangehensweise auf zwei verschiedenen Wegen herleiten. Die Je-desto-Logik trägt der Situation Rechnung, dass der Polizei zwar grundsätzlich ein Ermessensspielraum zusteht (Opportunitätsprinzip), andererseits aber staatliche Schutzpflichten wirksam erfüllt werden müssen. Die Je-desto-Logik bringt insoweit zum Ausdruck, dass das Opportunitätsprinzip mit zunehmender Intensität des Schadens eingeschränkt wird.[1206]

Die zweite Herleitung ermöglicht der Aspekt des allgemeinen Sicherheitsempfindens. Der Polizei obliegt der Schutz vor Schäden und die Abwehr von Straftaten nicht zuletzt deshalb, weil das Vertrauen der Allgemeinheit auf Sicherheit gestört wird.[1207] Dieses Sicherheitsvertrauen ist zwar kein eigenständiges von der öffentlichen Sicherheit umfasstes Rechtsgut. Dennoch liegt der Sinn und Zweck der polizeilichen Aufgabeneröffnung durchaus in der Aufrechterhaltung des allgemeinen Sicherheitsempfindens. Das Sicherheitsempfinden wird im vorliegenden Kontext umso mehr verletzt, je größer das faktische Ausmaß

1205 Etwa BayVGH, Entscheidung vom 17.11.2008 (Az. 10 C 08.2872), Rn. 12 ff. – Juris.

1206 Die Je-desto-Logik zeigt sich auch bei der Frage der Wahrscheinlichkeit eines Schadeneintritts. Je größer der drohende Schaden ist, desto weniger wahrscheinlich muss er sein; vgl. Heckmann, in: Becker/Heckmann/Kempen/Manssen, Öffentliches Recht in Bayern, Teil 3 Rn. 127.

1207 Angewandt auf Sportveranstaltungen: Feltes, in: NK 2013, S. 49 ff.

der Persönlichkeitsrechtsverletzungen ist.[1208] Je dominanter die persönlichkeitsrechtsverletzenden Fanhandlungen in der Kulisse der Sportveranstaltungen sind, desto eher muss die Polizei dagegen vorgehen.

Das faktische Ausmaß der Persönlichkeitsrechtsverletzungen kann während der Sportveranstaltung beobachtet werden. Für die praktisch sehr relevanten Vorfeldmaßnahmen (z.B. Gefährderansprachen) ist dagegen eine Prognose erforderlich.

5. Die Verwendung der Einsatzkapazitäten

Nimmt das faktische Ausmaß von Fanausschreitungen zu, stößt die Polizei möglicherweise an Grenzen ihrer tatsächlichen Einsatzkapazitäten. Für die Ermessensausübung ist dies ein zentraler Gesichtspunkt, da im Rahmen des Opportunitätsprinzips mitunter die Wahl getroffen werden muss, welche Gefahren im Einzelnen abgewehrt werden sollen. Die Polizei ist angehalten, die jeweils schwersten Schäden abzuwehren. Besonders deutlich wird dies dann, wenn zeitgleich zu Persönlichkeitsrechtsverletzungen Gefahren für Leib und Leben eintreten. Stürmen gewalttätige Fans auf den Platz oder zünden sie pyrotechnische Gegenstände inmitten einer Menschenmenge, liegt eine erhebliche Gefahr für Leben und körperliche Integrität gem. Art. 2 II 1 GG vor, die gegenüber etwaigen Ehrverletzungen vorrangig zu behandeln sind.[1209]

6. Die physische Eskalationsgefahr als Ermessensgesichtspunkt

Die Gefahr einer physischen Eskalation verkompliziert die Ermessensausübung im vorliegenden Kontext. Persönlichkeitsrechtsverletzende Handlungen können ebenso wie dagegen gerichtete Polizeimaßnahmen zu sog. reaktiver Gewalt[1210] führen, wobei die physische Gewalt sowohl eine Reaktion auf die persönlichkeitsrechtsverletzenden Handlungen gegnerischer Fans, also auch auf das polizeiliche Vorgehen gegen ebendiese sein kann. In beiden Fällen stellt die reaktive Gewalt eine Gefahr für Leib, Leben und Eigentum dar, was als Ermessensgesichtspunkt berücksichtigt werden muss.

1208 Von der gefahrenrechtlichen Je-desto-Logik ist die Je-desto-Logik der „Esra"-Entscheidung des BVerfG zu unterscheiden. Hier ging es darum, dass eine künstlerische Darstellung umso mehr die Persönlichkeitsrechte einer echten Person verletzt, je stärker Abbild und Urbild übereinstimmen; BVerfG, Entscheidung vom 13.6.2007 (1 BvR 1783/05), NJW 2008, 39 ff.

1209 Vgl. Schenke, Polizeirecht, Rn. 100.

1210 Vgl. Pilz, Gewalt im Sport, in: Pilz/Kuhlmann, Sport, Fairplay und Gewalt, S. 13.

a) *Die Eskalationsgefahr durch das Einschreiten gegen persönlichkeitsrechtsverletzende Handlungen*

Schreitet die Polizei gegen persönlichkeitsrechtsverletzende Handlungen ein, so ist gewaltsamer Widerstand der Fans denkbar, sei es durch die betroffenen Fans selbst oder durch sich solidarisierende Fans. Die dadurch gefährdeten Rechtsgüter sind im Rahmen der Ermessensausübung der Polizei zu berücksichtigen.

Auf der einen Seite darf das polizeiliche Einschreiten gegen eine Störung der öffentlichen Sicherheit grundsätzlich nicht davon abhängen, ob möglicherweise mit Gegenwehr zu rechnen ist. Die Polizei übt das staatliche Gewaltmonopol aus und ist in tatsächlicher wie in rechtlicher Hinsicht in der Lage, Verfügungen auch zwangsweise durchzusetzen.[1211]

Auf der anderen Seite muss die Sicherheit unbeteiligter Dritter gewahrt bleiben. Gewaltsame Widerstandshandlungen von Fans gefährden nicht nur ihre eigene körperliche Unversehrtheit (Art. 2 I 1 GG) und der handelnden Polizeibeamten. Auch unbeteiligte Dritte sind unmittelbar gefährdet, wenn es zu einer Gewalteskalation kommt. Die Deeskalation ist deshalb stets als Ermessensgesichtspunkt beim polizeilichen Einschreiten in Großveranstaltungen zu beachten.[1212] Um mittelbar betroffene Rechtsgüter in einem Abwägungsvorgang berücksichtigen zu können, ist insoweit eine Prognose etwaiger Einsatzfolgen erforderlich. Dabei ist der Wahrscheinlichkeitsgrad des Schadenseintritts zu beachten. So ist das Ausmaß der zu erwartenden Widerstandsgewalt ungewiss, während die Störung von Persönlichkeitsrechten (als Anlass der Maßnahme) mitunter bereits eingetreten ist. Eine echte Abwägung ist somit nicht möglich. Gleichwohl wäre es ermessensfehlerhaft, mögliche Schäden für Dritte als Einsatzfolgen gänzlich außer Acht zu lassen. Der Einsatz darf keine weitaus größere Gefahrenquelle begründen als beseitigen.

Die körperliche Unversehrtheit von Fans, die sich gegen polizeiliche Maßnahmen gewaltsam wehren, spielt dagegen insbesondere bei der Wahrung des Verhältnismäßigkeitsgrundsatzes eine Rolle.

1211 Hierfür regeln die Polizeigesetze die Voraussetzungen für eine zwangsweise Vollstreckung von Verfügungen, §§ 50 ff. PolG NRW, Art. 53 ff. BayPAG; Vgl. Pieroth/Schlink/Kniesel, Polizeirecht, § 24 Rn. 1, 3.

1212 Vgl. etwa zur Deeskalation bei Maßnahmen gegen Versammlungsteilnehmer VG Hannover, Urteil vom 19.5.2014 (Az. 10 A 6312/13) – Juris Rn. 66.

b) *Die Eskalationsgefahr durch reaktive Gewalt gegnerischer Fans*

Im Entschließungs- und Auswahlermessen ist auch zu berücksichtigen, dass Schmähäußerungen und ähnliche Handlungen gegnerische Fans zu Gewalttaten provozieren können (und mitunter auch sollen). Auf diese sog. reaktive Gewalt[1213] wurde bereits eingegangen.[1214] Die durch jene reaktive Gewalt hervorgerufenen Gefahren für Leib, Leben und Eigentum sind als Ermessensgesichtspunkt zu berücksichtigen. Auf den ersten Blick scheint sich eine Parallele zur versammlungsrechtlichen Fallgruppe provozierter Gewalt von Gegendemonstranten zu ergeben.[1215] Doch besteht hier ein wichtiger Unterschied. Versammlungen genießen einen eigenen Schutz durch Art. 8 I GG. Dagegen stellt eine Sportveranstaltung eine einheitliche Gefahrenquelle dar. Die Fanhandlungen der einen Fans sind also nicht schutzbedürftiger als die der gegnerischen Fans.

7. Die subjektive Willensrichtung des Rechtsgutsinhabers

Ein weiterer Ermessensgesichtspunkt ist die subjektive Willensrichtung des Persönlichkeitsrechtsinhabers. Bisweilen zeigen Personen, die von Fans beleidigt oder diskriminiert werden, kein Interesse an einem polizeilichen Einschreiten. Dafür sind viele Gründe denkbar. Der betroffenen Person mag es etwa darum gehen, den Sachverhalt insbesondere in der öffentlichen Wahrnehmung nicht weiter auszubreiten. Dabei wird es in der Praxis selten vorkommen, dass sich der Persönlichkeitsrechtsinhaber ausdrücklich dahingehend äußert, dass er ein polizeiliches Einschreiten nicht wünscht. Häufiger und praktisch relevant ist dagegen der Fall, dass die Polizei keine Kenntnis über die subjektive Willensrichtung des Persönlichkeitsrechtsinhabers hat. Ein betroffener Spieler etwa wird gar nicht die Gelegenheit haben, während der Sportveranstaltung mit der Polizei zu kommunizieren. Dann stellt sich die Frage, welchen Einfluss dieses Nichtwissen der Polizei hat.

Konkret wird das (möglicherweise) fehlende Interesse an einem polizeilichen Handeln etwa im Zusammenhang mit dem Strafantragserfordernis bei Beleidigungsdelikten gem. § 194 I StGB relevant.[1216] Zunächst ist eine Äußerung der subjektiven Willensrichtung – namentlich ein Antrag – keine Voraussetzung für

---

1213 Vgl. Pilz, Gewalt im Sport, in: Pilz/Kuhlmann, Sport, Fairplay und Gewalt, S. 13.

1214 Erörtert wurde Gefahr provozierter Ausschreitungen am Beispiel der Begegnung zwischen dem FC Schalke und PAOK Saloniki am 21.8.2013; vgl. Müller-Eiselt, in: Verwaltungsrundschau 2014, S. 89; Quirling/Müller, in: CaS 2014, S. 138.

1215 Vgl. Gusy, Polizeirecht, Rn. 432.

1216 Vgl. Schenke, Polizeirecht, Rn. 100.

polizeiliches Handeln zum Schutz der öffentlichen Sicherheit und Ordnung gem. § 1 I PolG NRW, Art. 2 I BayPAG, da diese Gefahrenabwehr im öffentlichen Interesse erfolgt. Das öffentliche Interesse am Schutz der öffentlichen Sicherheit und Ordnung gem. Art. 1 I PolG NRW, 2 I BayPAG ist vom Strafverfolgungsinteresse zu unterscheiden. Auch ohne Strafantrag stellen Beleidigungen gem. § 185 StGB weiterhin eine Störung der öffentlichen Sicherheit und Ordnung dar, weil der Straftatbestand und der in ihm zum Ausdruck kommende Unrechtsgehalt erfüllt ist.[1217] Die Ungewissheit über das Vorliegen eines Strafantrages spielt daher auf der polizeirechtlichen Tatbestandsseite keine Rolle. Einfluss hat die Frage dagegen im Rahmen des Entschließungsermessens. *Denninger* weist zutreffend darauf hin, dass sich das Strafantragserfordernis bei der Beleidigung auf das Entschließungsermessen auswirken kann, sofern davon ausgegangen werden kann, dass der Rechtsinhaber am polizeilichen Einschreiten kein Interesse zeigt.[1218] Dem ist auch insoweit zuzustimmen, als ein besonderes öffentliches Interesse bei Beleidigungsdelikten nicht über das Fehlen eines Strafantrages hinweg hilft, § 194 I StGB.[1219] Selbst im Falle des § 194 I 2 StGB (öffentliche Beleidigungen von Opfern des Nationalsozialismus) ist eine Strafverfolgung gegen den Widerspruch des Verletzten gem. § 194 I 3 StGB nicht möglich. Das Problem liegt in tatsächlicher Hinsicht aber meist darin, dass keine Anhaltspunkte existieren, ob der Verletzte einen Strafantrag stellen wird. Wenn weder das Vorliegen noch das Nichtvorliegen eines Strafantrags bekannt ist, liegt eben kein diesbezüglicher Ermessensgesichtspunkt vor, den es gem. § 114 VwGO zu berücksichtigen gilt. Vielmehr darf im Hinblick auf eine effektive Gefahrenabwehr nicht ohne Anhaltspunkte davon ausgegangen werden, dass eine Beleidigung gem. § 185 StGB die öffentliche Sicherheit wegen eines möglicherweise fehlenden Strafantrages nicht stört.[1220]

Die subjektive Willensrichtung erlangt ferner im Zusammenhang mit grundrechtlichen Positionen Bedeutung. Grundrechte bieten Freiheiten, die vom Grundrechtsinhaber ausgeübt werden können, aber nicht zwingend müssen. Deshalb kann auf Grundrechtsschutz grundsätzlich auch verzichtet werden. Eine im vorliegenden Kontext relevante Ausnahme stellt allerdings die Menschenwürde

---

1217 Siehe hierzu auch § 2 III 2 a) bb).

1218 Vgl. Denninger, in: Lisken/Denninger, Handbuch des Polizeirechts, Kapitel D Rn. 18; auch Schenke, Polizeirecht, Rn. 100.

1219 Vgl. BGHSt 7, 256.

1220 Unabhängig von der Gefahrenabwehr gem. § 1 I PolG NRW, Art. 2 I BayPAG muss die Polizei zur Strafverfolgung (§ 163 I StPO) davon ausgehen, dass ein Strafantrag gestellt werden könnte.

gem. Art. 1 I GG dar. Sie ist absolut geschützt und kann ihre Schutzwirkung auch nicht durch Verzicht verlieren.[1221] Der Verzicht auf ein Recht – dies gilt ganz allgemein – setzt allerdings die Dispositionsbefugnis des Verzichtenden voraus. Schützt ein Recht zugleich andere oder die Allgemeinheit, kann nicht (jedenfalls nicht vollständig) darauf verzichtet werden. Die Ausführungen zu Beginn der Arbeit (§ 2) haben gezeigt, dass das öffentlich Interesse bei der Abwehr von Persönlichkeitsrechtsverletzungen zum einen aus strafrechtlichen Normen (hier besteht mitunter die beschriebene Strafantragsproblematik), zum anderen aus der objektiv-rechtlichen Funktion der Grundrechte hergeleitet wird. In der objektivrechtlichen Funktion kommen Wertentscheidungen des Verfassungsgebers zum Ausdruck, die unabhängig von der Willensrichtung eines einzelnen Rechtsgutsinhabers sind.[1222] Eine Störung für die öffentliche Sicherheit hängt somit nicht in vollem Maße davon ab, ob ein Grundrechtsinhaber von dem durch Dritte beeinträchtigten Grundrecht Gebrauch machen will. Allerdings verringert sich die im Rahmen des Ermessens zu berücksichtigende Intensität der Störung für die öffentliche Sicherheit, wenn ein Grundrechtsverzicht vorliegt. Die subjektive Willensrichtung ist also nicht auf der polizeirechtlichen Tatbestandsseite (Vorliegen einer Gefahr für die öffentliche Sicherheit und Ordnung) wohl aber auf der Rechtsfolgenseite des Ermessens von Bedeutung. Je mehr der Eindruck erweckt wird, dass der Persönlichkeitsrechtsinhaber keinen Schutz vor Beeinträchtigungen Dritter begehrt, desto weniger geben seine Persönlichkeitsrechte im Entschließungsermessen den Ausschlag.

III. Verhältnismäßigkeit der ausgewählten Maßnahme

Die Wahrung des aus verfassungsrechtlich begründeten (Art. 20 I, III GG) Verhältnismäßigkeitsprinzips (oder auch Übermaßverbots) ist bei der Ausübung polizeilicher Maßnahmen von besonderer Bedeutung.[1223] Greift eine Maßnahme unverhältnismäßig in die Rechte eines Bürgers ein, könnte man bereits eine Ermessensüberschreitung annehmen. Das spezielle Prüfungsprogramm der Verhältnismäßigkeit bezieht sich jedoch nicht auf eine allgemeine Ermessensausübung (das Entschließungsermessen einschließend), sondern auf eine

---

1221 Vgl. Hufen, Grundrechte, § 6 Rn. 42, § 10 Rn. 36; Pieroth/Schlink/Kingreen/Poscher, Grundrechte, Rn. 152.

1222 Vgl. Pieroth/Schlink/Kingreen/Poscher, Grundrechte, Rn. 150.

1223 Das Verhältnismäßigkeitsprinzip ist auch im internationalen Menschenrechtsschutz etabliert, vgl. Klatt/Meister, in: JuS 2014, S. 193.

konkrete Maßnahme.[1224] Daher soll an dieser Stelle auf die Verhältnismäßigkeit der konkreten ausgewählten Maßnahme eingegangen werden.

Mit der Verhältnismäßigkeitsprüfung findet eine Gegenüberstellung zwischen Zweck und Mittel statt. Bei der Ermittlung beider Aspekte helfen die polizeirechtlichen Gesetzesgrundlagen weiter.[1225] Der Gesetzgeber hat mit der Normierung des Aufgabenbereichs in § 1 I PolG NRW, Art. 2 I BayPAG den Schutz der öffentlichen Sicherheit und Ordnung (mit all ihren Teilschutzgütern) als legitimen Zweck vorgegeben. Demgegenüber stehen mit den einzelnen Befugnissen auch die möglichen Mittel bereit. Das Merkmal der Legitimität wird für das polizeiliche Handeln insbesondere durch den Gesetzgeber bestimmt.

Das Verhältnismäßigkeitsprinzip dient mit der Unterteilung des Prüfungsprogrammes in Geeignetheit, Erforderlichkeit und Angemessenheit nicht nur der (insbesondere gerichtlichen) Rechtsmäßigkeitsprüfung einzelner Maßnahmen. Als verfassungsrechtlicher Grundsatz strahlt das Verhältnismäßigkeitsprinzip aber auch auf die Auslegung und Anwendung des einfachen Rechts. Deutlich wurde dies beispielsweise bei der Handhabung bundesweiter Stadionverbote. Eine unverhältnismäßige Beschränkung der Rechte der betroffenen Personen aufgrund bloßer Prognosen kann nur angenommen werden, soweit mit einer Anhörung ein formeller Schutzmechanismus besteht.[1226]

1. Geeignetheit

Die Geeignetheit der Maßnahme liegt bereits vor, wenn der legitime Zweck zumindest gefördert wird.[1227] Eine Erreichung des Zwecks muss ebenso wenig feststehen wie die bestmögliche Zweckmäßigkeit. Diese Zweckförderlichkeit der Maßnahme wird durch eine Prognose ermittelt.[1228] Insgesamt stellt die Geeignetheit insoweit keine allzu große Hürde für die Rechtmäßigkeit dar.[1229] So kann beispielsweise eine Gefährderansprache auch dann als geeignet gesehen werden, wenn unklar ist, ob die angesprochene Person tatsächlich auf das Entstehen bestimmter Fanausschreitungen Einfluss hat. Bestehen etwa Hinweise, dass eine Fangruppierung, der die Person angehört, rassistische Parolen verbreiten wird,

---

1224 Deutlich wird dies im Rahmen des Unterpunkts der Erforderlichkeit, bei der nach einem milderen Mittel gefragt wird.
1225 Vgl. Degenhart, Staatsorganisationsrecht, Rn. 420
1226 Hierzu Siegel, in: NJW 2013, S. 1036; vgl. § 3 II 5 b).
1227 Vgl. Klatt/Meister, in: JuS 2014, S. 195.
1228 Vgl. Degenhart, Staatsorganisationsrecht, Rn. 424.
1229 Vgl. Klatt/Meister, in: JuS 2014, S. 195.

ist die Gefährderansprache zur Gefahrenvorsorge zumindest förderlich, selbst wenn die genaue Rolle der Person bei etwaigen geplanten Aktionen unklar ist.

2. Erforderlichkeit

Angesichts der zahlreichen denkbaren polizeilichen Maßnahmen, die zur Abwehr von Fanausschreitungen bei Sportveranstaltungen in Betracht kommen, ist bei der Auswahl einer Maßnahme auf die Erforderlichkeit zu achten. Dieser Teilaspekt des Verhältnismäßigkeitsprinzips ist in § 2 I PolG NRW, Art. 4 I BayPAG ausdrücklich geregelt. Danach ist, die Geeignetheit zur Erreichung eines legitimen Ziels vorausgesetzt, stets das mildeste gleich wirksame Mittel anzuwenden.[1230] Der Vergleich von Maßnahmen hinsichtlich ihrer Eingriffsintensität ist meist ungleich einfacher als hinsichtlich ihrer Wirksamkeit. Die Wirksamkeit steht zudem im Vorhinein nicht fest, sondern kann allenfalls prognostiziert werden. Als Beispiel für die Erforderlichkeitsproblematik im vorliegenden Kontext soll das Auswahlermessen bei den Maßnahmen Platzverweis (§ 34 I PolG NRW, Art. 16 BayPAG) und Aufenthaltsverbot (§ 34 II PolG NRW, Art. 11 I, II BayPAG) dienen.[1231] Der Platzverweis ist im Gegensatz zum Aufenthaltsverbot nur vorübergehend und somit ein milderes Mittel.[1232] Doch stellt sich die Frage der gleichen Wirksamkeit. Hier ist eine Differenzierung zwischen der zeitlichen und räumlichen Dimension der Maßnahme sachgerecht.[1233] Platzverweise sind in ihrer Zeitspanne begrenzt (etwa bis 24 Stunden, str.). Die größere Wirksamkeit eines Aufenthaltserbot kann also nur angenommen werden, wenn die Abwesenheit störender Fans von einem bestimmten Ort über eine solche Zeitspanne hinaus notwendig ist. Die Sportveranstaltung als Gefahrenquelle dauert aber nur wenige Stunden. Allenfalls eine Reise zu Auswärtsspielen in andere Städte kann die Annahme nahe legen, ein polizeibekannter Fan stelle über einen Zeitraum mehrerer Tage eine Gefahr dar. Unter diesem Gesichtspunkt ist auch der Wirksamkeitsvergleich in räumlicher Hinsicht zu betrachten. Ein Aufenthaltsverbot kann auch auf ganze Stadtteile ausgedehnt werden. Dies kann erforderlich sein, wenn zu erwarten ist, dass auch hier Ausschreitungen mitgereister Fans stattfinden werden.[1234]

1230 Vgl. Degenhart, Staatsorganisationsrecht, Rn. 425.

1231 Dazu § 6 V 2.

1232 Hierzu auch Kappeler, Öffentliche Sicherheit durch Ordnung, S. 203.

1233 So auch Helmke, Der polizeiliche Platzverweis, S. 213 ff.

1234 Helmke weist darauf richtigerweise darauf hin, dass die Erforderlichkeit eines Platzverweises (und eines Aufenthaltsverbotes) nur dann erforderlich ist, wenn nicht auch

3. Angemessenheit

Im Rahmen der Angemessenheit – oder auch Verhältnismäßigkeit im engeren Sinn – ist schließlich eine Güterabwägung zwischen Eingriffs- und Erhaltungsgut vorzunehmen.[1235] Das Abwägen zwischen kollidierenden Rechtsgütern ist freilich nicht erst im Rahmen dieser letzten Teilprüfung des Auswahlermessens relevant geworden. Bereits im Rahmen der eingangs dargestellten Grundrechtskollisionen stellten Abwägungsprozesse das entscheidende Kriterium dar. Die Abwägung zwischen Eingriffs- und Erhaltungsgut ist auch nicht erst im Rahmen des Einzelfallermessens der Polizei vorzunehmen, sondern bereits vom Gesetzgeber bei der Normierung von ihnen zu Grunde liegenden Eingriffsbefugnissen zu berücksichtigen. Da diese Rechtsgrundlagen der Polizei aber Ermessensspielräume belassen, verlagert sich der Schwerpunkt der Güterabwägung auf den konkreten Einzelfall.[1236]

Bei der Güterabwägung ist zwischen einer abstrakten Gewichtung der betroffenen Rechtsgüter und der Betroffenheit im konkreten Fall zu unterscheiden.[1237] Diese Unterscheidung wurde bereits bei Differenzierungen zwischen den Arten der Persönlichkeitsrechtsverletzungen (etwa zwischen Schmähkritik und rassistischen Diskriminierungen) und ihrem faktischen Ausmaß deutlich.[1238]

Die Angemessenheitsprüfung bezieht sich auf konkrete Maßnahmen der Polizei. Sie sei daher am Beispiel der Sicherstellung eines rassistischen Transparents und ihrer Vollstreckung dargestellt.[1239] Zu Grunde gelegt wird der Fall, dass eine Gruppe von Fans während einer Sportveranstaltung ein Transparent vorzeigt, das einen Spieler schwarzer Hautfarbe in rassistischer Weise diffamiert. Die Polizei ordnet zunächst die Sicherstellung des Transparents gem. § 43 Nr. 1 PolG NRW, Art. 25 Nr. 1 BayPAG an. Die Fans geben das Transparent jedoch nicht heraus und stellen sich den Polizeibeamten in den Weg. Zur Durchsetzung

---

eine bloße Unterlassungsanordnung zur wirksamen Abwehr der Gefahr ausreicht. Das ergibt sich ohne weiteres aus dem Prüfungsprogramm der Verhältnismäßigkeit; vgl. Helmke, Der polizeiliche Platzverweis, S. 203.

1235 Vgl. Klatt/Meister, in: JuS 2014, S. 195 f.; Degenhart, Staatsorganisationsrecht, Rn. 426 f.

1236 Vgl. Degenhart, Staatsorganisationsrecht, Rn. 421.

1237 Vgl. Kluckert, in: JuS 2015, S. 118; Degenhart, in: Staatsorganisationsrecht, Rn. 427.

1238 Vgl. oben Punkte II, 2–4.

1239 Ähnliches Beispiel bei Müller-Eiselt, in: Verwaltungsrundschau 2014, S. 91 f.; vgl. auch oben § 6 V 4, VI 2.

der Sicherstellungsverfügung setzen die Polizeibeamten nach vorheriger Androhung[1240] „Pfefferspray"[1241] ein und nehmen das Transparent an sich.

In diesem Beispiel liegen mit der Sicherstellungsanordnung und der Vollstreckung durch Anwendung unmittelbaren Zwangs (§ 51 I Nr. 3 PolG NRW, Art. 54 I Nr. 3 BayPAG) zwei polizeiliche Maßnahmen vor. Die Frage der Angemessenheit stellt sich in diesem zweistufigen Vorgehen insbesondere bei der Beurteilung der Vollstreckungsmaßnahme.

Bei der bloßen Sicherstellungsanordnung ist zunächst kein Missverhältnis zwischen Eingriffs- und Erhaltungsgut zu erkennen. Die Maßnahme erfolgt einerseits zur Abwehr der fortgesetzten Begehung von Straftaten nach §§ 130 I, 185 StGB, andererseits zum Schutz grundrechtlicher Positionen aus Art. 2 I i.V.m. 1 I GG. Neben dem vom Allgemeinen Persönlichkeitsrecht umfassten Ehrschutz ist auch die Menschenwürde als eigenständiges Grundrecht gem. Art. 1 I GG einschlägig, da dem Spieler durch den rassistischen Kontext die „elementare Basisgleichheit"[1242] abgesprochen wird. Diese Schutzgüter überwiegen offensichtlich gegenüber den durch die Sicherstellungsanordnung betroffenen Rechtspositionen der Fans. Ob das Vorzeigen einer Formalbeleidigung von der (in diesem Fall wenig schutzwürdigen) Meinungsfreiheit nach Art. 5 I GG oder nur von der allgemeinen Handlungsfreiheit gem. Art. 2 I GG umfasst ist, hängt von der rechtlichen Einstufung der Formalbeleidigung als Werturteil ab.[1243] Daneben lässt sich je nach Art der Transparentgestaltung die Kunstfreiheit gem. Art. 5 III GG anführen.[1244] Diese Rechtsgüter treten wegen des Menschenwürdebezugs bereits auf abstrakter Abwägungsebene zurück. Bei Betrachtung der konkreten Umstände ist zudem die diffamierende Absicht der Fans zu berücksichtigen.

Problemtisch wird die Angemessenheit erst bei der Beurteilung der Vollstreckungsmaßnahme. Durch den Einsatz des „Pfeffersprays" greift die Polizei in die körperliche Integrität der Fans gem. Art. 2 II 1 GG ein. Die Anwendung körperlicher Gewalt im Rahmen hoheitlicher Amtsausübung stellt strenge Anforderungen an die Angemessenheitsprüfung. Auch hier ist zwischen der abstrakten und konkreten Sichtweise zu unterscheiden. Bei abstrakter Gewichtung der betroffenen Rechtsgüter könnte man annehmen, dass die körperliche Integrität der Fans nicht hinter dem Ehrschutz des diffamierten Spielers zurücktreten könne. Dabei

1240 Vgl. § 61 I PolG NRW, Art. 64 I BayPAG.

1241 „Pfeffersprays" sind Reizstoffe i.S.d. § 58 III PolG NRW, Art. 61 III BayPAG.

1242 Vgl. Kirchhof, in: Kirchhof/Isensee, Handbuch des Staatsrechts V, § 124 Rn. 99 ff.

1243 Dazu oben § 2 III 3 a) cc) aaa) (1).

1244 Dazu oben § 2 III 3 a) cc) ccc).

würde aber der enge Menschenwürdebezug aus Art. 1 GG außer Acht gelassen. Hinzukommt das durch den rassistischen Inhalt gestörte und durch § 130 I StGB geschützte hohe Allgemeininteresse an einem friedlichen Zusammenleben im Staat.[1245] Öffentliche Interessen und Individualschutz fallen hier insoweit zusammen. Allein auf abstrakter Ebene lässt sich kein endgültiges Abwägungsergebnis treffen. Berücksichtigt werden müssen die konkreten Umstände. Dabei fällt insbesondere die Entstehung der Vollstreckungsmaßnahme ins Auge. Unmittelbarer Zwang wurde ja nicht als erstes Mittel gegen die Verbreitung einer Äußerung angewandt, sondern zur Durchsetzung einer polizeilichen Maßnahme, vgl. § 50 I PolG NRW, Art. 53 I BayPAG.[1246] Der Zweck des Pfeffersprayeinsatzes war das Überwinden von Widerstand durch die Fans. Eingriffs- und Erhaltungsgüter stehen sich also nicht symmetrisch gegenüber, sondern werden durch den Umstand des Widerstands überlagert. Hinsichtlich dieser Widerstandsüberwindung ist denn auch der Nutzeffekt[1247] des „Pfefferspray"-Einsatzes zu bejahen. Die Eingriffsintensität, die sich aus den körperlichen Wirkungen des „Pfeffersprays" ergibt, steht somit in keinem Missverhältnis zur Wichtigkeit des verfolgen Zweckes. Für die Beurteilung der Angemessenheit des Pfefferspray-Einsatzes kommt es allerdings nicht zuletzt darauf an, ob auch unbeteiligte Dritte betroffen sein können. Die chemische Einwirkung des Reizstoffes bedeutet einen empfindlichen Eingriff in die körperliche Unversehrtheit (Art. 2 II GG), der zur Durchsetzung einer (lediglich gegen Störer gerichteten) Sicherstellungsverfügung von Transparenten unangemessen wäre. Der Schutz der körperlichen Unversehrtheit unbeteiligter Dritter kommt auch in den Wertungen der §§ 61 III, 65 PolG NRW, Art. 64 III, 68 BayPAG zum Ausdruck, die die Zulässigkeit des unmittelbaren Zwangs in der Menschenmenge einschränken.

1245 Vgl. Fischer, StGB, § 130 Rn. 2.

1246 Vgl. Müller-Eiselt, in: Verwaltungsrundschau 2014, S. 92.

1247 Zum Begriff Nutzeffekt vgl. Kluckert, in: JuS 2015, S. 119 f.

Fazit und Ausblick

Fanausschreitungen, die die Persönlichkeitsrechte anderer verletzen, stellen eine Gefahr für die öffentliche Sicherheit dar, was eine Aufgabeneröffnung der Polizei gem. § 1 I PolG NRW, Art. 2 I BayPAG bedeutet.

Sportgroßveranstaltungen stellen eine Gefahrenquelle für eine Vielzahl von Rechtsgütern dar. Die Fangewalt steht in der öffentlichen Diskussion dabei meist im Vordergrund. Die Gewalt wird oft als Schlagwort im politischen wie auch juristischen Umgang mit Fanausschreitungen verwendet. Dagegen sind auch gewaltfreie Formen von Fanausschreitungen ein praktisch relevantes Problem. Diese Formen psychischer Gewalt erscheinen insbesondere in Form von Ehrverletzungen und Diskriminierungen. Letztere weisen regelmäßig rassistischen oder antisemitischen Hintergrund auf, was die Intensität der Rechtsverletzungen erhöht.

Schutz vor Grundrechtsverletzungen durch Dritte ist der wichtigste Ansatzpunkt für die Subsumtion von Persönlichkeitsrechtsverletzungen unter die polizeirechtlichen Schutzgüter. Durch den Schutz der öffentlichen Sicherheit setzt die Polizei staatliche Grundrechtsschutzpflichten um, was im vorliegenden Kontext insbesondere das Allgemeine Persönlichkeitsrecht gem. Art. 2 I i.V.m. 1 I GG sowie die Menschenwürde gem. Art. 1 I GG betrifft. Letztere, absolut geschützte Rechtsposition ist bei rassistischen und antisemitischen Vorfällen einschlägig. In der Kollision mit diesen Grundrechten setzen sich Grundrechtspositionen aus Art. 5 I GG bei Formalbeleidigungen und schwerer Schmähkritik nicht durch. Die Versammlungsfreiheit gem. Art. 8 I GG entfaltet im Zusammenhang mit Sportveranstaltungen keinen Schutz, da diese mangels Meinungsbildungszweck bloße Ansammlungen sind.

Der zweite Ansatzpunkt für die Subsumtion unter die öffentliche Sicherheit ist die Abwehr von Straftaten. Persönlichkeitsrechte werden durch diverse Straftatbestände geschützt, wobei Delikte gegen die Ehre gem. §§ 185 ff. StGB im Vordergrund stehen. Daneben sind politisch motivierte Taten wie §§ 130 I, 86, 86 a StGB von besonderer Bedeutung. Der Aufgabeneröffnung der Polizei für die präventive Abwehr von Straftaten steht dabei ein Strafantragserfordernis nicht entgegen, da es für die Störung der öffentlichen Sicherheit nur auf den objektiven Unwertsgehalt durch die Tatbestandsverwirklichung ankommt.

Neben der öffentlichen Sicherheit lässt sich an die öffentliche Ordnung dagegen nur subsidiär anknüpfen. Sie ist wegen der umfassenden ausdrücklichen Regelung auch im vorliegenden Kontext von geringer Bedeutung.

Gewaltfreie Fanausschreitungen, sind nicht nur geeignet, Persönlichkeitsrechte zu verletzen, sondern auch Gewalttaten gegnerischer Fans zu provozieren. Hierdurch werden Leib, Leben und Eigentum gefährdet, was ebenfalls eine Gefahr für die öffentliche Sicherheit begründet.

Die Organisation der Sportveranstaltungen ist verbandsrechtliche geprägt. *DFB, UEFA* und *FIFA* haben zahlreiche Sicherheitsrichtlinien aufgestellt, die auch die Problematik der Ehrverletzungen und Diskriminierungen berücksichtigen. Als Sicherheitsmaßnahmen sind Stadionverbote für Fans und Verbandsstrafen gegen Vereine hervorzuheben. Letztere stellen eine weitestgehend verschuldensunabhängige Haftung für das Verhalten der Zuschauer im eigenen Stadion sowie der mitgereisten eigenen Fans dar. Im Geltungsbereich des deutschen Zivilrechts ist die Zulässigkeit verschuldensunabhängiger Strafen umstritten. Daher werden zahlreiche Korrekturen durch Auslegung vertreten. Nach hier vertretener Ansicht soll zumindest eine Exkulpationsmöglichkeit bestehen. Die Präventionswirkung der Verbandsstrafen liegt nicht zuletzt darin, dass ausschreitende Fans Nachteile für den unterstützten Verein besorgen.

Die Sicherheit bei Sportveranstaltungen ist eine geteilte Aufgabe zwischen der Polizei und dem Veranstalter. Dem staatlichen Gewaltmonopol stehen dabei Hausrechte des Veranstalters gegenüber. Private und staatliche Sicherheit sind zunächst kooperativ ausgestaltet. Stadionverbote bilden einen praktisch relevanten Anwendungsfall der Sicherheitskooperation zwischen Polizei und Veranstalter. Durch die polizeiliche Anregung von Stadionverboten und das Abstellen auf strafprozessuale und polizeirechtliche Maßnahmen findet hier eine mitunter problematische Verzahnung von Staat und Privaten statt.

Für das Verhältnis von staatlicher und privater Sicherheit ist zunächst örtlich zu differenzieren. Im öffentlichen Raum gewährleistet alleine der Staat (handelnd durch die Polizei) die öffentliche Sicherheit. Innerhalb des Stadiongeländes stehen staatliche und private Sicherheitsmaßnahmen nebeneinander. Dem Gewaltmonopol des Staates steht das Hausrecht des Veranstalters gegenüber.

Der Veranstalter gewährleistet die Sicherheit im Stadion unter den Gesichtspunkten des Hausrechts und zivilrechtlicher Schutzpflichten. Er bedient sich hierbei privater Ordnungsdienste, die für ihn das Hausrecht mittels Not- und Selbsthilferechten durchsetzen.

Zur Erfüllung ihrer Aufgaben steht der Polizei eine Vielzahl möglicher Maßnahmen zur Verfügung. Im Vorfeld der Sportveranstaltung zielen Maßnahmen insbesondere auf eine Deanonymisierung einzelner Fans. Hierzu dient zunächst die Erhebung personenbezogener Daten in der Verbunddatei *Gewalttäter Sport*, in die auch gewaltfreie Delikte wie Beleidigungsdelikte, Volksverhetzungen etc.

eingetragen werden. Der Deanonymisierung und Abschreckung dienen ferner Gefährderansprachen, die je nach Ausgestaltung einen faktischen Grundrechtseingriff bedeuten können. Als Rechtsgrundlage ist auf die polizeirechtliche Generalklausel des § 8 I PolG NRW, Art. 11 I BayPAG zurückzugreifen.

Die Deanonymisierung spielt auch während der Sportveranstaltung eine Rolle. Hierzu finden Kontroll- und Überwachungsmaßnahmen durch die Polizei statt. Die Anfertigung von Bild- und Tonaufnahmen dient dabei nicht nur der Aufklärung, sondern auch der Abschreckung und Beeinflussung des Fanverhaltens. Der Anfertigung von Aufnahmen steht die Benutzung privater Kamerabilder durch die Polizei datenschutzrechtlich gleich. Von großer Bedeutung sind darüber hinaus kurzfristige Observationen nach § 16 a IV PolG NRW, Art. 31 I 1 BayPAG. Polizeiliche Kontrollen (Identitätsfeststellungen / Durchsuchungen) werden häufig an hierfür eingerichteten Kontrollstellen durchgeführt. Derartige Kontrollstellen befinden sich an besonders sensiblen Orten wie Sammelstellen von Fans an Bahnhöfen oder vor Stadien. Neben der Identitätsfeststellung zur Abwehr einer Gefahr gem. § 12 I Nr. 1 PolG NRW, Art. 13 I Nr. 1 BayPAG ist die Tatbestandsvariante der Kontrolle an einem gefährlichen Ort gem. § 12 I Nr. 2 a) PolG NRW, Art. 13 I Nr. 2 a) BayPAG von Bedeutung. Hier ist eine Prognose erforderlich, dass es zu Straftaten an einem bestimmten Ort (z.B. in einem Zuschauerblock) kommen wird. Zur Vorbereitung von zivilrechtlichen Ansprüchen nach § 823 I BGB i.V.m. Art. 2 I i.V.m. 1 I GG kann eine Identitätsfeststellung zum Schutz privater Rechte nach Art. 13 I Nr. 6 BayPAG erforderlich sein.

Durch polizeilichen Befehl an die Fans können persönlichkeitsrechtsverletzende Verhaltensweisen dagegen unmittelbar verboten werden. Andere Maßnahmen bezwecken die Abwesenheit von Fans von der spezifischen Gefahrenkulisse der Sportveranstaltung. Hierbei ist zwischen vorübergehenden Platzverweisen, Aufenthaltsverboten (auch für Stadtteile) und (ggf. durch Meldeauflagen zu flankierende) Gewahrsamnahmen zu unterschieden. Der praktisch relevante Präventivgewahrsam ist als Freiheitsentzugsmaßnahme besonders grundrechtsintensiv und im Hinblick auf die Vereinbarkeit mit Art. 5 I EMRK umstritten. Verkörperte Aussagen (Transparente u.ä.) können durch Sicherstellung unterbunden werden.

An den Veranstalter kann etwa bereits im Vorfeld der Sportveranstaltung ein Verbot zum Verkauf von Eintrittskarten adressiert werden. Dabei ist umstritten, ob der Veranstalter als mittelbarer Handlungsstörer anzusehen ist. Wichtigster Ansatzpunkt hierfür ist die Rechtsfigur des Zweckveranlassers. Da sich der Stadionbereich in der Risikosphäre des Veranstalters befindet, erscheint hier eine Zurechnung im Hinblick auf eine effektive Gefahrenabwehr sachgerecht. Von der

Inanspruchnahme der Veranstalter auf Primärebene ist ihre Kostenbeteiligung auf Sekundärebene zu unterscheiden. Die Gesichtspunkte der Veranlassung, Kommerzialisierung und des Vorteilsausgleiches stehen dabei der polizeilichen Aufgabenerfüllung im öffentlichen Interesse gegenüber. Bei Wahrung rechtstaatlicher Vorgaben liegt eine polizeikostenrechtliche oder gebührenrechtliche Beteiligung im Ermessenspielraum des Gesetzgebers.

Persönlichkeitsrechtsverletzungen sind im Rahmen des polizeilichen Einsatzes bei Sportveranstaltungen als eigenständiger Ermessensgesichtspunkt zu berücksichtigen. Das Entschließungsermessen darf daher nicht ausschließlich auf eine physische Eskalationsgefahr beschränkt werden. Maßgeblich sind insbesondere die Intensität der Persönlichkeitsrechtsverletzungen, die Einsatzkapazitäten der Polizei sowie die subjektive Willensrichtung des Rechtsgutsinhabers. Die Schadensintensität ist bei rassistischen oder antisemitischen Verunglimpfungen besonders hoch. In diesem Bereich werden polizeiliche Handlungsmöglichkeiten daher praktisch besonders relevant.

Persönlichkeitsrechte werden bei Sportveranstaltungen auch zukünftig besonders schutzbedürftig sein. Das gilt keinesfalls nur für das spezielle Problem der Fremdenfeindlichkeit. In Extremfällen ist an die Möglichkeit eines Spielabbruches zu denken, wenn das Ausmaß ehrverletzender Fanhandlungen in der Kulisse der Sportveranstaltung Überhand gewinnt. Die Möglichkeit eines solchen Spielabbruches sieht der *Leitfaden Spielabbruch* des DFB bereits vor. Bei Ausschöpfung der zu Verfügung stehenden privaten Sicherheitsmechanismen ist ein polizeiliches Einschreiten nicht notwendig, wenngleich aber möglich.

Schlussbemerkung

Sportveranstaltungen sind gelegentlich raue Pflaster, aber niemals rechtsfreie Räume. Für gewalttätige Fanausschreitungen ist dies eine Selbstverständlichkeit. Der Gewaltaspekt steht im Vordergrund der Sicherheitsproblematik im Fußballsport. Sicherheit wird auch zukünftig primär als Schutz von Leib, Leben und Eigentum verstanden werden. Demgegenüber ist aber auch der Aspekt der Persönlichkeitsrechtsverletzungen nicht zu vernachlässigen. Die Schutzbedürftigkeit immaterieller Rechte steht im Zuge eines digitalen Gesellschaftswandels zunehmend im Fokus öffentlicher Wahrnehmung. Nicht zuletzt Rassismus und Rechtsradikalismus rücken das Problem der Fanausschreitungen zunehmend in den gesellschaftspolitischen Fokus. Gemeinsame Aktivitäten der Hooligan- und Rechtsradikalenszene können hier beispielhaft angeführt werden.

Der vorliegenden Abhandlung liegt eine rein juristische – nicht gesellschaftspolitische – Sichtweise auf das Problem der Persönlichkeitsrechtsverletzungen bei Sportveranstaltungen zu Grunde. Gleichwohl kann es als ein Ziel der rechtlichen Handhabung gesehen werden, die Eigenverantwortung der Fans zu erhöhen. Die Fußballverbände verfügen etwa mit dem Sportstrafrecht über ein wirksames Instrument. So kann beispielsweise im Ausschluss der Zuschauer bei der Champions-League-Begegnung *ZSKA Moskau* gegen *FC Bayern München* am 30.9.2014 wegen eines zuvor gezeigten rassistischen Spruchbandes ein deutliches Signal an die Fans gesehen werden.[1248]

Bei der sportrechtlichen Organisation im Fußball darf die Verantwortung des Staates jedoch nicht in den Hintergrund treten. Grundrechtliche Schutzpflichten des Staates können im Zusammenhang mit Fanausschreitungen nur durch die Ausübung des staatlichen Gewaltmonopols gewährleistet werden. Dieses Gewaltmonopol darf weder durch die Selbstverwaltung des Sportwesens, noch durch eine Diskussion über dessen Beteiligung an den Einsatzkosten der Polizei ausgehöhlt werden.

1248 Spiegel online (ham/dpa), UEFA-Strafe: ZSKA Moskau muss vor leeren Rängen spielen (18.2.2014).

Literatur- und Quellenverzeichnis

Literatur

Stand: 01.02.2016

Arzt, Clemens, Gefährderansprache und Meldeauflage bei Sport-Großereignissen, in: Die Polizei 2006, S. 156–161 (zitiert als Arzt, in: Die Polizei 2006).

Aubel, Tobias, Das Menschenwürde-Argument im Polizei- und Ordnungsrecht, in: Die Verwaltung 2004, S. 229–253 (zitiert als Aubel, in: Die Verwaltung 2004).

Bagger, Tim / Kober, Sebastian, Haftung „zündelnder" Fans über die Rechtsfigur des Vertrages mit Schutzwirkung zugunsten Dritter, in: SpuRt 2015, S. 153–159 (zitiert als Bagger/Kober, in: SpuRt 2015).

Bauer, Jobst-Hubertus / Krieger, Steffen, Allgemeines Gleichbehandlungsgesetz, 4. Auflage, München 2015 (zitiert als Bauer/Krieger, AGG).

Barczak, Tristan, Polizeiliche Vorfeldmaßnahmen gegen Fußballhooligans und gewaltbereite Ultragruppen, in: JURA 2014, S. 888–901 (zitiert als Barczak, in: JURA 2014).

Beaucamp, Guy / Seifert, Jens, Soll der Zweckveranlasser weiterleben?, in: JA 2007, S. 577–580 (zitiert als Beaucamp/Seifert, in: JA 2007).

Becker, Ulrich / Heckmann, Dirk / Kempen, Bernhard / Manssen, Gerit, Öffentliches Recht in Bayern, 6. Auflage, München 2015 (zitiert als Becker/Heckmann/Kempen/Manssen, Öffentliches Recht in Bayern).

Bernard, Christine, Nochmals: Haftung eines Störers für das Abbrennen von Bengalos im Fußballstadion, in: SpuRt 2013, S. 8–11 (zitiert als Bernard, in: SpuRt 2013).

Bernhardt, Heinrich, Die Geltendmachung von Kosten für polizeiliche Einsätze bei kommerziellen Veranstaltungen am Beispiel der Spiele des Profifußballs, in: Würtembergischer Fußballverband e. V. (WFV) (Hrsg.), Verantwortlichkeiten und Haftung im Sport, Baden-Baden 2012, S. 67–86 (zitiert als Bernhardt, in: WFV, Verantwortlichkeiten und Haftung im Sport).

Beutel, Hannes, Verantwortlichkeit von Fußballvereinen für durch Fan-Verhalten verursachte Gefahren, in: Die Polizei 2014, S. 117–119 (zitiert als Beutel, in: Die Polizei 2014).

Böhm, Monika, Polizeikosten bei Fußballspielen, in: NJW 2015, S. 3000–3004 (zitiert als Böhm, in: NJW 2015).

Braasch, Patrick, Einführung in die Europäische Menschenrechtskonvention, in: JuS 2013, S. 602–607 (zitiert als Braasch, in: JuS 2013).

Breucker, Marius, Präventivmaßnahmen gegen reisende Holligans, in: NJW 2004, S. 1631–1633 (zitiert als Breucker, in: NJW 2004).

–, Sicherheitsmaßnahmen für die Fußballweltmeisterschaft 2006, in: NJW 2006, S. 1233–1237 (zitiert als Breucker, in: NJW 2006).

Degenhart, Christoph, Staatsrecht I – Staatsorganisationsrecht, 30. Auflage, Heidelberg u.a. 2014 (zitiert als Degenhart, Staatsorganisationsrecht).

Deusch, Florian, Polizeiliche Gefahrenabwehr bei Sportgroßveranstaltungen, Berlin 2005 (zitiert als Deusch, Polizeiliche Gefahrenabwehr bei Sportgroßveranstaltungen).

Deutscher Fußball-Bund (DFB) (Hrsg.), Satzungen und Ordnungen, Stand: 1.1.2014, Frankfurt a.M. 2014.

Dietlein, Johannes / Burgi, Martin / Hellermann, Johannes, Öffentliches Recht in Nordrhein-Westfalen, 5. Auflage, München 2014 (zitiert als Dietlein/Burgi/Hellermann, Öffentliches Recht in NRW).

Dreier, Thomas / Schulze, Gernot, Urheberrechtsgesetz – Urheberrechtswahrnehmungsgesetz, Kunsturhebergesetz – Kommentar, 4. Auflage, München 2013 (zitiert als Dreier/Schulze, UrhG).

Duben, Daniel, Strategien gegen Rechtsextremismus im Fußballstadion, Frankfurt a.M. 2015 (zitiert als Duben, Strategien gegen Rechtsextremismus).

Epping, Volker, Grundrechte, 6. Auflage, Berlin u. a. 2015 (zitiert als Epping, Grundrechte).

Erbguth, Wilfried, Allgemeines Verwaltungsrecht – mit Verwaltungsprozess- und Staatshaftungsrecht, 6. Auflage, Baden-Baden 2014 (zitiert als Erbguth, Allgemeines Verwaltungsrecht).

Eyermann, Erich (Hrsg.), Verwaltungsgerichtsordnung – Kommentar, 14. Auflage, München 2014 (zitiert als Eyermann, VwGO).

Fechner, Frank, Medienrecht, 15. Auflage, Tübingen 2014 (zitiert als Fechner, Medienrecht).

Fechner, Frank / Arnhold, Johannes / Brodführer, Michael, Sportrecht, Tübingen 2014 (zitiert als Fechner/Arnhold/Brodführer, Sportrecht).

Feltes, Thomas, Sicherheit bei Großveranstaltungen durch Überwachung der TeilnehmerInnen?, in: Neue Kriminalpolitik (NK) 1/2013, S. 48–65 (zitiert als Feltes, in: NK 2013).

Feltes, Thomas / Schwinkendorf, Andreas, Fußball und Gewalt aus Sicht der Fans, in: Kriminalistik 2013, S. 75–80 (zitiert als Feltes/Schwinkendorf, in: Kriminalistik 2013).

Fischer, Thomas, Strafgesetzbuch und Nebengesetze, 60. Auflage, München 2013 (zitiert als Fischer, StGB).

Fickenscher, Stephanie, Möglichkeiten und Grenzen einer statutarischen Haftungszurechnung von Fanausschreitungen zu den Vereinen aus verfassungsrechtlicher Sicht, Frankfurt a.M. 2015 (zitiert als Fickenscher, Haftungszurechnung von Fanausschreitungen zu den Vereinen).

Frenz, Walter, Die Meinungs- und Medienfreiheit, in: JURA 2012, S. 198–202 (zitiert als Frenz, in: JURA 2012).

Frister, Helmut, Der strafrechtsdogmatische Begriff der Schuld, in: JuS 2013, S. 1057–1065 (zitiert als Frister, in: JuS 2013).

Fritzweiler, Jochen / Pfister, Bernhard / Summerer, Thomas, Praxishandbuch Sportrecht, 3. Auflage, München 2014 (zitiert als Fritzweiler/Pfister/Summerer, Praxishandbuch Sportrecht).

Gabriel, Michael, Die Fanprojekte, in: Kriminalistik 2012, S. 227–230 (zitiert als Gabriel, in: Kriminalistik 2012).

Gädeke, Henning, Sportgroßveranstaltungen als staatliche Herausforderung, Frankfurt a. M. 2012 (zitiert als Gädeke, Sportgroßveranstaltungen).

Gärtner, Sebatian, Was Satire darf, 1. Auflage, Berlin 2009 (zitiert als Gärtner, Was Satire darf).

Gietl, Andreas, Bundesweites Stadionverbot – Wechselwirkungen von Zivil-, Straf- und öffentlichem Recht, in: JR 2010, S. 50–55 (zitiert als Gietl, in: JR 2010).

Gillen, Christoph, Das Verhältnis von Ehren- und Privatrechtsschutz im Strafrecht, Frankfurt a. M. 1999 (zitiert als Gillen, Das Verhältnis von Ehren- und Privatrechtsschutz im Strafrecht).

Glaser, Andreas, Grundrechtlicher Schutz der Ehre im Internetzeitalter, in: NVwZ 2012, S. 1432–1438 (zitiert als Glaser, in: NVwZ 2012).

Glasmacher, Stefan / Pache, Stephan, Geldentschädigungsanspruch bei Persönlichkeitsrechtsverletzungen, in: JuS 2015, S. 303–306 (zitiert als Glasmacher/Pache, in: JuS 2015).

Götz, Volkmar, Allgemeines Polizei- und Ordnungsrecht, 15. Auflage, München 2013 (zitiert als Götz, Polizeirecht).

Graulich, Kurt, Strafverfolgungsvorsorge, in: NVwZ 2014, S. 685–691 (zitiert als Graulich, in: NVwZ 2014).

Grosbüsch, Tim, Ein Pass in den (rechts-)freien Raum: einige Gedanken zur Beleidigung im Fußballsport, in: Kretschmer, Bernhard (Hrsg.), Rechts- als Geisteswissenschaft – Festschrift für Wolfgang Schild zum 60. Geburtstag,

Hamburg 2007, S. 209–220 (zitiert als Grosbüsch, in: Kretschmer (Hrsg.), Festschrift für Wolfgang Schild).

Grunewald, Barbara, Bürgerliches Recht, 9. Auflage, München 2014 (zitiert als Grunewald, Bürgerliches Recht).

Gusy, Christoph, Der öffentliche Raum – Ein Raum der Freiheit, der (Un-)Sicherheit und des Rechts, in: JZ 2009, S. 217–224 (zitiert als Gusy, in: JZ 2009).

–, Länderversammlungsrecht als konkretisierte Versammlungsfreiheit, in: JZ 2011, S. 563–567 (zitiert als Gusy, in: JZ 2011).

–, Polizei und private Sicherheitsdienste im öffentlichen Raum, in: VerwArch 2001, S. 344–367 (zitiert als Gusy, in: VerwArch 2001).

–, Polizei- und Ordnungsrecht, 9. Auflage, Tübingen 2014 (zitiert als Gusy, Polizeirecht).

Hader, Jörg Andreas, Extremistische Demonstrationen als Herausforderung des Versammlungsrechts, München 2003 (zitiert als Hader, Extremistische Demonstrationen als Herausforderung des Versammlungsrechts).

Haslinger, Bastian, Die Rechtsprechung des CAS zur Haftung bei Zuschauerausschreitungen vor dem Hintergrund statuarischer Regelungen internationaler Verbände, in: Würtembergischer Fußballverband e. V. (WFV) (Hrsg.), Verantwortlichkeiten und Haftung im Sport, Baden-Baden 2012, S. 25–41 (zitiert als Haslinger, in: WFV, Verantwortlichkeiten und Haftung im Sport).

–, Zuschauerausschreitungen und Verbandssanktionen im Fußball, Baden-Baden 2011 (zitiert als Haslinger, Zuschauerausschreitungen und Verbandssanktionen im Fußball).

Haupt, Stefanie, Die Körperverletzung des Gegners im Kampfsport und die strafrechtliche Einwilligungsproblematik, Bremen 2006 (zitiert als Haupt, Die Körperverletzung des Gegners im Kampfsport und die strafrechtliche Einwilligungsproblematik).

Heise, Svend, Überwälzung von Einsatzkosten der Polizei bei Spielaustragungen im Fußball, in: NVwZ 2015, S. 262–268 (zitiert als Heise, in: NVwZ 2015).

Hellermann, Johannes, Die sogenannte negative Seite der Freiheitsrechte, Berlin 1993(zitiert als Hellermann, Die sogenannte negative Seite der Freiheitsrechte).

Helmke, André, Der polizeiliche Platzverweis im Rechtstaat, Frankfurt a.M. 2002 (zitiert als Helmke, Der polizeiliche Platzverweis).

Henne, Thomas / Fuchs, Christian Otmar, „Kein Bett für Neonazis"!?, in: JURA 2013, S. 1262–1271 (zitiert als Henne/Fuchs, in: JURA 2013).

Hennes, Wilhelm, Sicherheitsfragen bei Sportveranstaltungen. Anforderungen und Maßnahmen des DFB, in: Schild, Wolfgang (Hrsg.), Rechtliche Aspekte bei Sportgroßveranstaltungen, Heidelberg 1994, S. 1–11 (zitiert als Hennes, in: Schild, Rechtliche Aspekte bei Sportgroßveranstaltungen).

Herles, Christian, Allgemeines Persönlichkeitsrecht: Berichterstattung über die Mitwirkung als Darsteller in kommerziell zu verwertenden Pornofilmen – Anmerkung zu BGH Urteil vom 25.01.2011-VI ZR 332/09, in: StudZR 2013, S. 157–167 (zitiert als: Herles, in: StudZR 2013).

Hilpert, Horst, Das Fußballstrafrecht des Deutschen Fußball-Bundes (DFB) – Kommentar, Berlin 2009 (zitiert als Hilpert, Das Fußballstrafrecht des DFB).

Hoever, Frank / Hund, Horst / Kind, Martin, Schwerpunktthema Fußball und Fanverhalten, in: Die Polizei 2015, S. 93–98 (zitiert als Hoever/Hund/Kind, in: Die Polizei 2015).

Hofmann, Philipp, Das System des privatrechtlichen Hausrechts, in: JURA 2014, S. 141–151 (zitiert als Hofmann, in: JURA 2014).

Honnacker, Heinz / Beinhofer, Paul / Hauser, Manfred, Polizeiaufgabengesetz, 20. Auflage, Stuttgart 2014 (zitiert als Honnacker/Beinhofer/Hauser, PAG).

Hufen, Friedhelm, Staatsrecht II – Grundrechte, 4. Auflage, München 2014 (zitiert als Hufen, Grundrechte).

Huster, Stefan, Individuelle Menschenwürde oder öffentliche Ordnung?, in: NJW 2000, S. 3477–3479 (zitiert als Huster, in: NJW 2000).

Ipsen, Jörn, Staatsrecht II – Grundrechte, 17. Auflage, München 2014 (zitiert als Ipsen, Grundrechte).

Jarass, Hans / Pieroth, Bodo, Grundgesetz, 13. Auflage, München 2014 (zitiert als Jarass/Pieroth, GG).

Kappeler, Ann-Marie, Öffentliche Sicherheit durch Ordnung, Stuttgart u.s. 2001 (zitiert als Kappeler, Öffentliche Sicherheit durch Ordnung).

Karpenstein, Ulrich / Mayer, Franz, EMRK – Kommentar, München 2012 (zitiert als Karpenstein/Mayer, EMRK).

Kasper, Johannes, Fortgeschrittenenklausur – Strafrecht: Beleidigung und Körperverletzung auf dem Fußballplatz, in: JuS 2004, S. 409–414 (zitiert als Kaspar, in: JuS 2014).

Kehr, Thomas, Datei Gewalttäter Sport, Baden-Baden 2015 (zitiert als Kehr, Datei Gewalttäter Sport).

Keller, Christoph, Begriff und Stellenwert der öffentlichen Ordnung im Polizeirecht, in: DPolBl 03/2014, S. 10–13 (zitiert als Keller, in: DPolBl 03/2014).

Kett-Straub, Gabriele, Das Verwenden nationalsozialistischer Kennzeichen, in: NStZ 2011, S. 601–605 (zitiert als Kett-Straub, in: NStZ 2011).

Kießling, Andrea, Die dogmatische Einordnung der polizeilichen Gefährderansprache in das allgemeine Polizeirecht – Überlegungen zu einer neuen

„Standardmaßnahme“, in: DVBl. 2012, S. 1210–1217 (zitiert als Kießling, in: DVBl. 2012).

Kirchhof, Paul / Isensee, Josef ua (Hrsg.), Handbuch des Staatsrecht V, 3. Auflage, Heidelberg 2008 (zitiert als Kirchhof/Isensee, Handbuch des Staatsrechts V).

Klein, Nicolas, Fußballveranstaltungen und Polizeikosten – Die Verfassungsmäßigkeit einer kostenrechtlichen lex-Fußball in Bremen, in: DVBl 2015, S. 275–282 (zitiert als Klein, in: DVBl 2015).

Kluckert, Sebastian, Die Gewichtung von öffentlichen Interessen im Rahmen der Verhältnismäßigkeitsprüfung, in: JuS 2015, S. 116–121 (zitiert als Kluckert, in: JuS 2015).

Kment, Martin / Vorwalter, Sebastian, Beurteilungsspielraum und Ermessen, in: JuS 2015, S. 193–201 (zitiert als Kment/Vorwalter, in: JuS 2015).

Knape, Michael, Sicherheit bei Fußballspielen, in: Deutsche Hochschule der Polizei (DHP) (Hrsg.), Sport und Gewalt, Band III, Münster 2009, S. 19–26 (zitiert als Knape, in: Sport und Gewalt, Band III).

Knape, Michael / Schönrock, Sabrina, Polizeiliche Eingriffsbefugnisse bei Sportgroßveranstaltungen, in: Die Polizei 2011, S. 245–251 (zitiert als Knape/Schönrock, in: Die Polizei 2011).

Kniesel, Michael, Versammlungs- und Demonstrationsfreiheit, in: NJW 2000, S. 2857–2866 (zitiert als Kniesel, in: NJW 2000).

Köhler, Helmut, Zivilrechtliche Haftung bei Zuschauerausschreitungen, in: Schild, Wolfgang (Hrsg.), Rechtliche Aspekte bei Sportgroßveranstaltungen, Heidelberg 1994, S. 13–33 (zitiert als Köhler, in: Schild, Rechtliche Aspekte bei Sportgroßveranstaltungen).

Kopp, Ferdinand / Ramsauer, Ulrich, Verwaltungsverfahrensgesetz – Kommentar, 14. Auflage, München 2013 (zitiert als Kopp/Ramsauer, VwVfG).

Kraus, Sebastian, Phänomenologie der Gruppengewalt im Zusammenhang mit Fußballspielen, in: Deutsche Hochschule der Polizei (DHP) (Hrsg.), Sport und Gewalt, Band II, Münster 2010, S. 19–26 (zitiert als Kraus, in: Sport und Gewalt, Band II).

Krüger, Elmar, Der Gefahrenbegriff im Polizei- und Ordnungsrecht, in: JuS 2013, S. 985–990 (zitiert als Krüger, in: JuS 2013).

Kugelmann, Dieter, Unmittelbare Ausführung von Maßnahmen und sofortige Anwendung von Verwaltungszwang durch die Polizei, in: DÖV 1997, S. 153–160 (zitiert als Kugelmann, in: DÖV 1997).

Lackner, Karl / Kühl, Kristian, Strafgesetzbuch, 28. Auflage, München 2014 (zitiert als Lackner/Kühl, StGB).

Ladeur, Karl-Heinz, Die objektive-rechtliche Dimension der wirtschaftlichen Grundrechte – Relativierung oder Abstützung der subjektiven Freiheitsrechte, in: DÖV 2007, S. 1–10 (zitiert als Ladeur, in: DÖV 2007).

Lambertz, Paul, Umstrittene Kostenbeteiligung für Polizeieinsätze im Sport, in: CaS 2014, S. 258–259 (zitiert als Lambertz, in: CaS 2014).

Lange, Moritz, Zweckveranlassung – Ein Beitrag zur Zurechnung des Verhaltens Dritter im öffentlichen Recht, Berlin 2014 (zitiert als Lange, Zweckveranlassung).

Lenge, Joachim, Polizeieinsätze bei Fußball-Bundesligaspielen, in: Verwaltungsarchiv 1998, S. 71–92 (zitiert als Lenge, in: Verwaltungsarchiv 1998).

Lindner, Franz / Möstl, Markus / Wolff, Amadeus, Verfassung des Freistaates Bayern – Kommentar, München 2009 (zitiert als Lindner/Möstl/Wolff, BayVerf).

Linkelmann, Jannis, „Feindbild Polizei“ – das zerrüttete Verhältnis zwischen Fans und Staatsmacht am Beispiel der „Ultras Nürnberg 1994“, in: Feltes, Thomas (Hrsg.), Polizei und Fußball. Analysen zum rituellen Charakter von Bundesligaspielen, Frankfurt 2013, S. 21–32 (zitiert als Linkelmann, in: Feltes, Polizei und Fußball).

Lisken, Hans / Denninger, Erhard (Hrsg.), Handbuch des Polizeirechts, 5. Auflage, München 2012 (zitiert als Lisken/Denninger, Handbuch des Polizeirechts).

Lorenz, Stephan / Gärtner, Franz, Grundwissen Zivilrecht: Allgemeine Geschäftsbedingungen, in: JuS 2013, S. 199–202 (zitiert als Lorenz/Gärtner, in: JuS 2013).

Luch, Anika Dorthe, Das Persönlichkeitsrecht – Schranke der „vierten Gewalt“. Das Persönlichkeitsrecht im Spannungsverhältnis zur Meinungsfreiheit unter dem Grundgesetz und der Europäischen Menschenrechtskonvention, Frankfurt a.M. 2008 (zitiert als Luch, Das Persönlichkeitsrecht).

v. Mangoldt, Hermann / Klein, Friedrich / Starck, Christian (Hrsg.), Kommentar zum Grundgesetz, Band 1, 6. Auflage, München 2010 (zitiert als v. Mangoldt/Klein/Starck, GG).

Markert, Ludwig / Schmidbauer, Wilhelm, Polizeirechtliche Probleme bei Sportgroßveranstaltungen, in: BayVBl. 1993, S. 517–521 (zitiert als : Markert/Schmidbauer, in: BayVBl. 1993).

Dieselben, Polizeitaktische und polizeirechtliche Probleme bei Sportgroßveranstaltungen, in: Schild, Wolfgang (Hrsg.), Rechtliche Aspekte bei Sportgroßveranstaltungen, Heidelberg 1994, S. 35–61 (zitiert als Markert/Schmidbauer, in: Schild, Rechtliche Aspekte bei Sportgroßveranstaltungen).

Mäsch, Gerald, Sachenrecht und ZPO: Zulässigkeit eines Hausverbots – Anmerkungen zu BGH, Urt. v. 9.3.2012 (V ZR 115/11), in: JuS 2012, S. 556–558 (BGH JuS 2012 (m. Anm. Mäsch).

Medicus, Dieter / Petersen, Jens, Bürgerliches Recht, 24. Auflage, München 2013 (zitiert als Medicus/Petersen, Bürgerliches Recht).

Meyer-Goßner, Lutz / Schmitt, Bertram, Strafprozessordnung mit GVG und Nebengesetzen, 57. Aufl, München 2014 (zitiert als Meyer-Goßner/Schmitt, StPO).

Meyer-Ladewig, Jens, EMRK, 3 Auflage, Baden-Baden 2011 (zitiert als Meyer-Ladewig, EMRK).

Michael, Lothar / Morlok, Martin, Grundrechte, 3. Auflage, Baden-Baden 2012 (zitiert als Michael/Morlok, Grundrechte).

Michaelis, Oliver, Der polizeiliche Präventivgewahrsam, in: JA 2014, S. 198–202 (zitiert als Michaelis, in: JA 2014).

Mitsch, Wolfgang, Strafantragsdelikte, in: JA 2014, S. 1–7 (zitiert als Mitsch, in: JA 2014).

Morawski, Stephan, We don´t respect police – Die Polizei als Feindbild der Ultras, in: Feltes, Thomas (Hrsg.), Polizei und Fußball. Analysen zum rituellen Charakter von Bundesligaspielen, Frankfurt 2013, S. 45–56 (zitiert als Morawski, in: Feltes, Polizei und Fußball).

Müller, Sebastian / Raschke, Andreas, Übungsklausur StrR – Abstiegskampf, in: JURA 2011, S. 704–713 (zitiert als Müller/Raschke, in: JURA 2011).

Müller-Eiselt, Peter Gerrit, Hisghway oder Nadelöhr? Zu den Voraussetzungen und Grenzen polizeilicher Datenübermittlung an Private – dargestellt anhand der Kooperationspraxis zwischen Polizei und Fußballvereinen bei der Verhängung von Stadionverboten, in: DVBl 2014, S. 1168–1172 (zitiert als Müller-Eiselt, in: DVBl 2014).

–, Rechtsfragen zu Polizeieinsätzen in Fußballstadien, in: Verwaltungsrundschau 2014, S. 85–92 (zitiert als Müller-Eiselt, in: Verwaltungsrundschau 2014).

v. Münch, Ingo / Kunig, Philip, Grundgesetz, Band I, 6. Auflage, München 2012 (zitiert als v. Münch/Kunig, GG).

Münchner Kommentar (MüKo) zum BGB, Band IV, 6. Auflage, München 2013 (zitiert als MüKo, Band IV).

Neuner, Jörg, Das Schmerzensgeld, in: JuS 2013, S. 577–585 (zitiert als Neuner, in: JuS 2013).

Nolte, Martin, Aufgaben und Befugnisse der Polizeibehörden bei Sportgroßveranstaltungen, in: NVwZ 2001, S. 147–153 (zitiert als Nolte, in: NVwZ 2001).

–, Die Gewährleistung der Sicherheit bei Fußballspielen durch staatliche Ordnungsbehörden und den ausrichtenden Verein, in: Württembergischer Fußballverband (WFV) e. V. (Hrsg.), Verantwortlichkeiten und Haftung im Sport,

Baden-Baden 2012, S. 55–66 (zitiert als Nolte, in: WFV, Verantwortlichkeiten und Haftung im Sport).

–, (Hrsg.), Persönlichkeitsrechte im Sport, Stuttgart ua 2006 (zitiert als Nolte, Persönlichkeitsrechte im Sport).

Omlor, Sebastian / Gies, Christian, Der Besitz und sein Schutz im System des BGB, in: JuS 2013, S. 12–17 (zitiert als Omlor/Gies, in: JuS 2013).

Orth, Jan, Von der Strafe zur Maßnahme – ein kurzer Weg!, in: SpuRt 2013, S. 186–190 (zitiert als Orth, in: SpuRt 2013).

Ott, Sieghart / Wächter, Hartmut / Heinhold, Hubert, Gesetz über Versammlungen und Aufzüge – Versammlungsgesetz, 7. Auflage, Stuttgart 2010 (zitiert als Ott/Wächter/Heinhold, VersG).

Pfister, Bernhard, Kein Regress des Vereins gegen Fans wegen einer Verbandsstrafe!, in: SpuRt 2014, S. 10–14 (zitiert als Pfister, in: SpuRt 2014).

Palandt, Bürgerliches Gesetzbuch, 72. Auflage, München 2013 (zitiert als Palandt, BGB).

Payandeh, Mehrdad, Rechtlicher Schutz vor rassistischer Diskriminierung; in: NJW 2015, S. 695–700 (zitiert als Payandeh, in: NJW 2015).

Peine, Matthias, Die Zusatzverantwortlichkeit im Gefahrenabwehrrecht, Berlin 2012 (zitiert als Peine, Die Zusatzverantwortlichkeit im Gefahrenabwehrrecht).

Petersen, Jens, Medienrecht, 5. Auflage, München 2010 (zitiert als Petersen, Medienrecht).

Pieroth, Bodo / Schlink, Bernhard / Kingreen, Thorsten / Poscher, Ralf, Grundrechte – Staatsrecht II, 30. Auflage, Heidelberg u. a. 2014 (zitiert als Pieroth/Schlink/Kingreen/Poscher, Grundrechte).

Pieroth, Bodo / Schlink, Bernhard / Kniesel, Michael, Polizei- und Ordnungsrecht, 8. Auflage, München 2014 (zitiert als Pieroth/Schlink/Kniesel, Polizeirecht).

Pils, Johannes, Zum Wandel des Gefahrenbegriffs im Polizeirecht, in: DÖV 2008, S. 941–948 (zitiert als Pils, in: DÖV 2008).

Pilz, Gunter, Gewalt im Sport, in: Pilz, Gunter / Kuhlmann, Detlef (Hrsg.), Sport, Fairplay und Gewalt – Beiträge zu Jugendarbeit und Prävention im Sport, Hildesheim 2013, S. 12–18 (zitiert als Pilz, Gewalt im Sport, in: Pilz/Kuhlmann, Sport, Fairplay und Gewalt).

–, Rechtsextremismus, Rassismus und Diskriminierung im Fußballumfeld – Herausforderungen für die Prävention, in: Pilz, Gunter / Kuhlmann, Detlef (Hrsg.), Sport, Fairplay und Gewalt – Beiträge zu Jugendarbeit und Prävention im Sport, Hildesheim 2013, S. 118–131 (zitiert als Pilz, Rechtsextremismus, in: Pilz/Kuhlmann, Sport, Fairplay und Gewalt).

– Von der Fankultur zum Gewaltevent – Wandlungen des Zuschauerverhaltens im Fußball, in: Pilz, Gunter / Kuhlmann, Detlef (Hrsg.), Sport, Fairplay und Gewalt – Beiträge zu Jugendarbeit und Prävention im Sport, Hildesheim 2013, S. 86–96 (zitiert als Pilz, Fankultur, in: Pilz/Kuhlmann, Sport, Fairplay und Gewalt).

Pitschas, Rainer, Polizei und Sicherheitsgewerbe – Rechtsgutachten zu verfassungs- und verwaltungsrechtlichen Aspekten der Aufgabenverteilung zwischen Polizei und privaten Sicherheitsunternehmen, Wiesbaden 2000 (zitiert als Pitschas, Polizei und Sicherheitsgewerbe).

Pommerning, Patrick, Teures „Vergnügen"? – Der Regress des Vereins beim Stadionbesucher nach Verhängung einer Verbandsstrafe, in: SpuRT 2012, S. 187–191 (zitiert als Pommerning, in: SpuRt 2012).

Poscher, Ralf / Rusteberg, Benjamin, Die Klausur im Polizeirecht, in: JuS 2011, S. 888–893, 984–989,1082–1087 (zitiert als Poscher/Rusteberg, in: JuS 2011).

Quirling, Christian / Müller, Andreas, Polizeiliche Massnahmen bei Sportereignissen, in: CaS 2014, S. 136–142 (zitiert als Quirling/Müller, in: CaS 2014).

Räker, Jan, Die Haftung der Clubs für Zuschauerausschreitungen bei fehlendem Verschulden – der § 9 a DFB-RuVO stößt an seine Grenzen, in: SpuRt 2013, S. 46–49 (zitiert als Räker, in: SpuRt 2013).

Ramm, Arnim, Die Polizei und das Hausrecht, in: DVBl 2011, S. 1506–1511 (zitiert als Ramm, in: DVBl 2011).

Ramsauer, Ulrich, Die Dogmatik der subjektiven öffentlichen Rechte, in: JuS 2012, S. 769–777 (zitiert als Ramsauer, in: JuS 2012).

Rengier, Rudolf, Strafrecht Besonderer Teil II – Delikte gegen die Person und die Allgemeinheit, 14. Auflage, München 2013 (zitiert als Rengier, Strafrecht BT II).

Rönnau, Thomas, Grundwissen – Strafrecht: Sozialadäquanz, in: JuS 2011, S. 311–313. (zitiert als Rönnau, in: JuS 2011).

Ruch, Andreas, Gruppenzugehörigkeit als Prognosekriterium – gefahrenabwehrrechtliche Grenzen der polizeilichen Anregung zivilrechtlicher Stadionverbote, in: JZ 2015, S. 936–940 (zitiert als Ruch, in: JZ 2015).

Satzger, Helmut / Schluckebier, Wilhelm / Widmaier, Gunter (Hrsg.), Strafgesetzbuch Kommentar, 2. Auflage, Köln 2014 (zitiert als Satzger/Schluckebier/Widmaier, StGB).

Schenke, Wolf-Rüdiger, Polizei- und Ordnungsrecht, 8. Auflage, Heidelberg ua 2013 (zitiert als Schenke, Polizeirecht).

Schenke, Wolf-Rüdiger / Graulich, Kurt / Ruthig, Josef, Sicherheitsrecht des Bundes, München 2014 (zitiert als Schenke/Graulich/Ruthig, Sicherheitsrecht des Bundes).

Schiffbauer, Björn, Fußballfans im Abseits des effektiven Rechtschutzes? Das bundesweite Stadionverbot, die Verbunddatei „Gewalttäter Sport" und Art. 19 Abs. 4 GG, in: DVBl 2014, S. 1173–1179 (zitiert als Schiffbauer, in: DVBl 2014).

–, Unhaltbar? Zum Bremer Vorstoß einer Kostentragungspflicht für Polizeieinsätze im Profifußball, in: NVwZ 2014, S. 1282–1286 (zitiert als Schiffbauer, in: NVwZ 2014).

Schild, Wolfgang, Strafrechtliche Fragen der Ausschreitungen von Zuschauern bei Sportgroßveranstaltungen, in: Schild, Wolfgang (Hrsg.), Rechtliche Aspekte bei Sportgroßveranstaltungen, Heidelberg 1994, S. 63–93 (zitiert als Schild, in: Schild, Rechtliche Aspekte bei Sportgroßveranstaltungen).

Schilling, Theodor, Internationaler Menschenrechtsschutz – Das Recht der EMRK und des IPbpR, 2. Auflage, Tübingen 2010 (zitiert als Schilling, Internationaler Menschenrechtsschutz).

Schipfer, Nicolai-Steve, Strategien zur Bekämpfung der Gewalt auf Reisewegen zu Fußballveranstaltungen, in: DPolBl 01/2011, S. 22–25 (zitiert als Schipfer, in: DPolBl 01/2011).

–, Plädoyer für mehr Deeskalation durch vertrauensvolle Kommunikation im Fußball, in: DPolBl 05/2011, S. 22–26 (zitiert als Schipfer, in: DPolBl 05/2011).

Schliesky, Utz, Öffentliches Wirtschaftsrecht, 4. Auflage, Heidelberg u.a. 2014 (zitiert als Schliesky, Öffentliches Wirtschaftsrecht).

Schmidbauer, Wilhelm, Sportgroßveranstaltungen als Herausforderung für Polizei und Sicherheitsbehörden, in: KommPraxis spezial 2005, S. 47–49 (zitiert als Schmidbauer, in: KommPraxis sp 2005).

Schmidbauer, Wilhelm / Steiner, Udo, Bayerisches Polizeiaufgabengesetz und Polizeiorganisationsgesetz – Kommentar, 4. Auflage, München 2014 (zitiert als Schmidbauer/Steiner, PAG).

Schmidt, Stefan / Hermonies, Felix, Datenschutzrechtliche Rahmenbedingungen der Videoüberwachung im Fußballstadion, in: CaS 2014, S. 34–38 (zitiert als Schmidt/Hermonies, in: CaS 2014).

Schoch, Friedrich, Der Schutz privater Rechte im Polizei- und Ordnungsrecht, in: JURA 2013, S. 468–477 (zitiert als Schoch, Der Schutz privater Rechte, in JURA 2013).

–, Der Zweckveranlasser im Gefahrenabwehrrecht, in: JURA 2009, S. 360–366 (zitiert als Schoch, in: JURA 2009).

–, Doppelfunktionelle Maßnahmen der Polizei, in: JURA 2013, S. 1115–1123 (zitiert als Schoch, Doppelfunktionelle Maßnahmen, in: JURA 2013).

–, Störermehrheit im Polizei- und Ordnungsrecht, in: JURA 2012, S. 685–691 (zitiert als Schoch, in: JURA 2012).

Scholz, Rupert, Nationale und europäische Grundrechte: Umgekehrte „Solange"-Regel?, in: DVBl. 2014, S. 197–204 (zitiert als Scholz, in: DVBl. 2014).

Schroeder, Friedrich-Christian / Verrel, Torsten, Strafprozessrecht, 6. Auflage, München 2014 (zitiert als Schroeder/Verrel, Strafprozessrecht).

Schucht, Carsten, Die polizei- und ordnungsrechtliche Meldeauflage: Standortbestimmung und dogmatische Neuausrichtung, in: NVwZ 2011, S. 709–713 (zitiert als Schucht, in: NVwZ 2011).

Schulze, Götz, Der Zuschauervertrag, in: JURA 2011, S. 481–490 (zitiert als Schulze, in: JURA 2011).

Schwartmann, Rolf (Hrsg.), Praxishandbuch Medien, IT- und Urheberrecht, 2. Auflage, Heidelberg u. a. 2011 (zitiert als Schwartmann, Praxishandbuch Medienrecht).

Schweßinger, Ursula, Der Einfluss der Europäischen Menschenrechtskonvention auf den zivilrechtlichen Persönlichkeitsschutz in Deutschland, Frankreich und England, München 2004 (zitiert als Schweßinger, EMRK und Persönlichkeitsschutz).

Schwind, Hans-Dieter, Kriminologie, 22. Auflage, Heidelberg u.a. 2013 (zitiert als Schwind, Kriminologie).

Segerer, Jürgen, Wirkung der Grundrechte zwischen Sportlern, Sportvereinigungen und Staat, Bayreuth 1999 (zitiert als Segerer, Wirkung der Grundrechte zwischen Sportlern, Sportvereinigungen und Staat).

Siegel, Thorsten, Erneut auf dem Prüfstand: Kostentragung für Polizeieinsätze bei Fußballspielen?, in: DÖV 2014, S. 867–871 (zitiert als Siegel, in: DÖV 2014).

–, Hooligans im Verwaltungsrecht, in: NJW 2013, S. 1035–1038 (zitiert als Siegel, in: NJW 2013).

Siekmann, Robert, Fußball-Hooliganismus, in: Walker, Wolf-Dietrich (Hrsg.), Hooliganismus – Verantwortlichkeit und Haftung für Zuschauerausschreitungen, Stuttgart u. a. 2009, S. 61–78 (zitiert als Siekmann, in: Walker, Hooliganismus).

Sodan, Helge (Hrsg.), Grundgesetz, 2. Auflage, München 2011 (zitiert als Sodan, GG).

Sodan, Helge / Ziekow, Jan, Grundkurs Öffentliches Recht, 6. Auflage, München 2014 (zitiert als Sodan/Ziekow, GK ÖR).

Spahn, Helmut, Die Sicherheitskonzeption des Deutschen Fußball-Bundes, in: Walker, Wolf-Dietrich (Hrsg.), Hooliganismus – Verantwortlichkeit und

Haftung für Zuschauerausschreitungen, Stuttgart u. a. 2009, S. 9–21 (zitiert als Spahn, in: Walker, Hooliganismus).

Spancken, Stefanie / Schneidenbach, Robert, Die Berechnung des zu ersetzenden Schadens anhand der §§ 249 ff. BGB – Ein Leitfaden, in: JuS 2012, S. 298–302 (zitiert als Spancken/Schneidenbach, in: JuS 2012).

Steiner, Udo, Das Verhältnis von Schiedsgerichtsbarkeit und staatlicher Gerichtsbarkeit, in: SpuRt 2014, S. 2–5 (zitiert als Steiner, in: SpuRt 2014).

Stelkens, Paul / Bonk, Joachim / Sachs, Michael, Verwaltungsverfahrensgesetz – Kommentar, 8. Auflage, München 2014 (zitiert als Stelkens/Bonk/Sachs, VwVfG).

Stoll, Peter-Tobias / Lüers, Jan-Carl, Stadionverbote: private Gefahrenprävention und öffentliches Recht, in: DÖV 2014, S. 222–231 (zitiert als Stoll/Lüers, in: DÖV 2014).

Stopper, Martin / Holzhäuser, Felix / Knerr, Florian, Kostenpflicht der Vereine für Polizeieinsätze im Fußballstadion, in: SpuRt 2013, S. 49–52 (zitiert als Stopper/Holzhäuser/Knerr, in: SpuRt 2013).

Stopper, Martin / Lentze, Gregor, Handbuch Fußball-Recht, Berlin 2012(zitiert als Stopper/Lentze, Handbuch Fußballrecht).

Streinz, Rudolf (Hrsg.), EUV/AEUV, 2. Auflage, München 2012 (zitiert als Streinz, EUV/AEUV).

Tellenbach, Silvia (Hrsg.), Die Rolle der Ehre im Strafrecht, Berlin 2007 (zitiert als Tellenbach, Die Rolle der Ehre im Strafrecht).

Thiel, Markus, Polizei- und Ordnungsrecht, Baden-Baden 2013 (zitiert als Thil, Polizeirecht).

Thumm, Frank, Verbandsrechtliche Haftung von Vereinen bei Zuschauerausschreitungen auf nationaler Ebene, in: Württembergischer Fußballverband e.V. (WFV) (Hrsg.), Verantwortlichkeiten und Haftung im Sport, Baden-Baden 2012, S. 9–24 (zitiert als Thumm, in: WFV, Verantwortlichkeiten und Haftung im Sport).

Thomas, Heinz / Putzo, Hans (Hrsg.), Zivilprozessordnung, 35. Auflage, München 2014 (zitiert als Thomas/Putzo, ZPO).

Tian, Lichun, Objektive Grundrechtsfunktionen im Vergleich, Berlin 2012 (zitiert als Tian, Objektive Grundrechtsfunktionen im Vergleich).

Tönjann, Udo, Initiative „Mehr Sicherheit bei Fußballspielen in Nordrhein-Westfalen“, in: DPolBl. 01/2012, S. 21–23 (zitiert als Tönjann, in: DPolBl 01/2012).

Turnit, Christoph, Eingriffsbefugnisse bei Veranstaltungen, in: JURA 2012, S. 366–372 (zitiert als Turnit, in: JURA 2012).

Tzemos, Vasileios, Das Untermaßverbot, Frankfurt a.M. 2004 (zitiert als Tzemos, Das Untermaßverbot).

Vieweg, Klaus, Normsetzung und -anwendung deutscher und internationaler Verbände, Berlin 1990 (zitiert als Vieweg, Normsetzung und -anwendung deutscher und internationaler Verbände).

Vogl, Franz-Xaver, Polizeiliche Gefährderansprache und das Gefährderanschreiben, in: DPolBl. 03/2014 (zitiert als Vogl, in: DPolBl. 03/2014).

Voßkuhle, Andreas / Kaiser, Anna-Bettina, Funktionen der Grundrechte, in: JuS 2011, S. 411–413 (zitiert als Vosskuhle/Kaiser, in: JuS 2011).

Walker, Wolf-Dietrich, Zivilrechtliche Haftung für Zuschauerausschreitungen, in: Walker, Wolf-Dietrich (Hrsg.), Hooliganismus – Verantwortlichkeit und Haftung für Zuschauerausschreitungen, Stuttgart u. a. 2009, S. 35–59 (zitiert als Walker, in: Walker, Hooliganismus).

–, Zivilrechtliche Reaktionen auf Zuschauerausschreitungen, in: Württembergischer Fußballverband e. V. (WFV) (Hrsg.), Verantwortlichkeiten und Haftung im Sport, Baden-Baden 2012, S. 87–107 (zitiert als Walker, in: WFV, Verantwortlichkeiten und Haftung im Sport).

–, Verschuldensunabhängige Verbandssanktionen gegen Sportvereine für Zuschauerausschreitungen, in: NJW 2014, S. 119–124 (zitiert als Walker, in: NJW 2014).

Weber, Klaus, „Hooligan oder Fußballfan…“, in: KommPraxis spezial 2009, S. 180–185 (zitiert als Weber, in: KommPrax sp 2009).

Weller, Marc-Philippe, Die Haftung von Fußballvereinen für Randale und Rassismus, in: NJW 2007, S. 960–964 (zitiert als Weller, in: NJW 2007).

Wessels, Johannes / Hettinger Michael, Strafrecht Besonderer Teil 1 – Straftaten gegen Persönlichkeits- und Gemeinschaftswerte, 37. Auflage, Heidelberg ua 2013 (zitiert als Wessels/Hettinger, Strafrecht BT I).

Wiefelspütz, Dieter, Ist die Love-Parade eine Versammlung?, in: NJW 2004, S. 274–278 (zitiert als Wiefelspütz, in: NJW 2004).

Wolff, Heinrich-Amadeus / Brink, Stefan, Datenschutzrecht in Bund und Ländern – Kommentar, München 2013 (zitiert als Wolff / Brink, Datenschutzrecht).

Yamato, Richard, Aktenvortrag Öffentliches Recht – „Das Ultra-Verbot“, in: JA 2014, S. 378–387 (zitiert als Yamato, in: JA 2014).

Zähle, Kai, Originäre und übertragene Aufgaben der Polizei, in: JuS 2014, S. 315–319 (zitiert als Zähle, in: JuS 2014).

Zick, Andreas / Winands, Martin, Fußball, Menschenfeindlichkeit und Diskriminierung, in: Feltes, Thomas (Hrsg.), Polizei und Fußball: Analysen zu rituellen

Charakter von Bundesligaspielen, Frankfurt a. M. 2013 (zitiert als Zick/Winands, in: Feltes (Hrsg.), Polizei und Fußball).

Zuck, Rüdiger, Wider die Kriminalisierung des Sports in: NJW 2014, S. 276–281 (zitiert als Zuck, in: NJW 2014).

Internetquellen

Zuletzt überprüft am 20.04.2015

Bremische Bürgerschaft, Drucksache 18/1501, Mitteilung des Senats vom 22. Juli 2014 – Finanzierung von Polizeieinsätzen bei gewinnorientierten Großveranstaltungen, im Internet abrufbar unter: http://www.inneres.bremen.de/sixcms/media.php/13/2014-07-23_Drs-18-1501_21e8c.12965.pdf (zitiert als Senatsmitteilung, Finanzierung von Polizeieinsätzen, 22.7.2014).

Bremische Bürgerschaft, Drucksache 18/1502, Mitteilung des Senats vom 22. Juli 2014 – Gesetz zur Änderung des Bremischen Gebühren- und Beitragsgesetzes, im Internet abrufbar unter: http://www.inneres.bremen.de/sixcms/media.php/13/2014-07-23_Drs-18-1502_757c2.12966.pdf (zitiert als Senatsmitteilung, Änderungsgesetz BremGebBeitrG, 22.7.2014).

Bundesministerium des Innern, Verfassungsschutzbericht 2013, im Internet abrufbar unter: http://www.verfassungsschutz.de/embed/vsbericht-2013.pdf (zitiert als BMI, Verfassungsschutzbericht 2013).

Deutscher Fußballbund (DFB), Internetauftritt, http://www.dfb.de.

Deutscher Fußballbund (DFB), Broschüre gegen Extremismus, Rassismus und Fremdenfeindlichkeit in Fußballstadien, Stand Dezember 2008; abrufbar im Internet unter http://www.dfb.de/verbandsservice/pinnwand/sicherheitsrichtlinien/.

Deutscher Fußballbund (DFB), Empfehlung für die Betreuung von Fußballfans, Stand Juni 2013; abrufbar im Internet unter http://www.dfb.de/verbandsservice/pinnwand/sicherheitsrichtlinien/.

Deutscher Fußballbund (DFB), Leitfaden Spielabbruch, Stand Februar 2013; abrufbar im Internet unter http://www.dfb.de/verbandsservice/pinnwand/sicherheitsrichtlinien/ (zitiert als DFB-Leitfaden Spielabbruch).

Deutscher Fußballbund (DFB), Richtlinien zu Verbesserung der Sicherheit bei Bundesspielen, Stand Februar 2013 (zitiert als DFB-Sicherheitsrichtlinien); abrufbar im Internet unter http://www.dfb.de/verbandsservice/pinnwand/sicherheitsrichtlinien/.

Deutsche Fußball Liga (DFL), Die wirtschaftliche Situation im Lizenzfußball, 2014 (zitiert als DFL, Die wirtschaftliche Situation im Lizenzfußball, 2014); im Internet abrufbar unter https://www.bundesliga.de/media/native/dokument/dt_DFL_BL_Wirtschaftssituation_2014_72dpi.pdf.

Europaratsübereinkommen über Gewalttätigkeiten und Fehlverhalten von Zuschauern bei Sportveranstaltungen und insbesondere bei Fußballspielen vom 19.8.1985, im Internet abrufbar unter http://conventions.coe.int/Treaty/GER/Treaties/Html/120.htm.

FC Schalke 04, Stadionordnung der „Veltins"-Arena; abrufbar im Internet unter http://www.schalke04.de/de/stadion-und-tickets/veltins-arena/stadionordnung/page/285--278--.html .

Football Against Racism in Europe (FARE), Internetauftritt, http://www.farenet.org.

Nationaler Ausschuss Sport und Sicherheit, Nationales Konzept Sicherheit und Sport (NKSS), Fortschreibung 2012 (zitiert als NKSS), im Internet abrufbar unter http://www.mik.nrw.de/themen-aufgaben/sport-und-sicherheit/download-bereich.html.

Union of European Football Associations (UEFA), Internetauftritt der Kampagne „No to racism", http://de.uefa.org/social-responsibility/respect/no-to-racism/index.html.

VG Hannover, Pressemitteilung vom 13.11.2014 zum Beschluss vom selben Tag (Az. 10 B 12882/14), http://www.verwaltungsgericht-hannover.niedersachsen.de/portal/live.php?navigation_id=19421&article_id=129221&_psmand=126.

Wikipedia, Artikel „Rassismus im Fußball", http://de.wikipedia.org/wiki/Rassismus_im_Fußball.

Zentrale Informationsstelle Sporteinsätze, Jahresbericht Fußball Saison 2012/13 (zitiert als ZIS-Jahresbericht 2012/13), im Internet abrufbar unter https://www.polizei.nrw.de/media/Dokumente/Behoerden/LZPD/NRW_Jahresbericht_12–13.pdf .

Zentrale Informationsstelle Sporteinsätze, Jahresbericht Fußball Saison 2013/14 (zitiert als ZIS-Jahresbericht 2013/14), im Internet abrufbar unter https://www.polizei.nrw.de/media/Dokumente/Behoerden/LZPD/NRW_Jahresbericht_2013_14.pdf.

Pressetexte

Stand (Internetquellen zuletzt überprüft): 20.04.2015

Die Welt online (sid/jr), Danny da Costa: 1860-Fans beschimpfen Ingolstadts Profi rassistisch (19.8.2013), im Internet abrufbar unter http://www.welt.de/sport/fussball/2-bundesliga/article119158854/1860-Fans-beschimpfen-Ingolstadts-Profi-rassistisch.html.

Die Welt online (Falk Schneider), Hoffenheim-Mäzen zeigt Dortmunder Fan an, 23.9.2008, im Internet abrufbar unter http://www.welt.de/sport/fussball/article2480686/Hoffenheim-Maezen-Hopp-zeigt-Dortmunder-Fan-an.html (23.09.2008).

Die Welt online (sid/dpa/pk), Uefa sperrt Bayern-Block wegen homophoben Plakat, 24.3.2014, im Internet abrufbar unter http://www.welt.de/sport/fussball/bundesliga/fc-bayern-muenchen/article126133461/Uefa-sperrt-Bayern-Block-wegen-homophoben-Plakats.html.

Der Spiegel 2/2015 (rab), Europäisches Netz, 5.1.2015, S. 95.

Der Spiegel 4/2014 (ohne Autor), Jagdszenen im Sauerland, 20.1.2014, S. 113.

Focus online (Frank Lehmkuhl), Bedroht, bespuckt, geschlagen, 11.11.2011, im Internet abrufbar unter http://www.focus.de/sport/fussball/trauriger-schiedsrichter-alltag-bedroht-bespuckt-geschlagen-_aid_683298.html.

Frankfurter Allgemeine online (ohne Autor), GdP fordert Verfassungsschutz gegen Hooligans, 1.11.2014, im Internet abrufbar unter http://www.faz.net/aktuell/sport/fussball/gdp-fordert-verfassungsschutz-gegen-rechte-hooligans-13242537.html.

Hamburger Abendblatt online (Andreas Hardt), So verlief der Spießrutenlauf für Hakan Calhanoglu, 3.11.2014, im Internet abrufbar unter http://www.abendblatt.de/sport/fussball/hsv/article133924437/So-verlief-der-Spiessrutenlauf-fuer-Hakan-Calhanoglu.html.

Spiegel online (cte/dpa), Beleidigungen im Stadion: Türkischer Torhüter verweigert Einsatz, 17.11.2014, im Internet abrufbar unter http://www.spiegel.de/sport/fussball/tuerkei-torhueter-volkan-demirel-wechselt-sich-selbst-aus-a-1003329.html.

Spiegel online (Christoph Ruf), Hass-Austausch im Internet: Das Nazi-Hool-Netzwerk, 5.5.2014, im Internet abrufbar unter http://www.spiegel.de/sport/fussball/neonazi-hooligans-vs-salafisten-pierre-vogel-a-966785.html.

Spiegel online (ham), Transparente: Aue-Fans vergleichen Leipzigs Spieler mit Nazis, 6.2.2015, im Internet abrufbar unter http://www.spiegel.de/sport/fussball/aue-fans-beschimpfen-leipzigs-spieler-als-nazis-a-1017255.html.

Spiegel online (ham/dpa), UEFA-Strafe: ZSKA Moskau muss vor leeren Rängen spielen, 18.2.2014, im Internet abrufbar unter http://www.spiegel.de/sport/fussball/uefa-strafe-zska-moskau-muss-vor-leeren-raengen-spielen-a-954188.html.

Spiegel online (mku/dpa), Union-Spiel in Berlin: Israel-Fahne musste weg – Polizei entschuldigt sich, 27.4.2014, im Internet abrufbar unter http://www.spiegel.de/sport/fussball/polizei-verbietet-israelische-fahne-bei-union-spiel-a-1030821.html (abgerufen am 1.5.2015).

Süddeutsche online (Matthias Schmid), Abbruch per Joystick, 15.10.2014, im Internet abrufbar unter http://www.sueddeutsche.de/sport/serbien-gegen-albanien-abbruch-per-joystick-1.2174547.

Süddeutsche online (Jürgen Schmieder), „Hau ab, du Verräter", 22.4.2011, im Internet abrufbar unter http://www.sueddeutsche.de/sport/bundesliga-manuel-neuer-hau-ab-du-verraeter-1.1088025.

Süddeutsche online (Bernd Dörries), Mit Dosenbier gegen Salafisten und Polizisten, 26.10.2014, im Internet abrufbar unter http://www.sueddeutsche.de/politik/demonstration-in-koeln-hooligans-marschieren-gegen-salafisten-1.2191636.

Süddeutsche Zeitung vom 6.3.2015 (Ralf Wiegand), Reizklima, S. 47.

Süddeutsche Zeitung vom 29.1.2015 (Matthias Hufmann), Manndeckung, S. 25.

Zeit Online (Fabian Kunow), Antisemitische Hetze unter Dynamo Dresden-Fans (14.4.2011), im Internet abrufbar unter http://blog.zeit.de/stoerungsmelder/2011/04/14/antisemitische-hetze-unter-dynamo-dresden-fans_6079.

Auszüge aus den Verbandsstatuten des DFB, UEFA und FIFA

Auszug aus § 44 DFB-Satzung:

Strafgewalt des Verbandes und Strafarten

1. Alle Formen des unsportlichen Verhaltens sowie unter Strafe gestellte Verstöße gegen die Satzung und Ordnungen des DFB und das Ligastatut werden verfolgt. Das Nähere regeln die Rechts- und Verfahrensordnung des DFB, die DFB-Spielordnung, das DFB-Statut für die 3. Liga, das DFB-Statut für die Frauen-Bundesliga und die 2. Frauen-Bundesliga, die DFB-Schiedsrichterordnung, die DFB-Jugendordnung, die Ausbildungsordnung des DFB, die Durchführungsbestimmungen zur DFB-Spielordnung, die Anti-Doping-Richtlinien des DFB und die ergänzenden Regelungen unterhalb der DFB-Ordnungen, insbesondere die allgemeinverbindlichen Vorschriften über die Beschaffenheit und Ausgestaltung der Spielkleidung und die Richtlinien zur Verbesserung der Sicherheit bei Bundesspielen. (…)
2. Als Strafen sind zulässig:
   a) Verwarnung,
   b) Verweis,
   c) Geldstrafe gegen Spieler bis zu € 100.000,00, im Übrigen bis zu € 250.000,00
   d) Verhängung eines Platzverbots für einzelne Personen,
   (…)
   k) Platzsperre oder Spielaustragung unter Ausschluss oder Teilausschluss der Öffentlichkeit,
   l) Aberkennung von Punkten,
   m) Versetzung in eine tiefere Spielklasse.
3. Die Strafen können auch nebeneinander verhängt werden.
   (…)

Auszug aus § 7 DFB-RuVO:

Strafen gegen Vereine und Tochtergesellschaften in einzelnen Fällen

1. Bei Bundesspielen gelten für Vereine und Tochtergesellschaften unter anderem folgende Strafen:
   (…)

c) für nicht ordnungsgemäße Platzherrichtung und nicht ausreichenden Ordnungsdienst Geldstrafe bis zu 50.000,00 €;
d) für mangelnden Schutz des Schiedsrichters, der Schiedsrichter-Assistenten oder des Gegners Geldstrafe bis zu 100.000,00 €
(…)

§ 9 DFB-RuVO lautet:

Diskriminierung und andere Tatbestände

1. Eines unsportlichen Verhaltens gemäß § 1 Nr. 4. macht sich insbesondere schuldig, wer sich politisch, extremistisch, obszön anstößig oder provokativ beleidigend verhält.
2. Wer öffentlich die Menschenwürde einer anderen Person durch herabwürdigende, diskriminierende oder verunglimpfende Äußerungen in Bezug auf Rasse, Hautfarbe, Sprache, Religion oder Herkunft verletzt oder sich auf andere Weise rassistisch und/oder menschenverachtend verhält, wird für mindestens fünf Wochen gesperrt. Zusätzlich werden ein Verbot, sich im gesamten Stadionbereich aufzuhalten, und eine Geldstrafe von € 12.000,00 bis zu € 100.000,00 verhängt. Bei einem Offiziellen, der sich dieses Vergehens schuldig macht, beträgt die Mindestgeldstrafe € 18.000,00.
3. Wenn Anhänger einer Mannschaft vor, während und nach einem Spiel im Stadion Transparente mit rassistischen Aufschriften entrollen oder sich auf andere Weise rassistisch und/oder menschenverachtend verhalten, wer den gegen den entsprechenden Verein bzw. die Kapitalgesellschaft oder den Mitgliedsverband des DFB als Strafen eine Geldstrafe von € 18.000,00 bis zu € 150.000,00 sowie die Verpflichtung, das nächste Pflichtspiel unter Ausschluss der Öffentlichkeit auszutragen, verhängt. Können Zuschauer keiner Mannschaft zugeordnet werden, ist in jedem Fall der Verein bzw. die Kapitalgesellschaft oder der Verband, der das Spiel organisiert hat, entsprechend zu bestrafen.
4. Verhalten sich Spieler, Offizielle oder Zuschauer in irgendeiner Form rassistisch oder menschenverachtend gemäß Nrn. 2. und/oder 3. dieser Bestimmung, werden der betreffenden Mannschaft, sofern zuordenbar, beim ersten Vergehen drei Punkte und beim zweiten Vergehen sechs Punkte abgezogen. Bei einem weiteren Vergehen erfolgt die Versetzung in eine tiefere Spielklasse.
5. In Spielen ohne Punktevergabe wird die entsprechende Mannschaft, sofern zuordenbar, von dem Wettbewerb ausgeschlossen.
6. Eine Strafe aufgrund dieser Bestimmung kann gemildert werden oder von einer Bestrafung kann abgesehen werden, wenn der Betroffene nachweist, dass

ihn für den betreffenden Vorfall kein oder nur ein geringes Verschulden trifft oder sofern anderweitige wichtige Gründe dies rechtfertigen. Eine Strafmilderung oder der Verzicht auf eine Bestrafung ist insbesondere dann möglich, wenn Vorfälle provoziert worden sind, um gegenüber dem Betroffenen eine Bestrafung gemäß dieser Bestimmung zu erwirken.

§ 9 a DFB-RuVO lautet:

Verantwortung der Vereine

1. Vereine und Tochtergesellschaften sind für das Verhalten ihrer Spieler, Offiziellen, Mitarbeiter, Erfüllungsgehilfen, Mitglieder, Anhänger, Zuschauer und weiterer Personen, die im Auftrag des Vereins eine Funktion während des Spiels ausüben, verantwortlich.
2. Der gastgebende Verein und der Gastverein bzw. ihre Tochtergesellschaften haften im Stadionbereich vor, während und nach dem Spiel für Zwischenfälle jeglicher Art.

Art. 6 UEFA-RPO lautet:

Verantwortung

Mitgliedsverbände und Vereine sind für das Verhalten ihrer Spieler, Offiziellen, Mitglieder, Anhänger und weiterer Personen, die im Auftrag des Mitgliedsverbandes oder eines Vereins beim Spiel eine Funktion ausüben, verantwortlich.

Ausrichterverbände oder -vereine sind vor, während und nach dem Spiel verantwortlich für Ordnung und Sicherheit im Stadionbereich. Sie haften für Zwischenfälle jeglicher Art und können mit disziplinarischen Maßnahmen belegt und zur Befolgung von Weisungen verpflichtet werden.

Artikel 10 UEFA-RPO lautet:
Unkorrektes Verhalten von Spielern

Bei Wettbewerbsspielen gelten für Spieler folgende Strafen:

a) Sperre für ein Wettbewerbsspiel oder für bestimmte Zeit bei:
   (…)
   4) Beleidigung von Spielern oder anderen beim Spiel anwesenden Personen;
   5) unsportlichem Verhalten;
   6) Provokation der Zuschauer;

(…)

Artikel 11 UEFA-RPO lautet:

Diskriminierung und ähnliche Tatbestände

Wer eine Person oder eine Gruppe von Personen in irgendeiner Form wegen ihrer Hautfarbe, Rasse, Religion oder Ethnie in einer gegen die Menschenwürde verstossenden Weise herabsetzt oder diskriminiert, wird für fünf Wettbewerbsspiele oder für bestimmte Zeit gesperrt. Handelt es sich beim Fehlbaren um einen Mitgliedsverband, Verein oder einen Offiziellen, kann unter Berücksichtigung der Umstände anstelle einer Sperre eine Geldstrafe verhängt werden.
Macht/Machen sich ein oder mehrere Anhänger eines Mitgliedsverbands oder Vereins einer Verfehlung nach Absatz 1 dieser Bestimmung schuldig, so wird der betreffende Verband bzw. Verein mit einer Geldstrafe von EUR 20 000 belegt.
Bei Vorliegen besonderer Umstände kann die zuständige Disziplinarinstanz gegen den verantwortlichen Mitgliedsverband oder Verein zusätzliche Strafen aussprechen, wie zum Beispiel ein oder mehrere Spiele unter Ausschluss der Öffentlichkeit, Platzsperre, Forfait, Punktabzug oder Ausschluss aus dem Wettbewerb.
Ideologische Propaganda jeglicher Art ist verboten. Bei Verstössen gelten die Absätze 1 bis 3 analog.

Artikel 54 FDC lautet:

Provokation der Zuschauer

Wer während einer Partie die Zuschauer provoziert, wird mit mindestens zwei Spielsperren und einer Geldstrafe von mindestens CHF 5000 belegt.

Artikel 58 FDC lautet:

Diskriminierung

1.

a) Wer die Menschenwürde einer Person oder einer Gruppe von Personen durch herabwürdigende, diskriminierende oder verunglimpfende Äusserungen oder Handlungen in Bezug auf Rasse, Hautfarbe, Sprache, Religion oder Herkunft verletzt, wird für mindestens fünf Spiele gesperrt. Zusätzlich werden ein Stadionverbot und eine Geldstrafe von mindestens CHF 20 000 verhängt. Bei einem Offiziellen, der sich dieses Vergehens schuldig macht, beträgt die Geldstrafe mindestens CHF 30 000.

b) Verletzen mehrere Personen (Offizielle und/oder Spieler) desselben Klubs oder Verbandes gleichzeitig Abs. 1 lit. a oder liegen anderweitige gravierende Umstände vor, können der betreffenden Mannschaft bei einem ersten Vergehen drei Punkte und bei einem zweiten Vergehen sechs Punkte abgezogen werden; bei einem weiteren Vergehen kann ein Zwangsabstieg in eine tiefere Spielklasse erfolgen. In Spielen ohne Punktevergabe kann ein Ausschluss aus dem Wettbewerb ausgesprochen werden.

2.
   a) Wenn Anhänger einer Mannschaft bei einem Spiel Abs. 1 lit. a verletzen, wird der betreffende Verband oder Klub, ohne dass ihn ein schuldhaftes Verhalten oder ein schuldhaftes Unterlassen trifft, mit einer Geldstrafe von mindestens CHF 30 000 belegt.
   b) Bei schweren Vergehen können zusätzliche Sanktionen, insbesondere die Austragung eines Spiels unter Ausschluss der Öffentlichkeit, eine Forfait-Niederlage, ein Abzug von Punkten oder der Ausschluss aus dem Wettbewerb, ausgesprochen werden.
3. Zuschauer, die Abs. 1 lit. a dieses Artikels verletzen, werden mit mindestens zwei Jahren Stadionverbot belegt.

Art. 74 FDC (deutsche Fassung) lautet:

Haftung für das Verhalten der Zuschauer

1. Der Heimverband oder Heimklub ist, ohne dass ihn ein schuldhaftes Verhalten oder eine schuldhafte Unterlassung trifft, für das ungebührliche Verhalten von Zuschauern verantwortlich und wird gegebenenfalls mit einer Geldstrafe belegt. Bei schweren Ausschreitungen können weitere Sanktionen verhängt werden.
2. Der Gastverband oder Gastklub ist, ohne dass ihn ein schuldhaftes Verhalten oder eine schuldhafte Unterlassung trifft, für das ungebührliche Verhalten von ihm zurechenbaren Anhängern verantwortlich und wird gegebenenfalls mit einer Geldstrafe belegt. Bei schweren Ausschreitungen können weitere Sanktionen verhängt werden. Die sich im Gästesektor eines Stadions aufhaltenden Zuschauer gelten unter dem Vorbehalt des Beweises des Gegenteils als Anhänger des Gastverbandes.

3. Als ungebührliches Verhalten gelten insbesondere Gewalttätigkeiten gegen Personen oder Sachen, das Abbrennen von Feuerwerkskörpern, das Werfen von Gegenständen, das Vorzeigen ehrverletzender Spruchbänder oder ehrverletzende Rufe und das Eindringen auf das Spielfeld.
4. Die in Abs. 1 und Abs. 2 festgehaltene Verantwortung betrifft auch Spiele auf neutralem Spielfeld, insbesondere bei Endturnieren.